해커스 주택관리사

수많은 합격생들이 증명하는
해커스 스타 교수진

관리실무	관계법규	회계원리	민법	관리실무	시설개론	시설개론	관리실무
김성환	조민수	배정란	김지원	김혁	송성길	조현행	노병귀

해커스를 통해 공인중개사 합격 후, 주택관리사에도 도전하여 합격했습니다.
환급반을 선택한 게 동기부여가 되었고, 1년 만에 동차합격과 함께 환급도 받았습니다.
해커스 커리큘럼을 충실하게 따라서 공부하니 동차합격할 수 있었고,
다른 분들도 해커스커리큘럼만 따라 학습하시면 충분히 합격할 수 있을 거라
생각합니다.

합격생 송*성 님

주택관리사를 준비하시는 분들은 해커스 인강과 함께 하면 반드시 합격합니다.
작년에 시험을 준비할 때 타사로 시작했는데 강의 내용이 어려워서 지인 추천을
받아 해커스 인강으로 바꾸고 합격했습니다. 해커스 교수님들은 모두 강의 실력이
1타 수준이기에 해커스로 시작하시는 것을 강력히 추천합니다.

합격생 송*섭 님

해커스 주택관리사
출제예상문제집

1차 회계원리

 해커스 주택관리사

배정란 교수

약력

현 | 해커스 주택관리사학원 회계원리 대표강사
해커스 주택관리사 회계원리 동영상강의 대표강사

전 | 한국법학원 회계원리 강사 역임
수원행정고시학원 공무원 회계학 강사 역임
에듀윌 회계원리 강사 역임
해커스 공무원 회계학 강사 역임
미래보험교육원 보험계리사 회계학 강사 역임

저서

보험전문인 회계학, 미래보험교육원, 2003
주택관리사 1차 문제집 회계원리(EBS 교육방송교재), 에듀윌, 2011
알토란 회계학, 가람북스, 2012
독학사 회계원리, 신지원, 2012~2014
주택단기 주택관리사 1차 기본서 회계원리, ST&BOOKS, 2016~2017
워밍업 기초회계, 신지원, 2017
회계원리(기본서), 해커스패스, 2018~2024
회계원리(문제집), 해커스패스, 2018~2024
기초입문서(회계원리) 1차, 해커스패스, 2021~2024
핵심요약집(회계원리) 1차, 해커스패스, 2023~2024
기출문제집(회계원리) 1차, 해커스패스, 2022~2024

2024 해커스 주택관리사 출제예상문제집
1차 회계원리

개정7판 1쇄 발행	2024년 3월 25일
지은이	배정란, 해커스 주택관리사시험 연구소
펴낸곳	해커스패스
펴낸이	해커스 주택관리사 출판팀
주소	서울시 강남구 강남대로 428 해커스 주택관리사
고객센터	1588-2332
교재 관련 문의	house@pass.com
	해커스 주택관리사 사이트(house.Hackers.com) 1:1 수강생상담
학원강의	house.Hackers.com/gangnam
동영상강의	house.Hackers.com
ISBN	979-11-6999-924-3(13320)
Serial Number	07-01-01

주택관리사 시험 전문,
해커스 주택관리사(house.Hackers.com)

TH 해커스 주택관리사

· 해커스 주택관리사학원 및 인터넷강의
· 해커스 주택관리사 무료 온라인 전국 실전모의고사
· 해커스 주택관리사 무료 학습자료 및 필수 합격정보 제공
· 해커스 주택관리사 문제풀이 단과강의 30% 할인쿠폰 수록

합격을 좌우하는 최종 마무리,
핵심문제 풀이를 한 번에!

회계원리는 기업의 이해관계자에게 정보를 제공하는 목적의 재무회계와 기업 내부를 관리할 때 의사결정에 도움을 주는 원가·관리회계로 구성되어 있습니다. 한국채택국제회계기준을 제정하여 주택관리사(보) 회계원리 시험의 난도가 올라가 수험생들이 어려움을 느끼게 되었습니다. 최근 출제경향을 고려하였을 때, 제27회 주택관리사(보) 자격시험에 대비하여 꾸준히 높은 빈도로 출제되고 있는 재무회계의 회계순환과정, 금융자산, 재고자산, 유형자산, 부채, 재무제표 표시, 현금흐름표와, 원가·관리회계의 원가흐름과 집계, 원가배분, 종합원가계산, 원가추정과 CVP, 표준원가 차이분석, 단기적 특수의사결정 등을 중점적으로 학습할 것을 추천합니다. 또한, 최근 금융상품과 수익과 비용 부분도 출제비중이 증가하고 있습니다.

본서는 다음과 같은 사항에 역점을 두고 집필하였습니다.

1 본격적인 문제풀이 전에 이론을 한번 더 정리할 수 있도록 대표예제를 제시하였고, 풍부한 해설과 보충설명으로 문제풀이에 대한 이해도를 높였습니다.

2 실전에 대비할 수 있도록 주택관리사(보)의 최근 기출문제뿐만 아니라 유사 관련 시험의 출제경향을 반영한 객관식 문제를 수록하였습니다.

3 문제풀이를 시작할 때 출제유형을 파악하는 데 도움이 될 수 있도록 각 주제의 대표적인 문제를 대표예제로 설정하였습니다.

회계원리는 수험생 여러분의 성실함이 뒷받침되어야 하는 과목입니다. 그동안 기출된 문제의 유형들을 명확하게 정리한 후, 문제를 반복적으로 풀어보는 것을 통해 문제풀이 능력을 향상시킨다면 합격에 한 걸음 더 가까워질 수 있습니다.

더불어 주택관리사(보) 시험 전문 해커스 주택관리사(house.Hackers.com)에서 학원강의나 인터넷 동영상강의를 함께 이용하여 꾸준히 수강한다면 학습효과를 극대화할 수 있습니다.

주택관리사(보) 합격의 길라잡이가 되는 좋은 수험서를 만들 수 있도록 의욕을 가지고 시작하였으나 분주한 일정과 학문적 부족감으로 아쉬움이 남습니다. 부족한 부분은 온라인상의 홈페이지를 통해서 보완해 나갈 것을 약속드립니다.

끝으로 좋은 교재의 출간을 위해 힘써주신 해커스 편집부 여러분께 진심으로 감사드립니다.

2024년 2월
배정란, 해커스 주택관리사시험 연구소

이 책의 차례

이 책의 특징   6

이 책의 구성   7

주택관리사(보) 안내   8

주택관리사(보) 시험안내   10

학습플랜   12

출제경향분석 및 수험대책   14

제1편 | 재무회계

제1장 회계와 회계정보   18

제2장 회계의 순환과정   30

제3장 재고자산   53

제4장 유형자산   92

제5장 무형자산   125

제6장 금융자산(I): 현금및현금성자산과
수취채권   139

제7장 금융자산(II) · 관계기업투자 ·
투자부동산   166

제8장 부채   191

제9장 자본   211

제10장 수익과 비용   230

제11장 회계변경과 오류수정   246

제12장 재무제표의 표시   258

제13장 현금흐름표   278

제14장 재무제표 비율분석   299

제15장 재무보고를 위한 개념체계   317

제2편 | 원가 · 관리회계

제1장 원가회계의 기초   338

제2장 원가흐름과 집계   344

제3장 원가배분   359

제4장 개별원가계산과 활동기준원가계산   374

제5장 종합원가계산과 결합원가계산   386

제6장 원가추정과 CVP분석   404

제7장 전부원가계산과 변동원가계산   422

제8장 표준원가 차이분석   434

제9장 기타의 관리회계   448

이 책의 특징

01 전략적인 문제풀이를 통하여 합격으로 가는 실전 문제집

2024년 주택관리사(보) 시험 합격을 위한 실전 문제집으로 꼭 필요한 문제만을 엄선하여 수록하였습니다. 매 단원마다 출제 가능성이 높은 예상문제를 풀어볼 수 있도록 구성함으로써 주요 문제를 전략적으로 학습하여 단기간에 합격에 이를 수 있도록 하였습니다.

02 실전 완벽 대비를 위한 다양한 문제와 상세한 해설 수록

최근 10개년 기출문제를 분석하여 출제포인트를 선정하고, 각 포인트별 자주 출제되는 핵심 유형을 대표예제로 엄선하였습니다. 그리고 출제가 예상되는 다양한 문제를 상세한 해설과 함께 수록하여 개념을 다시 한번 정리하고 실력을 향상시킬 수 있도록 하였습니다.

03 최신 개정법령 및 출제경향 반영

최신 개정법령 및 시험 출제경향을 철저하게 분석하여 문제에 모두 반영하였습니다. 또한 기출문제의 경향과 난이도가 충실히 반영된 고난도 · 종합 문제를 수록하여 다양한 문제 유형에 충분히 대비할 수 있도록 하였습니다. 추후 개정되는 내용들은 해커스 주택관리사(house.Hackers.com) '개정자료 게시판'에서 쉽고 빠르게 확인할 수 있습니다.

04 교재 강의 · 무료 학습자료 · 필수 합격정보 제공(house.Hackers.com)

해커스 주택관리사(house.Hackers.com)에서는 주택관리사 전문 교수진의 쉽고 명쾌한 온 · 오프라인 강의를 제공하고 있습니다. 또한 각종 무료 강의 및 무료 온라인 전국 실전모의고사 등 다양한 학습자료와 시험 안내자료, 합격가이드 등 필수 합격정보를 확인할 수 있도록 하였습니다.

이 책의 구성

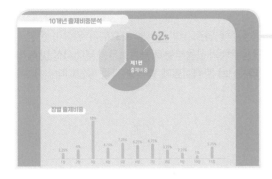

출제비중분석 그래프

최근 10개년 주택관리사(보) 시험을 심층적으로 분석한 편별·장별 출제비중을 각 편 시작 부분에 시각적으로 제시함으로써 단원별 출제경향을 한눈에 파악하고 학습전략을 수립할 수 있도록 하였습니다.

대표예제

대표예제 04   민법의 효력 ★

민법의 효력에 관한 설명으로 옳지 않은 것은?
① 민법은 외국에 있는 대한민국 국민에게 그 효력이 미친다.
② 민법에서는 법률불소급의 원칙이 엄격하게 지켜지지 않는다.
③ 동일한 민사에 관하여 한국 민법과 외국의 법이 충돌하는 경우에 이를 규율하는 것이 섭외사법이다.
④ 우리 민법은 국내에 있는 국제법상의 치외법권자에게는 그 효력이 미치지 아니한다.
⑤ 민법은 한반도와 그 부속도서에는 예외 없이 효력이 미친다.
해설ㅣ 속지주의의 원칙상 민법은 국내에 있는 국제법상의 치외법권자에게도 그 효력이 미친다. 속지주의란 국적에 관계없이 대한민국의 영토 내에 있는 모든 외국인에게도 적용된다는 원칙이다.
기본서 p.34~35   정답 ④

주요 출제포인트에 해당하는 대표예제를 수록하여 출제 유형을 파악할 수 있도록 하였습니다. 또한 정확하고 꼼꼼한 해설 및 기본서 페이지를 수록하여 부족한 부분에 대하여 충분한 이론 학습을 할 수 있도록 하였습니다.

다양한 유형의 문제

[종합]
03 민법상 무과실책임을 인정한 규정이 아닌 것을 모두 고른 것은?

ⓐ 법인 이사의 불법행위에 대한 법인의 책임
ⓑ 상대방에 대한 무권대리인의 책임
ⓒ 법인의 불법행위에 대한 대표기관 개인의 책임
ⓓ 공사수급인의 하자담보책임
ⓔ 채무불이행에 의한 손해배상책임
ⓕ 금전채무의 불이행에 대한 특칙
ⓖ 민법 제750조 불법행위에 대한 손해배상책임
ⓗ 선의·무과실의 매수인에 대한 매도인의 하자담보책임

① ⓐ, ⓑ, ⓒ
② ⓒ, ⓓ, ⓖ
③ ⓐ, ⓑ, ⓕ, ⓖ, ⓗ
④ ⓒ, ⓓ, ⓕ, ⓗ, ⓗ

최신 출제경향을 반영하여 다양한 유형의 문제를 단원별로 수록하였습니다. 또한 고난도·종합 문제를 수록하여 더욱 깊이 있는 학습을 할 수 있도록 하였습니다.

주택관리사(보) 안내

주택관리사(보)의 정의

주택관리사(보)는 공동주택을 안전하고 효율적으로 관리하고 공동주택 입주자의 권익을 보호하기 위하여 운영 · 관리 · 유지 · 보수 등을 실시하고 이에 필요한 경비를 관리하며, 공동주택의 공용부분과 공동소유인 부대시설 및 복리 시설의 유지 · 관리 및 안전관리 업무를 수행하기 위하여 주택관리사(보) 자격시험에 합격한 자를 말합니다.

주택관리사의 정의

주택관리사는 주택관리사(보) 자격시험에 합격한 자로서 다음의 어느 하나에 해당하는 경력을 갖춘 자로 합니다.

① 사업계획승인을 받아 건설한 50세대 이상 500세대 미만의 공동주택(「건축법」 제11조에 따른 건축허가를 받아 주택과 주택 외의 시설을 동일 건축물로 건축한 건축물 중 주택이 50세대 이상 300세대 미만인 건축물을 포함)의 관리사무소장으로 근무한 경력이 3년 이상인 자
② 사업계획승인을 받아 건설한 50세대 이상의 공동주택(「건축법」 제11조에 따른 건축허가를 받아 주택과 주택 외의 시설을 동일 건축물로 건축한 건축물 중 주택이 50세대 이상 300세대 미만인 건축물을 포함) 의 관리사무소 직원(경비원, 청소원, 소독원은 제외) 또는 주택관리업자의 직원으로 주택관리 업무에 종사한 경력이 5년 이상인 자
③ 한국토지주택공사 또는 지방공사의 직원으로 주택관리 업무에 종사한 경력이 5년 이상인 자
④ 공무원으로 주택 관련 지도 · 감독 및 인 · 허가 업무 등에 종사한 경력이 5년 이상인 자
⑤ 공동주택관리와 관련된 단체의 임직원으로 주택 관련 업무에 종사한 경력이 5년 이상인 자
⑥ ①∼⑤의 경력을 합산한 기간이 5년 이상인 자

주택관리사 전망과 진로

주택관리사는 공동주택의 관리 · 운영 · 행정을 담당하는 부동산 경영관리분야의 최고 책임자로서 계획적인 주택 관리의 필요성이 높아지고, 주택의 형태 또한 공동주택이 증가하고 있는 추세로 볼 때 업무의 전문성이 높은 주택 관리사 자격의 중요성이 높아지고 있습니다.
300세대 이상이거나 승강기 설치 또는 중앙난방방식의 150세대 이상 공동주택은 반드시 주택관리사 또는 주택 관리사(보)를 채용하도록 의무화하는 제도가 생기면서 주택관리사(보)의 자격을 획득시 안정적으로 취업이 가능 하며, 주택관리시장이 확대됨에 따라 공동주택관리업체 등을 설립 · 운영할 수도 있고, 주택관리법인에 참여하는 등 다양한 분야로의 진출이 가능합니다.
공무원이나 한국토지주택공사, SH공사 등에 근무하는 직원 및 각 주택건설업체에서 근무하는 직원의 경우 주택관 리사(보) 자격증을 획득하게 되면 이에 상응하는 자격수당을 지급받게 되며, 승진에 있어서도 높은 고과점수를 받을 수 있습니다.
정부의 신주택정책으로 주택의 관리측면이 중요한 부분으로 부각되고 있는 실정이므로, 앞으로 주택관리사의 역할은 더욱 중요해질 것입니다.

① 공동주택, 아파트 관리소장으로 진출
② 아파트 단지 관리사무소의 행정관리자로 취업
③ 주택관리업 등록업체에 진출
④ 주택관리법인 참여
⑤ 주택건설업체의 관리부 또는 행정관리자로 참여
⑥ 한국토지주택공사, 지방공사의 중견 간부사원으로 취업
⑦ 주택관리 전문 공무원으로 진출

주택관리사의 업무

구분	분야	주요업무
행정관리업무	회계관리	예산편성 및 집행결산, 금전출납, 관리비 산정 및 징수, 공과금 납부, 회계상의 기록유지, 물품 구입, 세무에 관한 업무
	사무관리	문서의 작성과 보관에 관한 업무
	인사관리	행정인력 및 기술인력의 채용 · 훈련 · 보상 · 통솔 · 감독에 관한 업무
	입주자관리	입주자들의 요구 · 희망사항의 파악 및 해결, 입주자의 실태파악, 입주자 간의 친목 및 유대 강화에 관한 업무
	홍보관리	회보발간 등에 관한 업무
	복지시설관리	노인정 · 놀이터 관리 및 청소 · 경비 등에 관한 업무
	대외업무	관리 · 감독관청 및 관련 기관과의 업무협조 관련 업무
기술관리업무	환경관리	조경사업, 청소관리, 위생관리, 방역사업, 수질관리에 관한 업무
	건물관리	건물의 유지 · 보수 · 개선관리로 주택의 가치를 유지하여 입주자의 재산을 보호하는 업무
	안전관리	건축물설비 또는 작업에서의 재해방지조치 및 응급조치, 안전장치 및 보호구설비, 소화설비, 유해방지시설의 정기점검, 안전교육, 피난훈련, 소방 · 보안경비 등에 관한 업무
	설비관리	전기설비, 난방설비, 급 · 배수설비, 위생설비, 가스설비, 승강기설비 등의 관리에 관한 업무

주택관리사(보) 시험안내

응시자격

1. **응시자격**: 연령, 학력, 경력, 성별, 지역 등에 제한이 없습니다.
2. **결격사유**: 시험시행일 현재 다음 중 어느 하나에 해당하는 사람과 부정행위를 한 사람으로서 당해 시험시행으로부터 5년이 경과되지 아니한 사람은 응시 불가합니다.
   - 피성년후견인 또는 피한정후견인
   - 파산선고를 받은 사람으로서 복권되지 아니한 사람
   - 금고 이상의 실형을 선고받고 그 집행이 종료되거나(집행이 끝난 것으로 보는 경우 포함) 집행을 받지 아니하기로 확정된 후 2년이 지나지 아니한 사람
   - 금고 이상의 형의 집행유예를 선고받고 그 집행유예기간 중에 있는 사람
   - 주택관리사 등의 자격이 취소된 후 3년이 지나지 아니한 사람
3. 주택관리사(보) 자격시험에 있어서 부정한 행위를 한 응시자는 그 시험을 무효로 하고, 당해 시험시행일로부터 5년간 시험 응시자격을 정지합니다.

시험과목

구분	시험과목	시험범위
1차 (3과목)	회계원리	세부과목 구분 없이 출제
	공동주택시설개론	• 목구조 · 특수구조를 제외한 일반 건축구조와 철골구조, 장기수선계획 수립 등을 위한 건축적산 • 홈네트워크를 포함한 건축설비개론
	민법	• 총칙 • 물권, 채권 중 총칙 · 계약총칙 · 매매 · 임대차 · 도급 · 위임 · 부당이득 · 불법행위
2차 (2과목)	주택관리관계법규	다음의 법률 중 주택관리에 관련되는 규정 「주택법」, 「공동주택관리법」, 「민간임대주택에 관한 특별법」, 「공공주택 특별법」, 「건축법」, 「소방기본법」, 「소방시설 설치 및 관리에 관한 법률」, 「화재의 예방 및 안전관리에 관한 법률」, 「승강기 안전관리법」, 「전기사업법」, 「시설물의 안전 및 유지관리에 관한 특별법」, 「도시 및 주거환경정비법」, 「도시재정비 촉진을 위한 특별법」, 「집합건물의 소유 및 관리에 관한 법률」
	공동주택관리실무	시설관리, 환경관리, 공동주택 회계관리, 입주자관리, 공동주거관리이론, 대외업무, 사무 · 인사관리, 안전 · 방재관리 및 리모델링, 공동주택 하자관리(보수공사 포함) 등

*시험과 관련하여 법률 · 회계처리기준 등을 적용하여 정답을 구하여야 하는 문제는 시험시행일 현재 시행 중인 법령 등을 적용하여 그 정답을 구하여야 함

*회계처리 등과 관련된 시험문제는 한국채택국제회계기준(K-IFRS)을 적용하여 출제됨

시험시간 및 시험방법

구분		시험과목 수	입실시간	시험시간	문제형식
1차 시험	1교시	2과목(과목당 40문제)	09:00까지	09:30~11:10(100분)	객관식 5지 택일형
	2교시	1과목(과목당 40문제)		11:40~12:30(50분)	
2차 시험		2과목(과목당 40문제)	09:00까지	09:30~11:10(100분)	객관식 5지 택일형 (과목당 24문제) 및 주관식 단답형 (과목당 16문제)

*주관식 문제 괄호당 부분점수제 도입
 1문제당 2.5점 배점으로 괄호당 아래와 같이 부분점수로 산정함
 • 3괄호: 3개 정답(2.5점), 2개 정답(1.5점), 1개 정답(0.5점)
 • 2괄호: 2개 정답(2.5점), 1개 정답(1점)
 • 1괄호: 1개 정답(2.5점)

원서접수방법

1. 한국산업인력공단 큐넷 주택관리사(보) 홈페이지(www.Q-Net.or.kr/site/housing)에 접속하여 소정의 절차를 거쳐 원서를 접수합니다.
2. 원서접수시 최근 6개월 이내에 촬영한 탈모 상반신 사진을 파일(JPG 파일, 150픽셀×200픽셀)로 첨부합니다.
3. 응시수수료는 1차 21,000원, 2차 14,000원(제26회 시험 기준)이며, 전자결제(신용카드, 계좌이체, 가상계좌) 방법을 이용하여 납부합니다.

합격자 결정방법

1. **제1차 시험**: 과목당 100점을 만점으로 하여 모든 과목 40점 이상이고, 전 과목 평균 60점 이상의 득점을 한 사람을 합격자로 합니다.
2. **제2차 시험**
    • 1차 시험과 동일하나, 모든 과목 40점 이상이고 전 과목 평균 60점 이상의 득점을 한 사람의 수가 선발예정인원에 미달하는 경우 모든 과목 40점 이상을 득점한 사람을 합격자로 합니다.
    • 제2차 시험 합격자 결정시 동점자로 인하여 선발예정인원을 초과하는 경우 그 동점자 모두를 합격자로 결정하고, 동점자의 점수는 소수점 둘째 자리까지만 계산하며 반올림은 하지 않습니다.

최종 정답 및 합격자 발표

시험시행일로부터 1차 약 1달 후, 2차 약 2달 후 한국산업인력공단 큐넷 주택관리사(보) 홈페이지(www.Q-Net. or.kr/site/housing)에서 확인 가능합니다.

학습플랜

전 과목 8주 완성 학습플랜

일주일 동안 3과목을 번갈아 학습하여, 8주에 걸쳐 1차 전 과목을 1회독할 수 있는 학습플랜입니다.

구분	월 회계원리	화 공동주택 시설개론	수 민법	목 회계원리	금 공동주택 시설개론	토 민법	일 복습
1주차	1편 1장~ 2장 문제 04*	1편 1장	1편 1장~ 2장 문제 10	1편 2장 대표예제 08~ 3장 문제 07	1편 2장	1편 2장 대표예제 08~ 3장 문제 13	
2주차	1편 3장 대표예제 15~ 3장 문제 56	1편 3장	1편 3장 대표예제 15~ 3장 문제 38	1편 4장	1편 4장~5장	1편 3장 대표예제 20~ 3장 문제 63	
3주차	1편 5장~ 6장 문제 04	1편 6장~7장	1편 3장 대표예제 28~4장	1편 6장 대표예제 34~ 6장 문제 33	1편 8장~9장	1편 5장~ 5장 문제 28	
4주차	1편 7장~ 8장 문제 04	1편 10장~11장	1편 5장 문제 29~ 6장 문제 10	1편 8장 대표예제 46~ 9장 문제 12	1편 12장~ 2편 1장	1편 6장 대표예제 49~ 6장 문제 36	
5주차	1편 9장 대표예제 51~ 10장	2편 2장~3장	1편 7장	1편 11장~ 12장 문제 29	2편 4장~5장	1편 8장~9장	
6주차	1편 12장 대표예제 63~ 13장	2편 6장~7장	1편 10장~11장	1편 14장~ 15장 문제 17	2편 8장	2편 1장~ 2장 문제14	
7주차	1편 15장 대표예제 78~ 2편 3장 문제 11	2편 9장	2편 2장 대표예제 88~ 2장 문제 55	2편 3장 대표예제 85~ 5장	2편 10장	3편 1장~3장	
8주차	2편 6장~7장	2편 11장	3편 4장~6장	2편 8장~9장	2편 12장~13장	3편 7장	

* 이하 편/장 이외의 숫자는 본문 내의 문제번호입니다.

회계원리 3주 완성 학습플랜

한 과목씩 집중적으로 공부하고 싶은 수험생을 위한 학습플랜입니다.

구분	월	화	수	목	금	토	일
1주차	1편 1장~ 2장 문제 13	1편 2장 대표예제 12~ 3장 문제 17	1편 3장 대표예제 17~ 3장 문제 56	1편 4장 대표예제 21~ 4장 문제 37	1편 4장 대표예제 26~ 5장 문제 20	1편 6장	1주차 복습
2주차	1편 7장	1편 8장 대표예제 45~ 9장 문제 09	1편 9장 대표예제 50~ 9장 문제 28	1편 10장 대표예제 55~ 11장 문제 14	1편 11장 대표예제 59~ 12장 문제 32	1편 13장	2주차 복습
3주차	1편 14장 대표예제 71~ 15장 문제 13	1편 15장 대표예제 77~ 2편 2장 문제 06	2편 2장 대표예제 82~ 3장 문제 20	2편 4장 대표예제 86~ 5장 문제 19	2편 5장 대표예제 91~ 6장 문제 31	2편 7장~9장	3주차 복습

학습플랜 이용 Tip

- 본인의 학습 진도와 상황에 적합한 학습플랜을 선택한 후, 매일·매주 단위의 학습량을 확인합니다.
- 목표한 분량을 완료한 후에는 ☑과 같이 체크하며 학습 진도를 스스로 점검합니다.

[문제집 학습방법]

- '출제비중분석'을 통해 단원별 출제비중과 해당 단원의 출제경향을 파악하고, 포인트별로 문제를 풀어나가며 다양한 출제 유형을 익힙니다.
- 틀린 문제는 해설을 꼼꼼히 읽어보고 해당 포인트의 이론을 확인하여 확실히 이해하고 넘어가도록 합니다.
- 복습일에 문제집을 다시 풀어볼 때에는 전체 내용을 정리하고, 틀린 문제는 다시 한번 확인하여 완벽히 익히도록 합니다.

[기본서 연계형 학습방법]

- 하루 동안 학습한 내용 중 어려움을 느낀 부분은 기본서에서 관련 이론을 찾아서 확인하고, '핵심 콕! 콕!' 위주로 중요 내용을 확실히 정리하도록 합니다. 기본서 복습을 완료한 후에는 학습플랜에 학습 완료 여부를 체크합니다.
- 복습일에는 한 주 동안 학습한 기본서 이론 중 추가적으로 학습이 필요한 사항을 문제집에 정리하고, 틀린 문제에 관련된 이론을 위주로 학습합니다.

제26회(2023년) 시험 총평

2023년 제26회 회계원리 시험은 기존의 출제 범위에서 응용요소가 강조된 문제가 다소 있었지만, 전반적으로 개념의 이해와 기본적인 계산형 문제로 구성되어 평소에 교재와 강의에 충실하였다면 목표하는 점수 획득에 문제가 없었을 것입니다. 다만, 원가·관리회계의 경우에 제품원가계산보다 관리적 의사결정 부분이 좀 더 비중이 높았고 난이도가 대부분 이전보다 낮아져서 계산형 문제의 복잡성이 최근 출제경향보다 낮은 기본형 문제가 출제되었습니다. 32문항(80%), 8문항(20%)이 전 목차에서 출제되었고, 계산형 문제는 30문항(75%)으로 비계산형 문제 10문항(25%)보다 여전히 높은 비율로 출제되었습니다.

제26회(2023년) 출제경향분석

구분		제17회	제18회	제19회	제20회	제21회	제22회	제23회	제24회	제25회	제26회	계	비율(%)
재무회계	회계와 회계정보	2	1		1	1	2	2	2	2	2	15	3.75
	회계의 순환과정	2	3	3	2	3	3	2	2	3	2	25	6.25
	재고자산	4	4	4	2	4	4	4	5	5	4	40	10
	유형자산	5	4	4	5	5	6	4	4	3	4	43	10.75
	무형자산	1	1	1	1		1	1	1			7	1.75
	금융자산 Ⅰ	3	2	2	2	4	5	4	4	3	2	31	7.75
	금융자산 Ⅱ	1	2	3	3	2	4	1	1	3	3	23	5.75
	부채	3	3	3	3	2	2	2	3	1	3	25	6.25
	자본	1	1	3	2	1	2	2	1	4	2	20	5
	수익과 비용	1	2	2	1	1		2	1	2	2	14	3.5
	회계변경과 오류수정	1				2	1		1			5	1.25
	재무제표의 표시	1	4	2	4	1		3	3	1	2	21	5.25
	현금흐름표	3	1	1	3	3		1	2		1	17	4.25
	재무제표 분석	3	2	2	2	2	1	2		1	2	17	4.25
	재무보고를 위한 개념체계	1	2	2	1	1	1	2	2		3	17	4.25
원가·관리회계	원가회계의 기초				1	1						2	0.5
	원가흐름과 집계	1	1		1	1		1	1	1	1	8	2
	원가배분	1	1	2	2			1	1		1	10	2.5
	개별원가계산과 활동기준원가계산	1		1			1		1			4	1
	종합원가계산과 결합원가계산	1	1	1	1			1	1	1	1	8	2
	원가추정과 CVP분석	1	1	1	1	2	3	2	2	2	1	16	4
	전부원가계산과 변동원가계산		1	1		1			1	1	1	6	1.5
	표준원가 차이분석	1	1	1	1	1	1	1	1	1	1	10	2.5
	기타의 관리회계	2	2	1	1	2	2	2	1	1	2	16	4
총계		40	40	40	40	40	40	40	40	40	40	400	100

❶ 재무회계

회계 기초와 개념체계 그리고 재무상태표 회계까지 25문항 정도 출제되었으며, 이 중 재고자산, 유형자산, 금융자산 Ⅱ, 부채 그리고 개념체계가 최근 경향과 유사하게 높은 출제경향을 보였고, 개념체계의 경우 이전보다 1문항 정도 더 출제되었습니다.

❷ 원가·관리회계

제품원가계산에서 3문항이 출제되고, 관리적 의사결정에서 5문항이 출제되어 관리회계의 비중이 지속적으로 높아지는 추세입니다. 다만, 관리회계의 경우 최근 기출유형보다 기본에 충실한 평이한 문제유형이 출제되었습니다.

제27회(2024년) 수험대책

최근 출제경향을 종합적으로 살펴보면 재무회계와 원가·관리회계의 출제비중과 계산형 문제와 비계산형 문제의 비중이 일관성 있게 출제되고 있습니다. 연도별로 출제 난이도는 어느 정도 차이가 존재하지만 회계과목의 특성상 부단한 연습을 통한 문제풀이가 훈련되지 않으면 쉬운 문제라 할지라도 제한된 시간에 실력을 발휘하기 어렵습니다. 따라서 회계는 기초입문 과정부터 회계원리 전 과정까지 기본개념을 이해하고 신속한 풀이를 위해 반복연습에 대한 훈련이 필요합니다. 따라서 기본 개념에 대한 철저한 이해와 부단한 연습을 통해 기본형 문제 및 심화문제에 대한 응용력을 갖추는 것이 매우 중요하다고 볼 수 있습니다.

❶ 재무회계

최근 기출경향은 기타 회계보다 기초과정인 회계순환과정부터 재무상태표회계까지 비중이 높게 출제되고 있습니다. 그러나 시험은 연도별로 차이가 존재할 수 있으므로 기타 회계부분의 기출유형 또한 정리해야 합니다.
연도별로 차이는 존재하지만 꾸준히 높은 출제비중을 나타내고 있는 회계의 기초와 회계순환과정, 자산, 부채, 재무제표 표시·분석 및 개념체계 등과 관련된 단원은 완벽한 이해를 위한 깊이 있는 학습이 필요합니다. 나머지 단원들은 기존의 기출유형을 중심으로 정리해야 합니다. 대부분의 문제는 자주 접한 기본형 문제로 이를 제한된 시간에 정확히 풀 수 있도록 준비해야 합니다. 따라서 기본이론의 이해가 선행되고 이를 바탕으로 유형별 기출문제와 다양한 문제유형을 반복 학습하여 제한된 시간에 정확한 풀이를 할 수 있도록 계산능력을 갖추어야 합니다.

❷ 원가·관리회계

제품원가계산보다 관리적 의사결정 부분인 6장 이후의 출제비중이 1문항 정도 더 출제되고 있어 6장 이후는 공헌이익적 사고에 대한 완벽한 이해와 이와 관련된 문제유형들에 대한 충분한 풀이연습을 통해 계산능력을 높이도록 합니다.
최근까지 안정적으로 출제경향을 보이고 있는 원가흐름과 집계, 원가배분, 종합원가계산, 원가추정과 CVP분석, 표준원가 차이분석, 단기적 특수의사결정 및 예산 등을 철저히 학습하도록 합니다.

80%

제1편
출제비중

장별 출제비중

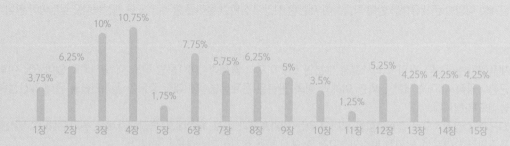

		10%	10.75%		7.75%	5.75%	6.25%	5%	3.5%	1.25%	5.25%	4.25%	4.25%	4.25%
3.75%	6.25%			1.75%										
1장	2장	3장	4장	5장	6장	7장	8장	9장	10장	11장	12장	13장	14장	15장

제1편

재무회계

제 1 장 회계와 회계정보

제 2 장 회계의 순환과정

제 3 장 재고자산

제 4 장 유형자산

제 5 장 무형자산

제 6 장 금융자산(Ⅰ): 현금및현금성자산과 수취채권

제 7 장 금융자산(Ⅱ)·관계기업투자·투자부동산

제 8 장 부채

제 9 장 자본

제10장 수익과 비용

제11장 회계변경과 오류수정

제12장 재무제표의 표시

제13장 현금흐름표

제14장 재무제표 비율분석

제15장 재무보고를 위한 개념체계

제1장 회계와 회계정보

대표예제 01 / 회계정보의 기능 및 역할 ★★

회계정보와 관련된 설명으로 옳지 않은 것은?

① 회계정보는 한정된 경제적 자원이 효율적으로 배분되도록 도와주는 기능을 담당한다.
② 경영자는 회계정보를 생산하여 외부 이해관계자들에게 공급하는 주체로서 회계정보의 공급자이므로 수요자는 아니다.
③ 회계정보의 신뢰성을 확보하기 위하여 기업은 회계기준에 따라 재무제표를 작성하고, 외부감사인의 감사를 받는다.
④ 외부감사는 전문자격을 부여받은 공인회계사가 할 수 있다.
⑤ 경제의 주요 관심사는 유한한 자원을 효율적으로 사용하는 것인데, 회계정보는 우량기업과 비우량기업을 구별하는 데 이용되어 의사결정에 도움을 준다.

해설 | 회계정보이용자(수요자)는 외부정보이용자와 내부정보이용자로 구분된다. 이 경우 회계정보의 작성책임은 기업에 있고 기업의 경영자는 회계정보이용자에게 다양한 회계정보를 작성해서 보고해야 한다. 따라서 기업의 경영자는 회계정보의 공급주체이면서 동시에 수요자에 해당된다.

기본서 p.21~23, 26   정답 ②

---

01 회계정보의 기능 및 역할, 적용환경에 관한 설명으로 옳지 않은 것은?   제17회

① 외부회계감사를 통해 회계정보의 신뢰성이 제고된다.
② 회계정보의 수요자는 기업의 외부이용자뿐만 아니라 기업의 내부이용자도 포함된다.
③ 회계정보는 한정된 경제적 자원이 효율적으로 배분되도록 도와주는 기능을 담당한다.
④ 회계감사는 재무제표가 일반적으로 인정된 회계기준에 따라 적정하게 작성되었는지에 대한 의견표명을 목적으로 한다.
⑤ 모든 기업은 한국채택국제회계기준을 적용하여야 한다.

02 재무회계와 경영자의 수탁책임과 관련한 설명으로 옳지 않은 것은?

① 수탁책임정보는 경영자의 책임을 묻기 위해 필요한 정보를 의미한다.

② 전문경영인은 재무제표를 통하여 수탁책임을 보고한다.

③ 기업목적 달성을 위해 노력한 기업의 성과를 보고할 책임은 경영자에게 있다.

④ 경영자의 책임은 적극적 책임에서 소극적 책임으로 확대되는 추세이다.

⑤ 경영자의 수탁책임의 범위와 기업이 외부에 제공하는 회계정보량은 비례관계이다.

대표예제 02 　　회계감사의 의의와 감사의견 ★

다음 각 설명에 해당하는 감사의견은?　　　　　　　　　　　　　　　　제24회

(가) 한국채택국제회계기준을 위배한 정도가 커서 재무제표가 중대한 영향을 받았을 때 표명된다.

(나) 재무제표에 대한 감사범위가 부분적으로 제한되었거나 또는 재무제표가 한국채택국제회계기준을 부분적으로 위배하여 작성된 경우에 표명된다.

	(가)	(나)		(가)	(나)
①	적정의견	한정의견	②	한정의견	부적정의견
③	한정의견	의견거절	④	부적정의견	한정의견
⑤	부적정의견	의견거절			

해설 | '부적정의견'은 회계기준의 위배가 매우 중요하여 재무제표가 회계기준에 따라 적정하게 표시되지 않을 경우 표명하는 의견이다. '한정의견'은 재무제표에 표시된 일부 재무정보가 회계기준에 준거하지 않았거나 감사의견을 형성하는 데 필요한 합리적인 증거를 얻지 못하여 회계기준의 위배와 감사범위 제한이 중요한 경우 표명하는 의견이다.

기본서 p.26　　　　　　　　　　　　　　　　　　　　　　　　　　　　　정답 ④

정답 및 해설

01 ⑤ 외부감사대상 기업 중 주권상장법인과 한국채택국제회계기준을 선택한 기업은 한국채택국제회계기준을 적용하며, 외부감사대상 기업 중 한국채택국제회계기준을 적용하지 않는 기업은 일반기업회계기준을 적용한다. 또한 외부감사를 받지 않는 비외부감사대상 기업은 중소기업회계기준을 적용한다.

02 ④ 경영자의 책임은 소극적 책임에서 적극적 책임으로 확대되는 추세이다.

03 외부회계감사에 관한 설명으로 옳지 않은 것은? 제25회

① 감사의 목적은 의도된 재무제표이용자의 신뢰수준을 향상시키는 데 있다.
② 감사인이 충분하고 적합한 감사증거를 입수한 결과, 왜곡표시가 재무제표에 중요하나 전반적이지 않으면 한정의견이 표명된다.
③ 회계감사를 수행하는 감사인은 감사대상 재무제표를 작성하는 기업이나 경영자와 독립적이어야 한다.
④ 재무제표가 중요성 관점에서 일반적으로 인정된 회계기준에 따라 작성되었다고 판단되면 적정의견이 표명된다.
⑤ 감사대상 재무제표는 기업의 경영진이 감사인의 도움 없이 작성하는 것이 원칙이나, 주석 작성은 감사인의 도움을 받을 수 있다.

대표예제 03 | **회계정보: 재무상태 정보와 경영성과 정보 ★**

재무상태표에 표시되는 정보가 아닌 것은?

① 감자차익   ② 임대료
③ 재평가잉여금   ④ 보고기간종료일
⑤ 선급보험료

해설 | 임대료는 수익항목으로 포괄손익계산서에 표시된다.
오답체크 | ①③ 자본항목 ⇨ 재무상태표
④ 재무상태표는 일정한 시점의 재무상태를 나타내므로 보고기간종료일을 표시한다.
⑤ 자산항목 ⇨ 재무상태표

기본서 p.27~30   정답 ②

---

04 다음 중 자산으로 기록할 수 없는 항목은?

① 상품을 주문하고 미리 지급한 계약금
② 판매목적으로 보유하고 있는 제품, 상품
③ 차량운반구를 외상으로 구입하고 지급하지 못한 금액
④ 영업용 비품을 외상으로 판매하고 회수하지 못한 금액
⑤ 상품을 외상으로 판매하고 아직 회수하지 못한 대금

05 다음은 (주)한국의 기말 현재 각 계정과목에 대한 잔액이다. 괄호 안에 들어갈 금액은?

• 현금	₩3,600	• 단기대여금	₩2,400
• 매출채권	₩5,340	• 손실충당금	₩40
• 상품	₩1,700	• 건물	₩8,000
• 매입채무	₩1,600	• 사채	₩2,000
• 자본금	( )	• 이익잉여금	₩5,000

① ₩7,600　　　　　　　　　② ₩12,400

③ ₩17,400　　　　　　　　　④ ₩2,100

⑤ ₩2,760

06 재무제표의 구성요소 중 잔여지분에 해당하는 것은?　　　　　　제22회

① 자산　　　　　　　　　② 부채

③ 자본　　　　　　　　　④ 수익

⑤ 비용

정답 및 해설

03 ⑤　주석도 전체 재무제표에 해당되므로, 주석 작성시 감사인의 도움을 받을 수 없다.

04 ③　미지급금(부채)계정이므로 자산으로 기록될 수 없다.
　　① 선급금
　　② 제품, 상품
　　④ 미수금
　　⑤ 매출채권

05 ②

재무상태표

현금	3,600	매입채무	1,600
매출채권	5,340	사채	2,000
손실충당금	(40)	자본금	?
단기대여금	2,400	이익잉여금	5,000
상품	1,700		
건물	8,000		
	21,000		21,000

∴ 자본금 = ₩12,400

06 ③　자산에서 부채를 차감한 순자산을 자본 또는 잔여지분이라고 한다.

07 수익 또는 비용에 영향을 주지 않는 것은? 제24회

① 용역제공계약을 체결하고 현금을 수취하였으나 회사는 기말 현재 거래상대방에게 아직까지 용역을 제공하지 않았다.
② 외상으로 제품을 판매하였다.
③ 홍수로 인해 재고자산이 침수되어 멸실되었다.
④ 거래처 직원을 접대하고 현금을 지출하였다.
⑤ 회사가 사용 중인 건물의 감가상각비를 인식하였으나 현금이 유출되지는 않았다.

08 포괄손익계산서에 관한 설명으로 옳지 않은 것은?

① 상품을 외상으로 판매하고 현금을 수령하지 못해도 수익에 계상된다.
② 비용은 수익을 창출하기 위하여 희생된 대가로서 순자산 감소의 원인이 된다.
③ 상기업의 경우 상품판매를 통한 매출이라는 수익과 수수료 수익 및 임대료 등과 같은 수익이 발생한다.
④ 급여를 미지급한 경우 나중에 지급하여야 하기 때문에 자산이 감소하는 대신 미지급급여(부채)가 증가한다.
⑤ 비용에는 임차료 · 급여 · 수수료비용 등이 있고, 영업활동에 사용하기 위한 기계장치 등의 구입비용도 이에 포함된다.

09 재무상태표에 관한 설명으로 옳지 않은 것은?

① 재무상태표일 현재 회사의 자산과 그 투자에 대한 소유주의 지분액을 표시한다.
② 일정 시점에서 기업의 자금조달 원천인 부채와 자본 규모를 나타내준다.
③ 재무상태표일 현재 기업이 부담하고 있는 모든 채무액을 표시한다.
④ 이익잉여금이 증가하여 누적되면 주주의 몫은 작아진다.
⑤ 재무상태표일 현재 기업이 보유하고 있는 채권의 현재가치를 표시한다.

대표예제 04 ＼ 자본(순자산)의 계산 ★

(주)한국의 재무상태표상 계정별 금액이 다음과 같을 경우, 기말자본총계는?

• 매출채권	₩500,000	• 제품	₩50,000
• 단기차입금	₩60,000	• 차량운반구	₩100,000
• 미지급금	₩25,000	• 선급보험료	₩50,000

① ₩530,000　　　　　　　　　　② ₩565,000

③ ₩570,000　　　　　　　　　　④ ₩615,000

⑤ ₩650,000

해설 | 자본(순자산)
　　 = 자산의 합계(매출채권 + 제품 + 차량운반구 + 선급보험료) − 부채의 합계(단기차입금 + 미지급금)
　　 = (₩500,000 + ₩50,000 + ₩100,000 + ₩50,000) − (₩60,000 + ₩25,000)
　　 = ₩615,000

기본서 p.29　　　　　　　　　　　　　　　　　　　　　　　　　　　　　정답 ④

정답 및 해설

07 ① 용역이 아직 제공되지 않은 상태에서 미리 현금을 수취한 것이므로, <u>수익이 발생하지 않고</u> 자산이 증가하고 부채가 증가하는 거래이다.
② 매출(수익의 발생)
③ 재해손실(비용의 발생)
④ 접대비(비용의 발생)
⑤ 감가상각비(비용의 발생)

08 ⑤ 영업용 자산을 구입하기 위한 비용은 <u>취득원가</u>에 포함된다.

09 ④ 이익잉여금이 증가하여 누적되면 <u>주주의 몫은 커진다</u>.

10 (주)한국의 20×1년도 수정후시산표의 계정 잔액이 다음과 같을 때, 20×1년도 말 자본의 총계는?

• 매출채권	₩3,600	• 매입채무	₩3,450
• 건물	₩89,800	• 현금	₩7,800
• 자본금	₩30,000	• 보험료	₩3,300
• 급여	₩18,000	• 용역매출	₩95,250
• 중간배당	₩5,000	• 이익잉여금(기초)	₩6,800
• 감가상각비	₩22,000	• 단기차입금	₩14,000

① ₩76,950 ② ₩80,450 ③ ₩83,750
④ ₩85,250 ⑤ ₩87,200

대표예제 05 　　**당기순손익의 측정 ★★**

다음은 (주)한국의 20×1년도 기초와 기말 재무상태표의 금액이다.

구분	20×1. 1. 1.	20×1. 12. 31.
자산총계	₩10,000	₩14,000
부채총계	₩5,000	₩6,800

(주)한국은 20×1년 중 ₩600의 유상증자와 ₩200의 무상증자를 각각 실시하였으며, 현금배당 ₩400을 지급하였다. 20×1년도 당기에 유형자산 관련 재평가잉여금이 ₩160만큼 증가한 경우 (주)한국의 20×1년도 포괄손익계산서상 당기순이익은? (단, 재평가잉여금의 변동 외에 다른 기타 자본요소의 변동은 없음)

① ₩1,500 ② ₩1,640 ③ ₩1,700
④ ₩1,840 ⑤ ₩2,000

해설 | 무상증자와 주식배당은 자본의 불변항목이므로 고려하지 않는다.

자본

현금배당	400	기초자본	5,000
기말자본	7,200	유상증자	600
		재평가잉여금	160
		당기순이익(x)	1,840
	7,600		7,600

기본서 p.33~34　　　　　　　　　　　　　　　　　　　정답 ④

11 (주)한국의 20×1년 자료가 다음과 같을 때, 20×1년 기말자본은? (단, 20×1년에 자본거래는 없다고 가정함)

제25회

• 기초자산(20×1년 초)	₩300,000	• 총수익(20×1년)	₩600,000
• 기초부채(20×1년 초)	₩200,000	• 총비용(20×1년)	₩400,000

① ₩100,000　　　　　　　　② ₩200,000

③ ₩300,000　　　　　　　　④ ₩400,000

⑤ ₩500,000

12 12월 결산법인인 (주)한국의 20×1년 기초 재무상태표상의 자산총계는 ₩150,000, 부채총계는 ₩50,000이었고, 자본항목 중 기타포괄손익누계액은 없었다. 20×1년 결산마감분개 직전 재무상태표상의 자산총계는 ₩175,000, 부채총계는 ₩60,000이었고, 포괄손익계산서상의 기타포괄이익이 ₩500이었다. 20×1년 결산마감분개 직전까지 본 문제에 기술된 사항을 제외한 자본항목의 변동은 없었고 20×1년 회계연도 중 현금배당금 지급액이 ₩1,500이었다면, (주)한국의 20×1년 회계연도 당기순이익은?

① ₩15,800　　　　　　　　② ₩16,000

③ ₩16,500　　　　　　　　④ ₩16,800

⑤ ₩17,200

정답 및 해설

10 ③ 기말자본총계 = 기말자산 − 기말부채
= (₩3,600 + ₩89,800 + ₩7,800) − (₩3,450 + ₩14,000) = ₩83,750

11 ③

자본

기말자본(x)	300,000	기초자본	100,000
		당기순이익	200,000
	300,000		300,000

12 ② 20×1년 포괄손익계산서상의 기타포괄이익은 자본항목인 기타포괄손익누계액에 증가가 되어 미실현손익의 누계액을 나타내므로, 자본계정을 통한 당기순이익의 계산시 고려해야 한다.

자본

현금배당	1,500	기초자본	150,000 − 50,000 = 100,000
기말자본	175,000 − 60,000 = 115,000	기타포괄이익	500
		당기순이익(x)	16,000
	116,500		116,500

13 (주)한국의 20×1년 초 자산총계와 부채총계는 각각 ₩40,000과 ₩10,000이고, 20×1년 말 자산총계와 부채총계는 각각 ₩60,000과 ₩20,000이다. 한편, (주)한국은 20×1년 중에 ₩2,000의 현금배당을 실시하였으며, 20×1년도 당기순이익으로 ₩5,000을 보고하였다. (주)한국이 20×1년도 포괄손익계산서에 인식한 총포괄손익과 기타포괄손익은? [단, 20×1년 중 현금배당 이외 자본거래(주주자격을 행사하는 주주와의 거래)는 없음]

	총포괄이익	기타포괄이익
①	₩7,000	₩3,000
②	₩7,000	₩5,000
③	₩10,000	₩7,000
④	₩12,000	₩5,000
⑤	₩12,000	₩7,000

14 다음은 (주)한국의 20×1년도와 20×2년도 말 부분 재무제표이다.

구분	20×1년	20×2년
자산총계	₩90,000	₩94,000
부채총계	₩30,000	₩29,200
당기순이익	₩8,000	₩3,000

20×2년 중에 (주)한국은 ₩4,000을 유상증자하였고, 현금배당 ₩6,000, 주식배당 ₩2,000을 하였다. (주)한국의 20×2년도 포괄손익계산서상 기타포괄손익은?

① ₩2,800   ② ₩3,200
③ ₩3,400   ④ ₩3,600
⑤ ₩3,800

15 다음 자료를 이용하여 계산한 기초자산은?

제24회

• 기초부채	₩50,000	• 기말자산	₩100,000
• 기말부채	₩60,000	• 유상증자	₩10,000
• 현금배당	₩5,000	• 총포괄이익	₩20,000

① ₩55,000　　　　　　　　　② ₩65,000

③ ₩70,000　　　　　　　　　④ ₩75,000

⑤ ₩85,000

정답 및 해설

13 ⑤

자본

현금배당	2,000	기초자본	40,000 − 10,000 = 30,000	
기말자본	60,000 − 20,000 = 40,000	당기순이익	5,000	㉡ 총포괄이익
		기타포괄손익	㉠ 7,000	12,000
	42,000		42,000	

14 ⑤

자본

현금배당	6,000	기초자본	90,000 − 30,000 = 60,000
기말자본	94,000 − 29,200 = 64,800	유상증자	4,000
		당기순이익	3,000
		기타포괄이익(x)	3,800
	70,800		70,800

15 ②

자본

현금배당	5,000	기초자본	㉠ 15,000
기말자본	40,000*	유상증자	10,000
		총포괄이익	20,000
	45,000		45,000

* 기말자본 = 기말자산 − 기말부채 = ₩100,000 − ₩60,000 = ₩40,000

∴ 기초자산 = 기초부채 + 기초자본 = ₩50,000 + ₩15,000 = ₩65,000

16 다음 재무자료를 이용한 (주)한국의 기말부채는?

• 기초자산	₩100,000	• 기초부채	₩25,000
• 당기순이익	₩35,000	• 기타포괄이익	₩2,500
• 현금배당	₩15,000	• 유상증자	₩62,500
• 기말자산	₩200,000		

① ₩32,000 　　　　② ₩40,000 　　　　③ ₩42,500

④ ₩51,000 　　　　⑤ ₩60,000

17 (주)대한이 20×1년 말 장부마감 후 집계한 재무상태의 변동내용은 다음과 같다.

• 자산	₩288,000(증가)	• 부채	₩89,000(증가)

20×1년 중 (주)대한이 ₩50,000의 신주를 액면으로 발행하였고, 현금배당 없이 5% (₩20,000)의 주식배당을 하였다. 그리고 유형자산의 재평가잉여금 ₩25,000이 발생한 경우 20×1년 당기순이익은?

① ₩104,000 　　　　② ₩124,000 　　　　③ ₩149,000

④ ₩199,000 　　　　⑤ ₩200,000

18 (주)한국의 재무상태표에 나타난 20×1년 말 자산과 부채는 20×1년 초보다 각각 ₩3,500,000과 ₩2,500,000이 증가하였다. 다음의 사건들을 고려하면, (주)한국이 20×1년도에 지급한 현금배당액은 얼마인가? (단, 기초 미지급배당금은 없으며, 현금배당액은 20×1년도 중에 모두 지급되었다고 가정함)

- 20×1년도 당기순이익은 ₩625,000이며, 동 기간 중 보통주 100주를 주당 ₩5,000에 유상증자하였다. 단, 유상증자한 보통주 액면가는 ₩100이다.
- 20×1년도 주식배당액은 ₩20,000이다.
- 20×1년도에 유형자산재평가이익 ₩5,000이 발생하였다.

① ₩110,000 　　　　② ₩130,000 　　　　③ ₩150,000

④ ₩170,000 　　　　⑤ ₩185,000

19 다음 (주)한국의 자료를 이용하여 계산한 당기의 비용총액은?

기초자산	₩11,000	기말자산	₩40,000
기초부채	₩1,500	기말부채	₩25,000

- 현금배당 ₩500
- 수익총액 ₩17,500

- 유상증자 ₩3,500
- 비용총액 ?

① ₩10,000

② ₩15,000

③ ₩20,000

④ ₩25,000

⑤ ₩50,000

정답 및 해설

16 ②

자본

현금배당	15,000	기초자본	100,000 − 25,000 = 75,000
기말자본	㉠ 160,000	유상증자	62,500
		당기순이익	35,000
		기타포괄이익	2,500
	175,000		175,000

∴ 기말부채 = 기말자산 − 기말자본(㉠)
  = ₩200,000 − ₩160,000 = ₩40,000

17 ② 당기순이익 = 순자산의 증가 ± 자본거래 제거 ± 기타포괄손익
  = ₩288,000 − ₩89,000 − ₩50,000 − ₩25,000 = ₩124,000
  ▶ 총포괄손익 = ₩288,000 − ₩89,000 − ₩50,000 = ₩149,000

18 ② 주식배당은 자본의 불변항목으로 고려하지 않는다.

자본

자산의 증가	3,500,000	부채의 증가	2,500,000
현금배당액	x	당기순이익	625,000
		유상증자	500,000
		재평가잉여금	5,000
	3,630,000		3,630,000

∴ 현금배당액(x) = ₩130,000

19 ②

자본

현금배당	500	기초자본	9,500[*1]
기말자본	15,000[*2]	유상증자	3,500
		당기순이익	㉠ 2,500
	15,500		15,500

[*1] 기초자산 − 기초부채 = ₩11,000 − ₩1,500
[*2] 기말자산 − 기말부채 = ₩40,000 − ₩25,000
∴ 총비용 = 총수익 − 당기순이익 = ₩17,500 − ₩2,500 = ₩15,000

제2장 회계의 순환과정

다음 중 회계상의 거래로 볼 수 없는 것은?

① 화재가 발생하여 장부금액 ₩5,000,000의 재고자산이 전부 소실되었다.

② 만기가 1년 남아 있는 은행차입금에 대하여 만기를 3년 더 연장하기로 하였다.

③ 내년에 ₩3,000,000의 상품을 판매하기로 계약을 체결하고 계약금 ₩300,000을 현금으로 수령하였다.

④ 미국에 ₩7,000,000의 제품을 수출하기로 계약하였으나 상대방이 계약취소를 통보하였다.

⑤ 재고자산 실사 결과 장부금액보다 ₩550,000에 해당하는 재고자산금액이 부족한 것을 확인하였다.

해설 │ 회계상의 거래는 자산, 부채, 자본의 증감 변화가 있어야 하고 금액을 확정할 수 있어야 한다. 따라서 계약금이나 계약해지에 대한 보상금을 주고 받지 않는 이상 최초의 계약과 계약취소는 모두 회계상의 거래가 아니다.
　①⑤ 비용의 발생과 자산의 감소이므로 회계상 거래에 해당한다.
　② 단기차입금이 감소하고, 장기차입금이 증가하는 계정대체에 대한 회계처리가 발생하므로 회계상 거래에 해당한다.
　③ 계약 자체는 거래가 아니나, 계약금의 수령분으로 자산이 증가하고 부채가 증가하므로 회계상 거래가 되어 회계처리의 대상이 된다.

기본서 p.49　　　　　　　　　　　　　　　　　　　　　　　　　　　　　　　정답 ④

01 다음 중 회계상 거래가 아닌 것은?
제19회

① 거래처의 부도로 인하여 매출채권 회수가 불가능하게 되었다.

② 임대수익이 발생하였으나 현금으로 수취하지는 못하였다.

③ 기초에 매입한 당기손익－공정가치측정 금융자산의 공정가치가 기말에 상승하였다.

④ 재고자산 실사 결과 기말재고수량이 장부상 수량보다 부족한 것을 확인하였다.

⑤ 기존 차입금에 대하여 금융기관의 요구로 부동산을 담보로 제공하였다.

대표예제 07 ┃ 거래의 결합관계 ★★

(주)한국의 회계상 거래 중 비용이 발생하고 부채가 증가하는 거래는?
제26회

① 전기에 토지를 처분하고 받지 못한 대금을 현금수취하였다.

② 화재로 인하여 자사 컴퓨터가 소실되었다.

③ 당해 연도 발생한 임차료를 지급하지 않았다.

④ 대여금에서 발생한 이자수익을 기말에 인식하였다.

⑤ 전기에 지급하지 못한 종업원 급여에 대하여 당좌수표를 발행하여 지급하였다.

해설 | 비용이 발생되었으나 미지급된 거래이므로 다음과 같은 결합관계를 갖는다.
[비용의 발생]
(차) 비용의 발생(임차료)　　　　×××　　　(대) 부채의 증가(미지급임차료)　　　×××

기본서 p.50　　　　　　　　　　　　　　　　　　　　　　　　　　　　정답 ③

---

02 다음 중 대변에 기록하는 거래가 아닌 것은?

① 미수금의 감소　　　　　　　　② 외상매입금의 증가

③ 단기차입금의 감소　　　　　　④ 매출액의 발생

⑤ 선수금의 증가

정답 및 해설

01 ⑤　회계상 거래는 자산, 부채, 자본의 증감 변화를 일으키는 사건을 말하며, 금액으로 나타낼 수 있어야 한다. 따라서 단순한 주문, 계약, 채용, 담보제공 등은 회계상 거래에 해당되지 않는다.

02 ③　단기차입금은 부채계정으로서 증가하는 경우 대변에, 감소하는 경우 차변에 각각 기록한다.

03 다음은 청소용역의 제공을 주된 영업으로 하는 (주)한국의 20×1년 7월 회계상의 거래이다. 각 거래의 발생시점에 자산총액에 영향을 미치지 않는 거래를 모두 고른 것은?

> ㉠ 7월 1일: 보통주(액면금액 ₩500) 100주를 주당 ₩1,000에 현금발행하였다.
> ㉡ 7월 7일: 은행에서 연 이자율 4%로 1년 동안 현금 ₩30,000을 차입하였으며, 이자는 전액 만기에 지급하기로 하였다.
> ㉢ 7월 10일: 고객에게 용역을 제공하고 대금 ₩500,000은 다음 달 말에 받기로 하였다.
> ㉣ 7월 22일: 주주총회에서 주주들에게 7%의 주식배당을 실시하기로 선언하였다.
> ㉤ 7월 31일: 8월 5일 지급 예정인 7월분 급여 ₩200,000을 인식하였다.

① ㉠, ㉡
② ㉠, ㉢
③ ㉡, ㉤
④ ㉢, ㉣
⑤ ㉣, ㉤

04 (주)한국의 다음 거래가 회계등식의 구성요소에 미치는 영향으로 옳지 않은 것은?

① 차입금에 대한 이자를 현금으로 ₩4,000 지급한 경우, 자산이 ₩4,000 감소하고 자본이 ₩4,000 감소한다.
② 상품 매출액 ₩10,000 중 ₩5,000은 현금으로 받고 잔액은 나중에 받기로 하였다. 이 거래로 인해 자산이 ₩10,000 증가하고, 자본이 ₩10,000 증가한다.
③ 주식 발행의 대가로 현금 ₩20,000을 출자받았다. 이 거래로 인해 자산이 ₩20,000 증가하고, 자본이 ₩20,000 증가한다.
④ 자금부 직원 급여 ₩10,000을 현금으로 지급한 경우, 부채가 ₩10,000 증가하고, 자본이 ₩10,000 감소한다.
⑤ 사무실에 사용할 컴퓨터 ₩2,000을 취득하면서 현금 ₩1,000을 지급하고 잔액은 나중에 지급하기로 하였다. 이 거래로 인해 자산이 ₩1,000 증가하고, 부채가 ₩1,000 증가한다.

대표예제 08 / 계정 ★

수정후시산표의 각 계정잔액이 존재한다고 가정할 경우, 장부마감 후 다음 회계연도 차변으로 이월되는 계정과목은?

제24회

① 이자수익　　　　　　　　　　② 자본금
③ 매출원가　　　　　　　　　　④ 매입채무
⑤ 투자부동산

해설 | 기말잔액이 차기로 이월되는 계정은 재무상태표(자산·부채·자본)계정이다. 이 중 차변에 잔액이 생기는 자산(투자부동산)계정은 기말에 대변에 차기이월로 마감하여 다음 회계연도 초에 전기이월로 차변으로 이월된다.

오답 | ①③ 손익계산서계정이므로 잔액이 이월되지 않는다.
체크 | ② 자본계정으로 잔액이 다음 연도 초에 대변으로 이월된다.
　　　 ④ 부채계정으로 잔액이 다음 연도 초에 대변으로 이월된다.

기본서 p.53　　　　　　　　　　　　　　　　　　　　　　　　　　　　정답 ⑤

---

05 다음 중 잔액이 대변에 나타나지 않는 항목은?

① 미지급급여　　　　　　　　　② 선수수익
③ 주식발행초과금　　　　　　　④ 미수금
⑤ 감자차익

정답 및 해설

03 ⑤　㉠ (차) 자산의 증가(현금)　　　　　　　　(대) 자본의 증가(자본금)
　　　　㉡ (차) 자산의 증가(현금)　　　　　　　　(대) 부채의 증가(단기차입금)
　　　　㉢ (차) 자산의 증가(매출채권)　　　　　　(대) 수익의 발생(용역수익)
　　　　㉣ (차) 자본의 감소(미처분이익잉여금)　　(대) 자본의 증가(미교부주식배당금)
　　　　㉤ (차) 비용의 발생(급여)　　　　　　　　(대) 부채의 증가(미지급급여)

04 ④　(차) 비용의 발생(급여)　　　　　　10,000　　(대) 자산의 감소(현금)　　　　　　10,000
　　　　부채항목은 회계처리에 나타나지 않으므로 불변이고, 자본은 ₩10,000 감소한다.

05 ④　자산(미수금)항목이므로 차변잔액을 나타낸다.
　　　　① 미지급급여(부채) – 대변
　　　　② 선수수익(부채) – 대변
　　　　③ 주식발행초과금(자본) – 대변
　　　　⑤ 감자차익(자본) – 대변

06 회계상 거래는 분개와 전기의 과정을 거쳐 계정에 기입된다. 다음의 전기내역을 확인하였을 때, (   ) 안에 기입할 수 있는 계정과목은?

( )					
(차변)			**(대변)**		
⋮			⋮		
3월 5일	매출	×××	3월 10일	현금	×××
3월 30일	손실충당금	×××	3월 15일	매출환입	×××
⋮			⋮		

① 매출채권   ② 상품
③ 손상차손   ④ 매입채무
⑤ 지급어음

대표예제 09   **분개와 전기 ★**

다음은 (주)한국의 거래를 분개한 것이다. 이에 대한 설명으로 옳지 않은 것은?

① (차) 현금   5,000   (대) 이자수익   5,000
    정기예금에 대한 이자 ₩5,000을 수령하였다.
② (차) 급여   10,000   (대) 미지급급여   10,000
    당기발생분 급여 미지급분 ₩10,000을 회계처리하였다.
③ (차) 기계장치   20,000   (대) 매입채무   20,000
    기계장치를 구입하고 대금 ₩20,000을 월말에 지급하기로 하였다.
④ (차) 비품   7,000   (대) 당좌예금   7,000
    업무용 컴퓨터를 구입하고 대금 ₩7,000을 수표발행하여 지급하였다.
⑤ (차) 현금   30,000   (대) 매출   30,000
    (차) 매출원가   25,000   (대) 상품   25,000
    원가 ₩25,000의 상품을 판매가 ₩30,000에 판매하여 현금을 수령하였다.

해설 | 기계장치의 구입으로 생긴 채무계정은 상거래가 아니므로 매입채무계정이 아닌 미지급금계정이다.

기본서 p.56~57   정답 ③

07 다음 재무상태표계정을 통해 거래를 추정한 것으로 옳지 않은 것은?

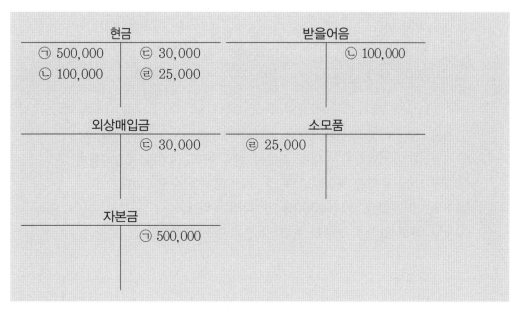

현금
| ㉠ 500,000 | ㉢ 30,000 |
| ㉡ 100,000 | ㉣ 25,000 |

받을어음
| | ㉡ 100,000 |

외상매입금
| | ㉢ 30,000 |

소모품
| ㉣ 25,000 | |

자본금
| | ㉠ 500,000 |

① ㉠ 현금 ₩500,000을 출자하여 상품매매업을 시작하였다.
② ㉡ 받을어음 ₩100,000이 만기가 되어 현금으로 받았다.
③ ㉢ 외상매입금 ₩30,000을 현금으로 지급하였다.
④ ㉣ 사무용 문구류 ₩25,000을 구입하고 대금을 현금으로 지급하였다.
⑤ ㉠~㉣ 모두 교환거래이다.

정답 및 해설

06 ① • 3월 5일 (차) 매출채권 ××× (대) 매출 ×××
• 3월 10일 (차) 현금 ××× (대) 매출채권 ×××
• 3월 15일 (차) 매출환입 ××× (대) 매출채권 ×××
• 3월 30일 (차) 매출채권 ××× (대) 손실충당금 ×××

07 ③ (차) ? 60,000 (대) 현금 30,000
외상매입금 30,000
차변항목이 없으므로 불완전한 거래이다.

08 다음과 같은 현금원장의 내용에 기반하여 추정한 날짜별 거래로 옳지 않은 것은?

현금					
3/15	용역수익	70,000	3/5	비품	50,000
3/20	단기차입금	100,000	3/10	기계장치	75,000
			3/31	미지급임차료	20,000

① 3월 5일 비품 구입을 위하여 현금 ₩50,000을 지급하였다.
② 3월 10일 기계장치 구입을 위하여 현금 ₩75,000을 지급하였다.
③ 3월 15일 용역을 제공하고 현금 ₩70,000을 수령하였다.
④ 3월 20일 현금 ₩100,000을 단기차입하였다.
⑤ 3월 31일 임차료 발생분 ₩20,000을 미지급하였다.

대표예제 10   **회계순환과정 ★**

다음의 회계순환과정을 이루고 있는 절차들의 순서가 바르게 연결된 것은?

㉠ 분개	㉡ 재무제표 작성
㉢ 결산수정분개	㉣ 수정후시산표 작성
㉤ 거래의 발생	㉥ 총계정원장으로 전기

① ㉠ ➡ ㉥ ➡ ㉣ ➡ ㉢ ➡ ㉡ ➡ ㉤
② ㉤ ➡ ㉠ ➡ ㉥ ➡ ㉢ ➡ ㉣ ➡ ㉡
③ ㉤ ➡ ㉠ ➡ ㉥ ➡ ㉣ ➡ ㉢ ➡ ㉡
④ ㉤ ➡ ㉥ ➡ ㉠ ➡ ㉢ ➡ ㉣ ➡ ㉡
⑤ ㉤ ➡ ㉥ ➡ ㉠ ➡ ㉣ ➡ ㉢ ➡ ㉡

해설 | 거래의 발생 ➡ 분개 ➡ 총계정원장으로 전기 ➡ 수정전시산표 작성 ➡ 결산수정분개 ➡ 수정후시산표 작성 ➡ 장부 마감 ➡ 재무제표 작성

기본서 p.59   정답 ②

09 다음 중 기말 결산과정에 대한 설명으로 옳지 않은 것은?

① 수정후시산표를 토대로 재무상태표와 손익계산서를 작성한다.
② 이월시산표는 회계의 순환과정 중 가장 먼저 작성한다.
③ 수정전시산표는 기말수정분개가 반영되기 전의 시산표를 말한다.
④ 마감분개는 수익계정과 비용계정을 마감하여 영(0)의 상태로 만드는 분개이다.
⑤ 기말수정분개는 기업이 기중에 총계정원장에 전기한 내용을 발생주의 회계로 수정하는 분개이다.

종합

10 회계거래의 기록과 관련된 설명으로 옳지 않은 것은?   제19회

① 분개란 복식부기의 원리를 이용하여 발생한 거래를 분개장에 기록하는 절차이다.
② 분개장의 거래기록을 총계정원장의 각 계정에 옮겨 적는 것을 전기라고 한다.
③ 보조회계장부로는 분개장과 현금출납장이 있다.
④ 시산표의 차변합계액과 대변합계액이 일치하는 경우에도 계정기록의 오류가 존재할 수 있다.
⑤ 시산표는 총계정원장의 차변과 대변의 합계액 또는 잔액을 집계한 것이다.

정답 및 해설

08 ⑤ 미지급임차료 ₩20,000을 현금으로 지급하였다.
(차) 미지급임차료   20,000   (대) 현금   20,000
09 ② 이월시산표는 회계의 순환과정 중 장부마감 후에 작성한다.
10 ③ 분개장은 보조장부가 아니라 <u>주요장부에 해당한다</u>.

다음의 분개장 기록 내역 중 시산표 작성을 통해 항상 자동으로 발견되는 오류만을 모두 고르면?

> ㉠ 건물을 ₩300,000에 처분하고, '(차) 현금 300,000 　(대) 토지 300,000'으로 분개하였다.
> ㉡ 기계장치를 ₩50,000에 처분하고, '(차) 현금 50,000 　(대) 기계장치 5,000'으로 분개하였다.
> ㉢ 토지를 ₩100,000에 처분하고, '(차) 토지 100,000 　(대) 현금 100,000'으로 분개하였다.
> ㉣ 신입사원과 월 ₩1,000,000에 고용계약을 체결하고, '(차) 급여 1,000,000 　(대) 미지급비용 1,000,000'으로 분개하였다.

① ㉠   ② ㉡

③ ㉠, ㉣   ④ ㉠, ㉡, ㉢

⑤ ㉡, ㉢, ㉣

해설 | 시산표에서 자동으로 발견되는 오류는 차변과 대변이 일치하지 않는 경우이다. 나머지는 차변과 대변이 일치하는 오류 유형으로 시산표상에서 발견되지 않는 오류에 해당된다.

기본서 p.62~63   정답 ②

11 시산표의 차변금액이 대변금액보다 크게 나타나는 오류에 해당하는 것은?   제23회

① 건물 취득에 대한 회계처리가 누락되었다.

② 차입금 상환에 대해 분개를 한 후, 차입금계정에는 전기를 하였으나 현금계정에는 전기를 누락하였다.

③ 현금을 대여하고 차변에는 현금으로, 대변에는 대여금으로 동일한 금액을 기록하였다.

④ 미수금 회수에 대해 분개를 한 후, 미수금계정에는 전기를 하였으나 현금계정에는 전기를 누락하였다.

⑤ 토지 처분에 대한 회계처리를 중복해서 기록하였다.

12 다음 오류 중에서 시산표의 작성을 통하여 발견할 수 없는 것은?

① ₩30,000의 미수금 회수시 현금계정 차변과 미수금계정 차변에 각각 ₩30,000을 기입하였다.

② ₩70,000의 매출채권회수액에 대한 분개를 하고, 매출채권계정에는 전기하였으나 현금계정에 대한 전기는 누락하였다.

③ ₩350,000의 비품을 현금매입하고 거래에 대한 회계처리를 누락하였다.

④ ₩134,000의 매입채무 지급시 현금계정 대변에 ₩134,000을 기입하고 매입채무계정 차변에 ₩143,000을 기입하였다.

⑤ ₩750,000의 상품을 외상으로 구입한 분개를 하고, 상품계정 대변과 매입채무계정 대변에 각각 전기하였다.

13 시산표 작성을 통해서 발견할 수 있는 오류는?

① 미수금 ₩20,000을 현금으로 회수하면서 미수금계정에 ₩20,000 차기하고, 현금계정에 ₩20,000 대기하였다.

② 차량운반구 ₩30,000을 현금으로 구입하면서 비품계정에 ₩30,000 차기하고, 현금계정에 ₩30,000 대기하는 회계처리를 두 번 반복하였다.

③ 단기대여금 ₩34,000을 현금으로 회수하면서 현금계정에 ₩34,000 차기하고, 대여금계정에 ₩43,000 대기하였다.

④ 매입채무 ₩40,000을 현금 지급하면서 현금계정에 ₩20,000 대기하고, 매입채무계정에 ₩20,000 차기하였다.

⑤ 미수금계정의 차변잔액 ₩10,000을 잔액시산표의 매출채권계정에 ₩10,000을 기입하였다.

정답 및 해설

11 ② 다음의 회계처리에서 차변만 전기되었으므로 시산표상 차변금액이 대변금액보다 큰 오류가 된다.

(차) 차입금 　　　　　　　　　　×××　　　(대) 현금 　　　　　　　　　　×××

12 ③ 회계처리가 누락되면 차변과 대변이 일치하므로 시산표를 통해서 오류를 발견할 수 없다.

13 ③ (차) 현금 　　　　　　　　　　34,000　　(대) 대여금 　　　　　　　　　43,000

차변과 대변의 금액이 불일치하여 차이가 생기므로 시산표상에서 발견할 수 있는 오류 유형이다.

기말수정분개의 이해 ★★

(주)한국은 20×1년 7월 1일 창고를 임대하고 1년분 임대료 ₩30,000을 현금 수령하여 임대료 수익으로 회계처리하였다. (주)한국이 임대료와 관련하여 기말수정분개를 하지 않은 경우, (주)한국의 재무제표에 미치는 영향에 대한 설명으로 옳은 것은? (단, 기간은 월할계산함)

① 부채와 당기순이익 모두 불변이다.
② 부채와 당기순이익이 모두 과대계상된다.
③ 부채는 과소계상되고, 당기순이익은 과대계상된다.
④ 자산과 당기순이익이 모두 과소계상된다.
⑤ 자산은 과소계상되고, 당기순이익은 과대계상된다.

해설 | 누락된 기말수정분개: 미경과분(₩30,000 × 6/12 = ₩15,000)
(차) 임대료   15,000   (대) 선수임대료   15,000
기말수정분개의 누락으로 수익(임대료)이 과대계상되어 당기순이익이 과대계상되고, 부채(선수임대료)가 과소계상된다.

기본서 p.64~75   정답 ③

14 20×1년 초 설립한 (주)한국의 20×1년 말 수정전시산표상 소모품계정은 ₩50,000이었다. 기말 실사 결과 미사용소모품이 ₩20,000일 때, 소모품에 대한 수정분개의 영향으로 옳은 것은?   제23회

① 비용이 ₩30,000 증가한다.
② 자본이 ₩30,000 증가한다.
③ 이익이 ₩20,000 감소한다.
④ 자산이 ₩30,000 증가한다.
⑤ 부채가 ₩20,000 감소한다.

15 (주)한국은 20×1년 말 다음과 같은 결산수정분개를 하였다. 20×1년 중 소모품을 구입하기 위해 현금 ₩20,000을 지급하였으며, 기초에 소모품재고는 없었다. 20×1년 말 (주)한국의 포괄손익계산서에 인식하게 될 소모품비는 얼마인가?

(차) 소모품	12,000	(대) 소모품비	12,000

① ₩8,000   ② ₩12,000
③ ₩16,000   ④ ₩20,000
⑤ ₩22,000

정답 및 해설

14 ① 수정전시산표상 소모품계정인 자산계정이므로 회계기중에 구입시 자산처리법으로 회계처리하였음을 알 수 있다. 따라서 기말수정분개는 다음과 같이 사용분에 대한 회계처리를 해야 한다.

(차) 소모품비   30,000   (대) 소모품   30,000

∴ 사용분 = ₩50,000 − ₩20,000 = ₩30,000

② 자본이 ₩30,000 감소한다.
③ 이익이 ₩30,000 감소한다.
④ 자산이 ₩30,000 감소한다.
⑤ 부채는 불변이다.

15 ① 기말수정분개가 미사용분을 제시하고 있으므로 기중에 구입시 소모품비(비용)계정으로 회계처리하였음을 알 수 있다. 따라서 기중에 비용발생 소모품비 ₩20,000에서 기말수정분개를 통해 소모품비 감소분 ₩12,000을 차감한 ₩8,000이 포괄손익계산서에 인식할 소모품비(비용)가 된다.

---

16 (주)한국은 20×1년 기초와 기말에 각각 ₩40,000과 ₩80,000의 소모품을 보유하고 있고, 20×1년 12월 31일 다음과 같이 기말수정분개를 하였다. 20×1년 중 소모품 순 구입액은?

(차) 소모품비	64,000	(대) 소모품	64,000

① ₩90,000   ② ₩104,000
③ ₩125,000   ④ ₩144,000
⑤ ₩210,000

17 20×1년 12월분 관리직 종업원급여 ₩500이 발생하였으나 장부에 기록하지 않았고, 이 금액을 20×2년 1월에 지급하면서 전액 20×2년 비용으로 인식하였다. 이러한 회계 처리의 영향으로 옳지 않은 것은? (단, 20×1년과 20×2년에 동 급여에 대한 별도의 수정분개는 하지 않은 것으로 가정함)　　　　　　　제25회

① 20×1년 비용 ₩500 과소계상
② 20×1년 말 자산에는 영향 없음
③ 20×1년 말 부채 ₩500 과소계상
④ 20×1년 말 자본 ₩500 과대계상
⑤ 20×2년 당기순이익에는 영향 없음

18 (주)한국은 20×1년 9월 1일 1년분 보험료로 ₩1,200을 지급하고 선급비용으로 회계 처리하였다. (주)한국이 20×1년 말 동 보험료와 관련된 수정분개를 누락하였다면, 20×1년 재무제표에 미치는 영향은? (단, 보험료 인식은 월할계산함)

① 자산 ₩200 과소계상, 당기순이익 ₩200 과소계상
② 자산 ₩200 과대계상, 당기순이익 ₩200 과대계상
③ 자산 ₩400 과소계상, 당기순이익 ₩400 과소계상
④ 자산 ₩400 과대계상, 당기순이익 ₩400 과대계상
⑤ 자산 ₩300 과대계상, 당기순이익 ₩300 과대계상

19 12월 결산법인인 (주)한국은 결산 중 20×1년 9월 1일 1년분 화재보험료 ₩300,000을 현금으로 지급하면서 보험료로 회계처리하였으며, 20×1년 1월 1일 자산으로 계상된 소모품 ₩100,000 중 12월 말 현재 보유하고 있는 소모품은 ₩25,000인 사실을 추가적으로 확인하였다. 이에 대한 수정분개가 반영된 경우 자산 또는 법인세비용차감전순이익에 미치는 영향으로 올바른 것은?

① 자산이 ₩200,000 증가한다.

② 자산이 ₩75,000 감소한다.

③ 법인세비용차감전순이익은 ₩75,000 감소한다.

④ 법인세비용차감전순이익은 ₩125,000 증가한다.

⑤ 법인세비용차감전순이익은 ₩200,000 증가한다.

정답 및 해설

16 ② 기말수정분개시 사용액을 분개하였으므로 기중에는 자산처리법에 의해 회계처리하였음을 알 수 있다. 따라서 소모품계정을 분석하면 다음과 같다.

소모품

기초	40,000	사용액	64,000
구입액(x)	104,000	기말	80,000
	144,000		144,000

17 ⑤ [20×1년]

(차) 급여(비용의 발생)   500   (대) 미지급급여(부채의 증가)   500

회계처리 누락으로 비용과 부채가 ₩500 과소계상되고, 당기순이익과 자본은 ₩500이 과대계상된다.

[20×2년]

지급시 비용으로 인식했으므로 비용이 과대계상되고, 당기순이익과 자본은 ₩500이 과소계상된다.

18 ④ 비용(수정분개 = ₩1,200 × 4/12 = ₩400)

(차) 보험료   400   (대) 선급보험료   400

회계처리를 누락한 경우 비용 과소, 자산 과대 ⇨ 이익 과대

19 ④ (1) 보험료: 비용처리법

[수정분개] (차) 선급보험료   200,000   (대) 보험료   200,000

⇨ 미경과보험료 = ₩300,000 × 8/12 = ₩200,000

(2) 소모품: 자산처리법

[수정분개] (차) 소모품비   75,000   (대) 소모품   75,000

⇨ 사용분 = ₩100,000 − ₩25,000 = ₩75,000

∴ 법인세비용차감전순이익 = (1) + (2) = ₩200,000 − ₩75,000 = ₩125,000 증가

---

20 결산수정분개에 대한 설명으로 옳지 않은 것은?

① 유형자산 감가상각시 차변은 감가상각비로 계상하고 대변은 감가상각누계액으로 계상한다.

② 당기에 속하는 임차료를 지급하지 않았다면 차변에 비용으로 기록하고 대변에 미지급비용으로 계상한다.

③ 소모품 취득시 비용으로 기록하였다면 결산기말까지 미사용한 부분만큼 자산으로 처리한다.

④ 장래에 용역을 제공하기로 하고 대금을 미리 받은 경우, 결산기말까지 용역을 제공한 부분은 선수수익으로 계상하고 미제공한 부분은 부채로 계상한다.

⑤ 보험료 지급시 보험료인 비용계정으로 처리한 경우 기말수정분개는 미경과분을 선급보험료인 자산계정으로 회계처리한다.

21 다음 중 수정분개하였을 때 수정후잔액시산표의 합계금액을 변동시키지 않는 경우는?

① 건물의 감가상각비의 인식

② 대여금에 대한 미수이자의 인식

③ 기계장치의 당해 연도 손상차손의 인식

④ 차입금에 대한 미지급이자의 인식

⑤ 이자수익 중 기간 미경과분을 선수이자로 인식

22 (주)한국은 회계연도 중에는 현금주의에 따라 회계처리하며, 기말수정분개를 통해 발생주의로 전환하여 재무제표를 작성한다. (주)한국의 기말 수정후시산표상 차변(또는 대변)의 합계금액은 ₩1,025,000이다. 기말수정사항이 다음과 같을 때, 수정전시산표상 차변(또는 대변)의 합계금액은?

• 소모품 기말재고액	₩30,000	• 기간 미경과 보험료	₩55,000
• 미수수익 미계상액	₩15,000	• 미지급이자 미계상액	₩10,000

① ₩915,000

② ₩965,000

③ ₩1,000,000

④ ₩1,025,000

⑤ ₩1,040,000

23 다음은 20×1년 초 설립한 (주)한국의 결산 수정이 필요한 사항을 나열한 것이다. 다음 거래로 인한 수정후시산표의 영향으로 옳지 않은 것은?

> - 20×1년 중 선급임차료로 회계처리한 ₩120,000에서 ₩90,000은 20×1년분 임차료 이다.
> - 20×1년 급여 발생분 ₩20,000의 회계처리가 누락된 것을 발견하였다.
> - 20×1년 중 선수수익으로 회계처리한 ₩50,000에서 40%는 20×1년 수익으로 인식한다.

① 자산 ₩90,000이 감소하였다.

② 부채 ₩20,000이 증가하였다.

③ 비용 ₩110,000이 증가하였다.

④ 수익 ₩20,000이 증가하였다.

⑤ 수정후시산표 합계에 영향을 주는 금액은 ₩20,000이다.

정답 및 해설

20 ④ 장래에 용역을 제공하기로 하고 대금을 미리 받은 경우, 용역을 제공한 부분을 매출(수익)로 인식하고 미제 공한 부분은 선수금(부채)으로 인식한다.

21 ⑤ 선수이자(부채)계정은 이연항목으로 선수이자가 발생하면 대변이 증가하고 동시에 기존의 수익항목이 감소 하게 되므로 수정후잔액시산표의 합계에 영향을 주지 않는 항목이다.
①②③④ 차변과 대변에 동일한 금액이 변동되어 합계금액에 영향을 준다.

22 ③ 수정분개가 수정후시산표에 영향을 주지 않는 항목은 소모품 회계처리, 선급비용, 선수수익이 해당되므로 이를 제외한 항목을 조정하면 수정전 합계액이 계산된다.

시산표 합계 변화

[자산]	소모품	(+)30,000	[부채]	미지급이자	(+)10,000
	선급보험료	(+)55,000			
	미수수익	(+)15,000			
			[자본]		
[비용]	소모품비	(−)30,000			
	보험료	(−)55,000	[수익]	수익	(+)15,000
	이자비용	(+)10,000			
합계		(+)25,000	합계		(+)25,000

수정전시산표의 합계(x) + 합계 변화(₩25,000) = 수정후시산표의 합계(₩1,025,000)
∴ x = ₩1,000,000

23 ② 부채는 ₩20,000의 증가·감소로 ₩0이다.

시산표

[자산]	(−)선급임차료	90,000	[부채]	(+)미지급급여	20,000
				(−)선수수익	20,000
			[자본]		
[비용]	(+)임차료	90,000			
	(+)급여	20,000	[수익]	(+)수익	20,000

24 (주)한국의 기말조정사항에 대한 수정분개가 당기순이익에 미치는 영향(증가 또는 감소)이 나머지와 다른 것은?

① 당기 급여발생분 중 미지급분 ₩2,000,000을 회계처리하지 않았다.

② 기계장치에 대한 당기 감가상각비 ₩10,000을 회계처리하지 않았다.

③ 당기 11월 1일에 소모품을 ₩25,000에 현금으로 구입하고 자산으로 인식하였다. 기말결산일에 미사용 소모품 ₩10,000이 남아 있음을 확인하였다.

④ 당기 4월 1일부터 회사 건물을 (주)대한에게 1년간 임대하고, 1개월에 ₩5,000씩 1년분 임대료 ₩60,000을 현금으로 받아 전액 수익으로 기록하였다.

⑤ 당기 7월 1일에 1년 만기 정기예금(연 6% 이자율)에 가입하고 현금 ₩5,000,000을 입금하였으나 결산일까지 이자수령일이 도래하지 않아 이자 관련 회계처리는 하지 않았다.

25 (주)한국의 수정전시산표상 수익총액은 ₩40,000이며 비용총액은 ₩25,000이다. 다음의 결산수정사항을 반영할 경우, (주)한국의 당기순이익은?

- 당해 연도에 이자수익 ₩3,000이 발생하였으나 장부에 반영하지 않았다.
- 당해 연도에 발생한 급여 ₩4,000을 장부에 반영하지 않았다.
- 보험료 ₩6,000을 지급하면서 전액 자산으로 인식하였으나 이 중 다음 연도에 해당하는 금액은 ₩4,500이다.
- 임대료 ₩12,000을 수취하면서 전액 수익으로 인식하였으나 당해 연도에 해당하는 금액은 ₩4,000이다.

① ₩1,500
② ₩4,500
③ ₩5,500
④ ₩8,500
⑤ ₩10,000

26 수정 전 수익과 비용의 차액이 ₩1,000(이익)일 때, 다음의 결산수정사항을 반영한 수익과 비용의 차액은? (단, 아래 항목 외에는 수정사항이 없음)

> • 기초소모품 ₩100, 당기매입 소모품 ₩500, 기말소모품 ₩200(단, 소모품 구입시 자산계정인 소모품계정에 기록함)
> • 당기에 발생하였으나 지급하지 않은 이자비용 ₩250

① ₩400 손실　　　　　　　　　　② ₩250 손실
③ ₩350 이익　　　　　　　　　　④ ₩850 이익
⑤ ₩1,350 이익

정답 및 해설

24 ⑤ [기말수정분개]
①~④는 기말수정분개를 통해 당기순이익이 감소하고, ⑤의 경우 기말수정분개를 통해 당기순이익이 증가한다.
① (차) 급여(비용 발생)　　　(대) 미지급급여(부채 증가): 당기순이익의 감소
② (차) 감가상각비(비용 발생)　(대) 감가상각누계액(자산 감소): 당기순이익의 감소
③ (차) 소모품비(비용 발생)　　(대) 소모품(자산 감소): 당기순이익의 감소
④ (차) 임대료(수익 감소)　　　(대) 선수수익(부채 증가): 당기순이익의 감소
⑤ (차) 미수수익(자산 증가)　　(대) 이자수익(수익 발생): 당기순이익의 증가

25 ②

시산표				
[자산] 미수이자	(+)3,000	[부채]	미지급급여	(+)4,000
선급보험료	(−)1,500		선수임대료	(+)8,000*2
		[자본]		
[비용] 급여	(+)4,000	[수익]	이자수익	(+)3,000
보험료	(+)1,500*1		임대료	(−)8,000

*1 보험료 당기 발생분 = ₩6,000 − ₩4,500 = ₩1,500
*2 임대료 미경과(차기분) = ₩12,000 − ₩4,000 = ₩8,000
∴ 수정 후 당기순이익 = 수정 전 당기순이익 ± 수정사항
= (₩40,000 − ₩25,000) − (₩8,000 − ₩3,000) − (₩4,000 + ₩1,500) = ₩4,500

26 ③ 소모품 사용액 = ₩100 + ₩500 − ₩200 = ₩400
∴ 수정 후 올바른 당기순이익 = 수정 전 이익 − 소모품비(사용액) − 미지급이자
= ₩1,000 − ₩400 − ₩250 = ₩350(이익)

27 20×1년 5월 31일에 월말 결산수정분개를 하기 전에 (주)한국의 시산표상에 수익합계는 ₩7,000이고 비용합계는 ₩2,000이다. 수정전시산표에 반영되지 않은 다음의 결산수정항목들을 반영하여 산출한 20×1년 5월분 포괄손익계산서상의 당기순이익은?

- 단기차입금에 대한 5월분 이자발생액은 ₩800이다.
- 5월 초의 선급보험료 중 5월분에 해당하는 금액은 ₩700이다.
- 선수용역수익으로 받은 금액 중 5월에 용역제공이 완료된 금액은 ₩700이다.
- 용역제공은 이미 완료됐지만 아직 받지 못한 금액은 ₩600이다.

① ₩4,800

② ₩5,000

③ ₩5,100

④ ₩5,200

⑤ ₩6,000

28 결산과정에서 다음의 수정사항을 반영하기 전 법인세비용차감전순이익이 ₩100,000인 경우, 수정사항을 반영한 후의 법인세비용차감전순이익은? (단, 수정전시산표상 재평가잉여금과 기타포괄손익-공정가치측정 금융자산평가손익의 잔액은 없음)

- 선급보험료 ₩30,000 중 3분의 1의 기간이 경과하였다.
- 대여금에 대한 이자발생액은 ₩20,000이다.
- 미지급급여 ₩4,000이 누락되었다.
- 자산재평가손실 ₩50,000이 누락되었다.
- 기타포괄손익-공정가치측정 금융자산평가이익 ₩16,000이 누락되었다.
- 자기주식처분이익 ₩30,000이 누락되었다.

① ₩56,000

② ₩72,000

③ ₩102,000

④ ₩106,000

⑤ ₩110,000

대표예제 13 / 총계정원장의 마감과 전체 재무제표 ★★

다음은 (주)한국의 임차료와 단기차입금의 장부마감 전 계정별 원장이다. 장부마감시 각 계정별 원장에 기입할 내용으로 옳은 것은?

임차료		단기차입금	
현금　25,000	선급비용　20,000		현금　25,000

① 임차료계정 원장의 차변에 차기이월 ₩5,000으로 마감한다.

② 임차료계정 원장의 대변에 집합손익 ₩5,000으로 마감한다.

③ 단기차입금계정 원장의 대변에 차기이월 ₩25,000으로 마감한다.

④ 단기차입금계정 원장의 차변에 집합손익 ₩25,000으로 마감한다.

⑤ 수익과 비용계정은 차기이월로 마감하며, 재무상태표계정은 집합손익으로 마감한다.

해설 | 포괄손익계산서계정(수익계정·비용계정)은 집합손익계정으로 마감하고, 재무상태표계정(자산계정·부채계정·자본계정)은 각 계정의 잔액을 차기이월로 마감한다. 따라서 비용계정인 임차료계정은 집합손익으로 마감하고, 부채계정인 단기차입금계정은 차기이월로 마감한다.

기본서 p.75~77　　　　　　　　　　　　　　　　　　　　　　　　　　　　　　　정답 ②

정답 및 해설

27 ①

수정 전 당기순이익	₩5,000
− 차입금이자 발생액(미지급이자)	₩800
− 선급보험료 당월분 인식액	₩700
+ 선수용역수익 당월분 인식액	₩700
+ 미수용역수익	₩600
수정 후 당기순이익	₩4,800

28 ① 수정 후 법인세비용차감전순이익
= 수정 전 법인세비용차감전순이익 − 보험료인식 + 미수이자 − 미지급급여 − 자산재평가손실
= ₩100,000 − (₩30,000 × 1/3) + ₩20,000 − ₩4,000 − ₩50,000 = ₩56,000
▶ 기타포괄손익 − 공정가치측정 금융자산평가손익과 자기주식처분이익은 당기순이익 계산에 영향이 없다.

29 (주)한국의 20×1년 말 소모품 관련 총계정원장은 다음과 같다.

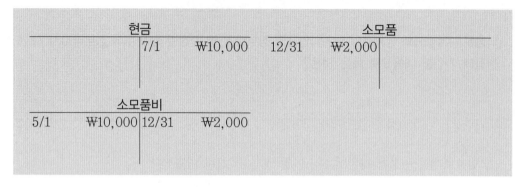

현금			소모품		
	7/1	₩10,000	12/31	₩2,000	

소모품비					
5/1	₩10,000	12/31	₩2,000		

(주)한국의 20×1년 회계처리에 관한 설명으로 옳지 않은 것은?

① 기말 소모품 잔액은 ₩2,000이다.
② 소모품과 관련하여 비용으로 인식한 금액은 ₩2,000이다.
③ 소모품 관련 수정분개는 '(차)소모품 2,000 (대)소모품비 2,000'이다.
④ 7월 1일 소모품 구입시 지출한 현금 ₩10,000을 전액 비용으로 처리하였다.
⑤ 기말수정분개는 소모품 미사용분에 대하여 회계처리한다.

30 기말 장부마감시 재무상태표의 이익잉여금으로 대체되는 항목이 아닌 것은? 제16회 수정

① 기타포괄손익 - 공정가치측정 금융자산
② 무형자산상각비
③ 수수료수익
④ 매출원가
⑤ 유형자산처분손실

31 다음 중 집합손익계정으로 집합되는 계정은?

① 선급비용　　　　　　　　② 선수수익
③ 미지급비용　　　　　　　④ 이자수익
⑤ 미수수익

32 (주)한국은 20×1년 4월 1일에 사무실을 임대하고, 1년분 임대료로 ₩1,200(1개월 ₩100)을 현금 수취하여 이를 전액 수익으로 처리하였다. 20×1년 기말수정분개가 정상적으로 처리되었을 때, 동 사무실 임대와 관련하여 수익에 대한 마감분개로 옳은 것은?

제26회

	차변		대변	
①	임대료	900	집합손익	900
②	임대료	300	선수임대료	300
③	차기이월	300	선수임대료	300
④	집합손익	900	임대료	900
⑤	선수임대료	900	임대료	900

정답 및 해설

29 ② 비용으로 인식할 금액은 ₩10,000 − ₩2,000 = ₩8,000

30 ① ②③④⑤ 수익과 비용항목으로 마감 후 당기순손익이 계산되어 이익잉여금으로 대체된다.

31 ④ 집합손익에 집합되는 계정은 수익계정이나 비용계정이다.
  ①⑤ 자산, ②③ 부채

32 ① • 임대료 당기 발생분 = ₩1,200 × 9/12 = ₩900
  • 임대료 당기 발생분을 집합손익계정으로 대체한다.
  (차) 임대료   900   (대) 집합손익   900

33 집합손익계정의 차변합계가 ₩100,000이고 대변합계가 ₩120,000일 경우, 마감분개로 옳은 것은? (단, 전기이월미처리결손금은 없음)

① (차) 집합손익   20,000   (대) 자본잉여금   20,000
② (차) 집합손익   20,000   (대) 이익잉여금   20,000
③ (차) 자본잉여금   20,000   (대) 집합손익   20,000
④ (차) 이익잉여금   20,000   (대) 집합손익   20,000
⑤ 마감분개 필요 없음

34 한국채택국제회계기준에서 정하는 전체 재무제표에 포함되지 않는 것은?   제22회

① 기말 세무조정계산서
② 기말 재무상태표
③ 기간 손익과 기타포괄손익계산서
④ 기간 현금흐름표
⑤ 주석(유의적인 회계정책 및 그 밖의 설명으로 구성)

정답 및 해설

33 ② 집합손익계정의 대변합계는 수익계정의 합계, 차변합계는 비용계정의 합계를 의미한다. 따라서 당기순이익은 총수익에서 총비용을 차감한 금액인 ₩20,000(= ₩120,000 − ₩100,000)이고, 이를 이익잉여금으로 대체하는 마감분개를 묻고 있다.
(차) 집합손익   20,000   (대) 이익잉여금   20,000

34 ① 기말 세무조정계산서는 전체 재무제표에 포함되지 않는다.

제3장 재고자산

대표예제 14 매출총손익의 계산 ★★

(주)한국은 20×1년 1월 1일 영업을 개시하였다. 20×1년 12월 31일 회계자료가 다음과 같을 때, 20×1년도 매출총이익은?

• 매출총액	₩200,000	• 임차료	₩5,000
• 매입에누리	₩1,000	• 매출운임	₩5,000
• 매입총액	₩100,000	• 급여	₩15,000
• 매입운임	₩10,000	• 매출할인	₩5,000
• 매입할인	₩1,000	• 이자수익	₩10,000
• 기말상품재고	₩15,000	• 사채상환손실	₩4,000

① ₩102,000
② ₩112,000
③ ₩122,000
④ ₩132,000
⑤ ₩140,000

해설 | 임차료, 매출운임, 급여, 이자수익, 사채상환손실은 매출총이익(순매출액 − 매출원가)의 계산요소가 아니므로 제외한다.

(혼합)상품

기초상품재고	0	매입에누리	1,000
매입액	100,000	매입할인	1,000
매입운임	10,000	기말상품재고	15,000
매출할인	5,000	매출액	200,000
매출총이익	x		
	217,000		217,000

∴ 매출총이익(x) = ₩102,000

기본서 p.97~98

정답 ①

01 (주)한국의 수정전시산표의 각 계정잔액이 다음과 같다. 매출총이익이 ₩4,000일 때 총 매입액은?

매출관련 자료		매입관련 자료		재고관련 자료	
총매출	₩22,000	총매입	?	기초재고	₩1,200
매출운임	₩600	매입에누리	₩1,600	기말재고	₩1,000
매출에누리	₩2,000	매입운임	₩400		

① ₩15,000

② ₩17,000

③ ₩17,200

④ ₩17,400

⑤ ₩17,600

02 (주)한국의 20×1년 초 상품재고는 ₩100,000이고 당기 상품매입액은 ₩400,000이 다. (주)한국의 당기 상품매출은 ₩500,000이고 20×1년 말 상품재고가 ₩200,000 일 때, 20×1년 상품매출원가는? (단, 재고자산감모손실과 재고자산평가손실 및 재고자 산평가충당금은 없음) 제25회

① ₩100,000

② ₩200,000

③ ₩300,000

④ ₩400,000

⑤ ₩500,000

03 (주)한국의 20×1년 상품과 관련된 자료이다. (주)한국이 선입선출법을 적용할 경우, 20×1년 기말재고자산 금액은? (단, 재고자산에 대한 감모 및 평가손실은 발생하지 않음)

- 기초상품재고액은 ₩10,000(개당 취득원가 ₩1,000)이다.
- 기중에 상품 100개(개당 매입가격 ₩1,000)를 매입하였으며, 매입운임으로 개당 ₩100 이 지출되었다.
- 기중에 매입한 상품 중 하자가 있어 개당 ₩100의 할인(매입에누리)을 받았다.
- 기중에 상품 50개를 판매하였다.

① ₩50,000

② ₩60,000

③ ₩70,000

④ ₩80,000

⑤ ₩100,000

04 다음은 (주)한국의 20×1년도 포괄손익계산서이다. 관련 자료를 통해 계산한 20×1년 순매출액은?

• 매출총이익	₩250,000	• 매출환입	₩120,000
• 매입에누리	₩60,000	• 매입환출	₩120,000
• 매입할인	₩40,000	• 기말상품재고	₩420,000
• 기초상품재고	₩280,000	• 총매입액	₩1,370,000

① ₩1,260,000
② ₩1,400,000
③ ₩1,300,000
④ ₩1,500,000
⑤ ₩1,550,000

정답 및 해설

01 ②

(혼합)상품

기초재고	1,200	매입에누리	1,600
총매입액(x)	17,000	기말재고	1,000
매입운임	400	총매출	22,000
매출에누리	2,000		
매출총이익	4,000		
	24,600		24,600

02 ③

재고자산

기초재고	100,000	매출원가(x)	300,000
매입액	400,000	기말재고	200,000
	500,000		500,000

03 ②

재고자산

기초재고	10,000	매출원가	50,000*2
순매입액	100,000*1	기말재고(x)	60,000
	110,000		110,000

*1 순매입액 = 매입액 + 매입운입 − 매입에누리
= ₩100,000 + ₩10,000 − ₩10,000 = ₩100,000
*2 매출원가 = ₩1,000 × 50개 = ₩50,000

04 ①

(혼합)상품

기초상품재고	280,000	매입에누리	60,000
총매입액	1,370,000	매입환출	120,000
매출환입	120,000	매입할인	40,000
매출총이익	250,000	매출액	x
		기말상품재고	420,000
	2,020,000		2,020,000

⇨ 총매출액(x) = ₩1,380,000
∴ 순매출액 = 총매출액 − 매출환입 = ₩1,380,000 − ₩120,000 = ₩1,260,000

05 (주)한국의 20×1년 자료를 이용한 매출총이익과 영업이익을 바르게 연결한 것은?

• 기초상품재고액	₩10,000	• 기말상품재고액	₩12,000
• 당기상품총매입액	₩20,000	• 매입운임	₩2,000
• 매입에누리	₩1,000	• 매입환출	₩600
• 매입할인	₩400	• 당기상품총매출액	₩27,000
• 판매운임	₩2,500	• 매출에누리	₩1,800
• 매출환입	₩1,200	• 매출할인	₩500
• 판매사원 급여	₩1,000		

	매출총이익	영업이익
①	₩5,500	₩4,500
②	₩5,500	₩2,000
③	₩8,000	₩4,500
④	₩8,000	₩7,000
⑤	₩9,000	₩8,000

06 다음은 (주)한국의 상품에 대한 매입·매출의 수정 전 내역이다. 기초상품 ₩20,000, 기말상품 ₩24,000일 때, 상품매출에 대한 올바른 매출총이익은?

• 상품매입 ₩73,600, 매입운임 ₩3,000(판매관리비 계상)
• 상품매출 ₩200,000, 판매운임 ₩12,000(판매관리비 계상)
• 판매상품 하자로 인한 매출대금 할인금액 ₩10,000(영업외비용 계상)

① ₩117,400   ② ₩120,400
③ ₩127,400   ④ ₩130,400
⑤ ₩144,000

07 (주)대한은 모든 상품을 전액 외상으로 매입하여 외상으로 판매한 다음 차후에 현금으로 결제한다. 다음 자료를 이용할 때 (주)대한의 매출총이익은?

항목	기초잔액	기말잔액	현금회수/지급액
매출채권	₩60,000	₩40,000	₩445,000(회수)
매입채무	₩30,000	₩65,000	₩285,000(지급)
상품(재고액)	₩35,000	₩45,000	

① ₩105,000   ② ₩115,000

③ ₩120,000   ④ ₩125,000

⑤ ₩132,000

정답 및 해설

05 ②

(혼합)상품			
기초재고	10,000	매입에누리	1,000
당기총매입액	20,000	매입환출	600
매입운임	2,000	매입할인	400
매출에누리	1,800	기말재고	12,000
매출환입	1,200	매출액	27,000
매출할인	500		
매출총이익(x)	5,500		
	41,000		41,000

∴ 영업이익 = 매출총이익(x) − 판매비와관리비(운반비 + 급여)
= ₩5,500 − (₩2,500 + ₩1,000) = ₩2,000

06 ① (1) 순매출액 = 매출액 − 매출할인
= ₩200,000 − ₩10,000 = ₩190,000
판매운임은 판매관리비에 해당하지만 매출할인은 매출차감요소이다.
(2) 매출원가 = 기초재고 + 당기순매입액 − 기말재고
= ₩20,000 + (₩73,600 + ₩3,000) − ₩24,000 = ₩72,600
∴ 매출총이익 = (1) − (2) = ₩190,000 − ₩72,600 = ₩117,400

07 ②

매출채권				매입채무			
기초잔액	60,000	회수액	445,000	지급액	285,000	기초잔액	30,000
매출액	㉠ 425,000	기말잔액	40,000	기말잔액	65,000	매입액	㉡ 320,000
	485,000		485,000		350,000		350,000

재고자산			
기초잔액	35,000	매출원가	㉢ 310,000
매입액	㉡ 320,000	기말잔액	45,000
	355,000		355,000

∴ 매출총이익 = 매출액(㉠) − 매출원가(㉢) = ₩425,000 − ₩310,000 = ₩115,000

재고자산의 분류와 측정 ★

다음 중 재고자산에 해당하는 것을 모두 고른 것은? 제24회

> ㉠ 상품매매회사가 영업활동에 사용하고 있는 차량
> ㉡ 건설회사가 본사 사옥으로 사용하고 있는 건물
> ㉢ 컴퓨터제조회사가 공장 신축을 위해 보유하고 있는 토지
> ㉣ 가구제조회사가 판매를 위하여 보유하고 있는 가구
> ㉤ 자동차제조회사가 제조공정에 투입하기 위해 보유하고 있는 원재료

① ㉠, ㉡   ② ㉠, ㉣
③ ㉡, ㉢   ④ ㉢, ㉤
⑤ ㉣, ㉤

해설 | 재고자산은 판매를 위하여 보유하는 자산(㉣, ㉤)이다.
차량운반구(㉠), 건물(㉡), 토지(㉢)는 영업활동에 사용할 목적으로 보유한 자산이므로 유형자산에 해당한다.

기본서 p.104   정답 ⑤

08 재고자산으로 분류할 수 없는 것은?

① 치약 생산업체인 (주)한국이 사용하고자 구입한 원료
② 대한증권회사가 투자자에게 판매할 목적으로 보유하고 있는 유가증권
③ 부동산매매업을 하고 있는 기업이 분양 목적으로 보유하고 있는 토지
④ 고객의 주문으로 선박제조회사가 보유하고 있는 현재 제조 중인 선박
⑤ 전자제품 전문업체가 고객관리를 목적으로 구입하여 사용 중인 컴퓨터

09 재고자산의 취득원가에 대한 설명으로 옳지 않은 것은?

① 재고자산 취득과 관련 제세금의 경우 취득과 관련된 부분은 취득원가에 가산하며 이 경우 환불예정금액은 포함되지 않는다.

② 정상조업도에 기초하여 고정제조간접원가를 배부하되 실제조업도가 정상조업도와 유사한 경우에는 실제조업도로 할 수 있다.

③ 비정상적으로 낭비된 원가와 후속 생산단계에 투입하기 전에 보관이 필요한 경우 이외의 보관원가는 취득원가에 포함되지 않고 비용으로 회계처리한다.

④ 생물자산에서 수확한 농림어업 수확물로 구성된 재고자산은 순공정가치로 측정하여 수확시점에서 최초인식하며, 이 금액이 해당 재고자산의 취득원가가 된다.

⑤ 이익률이 유사하고 품종변화가 심한 다품종 상품을 취급하는 유통업에서 실무적으로 다른 원가측정방법을 사용할 수 없는 경우 매출총이익률법을 사용할 수 있다.

정답 및 해설

08 ⑤ 재고자산은 판매를 목적으로 보유한 자산으로서, 고객관리를 목적으로 구입한 컴퓨터는 사용 목적으로 보유한 것이므로 재고자산이 아니라 <u>유형자산</u>에 해당한다.

09 ⑤ 이익률이 유사하고 품종변화가 심한 다품종 상품을 취급하는 유통업에서 실무적으로 다른 원가측정방법을 사용할 수 없는 경우 <u>소매재고법</u>을 사용할 수 있다.

다음은 화장품 제조판매업을 영위하고 있는 (주)한국의 20×1년 말 자료이다. (주)한국의 20×1년 기말재고자산은? (단, 제시된 금액은 모두 원가 금액임)　　　　　제26회

• 판매를 위하여 창고에 보관 중인 (주)한국의 화장품	₩700,000
• 전시관 내 홍보 목적으로 제공하고 있는 (주)한국의 화장품	₩10,000
• 화장품 생산에 사용하는 (주)한국의 원재료	₩120,000
• 선적지인도조건으로 판매한 (주)한국의 화장품 중 현재 선적 후 운송 중인 화장품	₩90,000
• 위탁판매계약을 하고 수탁자에게 보낸 (주)한국의 화장품 중 기말 현재 판매되지 않은 화장품	₩50,000
• 시용판매를 위해 고객에게 보낸 (주)한국의 화장품 중 매입의사표시를 받지 못한 시송품	₩30,000

① ₩900,000　　　　　　　　　　　② ₩910,000

③ ₩990,000　　　　　　　　　　　④ ₩1,010,000

⑤ ₩1,070,000

해설 | 홍보 목적으로 제공한 화장품이나 선적지인도조건으로 판매한 운송 중인 상품은 재고자산에 포함되지 않는다.

∴ 기말재고자산 = ₩700,000 + ₩120,000 + ₩50,000 + ₩30,000 = ₩900,000

기본서 p.108~109　　　　　　　　　　　　　　　　　　　　　　　정답 ①

10 다음 중 기말재고자산에 포함되지 않는 항목은?

① 목적지에 아직 도착하지 않은 도착지인도조건의 판매상품
② 상품에 대한 점유가 이전되었으나 고객이 매입의사를 아직 표시하지 않은 시송상품
③ 고객에게 재고자산을 인도하였지만 대금의 일부가 아직 회수되지 않은 할부판매상품
④ 자금을 차입하고 그 담보로 제공한 상품으로 아직 저당권이 실행되지 않는 저당상품
⑤ 선적지인도조건으로 매입한 운송 중인 상품

11 (주)대한의 20×1년 말 창고에 보관 중인 재고자산실사액이 ₩16,000이다. 다음 자료를 반영할 경우 20×1년 말 재고자산은?

> • 은행에서 자금을 차입하면서 담보로 원가 ₩5,000의 상품을 제공하였으며 동 금액은 상기 재고실사금액에 포함되어 있지 않다.
> • 수탁자에게 인도한 위탁상품의 원가는 ₩3,000이며 이 중 80%만 최종소비자에게 판매되었다.
> • (주)민국에게 도착지인도조건으로 판매하여 기말 현재 운송 중인 상품은 원가가 ₩4,000이며 20×2년 1월 2일 도착 예정이다.

① ₩16,960   ② ₩18,000   ③ ₩23,000
④ ₩24,300   ⑤ ₩25,600

12 다음 자료를 이용하여 계산된 (주)한국의 20×1년 기말재고자산은?   제17회 유사

> • 20×1년 말 (주)한국의 창고에 보관 중인 기말재고자산실사액은 ₩10,000이다.
> • 20×1년 12월 1일 위탁한 적송품 중 기말까지 판매되지 않은 상품의 판매가는 ₩1,000 (매출총이익은 판매가의 20%)이다.
> • 20×1년 12월 11일 발송한 시송품(원가 ₩2,000) 중 기말 현재 80%에 대하여 고객의 매입 의사표시가 있었다.
> • 20×1년 말 현재 (주)한국이 FOB 도착지인도조건으로 매입하여 운송 중인 상품의 원가는 ₩3,000이다.
> • 20×1년 말 현재 (주)한국이 FOB 선적지인도조건으로 매출하여 운송 중인 상품의 원가는 ₩4,000이다.

① ₩11,200   ② ₩11,400   ③ ₩14,200
④ ₩15,200   ⑤ ₩18,200

정답 및 해설

10 ③   할부판매는 인도시점에서 수익(매출)을 인식하므로 대금회수와 관계없이 재고자산은 감소한다.

11 ⑤   20×1년 말 올바른 재고자산
= ₩16,000(실사액) + ₩5,000(담보제공상품) + (₩3,000 × 20%) + ₩4,000(도착지인도조건 판매분)
= ₩25,600

12 ①   기말재고자산 = ₩10,000 + (₩1,000 × 0.8) + (₩2,000 × 0.2) = ₩11,200
▶ 운송 중인 상품(미착상품)은 도착지인도조건의 경우 판매자의 재고자산이고, 선적지인도조건의 경우 구매자의 재고자산이므로 (주)한국의 재고자산에 포함되지 않는다.

13 (주)한국의 창고에 보관 중인 20×1년 말 상품 재고실사금액은 ₩50,000이다. 다음 자료를 반영한 이후 20×1년 말 재무상태표에 표시할 기말상품금액은?

- 기말 현재 일부 상품(원가 ₩2,000)을 물류회사에 보관 중이며, 보관료 ₩400을 지급하기로 하였다.
- 수탁회사에 적송한 상품(원가 ₩12,000) 중 20%는 기말까지 판매되지 않았다.
- 고객에게 발송한 시송품(원가 ₩10,000) 중 기말 현재 고객으로부터 매입의사표시를 통보받지 못한 상품이 ₩4,000이다.
- 20×1년 12월 28일에 도착지인도조건으로 거래처에서 매입한 상품(원가 ₩5,000)이 기말 현재 운송 중에 있다.

① ₩52,500   ② ₩58,400
③ ₩65,000   ④ ₩74,800
⑤ ₩76,200

14 (주)대한의 20×1년 말 창고에 보관 중인 재고자산실사액은 ₩20,000이다. 기초상품재고액이 ₩40,000이고 당기순매입액이 ₩400,000인 경우, 다음 자료를 반영한 20×1년 매출원가는?

- 수탁자에게 인도한 위탁상품의 원가는 ₩4,000이며 이 중 80%만 최종소비자에게 판매되었다.
- (주)민국에게 도착지인도조건으로 판매하여 기말 현재 운송 중인 상품은 원가가 ₩6,000이며 20×2년 1월 2일 도착 예정이다.
- 은행에서 자금을 차입하면서 담보로 원가 ₩2,000의 상품을 제공하였으며 동 금액은 상기 재고실사금액에 포함되어 있지 않다.

① ₩350,000   ② ₩375,000
③ ₩400,000   ④ ₩411,200
⑤ ₩413,200

15 **(주)한국은 20×1년 결산 완료 직전 재고자산 실사로 다음 사항을 발견하였다.**

- 중복실사로 인해 상품 ₩4,000이 기말재고자산에 두 번 포함되었다.
- 기말재고자산의 매입운임 ₩5,000을 영업비용으로 처리하였다.
- 외부회사로부터 판매위탁을 받아 보관하고 있는 상품 ₩8,000을 기말재고자산에 포함시켰다.
- 외부창고에 보관하고 있는 (주)한국의 상품 ₩10,000을 영업비용으로 처리하였다.

위의 수정사항을 반영하면 (주)한국의 20×1년 매출총이익에 미치는 영향은? (단, 재고자산은 실지재고조사법을 적용함)

① 매출총이익   ₩3,000 증가
② 매출총이익 ₩16,000 증가
③ 매출총이익   ₩8,000 감소
④ 매출총이익 ₩11,000 감소
⑤ 매출총이익 ₩15,000 증가

정답 및 해설

13 ② 생산 전 단계의 보관 이외의 보관료는 원가에 포함되지 않으며 도착지인도조건의 미착상품은 판매자의 재고자산이므로 본 문제의 경우 (주)한국은 구매자 입장으로서 포함하지 않는다.
기말상품금액 = ₩50,000 + ₩2,000 + (₩12,000 × 20%) + ₩4,000 = ₩58,400

14 ④ 도착지인도조건은 도착 시점에 재화의 소유권이 구매자에게 이전되고 판매자는 수익을 인식한다. 따라서 도착하기 이전인 운송 중인 미착상품의 경우는 판매자의 재고에 해당한다.
(1) 20×1년 말 올바른 재고자산
= ₩20,000(실사액) + (₩4,000 × 20%) + ₩6,000(도착지인도조건 판매분) + ₩2,000(담보제공상품) = ₩28,800
(2) 매출원가 = 기초재고 + 당기순매입액 − 기말재고
= ₩40,000 + ₩400,000 − ₩28,800 = ₩411,200

15 ① (1) 기말재고자산에 대한 수정사항은 다음과 같다.

구분	기말재고자산	금액
중복실사	기말재고자산에 중복해서 포함되어 있으므로 차감	(−)4,000
매입운임	매입운임은 영업비용이 아닌 재고자산에 포함	(+)5,000
수탁상품	수탁상품은 회사의 재고자산에 해당하지 않으므로 차감	(−)8,000
타처 보관	외부창고에 보관 중인 상품은 재고자산에 포함	(+)10,000
합계		₩3,000

(2) 매출총이익 = 순매출액 − 매출원가

재고자산

기초재고	−	매출원가(↓) ⇨ 이익 ↑
당기매입	−	기말재고(↑)

∴ 기말재고자산이 ₩3,000 증가하면 매출원가는 ₩3,000 감소하고 매출총이익은 ₩3,000 증가한다.

※ (주)한국의 20×1년 재고자산 관련 자료이다. 다음의 각 물음에 답하시오. (16~17)

• 매출액	₩30,000	• 기초재고자산	₩5,000
• 당기순매입액	₩14,000	• 법인세율	40%
• 기말재고자산((주)대한으로부터 위탁받은 상품 ₩100 포함)			₩5,000
• 판매비와관리비: 판매 전 보관을 위한 창고비용			₩900

16 20×1년도 매출원가는?

① ₩9,000   ② ₩11,500

③ ₩13,000   ④ ₩14,100

⑤ ₩15,000

17 20×1년도 당기순이익은?

① ₩8,500   ② ₩9,000

③ ₩12,000   ④ ₩14,500

⑤ ₩15,900

대표예제 17 \ 선입선출법, 가중평균법 ★★

다음은 (주)한국의 20×1년 7월 중 재고자산의 매입 및 매출과 관련된 자료이다. 선입선출법과 가중평균법을 적용한 매출원가는? (단, 재고수량 결정은 실지재고조사법에 따름)

구분	수량	단가	금액
기초재고(7월 1일)	6	₩300	₩1,800
당기매입:			
7월 10일	10	₩320	₩3,200
7월 15일	10	₩360	₩3,600
7월 26일	4	₩400	₩1,600
판매가능액	30		₩10,200
당기매출:			
7월 12일	12		
7월 25일	10		
기말재고(7월 31일)	8		

	선입선출법	가중평균법		선입선출법	가중평균법
①	₩5,900	₩5,100	②	₩6,900	₩6,200
③	₩7,160	₩7,480	④	₩7,560	₩7,280
⑤	₩7,500	₩7,400			

해설 | (1) 선입선출법
- 판매수량 = 12단위 + 10단위 = 22단위
- 매출원가 = (6단위 × ₩300) + (10단위 × ₩320) + (6단위 × ₩360)
  = ₩1,800 + ₩3,200 + ₩2,160 = ₩7,160
(2) 총평균법: 실지재고조사법하의 가중평균법
- 총평균단가 = (₩1,800 + ₩3,200 + ₩3,600 + ₩1,600) ÷ 30단위 = ₩340
- 매출원가 = 판매수량 총평균단가 = (12단위 + 10단위) × ₩340 = ₩7,480

기본서 p.114~116   정답 ③

정답 및 해설

16 ④ 매출원가 = 기초재고자산 + 당기순매입액 − 기말재고자산
기말재고자산에 포함된 위탁받은 상품 ₩100은 (주)한국의 상품이 아니므로 차감한다.
∴ 매출원가 = ₩5,000 + ₩14,000 − (₩5,000 − ₩100) = ₩14,100

17 ② • 매출총이익 = 순매출액 − 매출원가 = ₩30,000 − ₩14,100 = ₩15,900
- 법인세비용차감전순이익 = 매출총이익 − 판매비와관리비 = ₩15,900 − ₩900 = ₩15,000
∴ 당기순이익 = 법인세비용차감전순이익 − 법인세비용
  = ₩15,000 − (₩15,000 × 0.4) = ₩9,000

18 (주)한국의 7월 중 상품수불부 내역은 다음과 같다. 선입선출법에 따른 7월 말 재고자산 금액은?

구분	일자	수량(개)	매입단가	금액
기초재고	7월 1일	400	₩200	₩80,000
매입	7월 9일	1,400	₩220	₩308,000
판매	7월 12일	(1,600)		
매입	7월 22일	200	₩240	₩48,000
기말재고	7월 30일	400	?	?

① ₩72,000 ② ₩80,000
③ ₩88,000 ④ ₩92,000
⑤ ₩98,500

19 다음은 계속기록법을 적용하고 있는 (주)한국의 20×1년 재고자산에 대한 거래내역이다. 선입선출법을 적용한 경우의 매출원가는?

제23회

일자	적요	수량(개)	단위당 원가
1월 1일	기초재고	100	₩11
5월 1일	판매	30	
7월 1일	매입	50	₩20
8월 1일	판매	90	
11월 1일	매입	150	₩30
12월 1일	판매	140	

① ₩1,200 ② ₩2,860
③ ₩5,400 ④ ₩5,800
⑤ ₩6,160

20 (주)대한의 20×1년 1월 상품매매거래에 관한 기록이다. 계속기록법에 의한 선입선출법으로 상품거래를 기록할 경우에 1월 20일의 회계처리로 옳은 것은?

일자	내역	수량	매입단가	판매단가
1월 1일	전기이월	100개	₩2,000	
1월 15일	매입	100개	₩2,100	
1월 20일	현금판매	160개		₩3,000

① (차) 현금   480,000   (대) 매출   480,000
      상품   326,000   매출원가   326,000
② (차) 현금   480,000   (대) 매출   480,000
      매출원가   326,000   상품   326,000
③ (차) 현금   480,000   (대) 매출   480,000
④ (차) 현금   480,000   (대) 매출   480,000
      매출원가   327,000   상품   327,000
⑤ (차) 현금   480,000   (대) 매출   480,000
      상품   327,000   매출원가   327,000

정답 및 해설

18 ④ 선입선출법의 기말재고액은 현행원가 근사치를 나타낸다.
∴ 기말재고액 = (200개 × ₩240) + (200개 × ₩220) = ₩92,000

19 ③ 20×1년 매출원가 = 판매수량 × 단위당 원가(선입선출법)
= (100개 × ₩11) + (50개 × ₩20) + (110개 × ₩30) = ₩5,400
▶ 판매수량 = 30개 + 90개 + 140개 = 260개

20 ② 선입선출법 매출원가 = (100개 × ₩2,000) + (60개 × ₩2,100) = ₩326,000
(차) 현금   480,000   (대) 매출   480,000
    매출원가   326,000   상품   326,000
▶ 계속기록법의 경우에는 매출시 매출액을 계상하는 동시에 매출원가를 상품계정에서 매출원가계정에 대체하는 분개를 기록하여야 한다.

21 (주)한국의 20×1년 재고자산 관련 자료는 다음과 같다. 선입선출법과 평균법간의 기말 재고자산 금액 차이는? (단, 실지재고조사법을 적용하고, 재고자산감모손실과 평가손실은 없음)

일자	내역	수량	매입단가
1월 1일	기초재고	30개	₩300
3월 3일	매입	45개	₩330
5월 6일	매출	60개	
9월 3일	매입	30개	₩360
12월 5일	매출	30개	

① ₩225
② ₩450
③ ₩500
④ ₩675
⑤ ₩900

22 (주)한국은 재고자산에 대해 가중평균법을 적용하고 있으며, 20×1년 상품거래내역은 다음과 같다. 상품거래와 관련하여 실지재고조사법과 계속기록법을 각각 적용할 경우, 20×1년도 매출원가는? (단, 상품과 관련된 감모손실과 평가손실은 발생하지 않음)

일자	적요	수량	단가	금액
1/1	기초재고	100개	₩8	₩800
3/4	매입	300개	₩9	₩2,700
6/20	매출	(200개)		
9/25	매입	100개	₩10	₩1,000
12/31	기말재고	300개		

	실지재고조사법	계속기록법
①	₩1,800	₩1,700
②	₩1,750	₩1,700
③	₩1,700	₩1,750
④	₩1,800	₩1,750
⑤	₩1,750	₩1,800

23 (주)한국의 20×1년 상품매입 및 매출 관련 자료이다. 선입선출법을 적용할 경우, 20×1년도 기말재고자산과 매출총이익을 바르게 연결한 것은? (단, 재고자산감모 및 평가손실은 발생하지 않았으며, 재고자산 수량결정은 계속기록법에 의함)

일자	적요	수량	단가
1월 1일	기초재고	40개	₩300
5월 1일	매입	60개	₩400
7월 1일	매출	50개	₩600
9월 1일	매입	40개	₩360
11월 1일	매출	50개	₩640

	기말재고자산	매출총이익
①	₩10,000	₩15,000
②	₩13,000	₩5,900
③	₩14,400	₩26,000
④	₩15,000	₩14,400
⑤	₩26,000	₩36,000

정답 및 해설

21 ② • 기말재고수량 = 30개 + 45개 − 60개 + 30개 − 30개 = 15개
　　　 • 기말재고금액
　　　　 (1) 선입선출법 = 15개 × ₩360 = ₩5,400
　　　　 (2) 총평균법
　　　　　 총평균단가 = [(30개 × ₩300) + (45개 × ₩330) + (30개 × ₩360)] ÷ 105개 = ₩330
　　　　　 ⇨ 기말재고금액 = 15개 × ₩330 = ₩4,950
　　　 ∴ 기말재고금액의 차이 = (1) − (2) = ₩450

22 ④ (1) 실지재고조사법하의 평균법: 총평균법
　　　　 • 총평균단가 = (₩800 + ₩2,700 + ₩1,000) ÷ 500개 = ₩9
　　　　 • 매출원가 = 200개 × ₩9 = ₩1,800
　　　 (2) 계속기록법하의 평균법: 이동평균법
　　　　 • 이동평균단가 = (₩800 + ₩2,700) ÷ 400개 = ₩8.75
　　　　 • 매출원가 = 200개 × ₩8.75 = ₩1,750

23 ③ (1) 기말재고금액 = (40개 + 60개 − 50개 + 40개 − 50개) × ₩360 = ₩14,400
　　　 (2) 매출총이익 = 매출액 − 매출원가 = ₩26,000
　　　　 • 매출액 = (50개 × ₩600) + (50개 × ₩640) = ₩62,000
　　　　 • 매출원가 = (40개 × ₩300) + (60개 × ₩400) = ₩36,000

24 (주)한국은 재고자산에 대해 계속기록법과 가중평균법을 적용한다. 다음 자료를 이용하여 계산한 (주)한국의 매출원가는?

일자	내역	수량	단가
1월 1일	기초재고	300개	₩20
2월 10일	매입	300개	₩24
3월 5일	매출	200개	
5월 10일	매입	400개	₩30
7월 12일	매출	600개	
12월 31일	기말재고	200개	

① ₩7,500
② ₩15,600
③ ₩18,000
④ ₩20,000
⑤ ₩25,500

25 다음의 20×1년도 (주)한국의 재무제표와 거래자료 중 일부를 이용할 때, 20×1년도 포괄손익계산서상 당기 매출원가는? (단, 모든 거래는 외상거래임)

• 기초상품재고	₩1,500	• 기말상품재고	₩1,700
• 기초매입채무	₩2,500	• 기말매입채무	₩3,000
• 매출총이익	₩1,000	• 매입채무 상환액	₩4,000

① ₩4,000
② ₩4,300
③ ₩4,500
④ ₩4,750
⑤ ₩5,000

26 재고자산의 회계처리에 대한 설명으로 옳지 않은 것은?

① 위탁상품은 수탁기업의 판매시점에서 위탁기업이 수익으로 인식한다.

② 재고자산의 취득시 구매자가 인수운임, 하역비, 운송기간 동안의 보험료 등을 지불하였다면, 이는 구매자의 재고자산의 취득원가에 포함한다.

③ 재고자산의 매입단가가 지속적으로 하락하는 경우, 선입선출법을 적용하였을 경우의 매출총이익이 평균법을 적용하였을 경우의 매출총이익보다 더 높게 보고된다.

④ 선입선출법하에서 감모손실이 없다면, 계속기록법하에서 선입선출법을 사용할 경우와 실지재고조사법하에서 선입선출법을 사용할 경우의 재고금액은 동일하다.

⑤ 생물자산에서 수확한 농림어업 수확물로 구성된 재고자산은 순공정가치로 측정하여 수확 시점에 최초로 인식한다.

27 다음 중 재고자산의 원가배분방법에 영향을 받지 않는 것은?

① 법인세비용　　　　　　　　　② 상품구입대금
③ 매출원가　　　　　　　　　　④ 매출총이익
⑤ 당기순이익

정답 및 해설

24 ④ (1) 3월 5일 판매분 = 200개 × ₩22* = ₩4,400
　　　* 이동평균단가 = (300개 × ₩20) + (300개 × ₩24) / (300개 + 300개) = ₩22
　　(2) 7월 12일 판매분 = 600개 × ₩26* = ₩15,600
　　　* 이동평균단가 = (400개 × ₩22) + (400개 × ₩30) / (400개 + 400개) = ₩26
　　∴ 매출원가 = (1) + (2) = ₩20,000

25 ②

매입채무				재고자산			
상환액	4,000	기초	2,500	기초재고	1,500	매출원가	ⓒ 4,300
기말	3,000	매입액	⊙ 4,500 ⇨	매입액	⊙ 4,500	기말재고	1,700
	7,000		7,000		6,000		6,000

26 ③ 재고자산의 매입단가가 지속적으로 하락하는 경우, 선입선출법을 적용하였을 경우의 매출총이익이 평균법을 적용하였을 경우의 매출총이익보다 <u>더 낮게 보고된다</u>.

27 ② 원가배분에서 단가결정방법(원가흐름의 가정)은 매출원가와 기말재고액의 크기에 영향을 미치므로 법인세비용, 매출원가, 매출총이익, 당기순이익 계산에 영향을 준다.

28 재고자산의 회계처리에 관한 설명으로 옳은 것은? 제20회

① 완성될 제품이 원가 이상으로 판매될 것으로 예상하는 경우에는 그 생산에 투입하기 위해 보유하는 원재료 및 기타 소모품을 감액하지 아니한다.
② 선입선출법은 기말재고자산의 평가관점에서 현행원가를 적절히 반영하지 못한다.
③ 선입선출법은 먼저 매입 또는 생산된 재고자산이 기말에 재고로 남아 있고 가장 최근에 매입 또는 생산된 재고자산이 판매되는 것을 가정한다.
④ 통상적으로 상호 교환될 수 없는 재고자산 항목의 원가와 특정 프로젝트별로 생산되고 분리되는 재화 또는 용역의 원가는 총평균법을 사용하여 결정한다.
⑤ 총평균법은 계속기록법에 의하여 평균법을 적용하는 것으로 상품의 매입시마다 새로운 평균단가를 계산한다.

29 재고자산에 대한 설명으로 옳은 것은?

① 기초재고자산금액과 당기매입액이 일정할 때, 기말재고자산금액이 과대계상될 경우 당기순이익은 과소계상된다.
② 선입선출법은 기말에 재고로 남아 있는 항목은 가장 최근에 매입 또는 생산된 항목이라고 가정하는 방법이다.
③ 도착지인도기준에 의해서 매입이 이루어질 경우 발생하는 운임은 매입자의 취득원가에 산입하여야 한다.
④ 실지재고조사법을 적용하면 기록유지가 복잡하고 번거롭지만 특정시점의 재고자산 잔액과 그 시점까지 발생한 매출원가를 적시에 파악할 수 있는 장점이 있다.
⑤ 선입선출법의 경우 매출원가는 현행원가, 후입선출법은 기말재고액이 현행원가 근사치로 계상된다.

30 매입수량이 매출수량보다 많다는 것을 전제로 하고 물가가 상승할 때, 다음 설명 중 옳은 것은? (단, 이론적으로 답할 것)

① 기말재고: 후입선출법 > 평균법 > 선입선출법
② 법인세비용: 선입선출법 > 평균법 > 후입선출법
③ 매출원가: 선입선출법 > 평균법 > 후입선출법
④ 당기순이익: 후입선출법 > 평균법 > 선입선출법
⑤ 현금흐름: 후입선출법 > 선입선출법 > 평균법

| 대표예제 **18** | 추정에 의한 기말재고평가 ★★ |

(주)한국은 20×1년 7월 1일 홍수로 인해 창고에 있는 상품재고 중 30%가 소실된 것으로 추정하였다. 다음은 소실된 상품재고를 파악하기 위한 20×1년 1월 1일부터 7월 1일까지의 회계자료이다. (주)한국의 원가에 대한 이익률이 25%일 때 소실된 상품재고액은?　　　제23회

- 20×1년 기초재고자산은 ₩60,000이다.
- 1월 1일부터 7월 1일까지 발생한 매출액은 ₩1,340,000이고, 매입액은 ₩1,260,000이다.
- 7월 1일 현재 FOB 선적지인도조건으로 매입하여 운송 중인 상품 ₩4,000이 있다.

① ₩73,200　　　　　　　　　　② ₩74,400

③ ₩93,300　　　　　　　　　　④ ₩94,500

⑤ ₩104,200

해설 |

재고자산

기초재고	60,000	매출원가	1,072,000*
매입액	1,260,000	기말재고추정액	248,000
	1,320,000		1,320,000

* ₩1,340,000 ÷ (1 + 0.25)

∴ 소실된 상품재고액 = (₩248,000 − ₩4,000) × 30% = ₩73,200

기본서 p.119~123　　　　　　　　　　　　　　　　　　　　　　정답 ①

정답 및 해설

28 ① 　② 선입선출법의 기말재고자산은 <u>현행원가 근사치를 반영한다.</u>

　③ 선입선출법은 먼저 매입 또는 생산된 재고자산이 <u>매출원가를 구성하고,</u> 가장 최근에 매입 또는 생산된 재고자산이 <u>기말재고자산이 된다.</u>

　④ 통상적으로 상호 교환될 수 없는 재고자산 항목의 원가와 특정 프로젝트별로 생산되고 분리되는 재화 또는 용역의 원가는 <u>개별법을 사용하여 결정한다.</u>

　⑤ <u>이동평균법은</u> 계속기록법에 의하여 평균법을 적용하는 것으로 상품이 판매될 때마다 평균단가를 계산한다.

29 ② 　① 기초재고자산금액과 당기매입액이 일정할 때, 기말재고자산금액이 과대계상될 경우 매출원가가 과소되어 <u>당기순이익은 과대계상된다.</u>

　③ 도착지인도기준에 의해서 매입이 이루어질 경우, 도착하기 전까지는 매입된 것이 아니므로 매입운임은 <u>판매자의 비용으로 회계처리한다.</u>

　④ 실지재고조사법이 아니라 <u>계속기록법에</u> 대한 설명이다.

　⑤ 선입선출법의 경우 <u>기말재고액이</u> 현행원가 근사치, 후입선출법의 경우 <u>매출원가가</u> 현행원가로 계상된다.

30 ② 　• 기말재고자산, 당기순이익, 법인세비용: 선입선출법 > 평균법 > 후입선출법

　• 매출원가, 현금흐름: 선입선출법 < 평균법 < 후입선출법

31 (주)한국의 재고자산과 관련된 자료가 다음과 같을 때, 홍수로 소실된 상품의 추정원가는?

- 20×1년 1월 1일 기초상품재고액은 ₩125,000이다.
- 20×1년 7월 31일 홍수가 발생하여 ₩75,000의 상품만 남고 모두 소실되었다.
- 20×1년 7월 31일까지 당기상품매입액은 ₩650,000이다.
- 20×1년 7월 31일까지 당기매출액은 ₩600,000이다.
- (주)한국의 매출총이익률은 20%이다.

① ₩100,000   ② ₩130,000
③ ₩220,000   ④ ₩295,000
⑤ ₩300,000

32 기말재고자산을 실사하기 전에 화재로 창고에 보관 중인 (주)한국의 모든 재고자산이 소실되었다. (주)한국이 파악한 자료가 다음과 같을 때 화재발생손실액은 얼마인가?

- 기초재고는 ₩50,000이고, 당기매입액은 ₩225,000이다.
- 당기 중 총매출액은 ₩300,000이고, 매출환입액은 ₩12,500이다.
- 회사는 원가에 25%의 이익을 가산하여 판매한다.
- 도착지인도조건으로 판매한 원가 ₩7,000의 상품과, 선적지인도조건으로 판매한 원가 ₩10,000의 상품이 결산일 현재 도착하지 않고 운송 중이다.

① ₩38,000   ② ₩45,000
③ ₩50,000   ④ ₩65,000
⑤ ₩70,000

33 외상판매만을 수행하는 (주)한국은 20×1년 12월 31일 화재로 인해 창고에 있던 상품을 전부 소실하였다. (주)한국은 매출채권회전율은 500%이고, 매출총이익률은 30%로 매년 동일하다. 20×1년 (주)한국의 평균매출채권은 ₩600,000이고 판매가능상품(기초재고와 당기순매입액의 합계)이 ₩2,650,000인 경우, 20×1년 12월 31일 화재로 소실된 상품 추정액은? 제24회

① ₩350,000   ② ₩400,000

③ ₩450,000   ④ ₩500,000

⑤ ₩550,000

정답 및 해설

31 ③

재고자산

기초재고	125,000	매출원가	480,000	← ₩600,000 × (1 − 0.2)
매입액	650,000	기말재고	㉠ 295,000	
	775,000		775,000	

∴ 재해손실액 = ₩295,000(㉠) − ₩75,000 = ₩220,000

32 ① 도착지인도조건으로 판매한 미착상품은 (주)한국의 재고자산이지만, 선적지인도조건으로 판매한 미착상품은 구매사 재고이므로 고려하지 않는다.

기말재고추정액 = ₩50,000 + ₩225,000 − (₩300,000 − ₩12,500) ÷ (1 + 0.25) = ₩45,000

∴ 화재손실액 = ₩45,000 − ₩7,000 = ₩38,000

33 ⑤ 매출총이익률을 이용하여 화재손실액을 구하는 문제로, 매출액을 매출채권회전율을 통해 먼저 계산해야 한다.

(1) 매출액의 계산

매출채권회전율 = 매출액 ÷ 평균매출채권 = 매출액 ÷ ₩600,000 = 5

⇨ 매출액 = ₩3,000,000

(2) 화재손실액의 계산

• 기말재고추정액 = 판매가능상품(기초재고 + 당기순매입액) − 매출원가

= ₩2,650,000 − [₩3,000,000 × (1 − 0.3)] = ₩550,000

• 화재손실액 = 기말재고추정액 − 처분가치가 존재하는 재고자산

화재로 상품이 모두 소실되었으므로 처분가치가 존재하는 재고자산은 없으므로 기말재고추정액이 화재손실액이 된다.

∴ 화재손실액 = ₩550,000 − ₩0 = ₩550,000

34 (주)한국은 실지재고조사법을 적용하고 있다. 20×1년 8월 2일 폭우로 창고가 침수되어 보관 중인 상품이 모두 소실되었다. 다음은 (주)한국의 총계정원장과 전년도 포괄손익계산서에서 얻은 자료이다. 전년도의 매출총이익률이 20×1년에도 유지된다고 가정할 때, 20×1년도 재해로 인해 소실된 추정 상품재고액은? 제26회

20×1년 8월 2일 현재 총계정원장		전년도 포괄손익계산서	
• 상품계정 차변잔액	₩30,000	• 매출액	₩900,000
• 매입계정 차변잔액	₩400,000	• 매출원가	₩630,000
• 매입환출계정 대변잔액	₩20,000		
• 매출계정 대변잔액	₩500,000		
• 매출환입계정 차변잔액	₩30,000		

① ₩51,000
② ₩60,000
③ ₩80,000
④ ₩81,000
⑤ ₩101,000

35 다음 상품 관련 자료를 이용하여 계산한 매출액은? 제21회

• 기초재고액	₩5,000	• 기말재고액	₩8,000
• 당기매입액	₩42,000	• 매출총이익률	20%

① ₩31,200
② ₩39,000
③ ₩46,800
④ ₩48,750
⑤ ₩56,250

36 다음 자료를 이용하여 계산한 총매출액은?

• 기초상품재고	₩6,000	• 매출에누리	₩1,500
• 총매입액	₩14,000	• 매출할인	₩2,500
• 매입환출	₩1,000	• 매출운임	₩3,000
• 매입할인	₩2,000	• 매출총이익률	20%
• 기말상품재고	₩9,000		

① ₩12,500   ② ₩12,750

③ ₩14,000   ④ ₩15,250

⑤ ₩17,000

정답 및 해설

34 ④ (1) 매출총이익률 = 매출총이익(매출액 − 매출원가) ÷ 매출액
= (₩900,000 − ₩630,000) ÷ ₩900,000 = 30%
(2) 상품이 모두 소실되었으므로 기말재고추정액이 재해로 인해 소실된 추정 상품금액이다.

재고자산

기초재고	30,000	매출원가	329,000*²
순매입액	380,000*¹	기말재고	㉠ 81,000
	410,000		410,000

*¹ ₩400,000 − ₩20,000 = ₩380,000
*² 순매출액 × (1 − 0.3) = (₩500,000 − ₩30,000) × 0.7 = ₩329,000
∴ 재해손실로 추정되는 금액 = 기말재고 추정액(㉠) − 처분가치가 있는 재고자산
= ₩81,000 − ₩0 = ₩81,000

35 ④ 매출액 = 매출원가 ÷ 매출원가율 = 매출원가 ÷ (1 − 매출총이익률)
= (₩5,000 + ₩42,000 − ₩8,000) ÷ (1 − 0.2) = ₩48,750

36 ③ • 매출원가 = 기초재고 + 순매입액 − 기말재고
= ₩6,000 + (₩14,000 − ₩1,000 − ₩2,000) − ₩9,000 = ₩8,000
• 순매출액 = 매출원가 ÷ (1 − 매출총이익률)
= ₩8,000 ÷ (1 − 0.2) = ₩10,000
∴ 총매출액 = 순매출액 + 매출에누리 + 매출할인
= ₩10,000 + ₩1,500 + ₩2,500 = ₩14,000

37 (주)한국의 20×1년 재고자산 자료가 다음과 같을 때, (주)한국의 20×1년 매출액은?

• 기초상품재고	₩6,000
• 당기매입액	₩30,000
• 기말상품재고	₩12,000
• 매출원가에 가산되는 이익률	20%

① ₩16,000　　② ₩19,200　　③ ₩28,800
④ ₩32,000　　⑤ ₩41,000

38 다음 자료를 이용하여 계산한 기말재고자산은? (단, 재고자산평가손실과 재고자산감모손실은 없음)

제24회

• 기초재고	₩300	• 총매출액	₩1,600
• 총매입액	₩1,300	• 매출환입	₩50
• 매입환출	₩100	• 매출운임	₩80
• 매입운임	₩70	• 매출총이익률	10%

① ₩35　　② ₩103　　③ ₩130
④ ₩175　　⑤ ₩247

39 다음은 (주)한국의 20×1년도 매출 및 매입 관련 자료이다.

• 총매출액	₩585,000	• 매출에누리와 환입	₩60,000
• 기초상품재고 원가	?	• 총매입액	₩300,000
• 매입에누리와 환출	₩15,000	• 기말상품재고 원가	₩60,000

(주)한국의 매출원가 대비 매출총이익률이 25%일 때, 20×1년 기초상품재고 원가는 얼마인가?

① ₩153,750　　② ₩168,750　　③ ₩195,000
④ ₩205,000　　⑤ ₩210,000

40 (주)한국의 20×1년 재고자산 관련 자료는 다음과 같다. 원가기준 평균원가소매재고법에 따른 기말재고자산 원가는? (단, 원가율 계산시 소수점 둘째 자리에서 반올림함)

구분	원가	판매가
기초재고액	₩8,900	₩14,000
당기순매입액	₩21,000	₩28,000
순인상액		₩1,400
순인하액		₩700
당기순매출액		₩22,400

① ₩6,750

② ₩9,650

③ ₩10,000

④ ₩14,210

⑤ ₩15,500

정답 및 해설

37 ③ 매출액 = 매출원가 × (1 + 원가에 대한 이익률)
= (₩6,000 + ₩30,000 − ₩12,000) × (1 + 0.2) = ₩28,800

38 ④ 매출운임은 당기비용으로 회계처리하므로 순매출액 계산시 고려하지 않는다.

재고자산

기초재고	300	매출원가	1,395*2
순매입액	1,270*1	기말재고(x)	175
	1,570		1,570

*1 순매입액 = 총매입액 + 매입운임 − 매입환출 = ₩1,300 + ₩70 − ₩100 = ₩1,270
*2 (₩1,600 − ₩50) × (1 − 0.1) = ₩1,395

39 ③

재고자산

기초상품재고(x)	195,000	매출원가 (585,000 − 60,000) ÷ (1 + 0.25) = 420,000	
순매입액 300,000 − 15,000 =	285,000	기말상품재고	60,000
	480,000		480,000

40 ④ • 매가표시 기말재고금액 = ₩14,000 + ₩28,000 + ₩1,400 − ₩700 − ₩22,400 = ₩20,300
• 원가율 = (₩8,900 + ₩21,000) / (₩14,000 + ₩28,000 + ₩1,400 − ₩700)
= ₩29,900 / ₩42,700 = 70%
∴ 기말재고금액(원가) = ₩20,300 × 70% = ₩14,210

41 (주)한국은 원가기준 소매재고법을 사용하고 있으며, 원가흐름은 선입선출법을 가정하고 있다. 다음 자료를 근거로 한 기말재고자산(원가)은?

구분	원가	판매가
기초재고	₩1,200	₩3,000
당기매입액	₩14,900	₩19,900
매출액		₩20,000
인상액		₩270
인상취소액		₩50
인하액		₩180
인하취소액		₩60
종업원할인		₩200

① ₩1,890
② ₩1,960
③ ₩2,086
④ ₩2,235
⑤ ₩3,000

42 다음은 (주)한국의 당기 재고자산 관련 자료이다. 저가기준 선입선출 소매재고법을 적용하여 재고자산을 측정할 경우 (주)한국의 20×1년 매출총이익은? (단, 원가율(%) 계산 시 소수점 이하 셋째 자리에서 반올림하며, 단수 차이로 인한 오차가 있으면 가장 근사치를 선택함)

구분	원가	매가
기초재고자산	₩6,000	₩10,000
당기매입액	₩58,900	₩90,000
매출액		₩80,000
순인상액		₩5,000
순인하액		₩15,000

① ₩21,280
② ₩21,300
③ ₩22,310
④ ₩22,460
⑤ ₩23,000

대표예제 19	수정된 매출원가 · 매출총이익 · 당기순이익의 계산 ★★

(주)한국의 20×1년 상품 관련 자료는 다음과 같다. 기말상품 실사수량은 60개이며, 수량감소분 중 40%는 정상감모손실이다. (주)한국의 20×1년의 매출원가는? (단, 정상감모손실과 평가손실은 매출원가에 포함함)

구분	수량	단위당 취득원가	단위당 판매가격	단위당 순실현가능가치
기초재고	140개	₩30	–	–
매입	200개	₩30	–	–
매출	240개	–	₩40	–
기말재고	100개	–	–	₩25

① ₩7,200
② ₩7,500
③ ₩7,680
④ ₩7,980
⑤ ₩8,700

해설 | (1) 재고자산감모손실
= (100개 − 60개) × ₩30 = ₩1,200[비정상 60%: ₩720]
(2) 수정된 매출원가 = 기초재고 + 당기매입액 − 실제재고 − 비정상감모손실
= (140개 × ₩30) + (200개 × ₩30) − (60개 × ₩25) − ₩720 = ₩7,980

기본서 p.127

정답 ④

정답 및 해설

41 ③ • 매가표시 기말재고액
= ₩3,000 + ₩19,900 + (₩270 − ₩50) − (₩180 − ₩60) − ₩200 − ₩20,000 = ₩2,800
• 원가율 = ₩14,900 ÷ [₩19,900 + (₩270 − ₩50) − (₩180 − ₩60)] = 0.745
∴ 기말재고액(원가) = ₩2,800 × 0.745 = ₩2,086

42 ② • 매가표시 기말재고 = ₩10,000 + ₩90,000 − ₩80,000 + ₩5,000 − ₩15,000 = ₩10,000
• 원가율(저가기준 선입선출) = ₩58,900 / (₩90,000 + ₩5,000) = 62%
• 기말재고(원가) = ₩10,000 × 0.62 = ₩6,200
• 매출원가 = 기초재고 + 당기매입액 − 기말재고 = ₩6,000 + ₩58,900 − ₩6,200 = ₩58,700
∴ 매출총이익 = 매출액 − 매출원가 = ₩80,000 − ₩58,700 = ₩21,300

43 (주)한국의 20×1년 12월 31일 재고자산 관련 자료는 다음과 같다.

• 장부상 재고수량	1,000개
• 실지재고 조사수량	900개
• 재고자산 단위당 취득원가	₩500/개
• 재고자산 단위당 순실현가능가치	₩350/개

(주)한국이 20×1년 12월 31일에 인식해야 할 재고자산감모손실과 재고자산평가손실을 바르게 연결한 것은?

	재고자산감모손실	재고자산평가손실
①	₩75,000	₩135,000
②	₩75,000	₩150,000
③	₩50,000	₩150,000
④	₩50,000	₩135,000
⑤	₩80,000	₩140,000

44 (주)한국은 재고자산감모손실 중 40%는 비정상감모손실(기타 비용)로 처리하며, 정상감모손실과 평가손실은 매출원가에 포함한다. (주)한국의 20×1년 재고자산 관련 자료가 다음과 같을 때, 매출원가는?

제25회

• 기초재고자산	₩10,000(재고자산평가충당금 ₩0)
• 당기매입액	₩80,000
• 기말장부수량	20개(단위당 원가 ₩1,000)
• 기말실제수량	10개(단위당 순실현가능가치 ₩1,100)

① ₩74,000　　　　　　　　② ₩74,400

③ ₩76,000　　　　　　　　④ ₩76,600

⑤ ₩88,000

45 (주)한국은 실지재고조사법에 의하여 재고자산수량을 결정하고, 감모손실 파악을 위해 입·출고수량을 별도로 확인하고 있다. 기말재고자산 실사 결과 수량은 90개였고, 장부수량과 실사수량의 차이 중 30%는 정상감모이며, 70%는 비정상감모이다. (주)한국은 기말재고자산의 단가결정방법으로 총평균법을 채택하고, 기말재고자산의 단위당 순실현가능가치는 ₩12,000인 경우, 다음의 자료를 활용하여 계산한 (주)한국의 매출원가는? (단, (주)한국은 재고자산평가손실과 정상적 재고자산감모손실을 전액 매출원가로 인식함)

구분	장부수량	취득원가
기초재고	50개	₩580,000
당기매입	450개	₩5,670,000
기말재고	120개	

① ₩4,750,000 ② ₩4,795,000
③ ₩4,907,500 ④ ₩5,057,500
⑤ ₩5,170,000

정답 및 해설

43 ④ • 재고자산감모손실 = (1,000개 − 900개) × ₩500/개 = ₩50,000
  • 재고자산평가손실 = (₩500/개 − ₩350/개) × 900개 = ₩135,000

44 ③ 재고자산감모손실 = (20개 − 10개) × ₩1,000 = ₩10,000[비정상 = ₩4,000(40%)]
  ∴ 수정된 매출원가 = 기초재고 + 당기순매입액 − 실제재고 − 비정상감모손실
    = ₩10,000 + ₩80,000 − (10개 × ₩1,000) − ₩4,000 = ₩76,000

45 ③ 총평균단가 = (₩580,000 + ₩5,670,000) ÷ 500개 = ₩12,500
  ∴ 재고자산평가손실과 재고자산감모손실을 고려하여 수정된 매출원가
    = 기초재고 + 당기순매입액 − 기말재고(저가) − 비정상 재고자산감모손실
    = ₩580,000 + ₩5,670,000 − (90개 × ₩12,000) − ₩262,500* = ₩4,907,500
    * (120개 − 90개) × ₩12,500 × 70%

46 (주)한국의 20×1년 재고자산 관련 자료가 다음과 같을 때, (주)한국의 20×1년 재고자산 매입액은? (단, 재고자산평가손실과 원가성 있는 재고자산감모손실은 포괄손익계산서의 매출원가에 포함함)

• 기초재고자산	₩5,000
• 기말 장부상 재고자산 수량	110단위
• 기말 실제 재고자산 수량	100단위
• 기말 장부상 재고자산의 단위당 원가	₩100
• 기말재고자산의 단위당 순실현가능가치	₩90
• 20×1년 포괄손익계산서상 매출원가	₩130,000
• 재고자산감모손실 중 40%는 원가성 없음	

① ₩134,400   ② ₩135,100

③ ₩136,000   ④ ₩138,500

⑤ ₩140,100

47 상품매매기업인 (주)한국은 계속기록법과 실지재고조사법을 병행하고 있다. (주)한국의 20×1년 기초재고는 ₩20,000(단가 ₩100)이고, 당기매입액은 ₩60,000(단가 ₩200), 20×1년 말 현재 장부상 재고수량은 70개이다. (주)한국이 보유하고 있는 재고자산은 진부화로 인해 단위당 순실현가능가치가 ₩160으로 하락하였다. (주)한국이 포괄손익계산서에 매출원가로 ₩72,000을 인식하였다면, (주)한국의 20×1년 말 실제 재고수량은? (단, 재고자산감모손실과 재고자산평가손실은 모두 매출원가에 포함함)

① 20개   ② 30개

③ 45개   ④ 50개

⑤ 70개

48 (주)한국은 상품에 관한 단위원가결정방법으로 선입선출법을 이용하고 있으며 20×1년도 상품 관련 자료는 다음과 같다. 20×1년도 말 실사 결과 기말재고는 3개였고, 감모는 모두 정상적이다. 기말 현재 상품의 단위당 순실현가능가치가 ₩100일 때 (주)한국의 20×1년도 매출총이익은? (단, 정상적인 재고자산감모손실과 재고자산평가손실은 모두 매출원가에 포함)

항목	수량	단위당 취득원가	단위당 판매가격	금액
기초재고	20개	₩120	–	₩2,400
3월 5일 매입	30개	₩180	–	₩5,400
4월 3일 매출	46개	–	₩300	₩13,800

① ₩6,300
② ₩6,780
③ ₩7,020
④ ₩7,260
⑤ ₩7,500

정답 및 해설

46 ① (1) 재고자산감모손실
= (110단위 − 100단위) × ₩100 = ₩1,000(비원가성: ₩400(40%))

(2)   재고자산

기초재고	5,000	매출원가	130,000
당기순매입액(x)	134,400	비정상감모손실	400
		기말재고(저가)	9,000*
	139,400		139,400

* 기말재고(저가) = ₩90 × 100단위 = ₩9,000

47 ④ • 재고자산감모손실과 평가손실을 포함한 매출원가(총비용)
= 기초재고 + 당기순매입액 − 실제 저가에 의한 기말재고액(x)
= ₩20,000 + ₩60,000 − x = ₩72,000
⇨ 실제 저가에 의한 기말재고액(x) = ₩8,000
• 실제 저가에 의한 기말재고액(x) = 실제수량 × ₩160 = ₩8,000
∴ 실제수량 = 50개

48 ① • 기말재고액 = 3개 × ₩100 = ₩300
• 매출원가 = 기초재고 + 당기매입액 − 기말재고 = ₩2,400 + ₩5,400 − ₩300 = ₩7,500
∴ 매출총이익 = 매출액 − 매출원가 = ₩13,800 − ₩7,500 = ₩6,300

49 (주)한국의 20×1년 손익 관련 자료는 다음과 같다.

- 매출액   ₩4,400,000
- 기초재고자산   ₩1,000,000
- 매입액   ₩3,000,000
- 임대수익   ₩500,000
- 20×1년 말 장부상 재고자산은 ₩2,500,000(2,500개, @₩1,000)이었으나, 실사 결과 재고자산은 ₩1,800,000(2,000개, @₩900)이다.

20×1년도 (주)한국의 당기순이익은?

① ₩1,000,000   ② ₩1,700,000

③ ₩1,800,000   ④ ₩2,200,000

⑤ ₩2,700,000

50 다음은 20×1년 설립된 (주)한국의 재고자산(상품) 관련 자료이다.

- 당기매입액   ₩1,000,000
- 취득원가로 파악한 장부상 기말재고액   ₩100,000

기말상품	실지재고	단위당 원가	단위당 순실현가능가치
A	400개	₩100	₩120
B	200개	₩250	₩180

(주)한국의 20×1년 재고자산감모손실은? (단, 재고자산평가손실과 재고자산감모손실은 매출원가에 포함함)

① ₩0   ② ₩7,000

③ ₩8,200   ④ ₩9,500

⑤ ₩10,000

| 대표예제 20 | 재고자산저가평가: 평가손실 · 매출원가 ★★ |

20×1년 초 설립한 (주)한국의 기말상품재고와 관련된 자료는 다음과 같다.

항목	취득원가	순실현가능가치
A	₩2,000	₩2,400
B	₩4,000	₩3,800

당기상품매입액이 ₩20,000일 때, 20×1년 말 재고자산 장부금액과 20×1년도 매출원가는?
(단, 재고자산의 항목은 서로 유사하지 않으며, 재고자산평가손익은 매출원가에 가감함)

	장부금액	매출원가
①	₩5,800	₩14,000
②	₩5,800	₩14,200
③	₩6,000	₩14,000
④	₩6,000	₩14,200
⑤	₩6,400	₩14,000

해설 | • 재고자산 장부금액(저가) = ₩5,800

항목	취득원가	순실현가능가치	저가
A	₩2,000	₩2,400	₩2,000
B	₩4,000	₩3,800	₩3,800
합계	₩6,000	₩6,200	₩5,800

• 매출원가 = 기초재고 + 당기순매입액 − 기말재고(저가)
  = ₩0 + ₩20,000 − ₩5,800 = ₩14,200

기본서 p.125~127   정답 ②

정답 및 해설

49 ⑤   매출원가 = ₩1,000,000 + ₩3,000,000 − ₩1,800,000 = ₩2,200,000
      ∴ 당기순이익 = 총수익 − 총비용
        = (₩4,400,000 + ₩500,000) − ₩2,200,000 = ₩2,700,000

50 ⑤   재고자산감모손실 = (장부수량 − 실제수량) × 단위당 원가
        = 장부수량에 대한 취득원가 − 실제수량에 대한 취득원가
        = ₩100,000 − [(400개 × ₩100) + (200개 × ₩250)] = ₩10,000

51 (주)한국은 20×1년 초 영업을 개시하였으며, 저가법에 의해 기말재고를 평가한다. 다음 자료를 이용할 때, (주)한국이 20×1년 인식할 재고자산평가손실은?

> - (주)한국의 장부상 기말상품의 수량은 200개이고, 단위당 취득원가는 ₩2,000이다.
> - 기말 실사 결과 도난으로 인하여 기말상품은 150개만 남아있다.
> - 시장가격의 변동으로 인하여 상품의 기말 시장가격은 ₩1,600이고 매출을 위해 단위당 ₩200의 판매비용이 발생한다.

① ₩45,000
② ₩50,000
③ ₩60,000
④ ₩70,000
⑤ ₩90,000

52 20×1년 초에 설립된 (주)한국의 재고자산은 상품으로만 구성되어 있다. 20×1년 말 상품 관련 자료는 다음과 같고 항목별 저가기준으로 평가하고 있다. 20×1년 매출원가가 ₩300,000일 경우 당기상품매입액은? (단, 재고자산평가손실은 매출원가에 포함되며 재고자산감모손실은 없음)

구분	재고수량	단위당 원가	단위당 추정판매가격	단위당 추정판매비용
상품 A	20개	₩100	₩125	₩20
상품 B	40개	₩150	₩150	₩10
상품 C	30개	₩120	₩130	₩30

① ₩251,000
② ₩260,600
③ ₩270,700
④ ₩289,400
⑤ ₩310,600

53 (주)한국은 20×1년에 설립하였으며 20×1년 말 현재 (주)한국이 보유하고 있는 재고자산에 관한 자료는 다음과 같다.

구분	수량	단위당 단가	단위당 현행대체원가 혹은 순실현가능가치
원재료	1,000단위	₩500	₩350
제품	2,000단위	₩2,700	₩3,000
상품	1,500단위	₩2,500	₩2,350

(주)한국은 원재료를 사용하여 제품을 직접 생산 · 판매하며, 상품의 경우 다른 제조업자로부터 취득하여 적절한 이윤을 덧붙여 판매하고 있다. 20×1년도 (주)한국이 인식해야 할 재고자산평가손실은?

① ₩150,000
② ₩180,000
③ ₩200,000
④ ₩225,000
⑤ ₩250,000

정답 및 해설

51 ⑤ 재고자산평가손실 = (단위당 취득원가 − 단위당 순실현가능가치) × 실제수량
= (₩2,000 − ₩1,400*) × 150개 = ₩90,000
* 단위당 순실현가능가치 = ₩1,600 − ₩200 = ₩1,400

52 ⑤

구분	재고수량	단위당 원가	순실현가능가치	저가
상품 A	20개	₩100	₩125 − ₩20 = ₩105	20개 × ₩100 = ₩2,000
상품 B	40개	₩150	₩150 − ₩10 = ₩140	40개 × ₩140 = ₩5,600
상품 C	30개	₩120	₩130 − ₩30 = ₩100	30개 × ₩100 = ₩3,000
				₩10,600

매출원가 = 기초재고 + 당기매입액(x) − 기말재고액 = ₩0 + x − ₩10,600 = ₩300,000
∴ 당기매입액(x) = ₩310,600

53 ④ 원재료가 투입되어 완성된 제품의 순실현가능가치가 제품의 원가보다 상승한 경우 원재료는 감액하지 않는다(저가법 예외). 따라서 재고자산평가손실은 다음과 같이 순실현가능가치가 하락한 상품의 경우가 발생한다.
∴ 재고자산평가손실 = (₩2,500 − ₩2,350) × 1,500단위 = ₩225,000

54 재고자산의 회계처리에 관한 설명으로 옳지 않은 것은? 제25회

① 재고자산은 취득원가와 순실현가능가치 중 낮은 금액으로 측정한다.

② 통상적으로 상호 교환될 수 없는 재고자산항목의 원가와 특정 프로젝트별로 생산되고 분리되는 재화의 원가는 개별법을 사용하여 결정한다.

③ 재고자산의 취득원가는 매입원가, 전환원가 및 재고자산을 현재의 장소에 현재의 상태로 이르게 하는 데 발생한 기타 원가 모두를 포함한다.

④ 완성될 제품이 원가 이상으로 판매될 것으로 예상하는 경우에는 그 생산에 투입하기 위해 보유하는 원재료 및 기타 소모품을 감액하지 아니한다.

⑤ 재고자산의 매입원가는 매입가격에 매입할인, 리베이트 및 기타 유사한 항목을 가산한 금액이다.

55 재고자산에 대한 설명으로 옳지 않은 것은?

① 재고자산은 정상적인 영업활동을 통하여 판매할 목적으로 보유하는 자산이라는 점에서 사용할 목적으로 보유하는 유형자산과는 구별된다.

② 수입한 재고자산의 취득원가에는 수입관세(과세당국으로부터 추후 환급받을 수 있는 금액은 제외)가 포함된다.

③ 재고자산의 취득원가는 매입가격 이외에도 재고자산을 현재의 상태에 이르기까지 소요된 부대비용을 포함하여 인식한다.

④ 선입선출법, 평균법 등의 평가방법은 실제 물량흐름과 상관없이 일정한 가정을 전제로 정의된 것이다.

⑤ 기업이 선택한 방법에 의하여 측정한 재고자산의 원가보다 순실현가능가치가 낮은 경우 저가법을 선택한 경우에 한하여 재고자산평가손실을 계상할 수 있다.

56 재고자산의 회계처리에 관한 설명으로 옳지 않은 것은?

① 개별법이 적용되지 않는 재고자산의 단위원가는 선입선출법이나 가중평균법을 사용하여 결정한다.

② 재고자산을 현재의 장소에 현재의 상태에 이르게 하는 데 기여하지 않은 관리간접원가는 재고자산의 취득원가에 포함될 수 없다.

③ 생물자산에서 수확한 농림어업 수확물로 구성된 재고자산은 공정가치에서 처분부대원가를 뺀 금액으로 수확 시점에 최초 인식한다.

④ 성격이나 용도의 차이 또는 위치나 과세방법의 차이로 서로 다른 원가결정방법을 적용하는 것은 가능하다.

⑤ 재고자산은 경우에 따라서 서로 유사하거나 관련 있는 항목들을 통합하여 조별로 저가법을 적용할 수 있다.

정답 및 해설

54 ⑤ 매입할인과 리베이트 및 이와 유사한 항목은 <u>매입가격에서 차감</u>하여 매입원가를 계산한다.

55 ⑤ 재고자산의 저가법은 선택이 아니라 <u>강제규정이다</u>.

56 ④ 성격이나 용도의 차이로 서로 다른 원가결정방법을 적용하는 것은 가능하지만, 위치나 과세방법의 차이로 서로 다른 원가결정방법을 적용하는 것은 <u>불가능하다</u>.

제4장 유형자산

유형자산의 취득원가 ★★

(주)한국은 재화의 생산을 위하여 기계장치를 취득하였으며 관련 자료는 다음과 같다. 해당 기계 장치의 취득원가는?

• 구입가격(매입할인 미반영)	₩1,000,000
• 매입할인	₩15,000
• 설치장소 준비원가	₩25,000
• 정상작동 여부 시험과정에서 발생한 원가	₩10,000
• 정상작동 여부 시험과정에서 생산된 시제품 순매각금액	₩5,000
• 신제품을 소개하는 데 소요되는 원가	₩3,000
• 신제품 영업을 위한 직원교육훈련비	₩2,000
• 기계 구입과 직접적으로 관련되어 발생한 종업원급여	₩2,000

① ₩1,015,000   ② ₩1,017,000
③ ₩1,020,000   ④ ₩1,022,000
⑤ ₩1,027,000

해설 | 취득원가 = 구입가격 + 직접관련원가 + 추정복구원가
      = ₩1,000,000 − ₩15,000 + ₩25,000 + ₩10,000 + ₩2,000 = ₩1,022,000

기본서 p.151~152   정답 ④

01 다음 중 유형자산 취득원가에 포함되는 것은?

① 새로운 지역에서 또는 새로운 고객층을 대상으로 영업을 하는 데 소요되는 원가
② 기업의 영업 전부 또는 일부를 재배치하는 과정에서 발생하는 원가
③ 유형자산의 매입 또는 건설과 직접적으로 관련되어 발생한 종업원급여
④ 유형자산과 관련된 산출물에 대한 수요가 형성되는 과정에서 발생하는 초기가동손실
⑤ 경영진이 의도하는 방식으로 가동될 수 있으나 아직 실제로 사용되지 않은 상황에서 발생하는 원가

02 다음은 (주)한국의 기계장치 취득과 관련된 자료이다. 취득원가로 계상될 금액은?

• 기계장치 구입가격	₩20,000
• 기계장치의 설치장소 준비원가	₩20,000
• 매입과 직접 관련되어 발생한 종업원급여	₩20,000
• 새로운 고객층을 대상으로 영업하는 데 소요되는 원가	₩20,000
• 정상 작동 여부를 시험하는 과정에서 발생한 원가	₩20,000
• 관련된 산출물에 대한 수요가 형성되는 과정에서 발생하는 초기 가동손실	₩20,000

① ₩60,000   ② ₩70,000
③ ₩80,000   ④ ₩90,000
⑤ ₩100,000

정답 및 해설

01 ③ 직접관련원가에 해당하는 원가로서 취득원가에 포함된다. 나머지는 유형자산의 취득원가에 포함되지 않는 항목이다.

02 ③ 초기 가동손실과 새로운 고객층을 대상으로 영업하는 데 소요되는 원가는 원가에 포함되지 않는 항목이다.
취득원가 = 구입가격 + 직접관련원가(준비원가 + 종업원급여 + 시운전비)
= ₩20,000 + (₩20,000 + ₩20,000 + ₩20,000) = ₩80,000

03 다음 중 유형자산에 대한 설명으로 옳지 않은 것은?

① 토지의 취득시 중개수수료, 취득세, 등록세와 같은 소유권이전비용은 토지의 취득원가에 포함한다.

② 건물을 신축하기 위하여 사용 중인 건물을 철거한 경우, 기존 건물의 장부금액과 철거비용이 당기비용이 된다.

③ 지상건물이 있는 토지를 일괄취득하여 구건물을 계속 사용할 경우 일괄구입가격을 토지와 건물의 장부금액에 따라 배분한다.

④ 기계장치를 취득하여 기계장치를 의도한 용도로 사용하기 적합한 상태로 만들기 위해서 지출한 시운전비는 기계장치의 취득원가에 포함한다.

⑤ 유형자산 취득과 관련하여 불가피하게 구입한 국공채는 시가와의 차액만큼 유형자산으로 처리한다.

04 다음 중 유형자산에 해당되는 것은?

① 해양천연가스를 발굴하기 위하여 설치한 대형 해양탐사구조물

② 남해안에서 양식 중인 5년 된 양식장의 참치

③ 조선업체 甲중공업이 주문을 받아 생산 중인 선박

④ 시세가 상승할 것으로 예측하여 취득하였으나 아직 사용목적을 결정하지 못한 대도시 외곽의 토지

⑤ 주택시장의 침체로 인하여 건설회사가 소유하고 있는 미분양 상태의 아파트

05 취득과 직접 관련된 차입원가를 자본화하여야 하는 적격자산이 아닌 것은?　　　제25회

① 금융자산　　　　　　　　　② 무형자산

③ 투자부동산　　　　　　　　④ 제조설비자산

⑤ 전력생산설비

06 (주)한국은 본사 신축을 위해 기존 건물이 있는 토지를 ₩500,000에 구입하였으며, 기타 발생한 원가는 다음과 같다. (주)한국의 토지와 건물의 취득원가는? 제22회

> • 구건물이 있는 토지를 취득하면서 중개수수료 ₩4,000을 지급하였다.
> • 구건물 철거비용으로 ₩5,000을 지급하였으며, 철거시 발생한 폐자재를 ₩1,000에 처분하였다.
> • 토지 측량비와 정지비용으로 ₩2,000과 ₩3,000이 각각 발생하였다.
> • 신축건물 설계비로 ₩50,000을 지급하였다.
> • 신축건물 공사비로 ₩1,000,000을 지급하였다.
> • 야외 주차장(내용연수 10년) 공사비로 ₩100,000을 지출하였다.

	토지	건물
①	₩509,000	₩1,000,000
②	₩509,000	₩1,050,000
③	₩513,000	₩1,050,000
④	₩513,000	₩1,150,000
⑤	₩514,000	₩1,150,000

정답 및 해설

03 ③ 장부금액이 아니라 <u>공정가치</u>에 따라 배분한다.

04 ① ②③⑤ 재고자산, ④ 투자부동산

05 ① 금융자산이나 생물자산과 같이 최초 인식시점에 공정가치나 순공정가치로 측정하는 자산은 적격자산에 해당하지 않는다. 한편, 단기간 내에 제조되거나 다른 방법으로 생산되는 재고자산은 적격자산에 해당하지 아니한다. 또한, 취득시점에 의도된 용도로 사용할 수 있거나 판매 가능한 상태에 있는 자산인 경우에도 적격자산에 해당하지 아니한다.

06 ③ • 토지 취득원가 = ₩500,000 + ₩4,000 + (₩5,000 − ₩1,000) + ₩2,000 + ₩3,000
  = ₩513,000
 • 건물 취득원가 = ₩50,000 + ₩1,000,000 = ₩1,050,000
 ▶ 야외 주차장 공사비는 별도의 계정으로 회계처리해야 한다.

07   (주)한국은 20×1년 초 (주)민국으로부터 토지(공정가치 ₩300,000, 장부금액 ₩250,000)와 기계장치(공정가치 ₩200,000, 장부금액 ₩250,000)를 ₩400,000에 일괄구입하였다. 또한, (주)한국은 20×1년 초에 동 기계장치 취득을 위하여 불가피하게 공정가치 ₩35,000의 채권을 ₩42,500에 구입하였다. 기계장치의 취득원가는 얼마인가?

① ₩160,000

② ₩167,500

③ ₩200,000

④ ₩242,500

⑤ ₩250,000

08   (주)한국은 20×1년 초 ₩30,000을 지급하고 토지와 건물을 일괄취득하였다. 취득과정에서 발생한 수수료는 ₩300이며, 취득일 현재 토지와 건물의 공정가치는 각각 ₩18,000으로 동일하다. ㉠ 취득한 건물을 계속 사용할 경우와 ㉡ 취득한 건물을 철거하고 건물을 신축하는 경우의 토지 취득원가는 각각 얼마인가? (단, ㉡의 경우 철거비용 ₩1,500이 발생했고, 철거시 발생한 폐기물의 처분수익은 ₩300임)

	㉠	㉡
①	₩15,000	₩31,200
②	₩15,000	₩31,500
③	₩15,150	₩31,200
④	₩15,150	₩31,500
⑤	₩18,000	₩54,000

09   (주)한국은 20×1년 1월 1일에 토지와 토지 위의 건물을 일괄하여 ₩1,000,000에 취득하고 토지와 건물을 계속 사용하였다. 취득시점 토지의 공정가치는 ₩750,000이며 건물의 공정가치는 ₩500,000이다. 건물의 내용연수는 5년, 잔존가치는 ₩100,000이며, 정액법을 적용하여 건물을 감가상각한다(월할상각, 원가모형 적용). 20×3년 1월 1일 (주)한국은 더 이상 건물을 사용할 수 없어 해당 건물을 철거하였다. 건물의 철거와 관련하여 철거비용이 발생하지 않았을 경우, 20×3년 1월 1일에 인식하는 손실은?

① ₩120,000

② ₩280,000

③ ₩360,000

④ ₩400,000

⑤ ₩450,000

10 20×1년에 설립된 (주)한국은 20×1년 초 ₩2,000,000의 구축물을 취득하였다. 동 구축물의 내용연수는 5년이며, 사용 종료 후 원상회복을 해야 할 의무가 있다. 5년 후 원상회복을 위한 지출액은 ₩60,000으로 추정되며, 현재가치 계산에 사용될 할인율은 연 5%이다. (주)한국이 동 구축물의 취득과 관련하여 인식할 취득원가는? (단, 계산금액은 소수점 첫째 자리에서 반올림함)

할인율	5기간 단일금액 ₩1의 현재가치
5%	0.7835

① ₩2,039,175

② ₩2,043,129

③ ₩2,047,010

④ ₩2,051,755

⑤ ₩2,060,100

정답 및 해설

07 ② • 상대적 공정가치 비율에 대한 배분

기계장치 = ₩400,000 × ₩200,000 / (₩300,000 + ₩200,000) = ₩160,000

• 기계장치의 취득원가 = ₩160,000 + (₩42,500 − ₩35,000) = ₩167,500

08 ④ ㉠ 취득한 건물을 계속 사용할 경우: 일괄취득 ⇨ 상대적 공정가치 비율로 안분

토지 취득원가 = (₩30,000 + ₩300) × ₩18,000 / (₩18,000 + ₩18,000) = ₩15,150

㉡ 기존 건물을 철거하고 건물을 신축하는 경우

토지 취득원가 = ₩30,000 + ₩300 + (₩1,500 − ₩300) = ₩31,500

09 ② 사용 중인 건물 철거시 건물의 장부금액과 철거비는 모두 당기비용으로 회계처리한다.

• 건물의 취득원가 = ₩1,000,000 × [₩500,000 / (₩750,000 + ₩500,000)] = ₩400,000

• 철거 직전 건물의 감가상각누계액 = (₩400,000 − ₩100,000) × 2/5 = ₩120,000

∴ 철거 직전 건물의 장부금액 = ₩400,000 − ₩120,000 = ₩280,000

10 ③ 구축물의 취득원가 = ₩2,000,000 + (₩60,000 × 0.7835) = ₩2,047,010

(차) 구축물	2,047,010	(대) 현금	2,000,000
		복구충당부채	47,010

11 해운업을 영위하는 (주)한국은 20×1년 초 내용연수 4년, 잔존가치 ₩200,000의 해양구조물을 ₩1,400,000에 취득하였다. (주)한국은 해양구조물의 사용이 종료된 후 해체 및 원상복구를 해야 하는 의무를 부담하는데, 4년 후 복구비용으로 지출할 금액은 ₩200,000으로 추정된다. 미래 지출액의 현재가치 계산시 사용할 할인율은 연 5%이다. 감가상각방법으로 정액법을 사용할 경우 20×2년도의 감가상각비 금액은? (단, 할인율 연 5%, 4기간 단일금액 ₩1의 현재가치는 0.8227임)   제26회

① ₩300,000   ② ₩341,135

③ ₩349,362   ④ ₩349,773

⑤ ₩391,135

12 (주)한국은 20×1년 초 유류저장시설물을 취득(취득원가 ₩600,000, 내용연수 5년, 잔존가치 ₩0, 정액법 상각)하였다. 동 시설물은 내용연수 종료 시점에 원상복구 의무가 있고, 그 비용은 ₩100,000으로 추정된다. 이에 대하여 연 8% 할인율을 적용하며, 실제 복구비용은 ₩105,000으로 추정된다. 20×1년 초에 인식할 동 시설물의 취득원가와 20×1년 복구충당부채에 전입할 이자비용은? [단, 동 시설물은 원가모형을 적용하고, 단일금액 ₩1의 현재가치는 0.6806(5기간, 8%)임]

	취득원가	이자비용
①	₩668,060	₩8,000
②	₩668,060	₩5,445
③	₩671,463	₩5,445
④	₩671,463	₩8,000
⑤	₩671,463	₩8,400

13 (주)대한은 소유하고 있던 유형자산을 (주)민국이 소유하고 있는 유형자산과 교환하였다. 두 회사가 소유하고 있는 유형자산의 장부금액과 공정가치는 다음과 같다.

구분	(주)대한의 유형자산	(주)민국의 유형자산
취득원가	₩1,600,000	₩3,200,000
감가상각누계액	₩480,000	₩2,560,000
공정가치	₩1,280,000	알 수 없음

해당 교환과 관련하여 (주)대한이 현금 ₩160,000을 추가로 지급하였을 때, 이 교환거래로 인해 (주)대한이 인식할 유형자산은? (단, 유형자산의 교환거래는 상업적 실질이 있으며, (주)대한의 유형자산 공정가치는 신뢰성이 있음)

① ₩800,000
② ₩960,000
③ ₩1,280,000
④ ₩1,440,000
⑤ ₩1,600,000

정답 및 해설

11 ② • 취득원가 = ₩1,400,000 + (₩200,000 × 0.8227) = 1,564,540
　　• 감가상각비 = (₩1,564,540 − ₩200,000) × 1/4 = ₩341,135

12 ② • 취득원가 = ₩600,000 + (₩100,000 × 0.6806) = ₩668,060
　　• 이자비용 = (₩100,000 × 0.6806) × 8% = ₩5,445

13 ④ 공정가치법에 따른 유형자산 취득원가 = ₩1,280,000 + ₩160,000 = ₩1,440,000

14 (주)한국은 20×1년 초에 기계장치(취득원가 ₩100,000, 감가상각누계액 ₩20,000)를 다음과 같은 조건 가운데 하나로 (주)대한의 유형자산과 교환하였다. (주)한국의 입장에서 유형자산처분이익이 높은 순서로 배열된 것은? (단, 각 거래는 독립적인 상황으로 가정함)

> ㉠ (주)한국의 기계장치의 공정가치는 ₩85,000이며, (주)대한의 건물과 교환하였다. (주)한국은 교환시 현금 ₩15,000을 지급하였다. 단, 이 거래는 상업적 실질이 존재하는 거래이다.
> ㉡ (주)한국의 기계장치의 공정가치는 ₩90,000이며, (주)대한의 토지와 교환하였다. (주)한국은 교환시 현금 ₩20,000을 수령하였다. 단, 이 거래는 상업적 실질이 존재하는 거래이다.
> ㉢ (주)한국의 기계장치의 공정가치는 ₩90,000이며, (주)대한의 동종 기계장치와 교환하였다. (주)한국은 교환시 현금 ₩25,000을 수령하였다. 단, 이 거래는 상업적 실질이 존재하지 않는 거래이다.

① ㉠ > ㉡ > ㉢　　　　　　　　② ㉠ > ㉢ > ㉡
③ ㉡ > ㉠ > ㉢　　　　　　　　④ ㉡ > ㉢ > ㉠
⑤ ㉠ = ㉡ = ㉢

15 (주)한국은 20×1년 초 사용하던 기계장치 A(취득원가 ₩27,000, 감가상각누계액 ₩10,500)와 현금 ₩4,500을 제공하고 (주)대한의 기계장치 B와 교환하였다. 교환 당시 기계장치 B의 공정가치는 ₩24,000이지만, 기계장치 A의 공정가치를 신뢰성 있게 측정할 수 없었다. 동 교환거래가 상업적 실질이 있는 경우(가)와 상업적 실질이 결여된 경우(나) 각각에 대해 (주)한국이 측정할 기계장치 B의 인식시점 원가는?

	(가)	(나)
①	₩21,000	₩16,500
②	₩21,000	₩24,000
③	₩24,000	₩21,000
④	₩24,000	₩28,500
⑤	₩28,500	₩21,000

16 (주)한국은 20×2년 9월 1일 구형 컴퓨터를 신형 컴퓨터로 교환하면서 현금 ₩1,130,000을 지급하였다. 구형 컴퓨터(취득원가 ₩1,520,000, 잔존가치 ₩20,000, 내용연수 5년, 정액법 상각)는 20×1년 1월 1일 취득하였으며, 교환시점의 공정가치는 ₩1,000,000이었다. 동 교환이 상업적 실질이 있는 경우 (주)한국이 인식할 처분손익은? (단, 원가모형을 적용하고, 감가상각은 월할상각함) 제21회

① ₩0

② ₩20,000 손실

③ ₩20,000 이익

④ ₩30,000 손실

⑤ ₩30,000 이익

정답 및 해설

14 ③ 교환에 의한 취득시 교환손익의 크기 비교
- 공정가치법: ㉠, ㉡(교환손익을 인식함)
- 장부금액법: ㉢(교환손익을 인식하지 않음)
교환손익 = 제공(구)자산의 공정가치 - 제공(구)자산의 장부금액
㉠ ₩85,000 - (₩100,000 - ₩20,000) = ₩5,000
㉡ ₩90,000 - (₩100,000 - ₩20,000) = ₩10,000
㉢ 장부금액법이므로 교환손익이 없음

15 ③ • (가) 공정가치법
제공된 자산의 공정가치를 신뢰성 있게 측정할 수 없으므로 취득자산의 공정가치로 인식한다. 취득자산의 공정가치로 신자산의 취득원가를 측정하므로 현금 수수는 고려하지 않는다.
⇨ 기계장치 B의 취득원가 = ₩24,000
• (나) 장부금액법
제공자산의 장부금액에 현금지급액을 가산하여 인식한다.
⇨ 기계장치 B의 취득원가 = (₩27,000 - ₩10,500) + ₩4,500 = ₩21,000

16 ② 제공자산의 장부금액 계산시 취득원가에서 차감하는 감가상각누계액이 주어져 있지 않으므로 20×1.1.1.~ 20×2.8.31.까지 감가상각누계액을 계산해야 한다.
• 교환 직전의 감가상각누계액
= [(₩1,520,000 - ₩20,000) × 1/5] + [(₩1,520,000 - ₩20,000) × 1/5 × 8/12]
= ₩500,000
• 교환손익(유형자산처분손익) = 제공자산의 공정가치 - 제공자산의 장부금액
= ₩1,000,000 - (₩1,520,000 - ₩500,000)
= -₩20,000(손실)

17 (주)한국은 기계장치(장부금액 ₩80,000, 공정가치 ₩140,000)를 제공하고, (주)대한의 건물과 현금 ₩28,000을 취득하는 교환거래를 하였다. 건물의 공정가치는 ₩100,000으로 기계장치의 공정가치보다 더 명백하며, 이 교환거래는 상업적 실질이 있다고 할 때, (주)한국이 인식할 유형자산처분손익은?

① 유형자산처분손익 ₩0
② 유형자산처분손실 ₩48,000
③ 유형자산처분이익 ₩48,000
④ 유형자산처분손실 ₩88,000
⑤ 유형자산처분이익 ₩88,000

18 (주)한국은 20×1년 초 건물을 ₩200,000에 구입하면서 정부발행채권을 액면금액(₩100,000)으로 의무매입하였다. 동 채권은 3년 만기이며, 액면이자율은 5%이고, 이자는 매년 말에 후급한다. (주)한국은 취득한 채권을 상각후원가측정 금융자산으로 분류하였으며, 구입 당시 시장이자율은 8%이다. 20×1년 초에 인식할 건물의 취득원가는 얼마인가? (단, 8%, 3기간의 단일금액 ₩1의 현재가치는 0.79, 정상연금 1의 현재가치는 2.58)

① ₩208,100
② ₩212,900
③ ₩279,000
④ ₩280,000
⑤ ₩291,900

19 (주)한국은 20×1년 초 기계장치(내용연수 3년, 잔존가치 ₩0, 정액법 상각)를 구입과 동시에 무이자부 약속어음(액면금액 ₩600,000, 3년 만기, 매년 말 ₩200,000 균등 상환)을 발행하여 지급하였다. 이 거래 당시 (주)한국이 발행한 어음의 유효이자율은 연 12%이다. 기계장치에 대해 원가모형을 적용하고, 당해 차입원가는 자본화대상에 해당하지 않는다. 20×1년 (주)한국이 인식할 기계장치의 취득원가와 이자비용은? (단, 12%, 3기간의 연금현가계수는 2.40183이고, 계산금액은 소수점 첫째 자리에서 반올림하며, 단수 차이로 인한 오차가 있으면 가장 근사치를 선택함)

	취득원가	이자비용
①	₩425,500	₩45,000
②	₩480,366	₩57,644
③	₩500,000	₩58,500
④	₩548,200	₩60,000
⑤	₩600,000	₩55,200

정답 및 해설

17 ③ 교환거래가 상업적 실질이 존재하므로 공정가치법을 적용한다. 본 문제의 경우 (주)한국의 공정가치보다 (주)대한의 건물의 공정가치가 명백하므로, 신자산의 공정가치에서 현금수수액을 고려하여 (주)한국의 제공자산(구)의 공정가치를 구한 후 유형자산처분손익을 계산한다.
　∴ 유형자산처분손익 = 제공자산의 공정가치 − 제공자산의 장부금액
　　= (₩100,000 + ₩28,000) − ₩80,000 = ₩48,000 유형자산처분이익

18 ① • 채권의 현재가치 = 액면금액의 현재가치 + 액면이자의 현재가치
　　= (₩100,000 × 0.79) + (₩100,000 × 0.05 × 2.58) = ₩91,900
　• 고가차액 = ₩100,000 − ₩91,900 = ₩8,100
　∴ 건물의 취득원가 = 구입가격 + 고가매입의 차액
　　= ₩200,000 + ₩8,100 = ₩208,100

19 ② • 기계장치의 취득원가 = ₩200,000 × 2.40183 = ₩480,366
　• 20×1년도 이자비용 = ₩480,366 × 12% = ₩57,644

20 (주)한국은 20×1년 7월 1일부터 공장건물 신축공사를 시작하여 20×2년 4월 30일에 완공하였다. (주)한국이 20×1년 자본화할 차입원가는? (단, 기간은 월할계산함)

〈공사대금 지출〉	
20×1.7.1.	20×1.10.1.
₩100,000	₩80,000

〈차입금 현황〉				
구분	금액	차입일	상환(예정)일	연이자율
특정차입금	₩100,000	20×1.7.1.	20×2.4.30.	8%
일반차입금	₩50,000	20×1.1.1.	20×2.6.30.	10%

① ₩2,000   ② ₩3,000   ③ ₩4,000

④ ₩5,000   ⑤ ₩6,000

대표예제 22   **유형자산 일반 – 지문형 ★**

유형자산의 회계처리에 관한 설명으로 옳은 것은?   제23회

① 기업이 판매를 위해 1년 이상 보유하며, 물리적 실체가 있는 것은 유형자산으로 분류된다.

② 유형자산과 관련된 산출물에 대한 수요가 형성되는 과정에서 발생하는 초기 가동손실은 취득원가에 포함한다.

③ 유형자산의 제거로 인하여 발생하는 손익은 총매각금액과 장부금액의 차이로 결정한다.

④ 기업은 유형자산 전체에 원가모형이나 재평가모형 중 하나를 회계정책으로 선택하여 동일하게 적용한다.

⑤ 유형자산의 감가상각방법과 잔존가치, 그리고 내용연수는 적어도 매 회계연도 말에 재검토한다.

오답체크
① 유형자산은 판매목적이 아니라 영업활동을 위한 사용목적으로 보유한다.
② 유형자산과 관련된 산출물에 대한 수요가 형성되는 과정에서 발생하는 초기 가동손실은 취득원가에 포함하지 않는다.
③ 총매각금액이 아니라 순매각금액과 장부금액의 차이로 결정한다.
④ 기업은 유형자산 분류별로 원가모형이나 재평가모형 중 하나를 회계정책으로 선택하여 동일하게 적용한다.

기본서 p.155~156   정답 ⑤

21 유형자산에 관한 설명으로 옳지 않은 것은? 제26회

① 새로운 시설을 개설하는 데 소요되는 원가는 유형자산의 취득원가에 포함되지 않는다.

② 기업의 영업 전부를 재배치하는 과정에서 발생하는 원가는 유형자산의 장부금액에 포함하지 않는다.

③ 유형자산의 감가상각액은 다른 자산의 장부금액에 포함될 수 있다.

④ 사용 중인 유형자산의 정기적인 종합검사에서 발생하는 원가는 모두 당기비용으로 처리한다.

⑤ 유형자산에 내재된 미래경제적 효익의 예상 소비형태가 유의적으로 달라졌다면 감가상각법을 변경한다.

22 자본적 지출에 관한 설명으로 옳지 않은 것은?

① 수익적 지출을 자본적 지출로 회계처리할 경우 해당 기간의 당기순이익은 증가한다.

② 자본적 지출을 수익적 지출로 회계처리할 경우 해당 자산의 내용연수 동안 감가상각비는 감소한다.

③ 자산인식요건을 충족하는 경우 자본적 지출로 처리해야 한다.

④ 수익적 지출을 자본적 지출로 회계처리할 경우 비밀적립금이 발생하게 된다.

⑤ 건물의 증축에 따른 비용이 자산인식요건을 충족하는 경우 자본적 지출로 처리해야 한다.

정답 및 해설

20 ⑤ • 연평균지출액 = (₩100,000 × 6/12) + (₩80,000 × 3/12) = ₩70,000
　　• 특정차입금 차입원가 = ₩100,000 × 6/12 × 8% = ₩4,000
　　• 일반차입금 차입원가 = [₩70,000 − (₩100,000 × 6/12)] × 10% = ₩2,000
　　• 일반차입금 한도 = ₩50,000 × 12/12 × 10% = ₩5,000
　　∴ 자본화할 차입원가 = ₩4,000 + ₩2,000 = ₩6,000
　　▶ 만약, 당기손익으로 인식할 이자비용을 묻는다면 ₩5,000 − ₩2,000 = ₩3,000

21 ④ 유형자산의 인식기준을 충족하는 종합검사원가는 <u>유형자산의 장부금액</u>에 포함하여 인식한다.

22 ④ 수익적 지출을 자본적 지출로 회계처리할 경우 <u>혼수자본현상</u>이 발생하게 된다.

23 회계처리를 왜곡시켜 당기 경영성과나 당기말 재무상태를 실제보다 좋게 표시한 기업이 있다. 이 기업의 실제보다 당기 경영성과나 당기말 재무상태를 좋게 표시하기 위하여 회계처리한 내용으로 옳은 것은?

① 자산 과소계상 또는 부채 과대계상
② 자산 과소계상 또는 비용 과대계상
③ 비용 과대계상 또는 수익 과소계상
④ 자산 과대계상 또는 부채 과소계상
⑤ 자산 과대계상 또는 비용 과대계상

| 대표예제 23 | 감가상각방법 – 정액법 ★ |

(주)한국은 20×1년 1월 1일 건물을 ₩44,000에 취득하였다. 건물의 잔존가치는 ₩4,000이며, 내용연수는 10년이고, 정액법으로 감가상각을 하기로 하였다. 해당 건물에 대한 감가상각과 관련한 설명으로 옳지 않은 것은?

① 20×1년에 인식되는 감가상각비는 ₩4,000이다.
② 감가상각 대상 금액 ₩44,000이 내용연수 10년에 걸쳐 배분된다.
③ 20×2년 말 해당 건물의 감가상각누계액은 ₩8,000으로 보고된다.
④ 20×3년 말 해당 건물의 장부금액은 ₩32,000으로 보고된다.
⑤ 내용연수가 종료되는 연도 말 건물의 장부금액은 ₩4,000이다.

해설 | ② 감가상각 대상 금액은 ₩44,000이 아니라 ₩44,000 − ₩4,000 = ₩40,000이 된다.
　① 정액법에 의한 감가상각비 = (₩44,000 − ₩4,000)/10년 = ₩4,000
　③ 20×2년 말 감가상각누계액 = ₩4,000 + ₩4,000 = ₩8,000
　④ 20×3년 말 장부금액 = 취득원가 − 감가상각누계액
　　= ₩44,000 − (₩4,000 + ₩4,000 + ₩4,000) = ₩32,000
　⑤ 내용연수가 종료되는 연도말 건물의 장부금액은 잔존가치에 수렴한다.

기본서 p.170~171

정답 ②

24 한국채택국제회계기준에 따라 원가모형을 적용하는 유형자산에 대한 설명으로 옳지 않은 것은?

① 유형자산의 감가상각은 자산이 사용 가능할 때부터 시작한다.

② 유형자산의 잔존가치와 내용연수는 적어도 매 회계연도 말에 재검토한다.

③ 유형자산의 감가상각방법은 자산의 미래경제적 효익이 소비될 것으로 예상되는 형태를 반영한다.

④ 유형자산의 공정가치가 장부금액을 초과하는 경우에는 자산의 공정가치가 장부금액보다 작은 금액으로 감소될 때까지 유형자산의 감가상각액은 영(0)이 된다.

⑤ 유형자산을 구성하는 일부의 원가가 해당 유형자산의 전체 원가와 비교하여 유의적이라면, 해당 유형자산을 감가상각할 때 그 부분은 별도로 구분하여 감가상각한다.

25 (주)한국의 20×1년 12월 31일 현재 건물 감가상각누계액은 ₩34,000,000(20×1년 감가상각비 계상 후)이다. 건물의 내용연수는 10년이며, 잔존가치는 ₩0, 정액법으로 감가상각을 하고 있다. 20×1년 12월 31일 현재 경과내용연수가 4년일 때 해당 건물의 취득원가는?

① ₩65,000,000

② ₩70,000,000

③ ₩75,000,000

④ ₩80,000,000

⑤ ₩85,000,000

정답 및 해설

23 ④ 기말재무상태를 실제보다 좋게 표시하는 것은 혼수자본현상으로, <u>자산을 과대계상하거나 부채를 과소계상하는 경우</u> 발생한다.

24 ④ 유형자산의 공정가치가 장부금액을 초과하더라도 잔존가치가 장부금액을 초과하지 않는 한 감가상각액을 계속 인식한다. 유형자산의 잔존가치가 해당 자산의 장부금액과 같거나 큰 금액으로 증가하는 경우에는 자산의 잔존가치가 장부금액보다 작은 금액으로 감소될 때까지 유형자산의 감가상각액은 영(0)이 된다.

25 ⑤ 건물의 취득원가 = (₩34,000,000/4년) × 10년 = ₩85,000,000

26 (주)한국은 20×1년 7월 1일에 건물이 정착되어 있는 토지를 ₩900,000에 취득하였다. 취득과정에서 발생한 수수료는 ₩100,000이었으며, 취득한 건물의 추정내용연수는 10년이다. 취득시점에서 토지 및 건물의 공정가치는 각각 ₩300,000과 ₩900,000이다. 건물의 잔존가치는 ₩50,000으로 추정하였으며, 감가상각방법은 정액법을 사용하고, 기중 취득자산의 감가상각비는 월할계산한다. 해당 건물의 20×1년도 감가상각비는?

① ₩31,875 ② ₩35,000
③ ₩42,500 ④ ₩63,750
⑤ ₩72,000

27 (주)한국은 20×1년 10월 1일 자산 취득 관련 정부보조금 ₩100,000을 수령하여 취득원가 ₩800,000의 기계장치(내용연수 4년, 잔존가치 ₩0, 정액법 상각, 원가모형 적용)를 취득하였다. 정부보조금에 부수되는 조건은 이미 충족되어 상환의무는 없으며, 정부보조금은 자산의 장부금액에서 차감하는 방법으로 회계처리한다. 20×1년 포괄손익계산서에 인식할 감가상각비는? (단, 감가상각비는 월할계산하며, 자본화는 고려하지 않음)

제25회

① ₩43,750 ② ₩45,000
③ ₩46,250 ④ ₩47,500
⑤ ₩50,000

28 (주)한국은 20×1년 1월 1일에 생산에 필요한 기계장치를 ₩1,000,000에 취득하면서 정부로부터 ₩100,000의 보조금을 받았다. 정부보조금은 기계장치를 1년 이상 사용한다면 정부에 상환할 의무가 없다. 취득한 기계장치의 추정내용연수는 5년이며, 잔존가치는 없고, 정액법으로 감가상각한다. (주)한국의 20×3년 12월 31일 재무상태표에 표시될 기계장치의 장부금액은? (단, (주)한국은 기계장치의 장부금액을 계산할 때 정부보조금을 차감하여 표시함)

① ₩360,000 ② ₩400,000
③ ₩540,000 ④ ₩720,000
⑤ ₩1,000,000

| 대표예제 24 | 감가상각방법 - 연수합계법 · 정률법 · 이중체감법 ★★★ |

(주)한국은 20×1년 7월 1일 토지와 건물을 ₩2,000,000에 일괄취득하였고, 취득 당시 토지의 공정가치는 ₩1,000,000, 건물의 공정가치는 ₩1,500,000이다. 건물의 경우 원가모형을 적용하며, 연수합계법(내용연수 3년, 잔존가치 ₩0)으로 상각한다. 건물에 대해 20×2년에 인식할 감가상각비는? (단, 감가상각비는 월할상각함)

① ₩500,000 ② ₩550,000

③ ₩600,000 ④ ₩625,000

⑤ ₩750,000

해설 | • 건물의 취득원가 = ₩2,000,000 × ₩1,500,000 / ₩2,500,000 = ₩1,200,000
• 감가상각비
  = [(₩1,200,000 − ₩0) × 3/6 × 6/12] + [(₩1,200,000 − ₩0) × 2/6 × 6/12]
  = ₩500,000

기본서 p.171~174   정답 ①

정답 및 해설

26 ② (1) 취득원가 = ₩900,000 + ₩100,000 = ₩1,000,000
  • 토지 = ₩1,000,000 × (₩300,000 / ₩1,200,000) = ₩250,000
  • 건물 = ₩1,000,000 × (₩900,000 / ₩1,200,000) = ₩750,000
(2) 20×1년도 건물의 감가상각비 = (₩750,000 − ₩50,000) × 1/10 × 6/12 = ₩35,000

27 ① 20×1년 감가상각비[간편법]
  = (₩800,000 − ₩100,000) × 1/4 × 3/12 = ₩43,750

28 ① • 20×3.12.31. 감가상각누계액 = (₩1,000,000 − ₩0) × 3/5 = ₩600,000
  • 정부보조금 미환입액 = ₩100,000 × 2/5 = ₩40,000
  ∴ 20×3.12.31. 장부금액 = ₩1,000,000 − ₩600,000 − ₩40,000 = ₩360,000
  ▶ 간편법: 20×3.12.31. 장부금액 = (₩1,000,000 − ₩100,000) × 2/5 = ₩360,000

29 (주)한국은 20×1년 1월 1일에 취득한 건물(내용연수 4년, 잔존가치 ₩200,000)에 대하여 연수합계법을 적용하여 감가상각비를 계상하고 있다. 이 건물에 대한 20×2년도 감가상각비가 ₩600,000이라고 할 때 취득원가는?

① ₩2,050,000　　　　　　　② ₩2,200,000

③ ₩3,500,000　　　　　　　④ ₩3,800,000

⑤ ₩4,300,000

30 (주)한국은 20×1년 4월 1일에 기계장치(취득원가 ₩1,200,000, 내용연수 5년, 잔존가치 ₩0)를 취득하여 연수합계법으로 감가상각하였다. 20×2년 말 기계장치의 감가상각누계액은? (단, 원가모형을 적용하며, 감가상각은 월할상각함)

① ₩100,000　　　　　　　② ₩240,000

③ ₩320,000　　　　　　　④ ₩640,000

⑤ ₩690,000

31 (주)한국은 20×1년 4월 초 기계장치(잔존가치 ₩0, 내용연수 5년, 연수합계법 상각)를 ₩12,000에 구입함과 동시에 사용하였다. (주)한국은 20×3년 초 동 기계장치에 대하여 ₩1,000을 지출하였는데, 이 중 ₩600은 현재의 성능을 유지하는 수선유지비에 해당하고, ₩400은 생산능력을 증가시키는 지출로 자산의 인식조건을 충족한다. 동 지출에 대한 회계처리 반영 후, 20×3년 초 기계장치 장부금액은? (단, 원가모형을 적용하며, 감가상각은 월할계산함) 제24회

① ₩5,600　　　　　　　② ₩6,000

③ ₩6,200　　　　　　　④ ₩6,600

⑤ ₩7,000

32 (주)한국과 (주)대한은 20×1년 1월 1일에 각각 동일한 기계를 ₩300,000에 취득하였다. 두 회사 모두 기계의 내용연수는 4년이고, 잔존가치는 ₩30,000으로 추정한다. 이 기계의 감가상각을 위하여 (주)한국은 상각률 40%의 정률법을 적용하고, (주)대한은 연수합계법을 적용한다면, 두 회사의 20×2년 12월 31일 재무상태표에 보고되는 이 기계에 대한 감가상각누계액의 차이는?

① ₩3,000

② ₩7,000

③ ₩10,200

④ ₩15,000

⑤ ₩18,000

33 (주)한국은 20×1년 7월 1일 기계장치를 취득(취득원가 ₩200,000, 내용연수 4년, 잔존가치는 취득원가의 10%)하고, 원가모형을 적용한다. 정률법을 적용하는 경우 20×2년도의 감가상각비는? (단, 정률은 0.5로 적용하고, 감가상각은 월할계산함)

① ₩50,000

② ₩75,000

③ ₩85,000

④ ₩100,000

⑤ ₩125,000

정답 및 해설

29 ② 20×2년 감가상각비 = (x − ₩200,000) × 3/10 = ₩600,000
∴ 취득원가(x) = ₩2,200,000

30 ④ 20×1.4.1.~20×2.12.31. 감가상각누계액
= (₩1,200,000 × 5/15) + (₩1,200,000 × 4/15 × 9/12) = ₩640,000

31 ② 20×3년 초 감가상각누계액 = (₩12,000 × 5/15) + (₩12,000 × 4/15 × 9/12) = ₩6,400
∴ 20×3년 초 장부금액 = (취득원가 − 감가상각누계액) + 자산인식요건을 충족한 지출액
= (₩12,000 − ₩6,400) + ₩400 = ₩6,000

32 ① (1) 정률법: (₩300,000 × 0.4) + (₩300,000 − ₩120,000) × 0.4 = ₩192,000
▶ 간편법: (₩300,000 × 0.4) + (₩300,000 × 0.4 × 0.6) = ₩192,000
(2) 연수합계법: (₩300,000 − ₩30,000) × [(4 + 3) / (1 + 2 + 3 + 4)] = ₩189,000
∴ 감가상각누계액의 차이 = (1) − (2) = ₩3,000

33 ② • 20×1년: ₩200,000 × 0.5 × 6/12 = ₩50,000
• 20×2년: (₩200,000 − ₩50,000) × 0.5 = ₩75,000

34 다음은 (주)한국이 보유한 건물과 관련된 자료이다.

• 기초 건물 장부금액	₩160,000	• 기말 건물 장부금액	₩145,000
• 당기 건물 감가상각비	₩35,000	• 당기 건물 취득금액	₩40,000
• 당기 매각한 건물의 취득원가			₩30,000

당기에 매각한 건물에 대한 감가상각누계액은 얼마인가?

① ₩4,500

② ₩5,000

③ ₩10,000

④ ₩15,000

⑤ ₩20,000

대표예제 25 \ 유형자산의 손상차손과 손상차손환입 ★★

(주)한국은 20×1년 초 기계장치(취득원가 ₩100,000, 내용연수 4년, 잔존가치 ₩0)를 취득하여 연수합계법으로 감가상각하고 있다. (주)한국은 20×1년 말 동 자산에 손상 징후가 존재하여 회수가능액을 추정하였다. 그 결과 기계장치의 처분공정가치는 ₩50,000, 처분부대원가는 ₩6,000, 그리고 사용가치는 ₩46,000으로 확인되었다. (주)한국이 원가모형을 채택할 때, 동 기계장치와 관련하여 20×1년도에 인식할 손상차손은?

① ₩8,000

② ₩10,000

③ ₩12,000

④ ₩14,000

⑤ ₩16,000

해설 | 20×1년 말 손상 직전의 장부금액 = 취득원가 − 감가상각누계액
= ₩100,000 − (₩100,000 × 4/10) = ₩60,000
∴ 20×1년 말 손상차손 = 손상 직전의 장부금액 − 회수가능액*
= ₩60,000 − ₩46,000 = ₩14,000
* 회수가능액 = Max[순공정가치(₩50,000 − ₩6,000 = ₩44,000), 사용가치(₩46,000)]

기본서 p.177~178

정답 ④

35 (주)한국은 20×1년 초 영업에 사용할 목적으로 특수장비(내용연수 5년, 잔존가치 ₩0, 정액법 감가상각, 원가모형 적용)를 ₩60,000에 취득하여 사용하다가, 20×2년 중 동 특수장비에 심각한 손상이 발생하였다. 특수장비의 회수가능액은 20×2년 말 ₩30,000으로 추정되었다. (주)한국의 20×2년 말 특수장비와 관련된 회계처리가 당기순이익에 미치는 영향은?

① ₩6,000 증가　　　　　　　　　② ₩6,000 감소
③ ₩12,000 증가　　　　　　　　 ④ ₩12,000 감소
⑤ ₩18,000 감소

36 (주)한국은 20×1년 초 유형자산인 기계장치(취득원가 ₩60,000, 잔존가치 ₩2,000, 내용연수 5년, 정액법 상각)를 취득하여 원가모형을 적용하여 평가하고 있다. 20×2년 말 동 기계장치에 심각한 손상 징후가 있어 손상검사를 실시한 결과, 순공정가치는 ₩18,000, 사용가치는 ₩32,000이었다. 20×3년 말 회수가능액이 ₩26,000이라면, 20×3년 말 동 기계장치와 관련하여 인식할 손상차손 또는 손상차손환입액은?

① 손상차손 ₩10,000　　　　　　② 손상차손 ₩9,600
③ 손상차손 ₩4,800　　　　　　　④ 손상차손환입 ₩3,200
⑤ 손상차손환입 ₩4,000

정답 및 해설

34 ③

장부금액 = 취득원가 − 감가상각누계액			
기초	160,000	처분	20,000*
취득	40,000	감가상각비	35,000
		기말	145,000
	200,000		200,000

* 처분시 장부금액 = 취득원가 − 감가상각누계액 = ₩30,000 − x = ₩20,000
∴ 감가상각누계액 = ₩10,000

35 ⑤
- 20×2년 감가상각비 = (₩60,000 − ₩0) × 1/5 = ₩12,000
- 20×2년 말 손상 직전 장부금액 = ₩60,000 − ₩24,000* = ₩36,000
  * 손상 직전의 감가상각누계액 = ₩12,000 × 2년 = ₩24,000
- 손상차손 = 손상 직전의 장부금액 − 회수가능액 = ₩36,000 − ₩30,000 = ₩6,000
∴ 당기손익에 미치는 영향 = 감가상각비(₩12,000) + 손상차손(₩6,000) = ₩18,000 감소

36 ④
- 환입 직전의 장부금액 = ₩32,000 − (₩32,000 − ₩2,000) × 1/3 = ₩22,000
- 한도 = ₩60,000 − (₩60,000 − ₩2,000) × 3/5 = ₩25,200
∴ 손상차손환입액 = [₩26,000, ₩25,200 중 작은 금액] − ₩22,000 = ₩3,200

37 (주)한국은 20×1년 7월 1일 기계장치(정액법 상각, 내용연수 3년, 잔존가치 ₩0)를 ₩18,000에 취득하여 원가모형을 적용하고 있다. 기계장치의 순공정가치와 사용가치는 다음과 같다.

구분	20×1년 말	20×2년 말
순공정가치	₩12,500	₩8,500
사용가치	₩12,000	₩9,500

(주)한국이 20×2년 말에 인식해야 할 손상차손환입액은? (단, 자산의 회수가능액 변동은 기계장치의 손상 혹은 그 회복에 따른 것이라고 가정하며, 감가상각은 월할계산함)

① ₩1,500   ② ₩2,000
③ ₩2,500   ④ ₩3,200
⑤ ₩4,500

(주)한국은 20×1년 중 토지를 ₩200,000에 취득하였으며, 매 보고기간마다 재평가모형을 적용하기로 하였다. 20×1년 말과 20×2년 말 현재 토지의 공정가치가 각각 ₩240,000과 ₩180,000이라고 할 때, 다음 설명 중 옳은 것은?

① 20×1년에 당기순이익이 ₩40,000 증가한다.
② 20×2년에 당기순이익이 ₩20,000 감소한다.
③ 20×2년 말 현재 재평가잉여금 잔액은 ₩20,000이다.
④ 20×2년 말 재무상태표에 보고되는 토지 금액은 ₩200,000이다.
⑤ 20×2년에 당기순이익이 ₩60,000 감소한다.

오답 체크│ ① 20×1년 재평가이익 ₩40,000은 기타포괄손익항목이므로 당기순이익에 미치는 영향은 없다.
②⑤ 20×2년 재평가잉여금 ₩40,000을 차감하고 재평가손실 ₩20,000을 당기손익으로 인식한다.
③ 20×2년 말 현재 재평가잉여금의 잔액은 없다.
④ 20×2년 말 재무상태표에 보고되는 토지 금액은 공정가치인 ₩180,000이다.

기본서 p.180~184   정답 ②

38 20×1년 초 설립된 (주)한국은 사옥 건설을 위하여 현금 ₩190,000을 지급하고 건물 (공정가치 ₩20,000)이 있는 토지(공정가치 ₩180,000)를 구입하였다. 건물을 철거 하면서 철거비용 ₩32,000을 지급하였다. 20×1년 말과 20×2년 말 토지의 공정가치 는 각각 ₩240,000과 ₩170,000이고, 재평가모형을 적용하고 있다. 20×2년 포괄 손익계산서에 당기비용으로 인식할 토지 재평가손실은?

① ₩42,000
② ₩35,000
③ ₩40,000
④ ₩52,000
⑤ ₩65,000

39 (주)한국은 20×1년 초 토지(유형자산)를 ₩1,000에 취득하여 재평가모형을 적용하였 다. 해당 토지의 공정가치가 다음과 같을 때, 토지와 관련하여 (주)한국이 20×2년 당기 손익으로 인식할 금액은?

제24회

구분	20×1년 말	20×2년 말
공정가치	₩1,200	₩900

① 손실 ₩300
② 손실 ₩200
③ 손실 ₩100
④ 이익 ₩100
⑤ 이익 ₩200

정답 및 해설

37 ① • 환입 직전의 장부금액 = ₩12,500 − (₩12,500 × 1/2.5) = ₩7,500
　　• 한도 = ₩18,000 − (₩18,000 × 1.5/3) = ₩9,000
　　∴ 손상차손환입 = ₩9,000 − ₩7,500 = ₩1,500

38 ④ • 토지의 취득원가 = ₩190,000(구입가격) + ₩32,000(철거비용) = ₩222,000
　　• 20×1.12.31.: ₩240,000 − ₩222,000 = ₩18,000(평가증: 재평가잉여금)
　　• 20×2.12.31.: ₩170,000 − ₩240,000 = (₩70,000)
　　먼저 재평가잉여금 ₩18,000을 감소시키고, 나머지 ₩52,000(₩70,000 − ₩18,000)이 재평가손실에 해당된다.

39 ③ 최초평가시 평가증(₩200)이고 후속평가시 평가감(₩300)인 상황이다. 따라서 20×2년 평가감 ₩300 중 최초평가시 인식한 재평가잉여금 ₩200을 먼저 감소시키고 나머지 하락분 ₩100은 재평가손실로 당기 손익에 반영한다.

40 (주)한국이 20×1년 초 건물을 사용할 목적으로 토지와 건물을 ₩30,000에 일괄 취득하였다. 취득일 현재 토지와 건물의 공정가치는 각각 ₩20,000이다. (주)한국은 매년 말 토지를 재평가하며, 토지의 공정가치는 다음과 같다.

구분	20×1년 말	20×2년 말	20×3년 말
공정가치	₩16,000	₩14,000	₩18,000

(주)한국은 20×4년 초 토지를 ₩18,000에 처분하였으며, 처분시점에 재평가잉여금을 이익잉여금으로 대체하였다. (주)한국의 토지와 관련된 회계처리의 영향으로 옳지 않은 것은?

① 20×1년도 당기손익의 증감은 없고 기타포괄이익 ₩1,000이 증가한다.
② 20×2년도 기타포괄이익 ₩1,000이 감소한다.
③ 20×2년도 당기손실 ₩1,000이 발생한다.
④ 20×3년도 당기손익의 증감은 없고 기타포괄이익 ₩4,000이 증가한다.
⑤ 20×4년도 자본총계에 미치는 영향은 없다.

41 (주)한국은 20×1년 초 사무용 건물(내용연수 10년, 잔존가치 ₩0, 정액법 상각)을 ₩800,000에 취득하였다. 건물에 대해 재평가모형을 적용하고 매년 말 재평가한다. 20×1년 말 공정가치가 ₩750,000일 때, 건물과 관련하여 20×1년 말 인식할 재평가잉여금은?

① ₩30,000   ② ₩40,000
③ ₩50,000   ④ ₩75,000
⑤ ₩80,000

116   해커스 주택관리사(보) house.Hackers.com

42 (주)한국은 20×1년 초에 건물을 ₩3,000,000에 취득하였다. 건물의 내용연수는 5년, 잔존가치 ₩500,000의 정액법으로 상각하였다. (주)한국은 20×1년 말에 건물을 공정가치 ₩3,250,000으로 재평가하고 자산의 장부금액이 재평가금액과 일치하도록 감가상각누계액과 총장부금액을 비례적으로 수정하였다. (주)한국의 20×1년 말 재무상태표에 보고될 건물의 감가상각누계액은?

① ₩0
② ₩500,000
③ ₩650,000
④ ₩750,000
⑤ ₩800,000

정답 및 해설

40 ④ 토지의 취득원가: 상대적 공정가치 비율로 안분
₩30,000 × ₩20,000/(₩20,000 + ₩20,000) = ₩15,000

20×1년	20×2년	20×3년
(+)1,000 기타포괄손익	(−)1,000 기타포괄손익 (−)1,000 당기손익	(+)1,000 당기손익 (+)3,000 기타포괄손익

₩15,000 　　　　₩16,000 　　　　　₩14,000 　　　　　₩18,000

[처분시 회계처리]
(차) 현금 　　　　　　　　18,000 　　(대) 토지 　　　　　　　　18,000
(차) 재평가잉여금 　　　　 3,000 　　(대) 이익잉여금 　　　　　 3,000

처분시점에서 재평가잉여금을 이익잉여금에 바로 대체하여 동일한 자본항목으로 대체하므로 자본총계에 영향이 없다.

41 ① • 건물의 장부금액 = ₩800,000 − (₩800,000 × 1/10) = ₩720,000
　　▶ 간편법: ₩800,000 × 9/10 = ₩720,000
• 재평가잉여금 = ₩750,000 − ₩720,000 = ₩30,000

42 ③ • 20×1년 감가상각비 = (₩3,000,000 − ₩500,000) × 1/5 = ₩500,000
• ₩3,250,000 ÷ (₩3,000,000 − ₩500,000) = 1.3
∴ 20×1년 말 감가상각누계액 = ₩500,000 × 1.3 = ₩650,000

43 (주)한국은 20×1년 1월 1일에 건물을 ₩1,000,000에 취득하였다(내용연수 5년, 잔존가치 ₩0, 정액법에 의한 감가상각). (주)한국은 이 건물에 대하여 매년 말 공정가치로 재평가한다. 한편, 건물의 공정가치는 20×1년 12월 31일과 20×2년 12월 31일에 각각 ₩900,000과 ₩525,000이다. 동 건물에 대한 회계처리가 (주)한국의 20×2년 당기손익에 미치는 영향은? (단, 결산일은 매년 12월 31일이며, 재평가잉여금은 후속기간에 이익잉여금으로 대체하지 않음)

① ₩50,000 감소 ② ₩150,000 증가
③ ₩225,000 증가 ④ ₩275,000 감소
⑤ ₩280,000 감소

44 (주)한국은 20×1년 초 기계장치 ₩10,000(내용연수 5년, 잔존가치 ₩0, 정액법 상각)에 취득하였다. 20×1년 말과 20×2년 말 기계장치에 대한 공정가치는 각각 ₩14,000과 ₩10,000이다. (주)한국은 동 기계장치에 대해 공정가치로 재평가하고 있으며, 기계장치를 사용함에 따라 재평가잉여금 중 실현된 부분을 이익잉여금으로 직접 대체하는 정책을 채택하고 있다. 20×2년에 재평가잉여금 중 이익잉여금으로 대체되는 금액은?

① ₩1,500 ② ₩2,000
③ ₩3,500 ④ ₩4,000
⑤ ₩5,200

45 유형자산의 측정, 평가 및 손상에 관한 설명으로 옳지 않은 것은?
① 유형자산의 감가상각액은 잔존가치가 해당 자산의 장부금액과 같거나 큰 경우 영(0)이 된다.
② 최초 재평가로 인한 평가손익은 기타포괄손익에 반영한다.
③ 현물출자받은 유형자산의 취득원가는 공정가치를 기준으로 결정한다.
④ 유형자산의 장부금액이 순공정가치보다 크지만 사용가치보다 작은 경우 손상차손은 계상되지 않는다.
⑤ 재평가잉여금을 이익잉여금으로 대체하는 것은 자본 내에서 자본계정간의 변동으로 포괄손익계산서에는 표시되지 않는다.

46 유형자산의 재평가모형에 대한 회계처리의 내용으로 옳지 않은 것은?

① 유형자산의 분류별로 원가모형과 재평가모형 중 하나를 회계정책으로 선택하여 주기적으로 평가해야 한다.

② 유형자산을 재평가할 때 재평가로 인하여 유형자산의 장부금액이 증가할 수도 있고, 감소할 수도 있다.

③ 재평가로 해당 유형자산의 장부금액이 재평가로 인하여 감소된 경우에 그 감소액은 당기손익으로 인식한다. 그러나 그 자산에 대한 재평가잉여금의 잔액이 있다면 그 금액을 한도로 재평가감소액을 기타포괄손익으로 인식한다.

④ 재평가는 보고기간 말에 자산의 장부금액이 공정가치와 중요하게 차이가 나지 않도록 주기적으로 수행하며, 특정 유형자산을 재평가할 때, 해당 자산이 포함되는 유형자산의 유형 전체를 재평가한다.

⑤ 어떤 유형자산 항목과 관련하여 자본에 계상된 재평가잉여금은 그 자산이 제거될 때 이익잉여금으로 직접 대체하거나 기업이 그 자산을 사용함에 따라 재평가잉여금의 일부를 당기손익으로 재분류할 수도 있다.

정답 및 해설

---

43 ④ • 20×1년 말 재평가잉여금 = 공정가치 − 장부금액
= ₩900,000 − (₩1,000,000 − ₩200,000*) = ₩100,000
* (₩1,000,000 − ₩0) × 1/5
• 20×2년 감가상각 후 장부금액 = ₩900,000 − (₩900,000 × 1/4) = ₩675,000
• 20×2년 재평가손실 = ₩675,000 − ₩525,000 − ₩100,000 = ₩50,000
• 감가상각비 = (₩900,000 − ₩0) × 1/(5 − 1) = ₩225,000
∴ 20×2년 당기순이익에 미치는 영향
= ₩225,000(감가상각비: 비용) + ₩50,000(재평가손실: 비용) = ₩275,000 감소

44 ① 재평가잉여금 중 사용함에 따라 이익잉여금으로 대체되는 금액은 재평가 전 장부금액에 의한 감가상각비와 재평가 후 감가상각비의 차이분이다.
• 재평가 전 감가상각비 = (₩10,000 − ₩0) × 1/5 = ₩2,000
• 재평가 후 감가상각비 = (₩14,000 − ₩0) × 1/4 = ₩3,500
∴ 사용 중 대체 가능한 재평가잉여금 = ₩3,500 − ₩2,000 = ₩1,500

45 ② 유형자산 재평가의 경우 최초 평가시 평가증은 재평가잉여금으로 기타포괄손익에 포함되고, 평가감은 재평가손실로 당기손익에 반영된다.

46 ⑤ 자본에 계상된 재평가잉여금은 그 자산이 제거될 때 이익잉여금으로 직접 대체하거나 기업이 그 자산을 사용함에 따라 재평가잉여금의 일부를 당기손익이 아니라 이익잉여금으로 대체할 수 있다.

---

47 유형자산의 재평가모형에 대한 설명으로 옳지 않은 것은?

① 특정 유형자산을 재평가할 때, 해당 자산이 포함되는 유형자산의 유형 전체를 재평가한다.

② 재평가는 자산의 장부금액이 공정가치와 중요하게 차이가 나지 않도록 주기적으로 수행한다.

③ 최초 인식 후에 공정가치를 신뢰성 있게 측정할 수 있는 유형자산은 재평가일의 공정가치에서 이후의 감가상각누계액과 손상차손누계액을 차감한 재평가금액을 장부금액으로 한다.

④ 자산의 장부금액이 재평가로 인하여 증가된 경우에 그 증가액은 기타포괄손익으로 인식하고 재평가잉여금의 과목으로 자본에 가산한다. 그러나 동일한 자산에 대하여 이전에 당기손익으로 인식한 재평가감소액이 있다면 그 금액을 한도로 재평가증가액만큼 당기손익으로 인식한다.

⑤ 자산의 장부금액이 재평가로 인하여 감소된 경우에 그 감소액은 기타포괄손익으로 인식한다. 그러나 그 자산에 대한 재평가잉여금의 잔액이 있다면 그 금액을 한도로 재평가감소액을 당기손익으로 인식한다.

대표예제 27   **유형자산의 처분 ★★★**

(주)한국은 20×1년 10월 1일 기계장치를 ₩16,000(내용연수 5년, 잔존가치 ₩1,000, 연수합계법, 월할상각)에 취득하였다. 동 기계장치를 20×3년 3월 31일 ₩8,000에 처분할 경우, 처분 시점의 장부금액과 처분손익을 바르게 연결한 것은? (단, 기계장치는 원가모형을 적용하고 손상차손은 발생하지 않았음)

	장부금액	처분손익		장부금액	처분손익
①	₩7,000	손실 ₩1,000	②	₩7,000	이익 ₩1,000
③	₩9,000	이익 ₩1,000	④	₩9,000	손실 ₩1,000
⑤	₩10,000	이익 ₩1,000			

해설 | (1) 처분 직전 감가상각누계액
= [(₩16,000 − ₩1,000) × 5/15] + [(₩16,000 − ₩1,000) × 4/15 × 6/12] = ₩7,000
(2) 처분 직전 장부금액 = 취득원가 − 감가상각누계액
= ₩16,000 − ₩7,000 = ₩9,000
(3) 처분손익 = 처분금액 − 처분 직전 장부금액
= ₩8,000 − ₩9,000 = (₩1,000) 처분손실

기본서 p.184~185   정답 ④

---

48 (주)한국은 20×1년 7월 1일 공장 내 기계장치를 ₩2,000,000에 취득하였다. 동 기계장치의 감가상각 및 처분과 관련한 내용은 다음과 같다. 유형자산처분손익은? (단, 기계장치는 원가모형을 적용하고, 감가상각비는 월할계산함) 제26회

> - 감가상각: 내용연수 4년, 잔존가치 ₩200,000, 연수합계법 적용
> - 처분일: 20×2년 12월 31일
> - 처분금액: ₩1,000,000

① ₩10,000 손실
② ₩80,000 손실
③ ₩100,000 이익
④ ₩190,000 이익
⑤ ₩260,000 이익

정답 및 해설

47 ⑤ 최초 평가시 장부금액보다 재평가금액이 감소한 경우 평가감은 당기손익(재평가손실)으로 인식한다. 다만, 최초 평가시 평가증 이후 평가감이 발생한 경우에는 그 자산에 대한 재평가잉여금 잔액을 한도로 재평가 감소액을 기타포괄손익으로 인식하여 자본의 재평가잉여금을 감소하고 재평가잉여금을 초과하면 당기손익(재평가손실)으로 인식한다.

48 ① • 처분 직전 감가상각누계액
= (₩2,000,000 − ₩200,000) × 4/10 + (₩2,000,000 − ₩200,000) × 3/10 × 6/12
= ₩990,000
• 유형자산처분손익 = 순매각금액 − 처분 직전 장부금액
= ₩1,000,000 − (₩2,000,000 − ₩990,000) = (₩10,000) 처분손실

49 (주)대한은 20×1년 1월 1일 기계장치를 ₩10,000,000에 매입하였다. 기계장치의 잔존가치는 ₩1,000,000이고, 내용연수는 5년이다. 매년 12월 31일에 감가상각을 실시하며, 20×3년 12월 31일에 해당 기계장치를 ₩4,000,000에 매각했다. 해당 기계장치를 연수합계법으로 감가상각할 때, 매각시 인식할 유형자산처분손익은?

① 유형자산처분이익 ₩1,000,000

② 유형자산처분이익 ₩1,200,000

③ 유형자산처분손실 ₩1,000,000

④ 유형자산처분손실 ₩1,200,000

⑤ 유형자산처분이익 ₩1,300,000

50 다음은 (주)한국의 기계장치 관련 내용이다. 유형자산처분손익은? (단, 기계장치는 원가모형을 적용하고, 감가상각비는 월할계산함) 제22회

- 취득(20×1년 1월 1일): 취득원가 ₩2,000,000, 내용연수 5년,
    잔존가치 ₩400,000, 정액법 적용
- 처분(20×3년 7월 1일): 처분금액 ₩1,100,000

① ₩100,000 이익   ② ₩100,000 손실

③ ₩300,000 이익   ④ ₩400,000 이익

⑤ ₩400,000 손실

51 (주)한국은 20×1년 초 취득하여 사용하던 기계장치(내용연수 6년, 잔존가치 ₩0, 정액법 상각)를 20×3년 초 처분하면서 현금 ₩5,500을 수취하고 유형자산처분손실 ₩500을 인식하였다. 기계장치의 취득원가는? (단, 원가모형을 적용하며, 손상은 발생하지 않았음) 제24회

① ₩5,000   ② ₩6,000

③ ₩7,500   ④ ₩9,000

⑤ ₩10,000

52 (주)한국은 20×1년 1월 1일 상환의무가 없는 정부보조금 ₩4,000을 수령하여 기계장치(취득원가 ₩32,000, 내용연수 5년, 잔존가치 ₩2,000)를 취득하고 정액법으로 감가상각한다. 20×2년 12월 31일 동 기계장치를 ₩18,400에 처분하였다. 해당 유형자산의 처분과 관련해 처분수수료 ₩400을 처분금액에서 차감할 경우 유형자산처분손익은? (단, (주)한국은 정부보조금을 자산의 취득원가에서 차감하는 형식으로 회계처리함)

① 유형자산처분손실 ₩2,000
② 유형자산처분손실 ₩500
③ 유형자산처분이익 ₩2,000
④ 유형자산처분이익 ₩400
⑤ 유형자산처분이익 ₩500

정답 및 해설

49 ② 20×3년 12월 31일 감가상각누계액(3년)
= (₩10,000,000 − ₩1,000,000) × (5 + 4 + 3)/15 = ₩7,200,000
∴ 유형자산처분손익 = 순매각금액 − 처분 직전 장부금액
= ₩4,000,000 − (₩10,000,000 − ₩7,200,000) = ₩1,200,000(이익)

50 ② • 처분 직전 감가상각누계액
= (₩2,000,000 − ₩400,000) × 2.5/5 = ₩800,000
• 처분손익 = 순처분금액 − 처분 직전 장부금액
= ₩1,100,000 − (₩2,000,000 − ₩800,000) = (₩100,000) 처분손실

51 ④ • 20×3년 초 유형자산처분손실 = 처분금액 − 처분 직전 장부금액
= ₩5,500 − 처분 직전 장부금액 = (−)₩500 처분손실
⇨ 처분 직전 장부금액 = ₩6,000
• 처분 직전 장부금액 = 취득원가 × 4/6 = ₩6,000
∴ 취득원가 = ₩9,000

52 ④ • 처분 직전 감가상각누계액 = (₩32,000 − ₩2,000) × 2/5 = ₩12,000
• 정부보조금 미환입액 = ₩4,000 × 3/5 = ₩2,400
• 처분 직전 장부금액 = ₩32,000 − ₩12,000 − ₩2,400 = ₩17,600
▶ **간편법:** 장부금액 = (₩32,000 − ₩4,000 − ₩2,000) × 3/5 + ₩2,000 = ₩17,600
∴ 유형자산처분손익 = (₩18,400 − ₩400) − ₩17,600 = ₩400(이익)

53 (주)한국은 20×1년 1월 1일에 기계장치(내용연수 5년, 잔존가치 ₩0, 정액법 상각)를 ₩200,000에 취득하였다. 20×1년 말 기계장치의 순공정가치와 사용가치는 각각 ₩120,000, ₩100,000이었다. 20×2년 7월 1일에 ₩90,000의 현금을 받고 처분하였다. (주)한국이 인식할 유형자산처분손익은? (단, 감가상각은 월할상각하고, 원가모형을 적용함)

① 유형자산처분손실 ₩18,000
② 유형자산처분손실 ₩15,000
③ 유형자산처분손실 ₩12,000
④ 유형자산처분이익 ₩30,000
⑤ 유형자산처분이익 ₩50,000

54 (주)한국은 20×1년 초 설비자산(취득원가 ₩40,000, 잔존가치 ₩0, 내용연수 5년, 정액법 상각)을 취득하면서 자산 취득 관련 정부보조금 ₩16,000을 수령하고, 동 자산을 원가모형으로 평가하고 있다. (주)한국은 20×3년 말 동 설비자산을 ₩10,000에 처분하였다. 20×3년 동 자산과 관련하여 인식할 순손익은? (단, 정부보조금은 정부지원 요건을 충족하며, 장부금액 계산시 자산에서 차감하는 방식으로 처리함)

① ₩4,800 손실   ② ₩4,400 손실
③ ₩4,000 이익   ④ ₩3,600 이익
⑤ ₩6,000 이익

정답 및 해설

53 ② 처분 직전의 장부금액 = ₩120,000 − (₩120,000 × 1/4 × 6/12) = ₩105,000
∴ 처분손익 = ₩90,000 − ₩105,000 = −₩15,000(손실)

54 ② • 처분 직전 장부금액 = (₩40,000 − ₩16,000 − ₩0) × 2/5 = ₩9,600
• 유형자산처분손익 = ₩10,000 − ₩9,600 = ₩400(당기순이익 증가)
• 20×3년 감가상각비 = (₩40,000 − ₩16,000) × 1/5 = ₩4,800
∴ 20×3년 당기순이익에 미치는 영향 = ₩400 − ₩4,800 = −₩4,400(손실)

제5장 무형자산

대표예제 28 \ 무형자산의 구분 ★★

다음은 (주)한국의 당기 거래내역이다. (주)한국이 무형자산으로 보고할 수 있는 상황을 모두 고른 것은?

- ㉠ (주)대한의 장부상 금액 ₩2,000인 디자인권을 ₩7,000에 구입하였다.
- ㉡ 신제품에 대한 광고비 ₩50,000을 지급하였다.
- ㉢ (주)민국의 식별 가능한 순자산의 공정가치는 ₩8,000인데, (주)한국은 (주)민국의 주식 전부를 인수하기 위해 ₩12,000을 지급하였다.
- ㉣ (주)만세로부터 품질향상 제조기법을 배타적 통제가능성과 함께 획득하고 ₩4,000을 지급하였다.
- ㉤ (주)한국은 다른 회사로부터 실용신안권을 ₩10,000에 인수하였으며, 이 권리를 활용하여 얻은 수익 ₩20,000의 10%인 ₩2,000을 로열티로 지급하기로 약정하였다.

① ㉠, ㉡, ㉢
② ㉠, ㉣, ㉤
③ ㉢, ㉣, ㉤
④ ㉠, ㉢, ㉣, ㉤
⑤ ㉠, ㉡, ㉢, ㉣, ㉤

해설 | ㉠ 디자인권은 무형자산으로 인식한다.
㉡ 신제품에 대한 광고비 지급액은 비용으로 인식한다.
㉢ 매수영업권 ₩4,000(₩12,000 − ₩8,000)은 무형자산으로 인식한다.
㉣ 배타적 통제가능성과 함께 획득했다면 무형자산으로 인식한다.
㉤ 실용신안권은 무형자산으로 인식한다.

기본서 p.206~207   정답 ④

01 무형자산만으로 묶인 것은?

⊙ 브랜드명	ⓛ 사채발행비
ⓒ 창업비	② 영업권
⑩ 라이센스와 프랜차이즈	⑭ 연구비
⊗ 해외사업장환산외환차이	⊙ 주식할인발행차금
⊙ 저작권	

① ㉠, ㉡, ㉢, ㉣
② ㉡, ㉤, ㉥, ㉧
③ ㉠, ㉣, ㉤, ㉩
④ ㉣, ㉤, ㉧
⑤ ㉢, ㉣, ㉤, ㉥

02 현행 기준상 무형자산의 계정과목이 아닌 것은?

① 산업재산권
② 개발비
③ 창업비
④ 컴퓨터소프트웨어
⑤ 상표권

대표예제 29 **무형자산의 상각 ★★**

(주)한국은 20×1년 7월 1일 특허권 ₩960,000(내용연수 4년, 잔존가치 ₩0)에 취득하여 사용하고 있다. 특허권의 경제적 효익이 소비될 것으로 예상되는 형태를 신뢰성 있게 결정할 수 없을 경우, 20×1년도에 특허권에 대한 상각비로 인식할 금액은? (단, 특허권은 월할상각함)

제23회

① ₩0
② ₩120,000
③ ₩125,000
④ ₩240,000
⑤ ₩250,000

해설 | 특허권의 경제적 효익이 소비될 것으로 예상되는 형태를 신뢰성 있게 결정할 수 없을 경우라는 단서가 있으므로 무형자산 상각은 정액법에 의해 계산한다.
∴ 특허권 상각비 = ₩960,000 × 1/4 × 6/12 = ₩120,000

기본서 p.213~215   정답 ②

03 (주)한국은 신기술 개발과 관련하여 20×1년과 20×2년에 각각 ₩60,000과 ₩30,000을 지출하였고 이 지출은 모두 무형자산 개발비의 인식조건을 충족한다. 해당 신기술은 20×2년 7월 1일부터 사용 가능하게 되었다. 정액법으로 무형자산을 상각할 경우 20×2년 12월 31일 현재 재무상태표에 표시될 개발비의 장부금액은 얼마인가? (단, 개발비의 내용연수는 5년, 잔존가치는 없으며 월할상각함)

① ₩72,000   ② ₩80,800
③ ₩81,000   ④ ₩83,000
⑤ ₩90,000

04 무형자산에 관한 설명으로 옳지 않은 것은?

① 내부적으로 창출한 영업권은 자산으로 인식하지 않는다.
② 내용연수가 비한정인 무형자산은 상각하지 아니한다.
③ 무형자산을 최초로 인식할 때에는 원가로 측정한다.
④ 최초에 비용으로 인식한 무형항목에 대한 지출은 그 이후에 무형자산의 원가로 인식할 수 없다.
⑤ 무형자산의 경제적 효익이 소비될 것으로 예상되는 형태를 반영한 방법을 신뢰성 있게 결정할 수 없을 경우 상각방법은 정률법을 사용한다.

정답 및 해설

01 ③   ⓛ 사채발행비: 사채의 발행금액에서 차감
ⓒⓗ 창업비·연구비: 당기비용항목
ⓐ 해외사업장환산외환차이: 기타포괄손익
ⓞ 주식할인발행차금: 자본조정(차감)

02 ③   창업비는 당기비용항목이다.

03 ③   개발비 상각액 = ₩90,000/5년 × 6/12 = ₩9,000
∴ 개발비 장부금액 = ₩90,000 − ₩9,000 = ₩81,000

04 ⑤   정률법이 아니라 정액법에 의한다.

05 무형자산 회계처리에 관한 설명으로 옳지 않은 것은? 제19회

① 내용연수가 비한정인 무형자산은 상각하지 아니한다.
② 제조과정에서 사용된 무형자산의 상각액은 재고자산의 장부금액에 포함한다.
③ 내용연수가 유한한 경우 상각은 자산을 사용할 수 있는 때부터 시작한다.
④ 내용연수가 유한한 무형자산의 상각기간과 상각방법은 적어도 매 회계연도 말에 검토한다.
⑤ 내용연수가 비한정인 무형자산의 내용연수를 유한 내용연수로 변경하는 것은 회계정책의 변경에 해당한다.

06 무형자산의 회계처리로 옳은 것은? 제17회

① 무형자산에 대한 손상차손은 인식하지 않는다.
② 내용연수가 한정인 무형자산은 상각하지 않는다.
③ 내용연수가 비한정인 무형자산은 정액법에 따라 상각한다.
④ 무형자산은 유형자산과 달리 재평가모형을 선택할 수 없으며 원가모형을 적용한다.
⑤ 무형자산의 잔존가치는 영(0)이 아닌 경우가 있다.

07 내용연수가 유한한 무형자산과 유형자산의 감가상각에 대한 설명으로 옳지 않은 것은?

① 내용연수가 유한한 무형자산과 유형자산의 상각방법은 변경될 수 있으며, 이러한 변경은 회계추정의 변경으로 회계처리한다.
② 내용연수가 유한한 무형자산과 유형자산의 잔존가치는 해당 자산의 장부금액보다 큰 금액으로 증가할 수 없다.
③ 내용연수가 유한한 무형자산과 유형자산의 감가상각방법에는 정액법, 체감잔액법 및 생산량비례법이 있다.
④ 내용연수가 유한한 무형자산과 유형자산의 상각방법은 자산의 미래경제적 효익이 소비되는 형태를 반영한다.
⑤ 내용연수가 유한한 무형자산과 유형자산의 상각방법은 적어도 매 회계연도 말에 재검토한다.

대표예제 30 무형자산의 일반 종합 ★

무형자산에 대한 설명으로 옳지 않은 것은?

① 무형자산을 최초로 인식할 때에는 원가로 측정한다.

② 내용연수가 유한한 무형자산은 정액법으로만 상각한다.

③ 내부적으로 창출한 영업권은 무형자산으로 인식하지 않는다.

④ 무형자산도 유형자산과 마찬가지로 재평가모형을 선택할 수 있다.

⑤ 새로운 제품이나 용역의 홍보원가, 그리고 새로운 계층의 고객을 대상으로 사업을 수행하는 데서 발생하는 원가는 무형자산의 원가에 포함되지 않는 지출이다.

해설 | 무형자산 상각방법은 경제적 효익이 소비되는 형태를 반영한 체계적인 방법으로 하며 소비되는 형태를 신뢰성 있게 결정할 수 없는 경우에는 정액법에 의한다.

기본서 p.212~215 정답 ②

---

08 무형자산에 관한 설명으로 옳지 않은 것은? 제22회

① 무형자산은 물리적 실체는 없지만 식별 가능한 화폐성 자산이다.

② 내부적으로 창출된 영업권은 자산으로 인식하지 아니한다.

③ 무형자산의 회계정책으로 원가모형이나 재평가모형을 선택할 수 있다.

④ 최초에 비용으로 인식한 무형항목에 대한 지출은 그 이후에 무형자산의 취득원가로 인식할 수 없다.

⑤ 내용연수가 유한한 무형자산은 상각하고, 내용연수가 비한정인 무형자산은 상각하지 아니한다.

정답 및 해설

05 ⑤ 내용연수의 변경은 회계정책의 변경이 아니라 <u>회계추정의 변경</u>에 해당한다.

06 ⑤ ① 무형자산에 대한 손상차손은 <u>인식한다</u>.
② ③ 내용연수가 유한한 무형자산은 <u>상각하고</u>, 내용연수가 비한정인 무형자산은 <u>상각하지 않는다</u>.
④ 무형자산은 재평가모형을 <u>선택할 수 있다</u>.

07 ② 무형자산의 잔존가치는 해당 자산의 장부금액과 같거나 큰 금액으로 <u>증가할 수 있다</u>.

08 ① 무형자산은 화폐성 자산이 아니라 <u>비화폐성 자산이다</u>.

09 무형자산의 취득원가에 포함되지 않는 것은?

① 무형자산의 창출에 사용된 특허권상각비
② 법적 권리를 등록하기 위한 수수료
③ 무형자산의 창출을 위하여 발생한 종업원급여
④ 연구결과를 최종 선택, 응용하는 활동과 관련된 지출
⑤ 무형자산의 창출에 사용되었거나 소비된 재료원가, 용역원가

10 무형자산에 관한 설명으로 옳지 않은 것은?

① 내부적으로 창출한 영업권은 자산으로 인식하지 아니한다.
② 무형자산은 손상의 징후가 있거나 그 자산을 사용하지 않을 때에 상각을 중지한다.
③ 무형자산으로 정의되려면, 식별가능성, 자원에 대한 통제와 미래경제적 효익의 존재를 충족하여야 한다.
④ 무형자산의 인식기준을 충족하지 못해 비용으로 인식한 지출은 그 이후에 무형자산의 원가로 인식할 수 없다.
⑤ 개별 취득 무형자산은 자산에서 발생하는 미래경제적 효익의 유입가능성이 높다는 인식기준을 항상 충족한다.

┌종합
11 무형자산에 관한 설명으로 옳지 않은 것은?

① 연구단계에서 발생한 지출은 전액 당기비용으로 처리한다.
② 상각은 자산이 사용 가능한 때부터 시작하며, 상각방법은 자산의 경제적 효익이 소비되는 형태를 반영한 방법이어야 한다.
③ 무형자산을 운용하는 직원의 교육훈련 관련 지출과 법적 권리를 등록하기 위한 수수료는 내부창출 무형자산의 원가가 아닌 항목에 해당한다.
④ 생산이나 사용 전의 시제품과 모형을 설계, 제작, 시험하는 활동은 개발활동에 해당한다.
⑤ 내부적으로 창출될 영업권은 자산으로 인식될 수 없다.

12 무형자산에 대한 설명으로 옳지 않은 것은?

① 새로운 제품이나 용역의 홍보원가, 그리고 새로운 계층의 고객을 대상으로 사업을 수행하는 데서 발생하는 원가는 무형자산의 원가에 포함하지 않는 지출이다.

② 무형자산의 상각방법은 자산의 경제적 효익이 소비될 것으로 예상되는 형태를 반영한 방법이어야 한다. 다만, 그 형태를 신뢰성 있게 결정할 수 없는 경우에는 정액법을 사용한다.

③ 내부적으로 창출한 브랜드, 제호, 출판표제, 고객목록과 이와 실질이 유사한 항목은 무형자산으로 인식한다.

④ 계약상 권리 또는 기타 법적 권리로부터 발생하는 무형자산의 내용연수는 그러한 계약상 권리 또는 기타 법적 권리의 기간을 초과할 수 없지만, 자산의 예상사용기간에 따라 더 짧을 수는 있다.

⑤ 내부적으로 창출한 영업권은 원가를 신뢰성 있게 측정할 수 없고 기업이 통제하고 있는 식별 가능한 자원이 아니기 때문에 자산으로 인식하지 않는다.

정답 및 해설

09 ④ 연구결과를 최종 선택, 응용하는 활동과 관련된 지출은 연구비로서 <u>당기비용으로 처리한다</u>.

10 ② 무형자산은 <u>매각예정으로 분류되거나 제거되는 날 중 이른 날에 상각을 중지한다</u>.

11 ③ 법적 권리를 등록하기 위한 수수료는 내부창출 무형자산과 직접관련원가이므로 <u>무형자산의 원가에 포함되며</u>, 교육훈련 관련 지출은 내부창출 무형자산의 원가가 아닌 항목이다.

12 ③ 내부적으로 창출한 브랜드, 제호, 출판표제, 고객목록과 이와 실질이 유사한 항목은 사업을 전체적으로 개발하는 데 발생한 원가와 구별할 수 없으므로 <u>무형자산으로 인식하지 않는다</u>.

---

13 재무상태표 작성시 무형자산으로 분류 표시되는 항목에 대한 설명으로 옳은 것은?

① 무형자산은 유형자산과 달리 재평가모형을 사용할 수 없다.

② 무형자산의 상각기간은 경제적 내용연수와 법적 내용연수 중 짧은 기간으로 한다.

③ 내용연수가 비한정인 무형자산인 경우 내용연수를 10년으로 추정하여 상각한다.

④ 연구단계에서 발생한 지출은 자산의 요건을 충족하는지를 합리적으로 판단하여 무형
자산으로 인식 또는 발생한 기간의 비용으로 처리한다.

⑤ 내부적으로 창출한 상호·상표와 같은 브랜드네임은 그 경제적 가치를 측정하여 재무
제표에 자산으로 기록하여 상각한다.

대표예제 31 **내부창출 무형자산 ★★**

다음은 (주)한국이 20×1년에 연구개발 프로젝트와 관련하여 지출한 내역이다. 20×1년에 (주)한
국이 인식할 무형자산의 취득원가는 얼마인가? (단, 개발단계에서 발생한 지출 중 50%가 무형
자산의 인식요건을 충족하는 것으로 가정함)

• 생산이나 사용 전의 시제품과 모형을 제작하는 활동	₩75,000
• 개발 후 해당 자산을 운용하는 직원에 대한 교육훈련비	₩16,000
• 연구결과나 기타 지식을 평가 및 최종 선택하는 활동	₩50,000
• 개발된 제품의 대량생산을 위해 필요한 기계장치의 취득	₩300,000
• 새로운 기술과 관련된 금형을 설계하는 활동	₩105,000

① ₩85,000   ② ₩90,000

③ ₩130,000   ④ ₩146,000

⑤ ₩183,000

해설 | 자산인식요건을 충족하는 개발단계 지출 = (₩75,000 + ₩105,000) × 50% = ₩90,000
교육훈련비(당기비용), 연구결과 등의 지출(연구비), 기계장치의 취득(유형자산의 취득)은 개발단계의
지출에 해당되지 않는다.

기본서 p.210~211   정답 ②

---

14 한국채택국제회계기준의 연구개발비 회계처리에 의하면, 내부적으로 창출한 무형자산은 연구단계와 개발단계로 구분하여 판단하도록 규정하고 있다. 다음 중 개발단계의 예로 옳지 않은 것은?

① 새로운 기술과 관련된 공구, 지그, 주형, 금형 등을 설계하는 활동

② 생산이나 사용 전의 시제품과 모형을 설계, 제작, 시험하는 활동

③ 신규 또는 개선된 재료, 장치, 제품, 공정, 시스템이나 용역에 대하여 최종적으로 선정된 안을 설계, 제작, 시험하는 활동

④ 새롭거나 개선된 재료, 장치, 제품, 공정, 시스템이나 용역에 대한 여러 가지 대체안을 제안, 설계, 평가, 최종 선택하는 활동

⑤ 상업적 생산 목적으로 실현 가능한 경제적 규모가 아닌 시험공장을 설계, 건설, 가동하는 활동

정답 및 해설

13 ② ① 무형자산도 재평가 모형을 <u>적용한다</u>.
　③ 상각은 유한한 경우에만 상각하며 비한정인 경우는 상각하지 않는다. 다만, <u>비한정 내용연수 자산의 경우 손상검사를 수행하여야 한다</u>.
　④ 연구단계에서 발생한 지출은 <u>전액 당기비용으로 회계처리한다</u>.
　⑤ 내부적으로 창출한 상호·상표와 같은 브랜드네임은 합리적으로 측정할 수 없는 것으로 판단되어 재무제표에 <u>자산으로 기록하지 않는다</u>.

14 ④ 연구단계의 지출에 해당되고, 나머지는 개발단계의 지출에 해당된다.

15 다음은 (주)한국의 20×1년도 무형자산을 내부적으로 창출하는 과정에서 발생한 연구활동 및 개발활동 관련 지출내역이다. (주)한국이 20×1년도 연구활동으로 분류해야 하는 금액은 얼마인가?

• 생산이나 사용 전에 시제품과 모형을 제작하는 활동	₩120,000
• 재료, 장치 및 제품에 대한 여러 가지 대체안을 탐색하는 활동	₩130,000
• 상업적 생산 목적으로 실현 가능한 경제적 규모가 아닌 시험공장을 건설하는 활동	₩140,000
• 새로운 기술과 관련된 공구 및 주형을 설계하는 활동	₩60,000
• 새로운 지식을 얻고자 하는 활동	₩90,000
• 연구결과나 기타 지식을 평가 및 최종 선택하는 활동	₩50,000
• 개선된 재료, 장치 및 제품에 대하여 최종적으로 선정된 안을 설계하는 활동	₩70,000

① ₩220,000
② ₩270,000
③ ₩390,000
④ ₩410,000
⑤ ₩500,000

16 무형자산에 대한 설명으로 옳지 않은 것은?

① 내용연수가 유한한 무형자산은 상각하고, 내용연수가 비한정인 무형자산은 상각하지 아니한다.
② 무형자산을 창출하기 위한 내부 프로젝트를 연구단계와 개발단계로 구분할 수 없는 경우에는 모두 개발단계에서 발생한 것으로 본다.
③ 새로운 지식을 얻고자 하는 활동과 같은 연구단계의 지출은 발생 시점에 비용으로 인식한다.
④ 생산이나 사용 전의 시제품과 모형을 설계, 제작, 시험하는 활동과 같은 개발단계의 지출은 일정 요건을 충족하면 무형자산으로 인식한다.
⑤ 내부적으로 창출된 영업권은 원가를 신뢰성 있게 측정할 수 없고 기업이 통제하고 있는 식별 가능한 자원이 아니기 때문에 자산으로 인식하지 아니한다.

대표예제 32   영업권 ★★

(주)대한은 20×1년 1월 1일 (주)민국의 지분 100%를 취득하여 흡수합병하면서 주당 공정가치 ₩20,000, 액면금액 ₩5,000의 (주)대한 주식 100주를 발행하여 이전대가로 (주)민국의 주주에게 지급하였다. 취득일 현재 (주)민국의 식별 가능한 자산과 부채의 장부금액과 공정가치가 다음과 같을 때, (주)대한이 인식할 영업권은?

재무상태표					
	장부금액	공정가치		장부금액	공정가치
현금	₩200,000	₩200,000	단기차입금	₩100,000	₩100,000
재고자산	200,000	300,000	자본금	260,000	
유형자산	200,000	400,000	(주당 ₩5,000)		
			이익잉여금	240,000	

① ₩500,000   ② ₩700,000

③ ₩1,200,000   ④ ₩1,700,000

⑤ ₩2,000,000

해설 | • 순자산의 공정가치 = 자산의 공정가치 − 부채의 공정가치
        = (₩200,000 + ₩300,000 + ₩400,000) − ₩100,000 = ₩800,000
    • 이전대가(합병대가) = ₩20,000 × 100주 = ₩2,000,000
    ∴ 영업권 = 합병대가 − 순자산의 공정가치 = ₩2,000,000 − ₩800,000 = ₩1,200,000

기본서 p.216~218   정답 ③

정답 및 해설

15 ② 연구활동 지출 = ₩130,000 + ₩90,000 + ₩50,000 = ₩270,000

16 ② 무형자산을 창출하기 위한 내부 프로젝트를 연구단계와 개발단계로 구분할 수 없는 경우에는 모두 <u>연구단계에서 발생한 것으로 본다</u>.

17 (주)대한은 20×1년 초 신기술 개발 중인 (주)한국을 합병하면서 이전대가로 공정가치 ₩800,000의 주식(액면금액 ₩600,000)을 발행·교부하였다. (주)한국의 신기술 개발비를 제외한 식별 가능한 순자산의 공정가치는 ₩680,000(장부금액 ₩840,000) 이다. 합병시 (주)한국의 신기술 개발비는 무형자산의 정의를 충족하며, 공정가치는 ₩80,000인 것으로 확인되었다. (주)대한이 동 합병으로 인식할 영업권 또는 염가매수 차익은?

① ₩0
② 영업권 ₩40,000
③ 영업권 ₩120,000
④ 염가매수차익 ₩40,000
⑤ 염가매수차익 ₩120,000

18 (주)한국은 (주)대한에 대한 다음의 실사 결과를 이용하여 인수를 고려하고 있다.

- 자산의 장부가치: ₩8,000(공정가치   ?   )
- 부채의 장부가치: ₩5,000(공정가치 ₩5,000)
- 자본금: ₩1,000   · 자본잉여금: ₩600   · 이익잉여금: ₩1,400

만약, 이 중 75%를 ₩4,000에 취득하고 영업권 ₩1,000을 인식한다면 (주)대한의 자산 공정가치는?

① ₩7,000
② ₩8,000
③ ₩9,000
④ ₩10,000
⑤ ₩12,000

19 (주)한국은 20×1년 초 (주)대한을 흡수합병하였으며, 합병일 현재 (주)대한의 식별 가능한 순자산 장부금액과 공정가치는 다음과 같다. 합병시 (주)한국이 흡수합병의 이전대가로 (주)한국의 보통주 10,000주(주당 액면금액 ₩500, 주당 공정가치 ₩3,000)를 발행하여 지급하였다면, 합병으로 인해 (주)한국이 인식할 영업권 혹은 염가매수차익은?

재무상태표

(주)대한   20×1년 합병일 현재   (단위: 원)

	장부금액	공정가치		장부금액	공정가치
현금	₩7,000,000	₩7,000,000	부채	₩5,000,000	₩7,000,000
재고자산	6,000,000	9,000,000	자본금	10,000,000	
유형자산	15,000,000	18,000,000	자본잉여금	20,000,000	
무형자산	8,500,000	6,500,000	이익잉여금	1,500,000	
자산총계	36,500,000		부채·자본총계	36,500,000	

① 염가매수차익 ₩3,500,000
② 염가매수차익 ₩1,500,000
③ 영업권 ₩3,500,000
④ 영업권 ₩10,500,000
⑤ 영업권 ₩28,500,000

정답 및 해설

17 ② 영업권 = 합병대가 − 순자산의 공정가치
= ₩800,000 − (₩680,000 + ₩80,000) = ₩40,000

18 ③ 영업권 = ₩4,000(합병대가) − 순자산 공정가치(자산의 공정가치 − ₩5,000) × 75% = ₩1,000
∴ 자산의 공정가치 = ₩9,000

19 ① 피합병회사의 순자산 공정가치 = 자산의 공정가치 − 부채의 공정가치
= ₩40,500,000 − ₩7,000,000 = ₩33,500,000
∴ 염가매수차익 = 피합병회사의 순자산 공정가치 − 합병대가
= ₩33,500,000 − ₩30,000,000
= ₩3,500,000

20 20×1년 말 (주)한국의 자산의 공정가치는 ₩5,000,000이고, 부채의 공정가치는 ₩2,000,000이다. 동종 산업의 정상이익률이 14%이며, (주)한국의 과거 5년간 평균 순이익이 ₩510,000이었다. (주)한국의 초과이익이 영구적으로 발생할 것으로 가정할 때, 초과이익환원법에 의한 영업권 평가액은? (단, 영업권 평가에 적용할 할인율은 12.5%)

① ₩375,000 　　　　　　　　　② ₩510,000

③ ₩720,000 　　　　　　　　　④ ₩800,000

⑤ ₩910,000

정답 및 해설

20 ③ 초과이익이 영구적으로 존재한다고 가정할 경우

$$\text{영업권} = \frac{\text{초과이익}}{\text{할인율}} = \frac{\text{평균이익} - (\text{순자산의 공정가치} \times \text{정상이익률})}{\text{할인율}}$$

$$= \frac{₩510,000 - (₩3,000,000 \times 0.14)}{0.125} = ₩720,000$$

제6장 금융자산(Ⅰ): 현금및현금성자산과 수취채권

대표예제 33 현금및현금성자산 ★★

(주)한국의 20×1년 말 재무상태표상의 현금및현금성자산은 ₩12,000이다. 다음 자료를 이용할 때 20×1년 말 (주)한국의 보통예금 잔액은 얼마인가? (단, 자료에 제시되지 않은 현금및현금성자산 항목은 없으며, 20×1년 말 기준환율은 ¥ = ₩1,000, $ = ₩2,000임)

• 국내통화	₩200	• 외국환통화	¥4
• 외국환통화	$2	• 보통예금	x
• 수입인지	₩600	• 우편환	₩800
• 당좌예금	₩1,600		
• 양도성예금증서(취득: 20×1년 12월 1일, 만기: 20×2년 1월 31일)			₩1,000

① ₩200
② ₩400
③ ₩800
④ ₩1,050
⑤ ₩1,200

해설 | 현금및현금성자산 = 국내통화 + 외국환 + 보통예금(x) + 우편환 + 당좌예금 + 양도성예금증서
= ₩200 + (¥4 × ₩1,000) + ($2 × ₩2,000) + x + ₩800 + ₩1,600 + ₩1,000
= ₩12,000
∴ 보통예금(x) = ₩400

기본서 p.227~232

정답 ②

다음은 20×1년 결산시 (주)한국이 보유한 자산내역이다. 20×1년 말 현금및현금성자산은 얼마인가?

• 우편환증서	₩3,000	• 당좌예금	₩6,000
• 당좌개설보증금	₩4,000	• 타인발행 약속어음	₩5,000
• 배당금지급통지표	₩6,000	• 지점 전도금	₩7,000
• 정기예금(만기: 20×2년 9월)	₩2,000	• 선일자수표	₩1,000

① ₩15,000
② ₩18,000
③ ₩22,000
④ ₩25,000
⑤ ₩30,000

(주)한국의 20×1년 말 재무자료에서 발췌한 자료이다. 20×1년 말 재무상태표의 현금및현금성자산으로 보고될 금액은? (단, (주)한국의 표시통화는 원화(₩)임) 제25회

• 당좌차월	₩300
• 타인발행수표	₩100
• 지급기일이 도래한 배당금지급통지표	₩450
• 우편환증서	₩260
• 양도성예금증서(취득일 20×1년 12월 1일, 만기일 20×2년 3월 20일)	₩530
• 당좌개설보증금	₩340
• 자기앞수표	₩250
• 외국환통화(외국환통화에 적용될 환율은 $1 = ₩110)	$2

① ₩980
② ₩1,280
③ ₩1,620
④ ₩1,810
⑤ ₩2,150

03 (주)한국의 20×1년 말 재무상태표의 현금및현금성자산은 ₩115,000이다. 다음 자료를 이용할 때 20×1년 말 (주)한국의 외국환통화($)는? (단, 20×1년 말 기준환율은 $1 = ₩1,500)

• 지폐와 주화	₩12,000	• 외국환통화($)	?
• 배당금지급통지표	₩2,000	• 선일자수표	₩4,000
• 만기가 도래한 국채이자표	₩6,000	• 우표	₩4,000
• 보통예금	₩6,000	• 송금환	₩12,000
• 양도성예금증서(취득: 20×1년 12월 1일, 만기: 20×2년 1월 31일)			₩2,000

① $20

② $25

③ $33

④ $45

⑤ $50

---

01 ③ 현금및현금성자산 = 우편환증서 + 당좌예금 + 배당금지급통지표 + 지점 전도금
= ₩3,000 + ₩6,000 + ₩6,000 + ₩7,000 = ₩22,000

02 ② 현금및현금성자산 = 통화·통화대용증권 + 요구불예금(보통예금·당좌예금) + 현금성자산
= 타인발행수표 + 지급기일이 도래한 배당금지급통지서 + 우편환증서 + 자기앞수표 + 외국환통화
= ₩100 + ₩450 + ₩260 + ₩250 + ($2 × ₩110) = ₩1,280

03 ⑤ 현금및현금성자산 = 통화·통화대용증권 + 요구불예금(보통예금·당좌예금) + 현금성자산
= 지폐와 주화 + 외국환통화(x) + 배당금지급통지표 + 만기가 도래한 국채이자표 + 송금환 + 보통예금 + 양도성예금증서
= ₩12,000 + x + ₩2,000 + ₩6,000 + ₩6,000 + ₩12,000 + ₩2,000 = ₩115,000
⇨ x = ₩75,000 = 외국환통화($) × ₩1,500
∴ 외국환통화($) = $50

04 다음은 (주)한국이 20×1년 12월 31일 현재 보유하고 있는 자산의 일부이다. 20×1년 도 말 재무상태표에 보고되는 현금및현금성자산은 얼마인가?

• 소모품	₩11,000	• 회사가 보유 중인 현금	₩10,000
• 보통예금	₩17,500	• 선급임차료	₩6,000
• 우편환	₩5,000	• 매출채권	₩7,500
• 당좌개설보증금	₩15,000	• 자기앞수표	₩17,000
• 양도성예금증서(20×1년 11월 15일 취득, 취득시 잔여만기 2개월)			₩23,500

① ₩49,500 ② ₩64,500 ③ ₩73,000
④ ₩88,000 ⑤ ₩96,000

대표예제 34 　　　**은행계정조정표 ★★**

20×1년 5월 말 (주)한국의 수정 전 당좌예금 장부잔액과 거래은행측 수정 전 당좌예금잔액이 일치하지 않는 원인은 다음과 같다. (주)한국의 수정 전 당좌예금 장부잔액이 ₩80,000일 때, 거래은행측 수정 전 당좌예금잔액은?

- (주)한국이 거래은행에 입금 처리한 수표 ₩15,000이 5월 19일에 부도 처리되었으나, (주)한국에는 아직 통보되지 않았다.
- 거래처인 (주)대한이 상품구입대금 ₩10,000을 (주)한국의 당좌예금 계좌에 입금하였으나, (주)한국에는 아직 통보되지 않았다.
- 거래은행은 (주)한국의 20×1년 5월분 수수료 ₩20,000을 (주)한국의 당좌예금 계좌에서 차감하였으나, (주)한국은 이를 모르고 있다.
- (주)한국이 기발행한 수표 ₩5,000이 아직 거래은행에 지급 제시되지 않았다.
- (주)한국은 현금 ₩10,000을 당좌예금 계좌에 입금하였으나, 거래은행에서는 아직 입금 처리가 되지 않았다.

① ₩35,000 ② ₩50,000 ③ ₩80,000
④ ₩90,000 ⑤ ₩100,000

해설|

회사측		은행측	
수정 전 잔액	₩80,000	수정 전 잔액	x = ₩50,000
부도수표	(15,000)	기발행 미인출수표	(5,000)
미통지입금	10,000	미기입예금	10,000
거래수수료	(20,000)		
수정 후 잔액	₩55,000		₩55,000

기본서 p.233~234　　　　　　　　　　　　　　　　　　　　　　　　　　　　　　정답 ②

05 (주)한국의 20×1년 6월 말 장부상 당좌예금은 ₩31,000이며 은행에서 발행한 당좌예금 잔액증명서의 금액은 ₩33,000이다. 이 차이의 원인을 확인한 결과 다음과 같은 사항을 발견하였다. 20×1년 6월 말 (주)한국의 올바른 당좌예금은?

- (주)한국이 발행하여 지급한 당좌수표 중 은행에서 인출되지 않은 금액: ₩2,400
- 거래처에서 은행으로 직접 입금한 금액 중 (주)한국이 기록하지 않은 금액: ₩1,600
- 영업시간 이후 (주)한국이 입금한 금액 중 은행이 기록하지 않은 금액: ₩1,100
- (주)한국이 당좌수표 ₩3,200을 발행하면서 장부에 ₩2,300으로 기록

① ₩30,800 ② ₩31,200
③ ₩31,500 ④ ₩31,700
⑤ ₩32,600

정답 및 해설

04 ③ 현금및현금성자산 = 통화·통화대용증권 + 요구불예금 + 현금성자산
= 현금 + 보통예금 + 우편환 + 자기앞수표 + 양도성예금증서
= ₩10,000 + ₩17,500 + ₩5,000 + ₩17,000 + ₩23,500 = ₩73,000

05 ④

은행계정조정표

회사측 수정 전 금액	31,000	은행측 수정 전 금액	33,000
수정사항		수정사항	
• 미통지입금	1,600*	• 기발행 미결제수표	(2,400)
• 오류기장	(900)	• 미기입예금	1,100
수정 후 잔액	31,700	수정 후 잔액	31,700

* 인출 과소계상분 = ₩3,200 − ₩2,300
∴ 올바른 당좌예금 = ₩31,700

▶ 간편법
- 회사측에서 출발: ₩31,000(誤) + ₩1,600 − ₩900 = ₩31,700(正)
- 은행측에서 출발: ₩33,000(誤) − ₩2,400 + ₩1,100 = ₩31,700(正)

06 (주)한국이 총계정원장상 당좌예금 잔액과 은행측 당좌예금잔액증명서의 불일치 원인을 조사한 결과, 다음과 같은 사항을 발견하였다. 이때 (주)한국이 장부에 반영해야 할 항목을 모두 고른 것은?

> ㉠ 매입채무를 지급하기 위해 발행한 수표 금액이 장부에 잘못 기록되었다.
> ㉡ 거래처에 대금 지급을 위해 발행한 수표 중 일부가 미인출수표로 남아 있다.
> ㉢ 매출대금으로 받아 예입한 수표가 부도 처리되었으나 (주)한국의 장부에 기록되지 않았다.
> ㉣ 받을어음이 추심되어 (주)한국의 당좌예금 계좌로 입금되었으나, (주)한국에 아직 통보되지 않았다.

① ㉠
② ㉠, ㉡
③ ㉡, ㉢
④ ㉠, ㉢, ㉣
⑤ ㉡, ㉢, ㉣

07 (주)한국은 결산을 앞두고 당좌예금의 계정잔액을 조정하기 위해 은행에 예금잔액을 조회한 결과, 20×1년 12월 31일 잔액은 ₩62,700이라는 회신을 받았다. (주)한국의 당좌예금 장부의 수정 전 잔액은 ₩74,700이다. (주)한국의 내부감사인은 차이의 원인에 대해 분석하였고, 다음과 같은 사실을 확인하였다.

> • (주)한국이 20×1년 12월 31일에 입금한 ₩25,000이 은행에서는 20×2년 1월 5일자로 입금 처리되었다.
> • (주)한국이 발행한 수표 중에서 20×1년 12월 31일에 발행한 수표 ₩10,000이 아직 인출되지 않았다.
> • (주)한국이 발행한 수표의 발행액은 ₩10,500이었으나 회계담당자가 이를 ₩6,000으로 잘못 기록하였다.
> • (주)한국이 발행한 수표 ₩7,500을 은행의 착오로 다른 기업의 계좌에서 출금 처리하였다.

위 자료를 이용할 때 (주)한국의 수정 후 당좌예금 잔액은?

① ₩67,200
② ₩70,200
③ ₩79,200
④ ₩84,200
⑤ ₩85,700

08 (주)한국은 20×1년 7월 말 주거래 A은행측 당좌예금 잔액 ₩39,000이 당사의 당좌예금 장부 잔액과 일치하지 않는 것을 확인하였다. 다음과 같은 차이를 조정한 후 (주)한국과 A은행의 당좌예금 잔액은 ₩36,000으로 일치하였다. (주)한국의 수정 전 당좌예금 잔액은?

> • A은행이 (주)한국의 당좌예금에서 ₩9,000을 잘못 출금하였다.
> • A은행이 (주)한국의 받을어음을 추심하고 ₩9,000을 당좌예금에 입금하였으나, (주)한국은 이를 모르고 있었다.
> • (주)한국이 기발행한 ₩12,000의 수표가 A은행에 아직 제시되지 않았다.
> • (주)한국이 ₩9,000의 수표를 발행하면서 장부에는 ₩24,000으로 잘못 기장하였다.
> • (주)한국이 20×1년 6월 12일에 입금한 ₩3,000의 수표가 부도로 판명되었으나, (주)한국은 이를 모르고 있었다.

① ₩15,000

② ₩24,000

③ ₩27,000

④ ₩29,000

⑤ ₩30,000

정답 및 해설

06 ④ 기발행 미인출수표(ⓒ)는 은행측 차감항목이고, 나머지는 회사측에 반영할 항목이다.

07 ②

은행계정조정표			
회사측 수정 전 잔액	74,700	은행측 수정 전 잔액	62,700
오류기장	(4,500)	미기입예금	25,000
		기발행 미인출수표	(10,000)
		오류기장	(7,500)
수정 후 잔액	70,200	수정 후 잔액	70,200

08 ① 본 문제는 차이 조정 후 올바른 잔액 ₩36,000이 제시되었으므로 수정 전 당좌예금 잔액을 계산하기 위해서는 다음과 같이 회사측 수정사항만 조정하면 된다.

⇨ 수정 전 당좌예금 = ₩36,000 − ₩9,000 − ₩15,000 + ₩3,000 = ₩15,000

▶ 참고

은행계정조정표			
회사측		**은행측**	
수정 전 잔액(x)	15,000	수정 전 잔액	39,000
수정사항		수정사항	
미통지입금	9,000	은행측 오류기장	9,000
출금 과대 오류기장	15,000	기발행 미인출수표	(12,000)
부도수표	(3,000)		
	36,000		36,000

09 (주)한국은 20×1년 12월 31일 직원이 회사자금을 횡령한 사실을 확인하였다. 12월 31일 현재 회사장부상 당좌예금 잔액은 ₩65,000이었으며, 거래은행으로부터 확인한 당좌예금 잔액은 ₩56,000이다. 회사측 잔액과 은행측 잔액이 차이가 나는 이유가 다음과 같을 때, 직원이 회사에서 횡령한 것으로 추정되는 금액은? 제22회

> • 은행 미기입예금   ₩4,500
> • 기발행 미인출수표   ₩5,200
> • 회사에 미통지된 입금액   ₩2,200
> • 은행으로부터 통지받지 못한 은행수수료   ₩1,500
> • 발행된 수표 ₩2,000을 회사장부에 ₩2,500으로 기록하였음을 확인함

① ₩9,000

② ₩9,700

③ ₩10,400

④ ₩10,900

⑤ ₩31,700

10 20×1년 말 현재 (주)한국의 장부상 당좌예금 잔액은 ₩23,600, 은행측 잔액증명서상 잔액은 ₩25,600이다. 은행계정조정표 작성과 관련된 자료가 다음과 같다면, 회사측 부도수표는?

> • 거래처에 송금한 ₩3,000이 은행에 입금 처리되었으나 아직 은행으로부터 통보받지 못했다.
> • 은행이 부과한 은행수수료 ₩400이 아직 회사장부에 미정리된 상태이다.
> • 발행한 수표 중 ₩2,200이 아직 은행에서 인출되지 않았다.
> • (주)한국이 ₩1,600을 20×1년 12월 31일에 입금하였으나 은행은 20×2년 1월 3일에 회계처리하였다.
> • 나머지 잔액 차이는 모두 회사측 부도수표에 의한 것으로 확인되었다.

① ₩600

② ₩800

③ ₩1,200

④ ₩1,600

⑤ ₩2,000

11 (주)한국의 기말 장부상 당좌예금계정 잔액은 ₩130,000이며, 은행으로부터 통지받은 잔액은 ₩10,000으로 불일치하였다. 불일치 원인이 다음과 같을 때, (주)한국이 장부에 잘못 기록한 매출채권 회수액(A)은? 제26회

> • 매출처로부터 수취하여 은행에 예입한 수표 ₩60,000이 부도 처리되었으나, 기말 현재 은행으로부터 통보받지 못하였다.
> • 은행 업무시간 이후에 ₩70,000을 입금하였으나, 기말 현재 은행측이 미기입하였다.
> • 매입채무를 지급하기 위하여 ₩30,000의 수표를 발행하였으나, 기말 현재 아직 은행에서 결제되지 않았다.
> • 은행수수료가 ₩500 발생하였으나, 기말 현재 회사측 장부에 반영되지 않았다.
> • 매출처로부터 매출채권 회수액으로 받은 ₩50,000의 수표를 예입하면서 회사 직원이 A금액으로 잘못 기록하였다.

① ₩30,500
② ₩69,500
③ ₩70,500
④ ₩88,500
⑤ ₩100,500

정답 및 해설

09 ④

은행계정조정표

회사측 수정 전 잔액	65,000	은행측 수정 전 잔액	56,000
미통지입금	2,200	미기입예금	4,500
은행수수료	(1,500)	기발행 미인출수표	(5,200)
기장오류	500		
수정 후 합계	66,200	수정 후 합계	55,300

∴ 횡령 추정금액 = ₩66,200 − ₩55,300 = ₩10,900

10 ③

은행계정조정표

회사측 수정 전 잔액	23,600	은행측 수정 전 잔액	25,600
미통지입금	3,000	기발행 미결제수표	(2,200)
은행수수료	(400)	미기입예금	1,600
부도수표	x		
수정 후 잔액	25,000	수정 후 잔액	25,000

∴ 회사측 부도수표(x) = ₩1,200

11 ②

은행계정조정표

회사측 수정 전 잔액	130,000	은행측 수정 전 잔액	10,000
수정사항		수정사항	
부도수표	(60,000)	미기입예금	70,000
은행수수료	(500)	기발행 미인출수표	(30,000)
예입액 오류기장	㉠ (19,500)		
수정 후 잔액	50,000	수정 후 잔액	50,000

∴ 잘못 기장한 금액(A)는 올바른 입금액 ₩50,000보다 ₩19,500만큼 과대 기입한 금액 ₩69,500이다.

12 20×1년 말 (주)한국의 올바른 당좌예금 금액을 구하기 위한 자료는 다음과 같다. (주)한국의 입장에서 수정 전 당좌예금 잔액에 가산 또는 차감해야 할 금액은?

(1) 수정 전 잔액
- 은행의 당좌예금 잔액증명서상 금액: ₩20,000
- (주)한국의 당좌예금 계정원장상 금액: ₩10,500

(2) 은행과 (주)한국의 당좌예금 수정 전 잔액 차이 원인
- 20×1년 말 현재 (주)한국이 발행·기록한 수표 중 은행에서 미결제된 금액: ₩6,000
- 20×1년도 은행이 기록한 수수료 미통지 금액: ₩500
- 20×1년 말 받을어음 추심으로 당좌예금 계좌에 기록되었으나, (주)한국에 미통지된 금액: ₩5,000
- 20×1년 중 거래처로부터 받아 기록하고 추심 의뢰한 수표 중 은행으로부터 부도 통지받은 금액: ₩1,000

	가산할 금액	차감할 금액
①	₩5,000	₩1,500
②	₩5,500	₩1,000
③	₩6,500	₩7,000
④	₩7,000	₩500
⑤	₩11,000	₩1,500

매출채권계정 ★★

다음 자료를 이용하여 계산한 (주)한국의 기말매출채권 잔액은?

- 기초매출채권은 ₩5,000이고, 당기매출채권 회수액은 ₩20,000이며, 당기현금매출액은 ₩3,500이다.
- 기초와 기말의 상품재고액은 각각 ₩8,000, ₩11,000이며, 당기상품매입액은 ₩16,000이다.
- 당기매출총이익은 ₩6,500이다.

① ₩1,000　　　　　　　　　② ₩4,500

③ ₩2,500　　　　　　　　　④ ₩3,500

⑤ ₩5,000

해설 | (1) 매출원가 = 기초재고 + 당기순매입액 − 기말재고액
　　　 = ₩8,000 + ₩16,000 − ₩11,000 = ₩13,000

(2) 당기매출액 = 매출원가 + 매출총이익 = ₩13,000 + ₩6,500 = ₩19,500

(3) 기말매출채권

<table>
<tr><td colspan="4" align="center">매출채권</td></tr>
<tr><td>기초매출채권</td><td align="right">5,000</td><td>회수액</td><td align="right">20,000</td></tr>
<tr><td>외상매출액*</td><td align="right">16,000</td><td>기말매출채권(x)</td><td align="right">1,000</td></tr>
<tr><td></td><td align="right">21,000</td><td></td><td align="right">21,000</td></tr>
</table>

* 외상매출액 = 매출액 − 현금매출 = ₩19,500 − ₩3,500 = ₩16,000

기본서 p.236~237　　　　　　　　　　　　　　　　　　　　　　　　　　　　정답 ①

정답 및 해설

12 ①

<table>
<tr><td colspan="4" align="center">은행계정조정표</td></tr>
<tr><td>회사측 수정 전 잔액</td><td align="right">10,500</td><td>은행측 수정 전 잔액</td><td align="right">20,000</td></tr>
<tr><td>수정사항</td><td></td><td>수정사항</td><td></td></tr>
<tr><td>은행수수료</td><td align="right">(500)</td><td>기발행 미결제금액</td><td align="right">(6,000)</td></tr>
<tr><td>미통지입금액</td><td align="right">5,000</td><td></td><td></td></tr>
<tr><td>부도수표</td><td align="right">(1,000)</td><td></td><td></td></tr>
<tr><td>수정 후 잔액</td><td align="right">14,000</td><td>수정 후 잔액</td><td align="right">14,000</td></tr>
</table>

∴ (주)한국에서 수정 전 당좌예금잔액에 가산할 금액은 ₩5,000, 차감할 금액은 ₩1,500

13 다음 자료를 이용하여 계산한 (주)한국의 20×1년 12월 31일 기말매출채권은?

• 전기이월 매출채권	₩400,000
• 20×1년 중 매출채권 회수액	₩1,300,000
• 20×1년 중 현금매출액	₩250,000
• 20×1년 기초상품재고액	₩250,000
• 20×1년 기말상품재고액	₩550,000
• 20×1년 중 상품매입액	₩1,550,000
• 20×1년도 이익률(원가에 대한 가산율)은 20%이다.	

① ₩250,000 ② ₩350,000
③ ₩450,000 ④ ₩550,000
⑤ ₩610,000

14 (주)대한의 자금담당자는 20×1년 초부터 20×1년 말까지 1년 동안 근무하다가 매출채권을 횡령한 후 잠적하였다. 아래에 제시된 자금담당자의 근무기간 중 자료를 토대로 매출총이익률법을 이용하여 자금담당자가 횡령한 금액을 추정하면 얼마인가? (단, 현금매출은 없으며 (주)대한의 과거 매출총이익을 매출액으로 나누어 계산된 매출총이익률 20%를 이용하시오)

• 기초재고	₩20,000
• 기말재고	₩25,000
• 당기재고자산 매입액	₩60,000
• 기초매출채권 잔액	₩19,000
• 기말매출채권 잔액(실제)	₩20,000
• 당기매출채권 회수액	₩47,500

① ₩10,000 ② ₩13,200
③ ₩20,250 ④ ₩25,000
⑤ ₩27,800

13 ②

재고자산

기초재고	250,000	매출원가	1,250,000
매입액	1,550,000	기말재고	550,000
	1,800,000		1,800,000

- 매출액 = ₩1,250,000 × (1 + 0.2) = ₩1,500,000
- 외상매출액 = ₩1,500,000 − ₩250,000 = ₩1,250,000

매출채권

기초매출채권	400,000	회수액	1,300,000
외상매출액	1,250,000	기말매출채권	x
	1,650,000		1,650,000

∴ 기말매출채권(x) = ₩350,000

14 ③ (1)

재고자산

기초재고	20,000	매출원가	㉠ 55,000
당기매입액	60,000	기말재고	25,000
	80,000		80,000

∴ 매출액 = 매출원가 + 매출총이익 = 매출원가 ÷ (1 − 매출총이익률)
= ₩55,000 ÷ (1 − 0.2) = ₩68,750

(2) 매출채권의 횡령액

매출채권

기초매출채권	19,000	회수액	47,500
매출액	68,750	기말매출채권(장부)	40,250
	87,750		87,750

∴ 매출채권의 횡령액 = 기말매출채권 장부상 잔액 − 실제잔액
= ₩40,250 − ₩20,000 = ₩20,250

15 다음 자료를 이용하여 계산한 (주)한국의 기말매입채무 잔액은? (단, 매입거래는 모두 외상거래임)

• 기초매입채무	₩16,000
• 당기중 매입채무 현금지급액	₩70,000
• 기초상품재고	₩24,000
• 기말상품재고	₩22,000
• 당기매출액	₩100,000
• 매출총이익	₩20,000

① ₩22,000   ② ₩24,000

③ ₩28,000   ④ ₩30,000

⑤ ₩40,000

16 다음 중 매출채권계정에 계상할 수 없는 외상거래는?

① 법무법인 대서양의 법무자문 제공액
② 한성전자의 노트북 판매액
③ 도서출판 열림의 도서 판매액
④ 한국전력의 건물 매각액
⑤ 상품매매업의 상품 판매액

대표예제 36 \ 어음의 할인 ★★

(주)한국은 거래처가 발행한 이자부어음(액면금액 ₩200,000, 만기 3개월, 이자율 연 12% 만기시 지급)을 1개월간 보유한 후 금융기관에 연 15% 이자율로 할인하였다. 동 거래로 어음과 관련된 위험과 보상은 모두 금융기관에 이전되었다. (주)한국이 동 어음과 관련하여 인식할 처분손실은? (단, 이자는 월할계산함)

① ₩850 ② ₩1,150
③ ₩2,000 ④ ₩3,150
⑤ ₩5,150

해설 | (1) 만기가치 = ₩200,000 + (₩200,000 × 12% × 3/12) = ₩206,000
　　 (2) 할인료 = ₩206,000 × 15% × 2/12 = ₩5,150
　　 (3) 현금수령액 = (1) - (2) = ₩200,850
　　 (4) 장부금액 = ₩200,000 + (₩200,000 × 12% × 1/12) = ₩202,000
　　 ∴ 매출채권처분손실 = (3) - (4) = ₩1,150
　　 ▶ 간편법: 매출채권처분손실 = ₩5,150 - (₩200,000 × 12% × 2/12) = ₩1,150

기본서 p.239~240　　　　　　　　　　　　　　　　　　　　　　　　　　　　 정답 ②

정답 및 해설

15 ②

재고자산

기초재고	24,000	매출원가	80,000*
당기매입	x	기말재고	22,000
	102,000		102,000

* 매출원가 = 매출액 - 매출총이익 = ₩100,000 - ₩20,000
⇨ 당기매입(x) = ₩78,000

매입채무

지급액	70,000	기초재고	16,000
기말재고	y	매입액	78,000
	94,000		94,000

∴ 기말매입채무(y) = ₩24,000

16 ④ 상거래로 인한 외상채권을 매출채권(외상매출금)계정으로 회계처리하고, 상거래 이외의 외상채권은 미수금계정으로 회계처리한다.

17 (주)한국은 고객에게 상품을 판매하고 그 대가로 액면금액 ₩200,000, 만기 6개월, 무이자부 약속어음을 수령하였다. (주)한국이 이 어음을 2개월간 보유한 후 은행에서 할인율 12%로 할인하였을 시 할인액은 얼마인가?

① ₩4,000   ② ₩6,000

③ ₩8,000   ④ ₩10,000

⑤ ₩12,000

18 (주)한국은 20×1년 초 제품을 판매하고 고객으로부터 아래와 같이 받을어음을 수령하였다.

> • 액면금액 ₩20,000, 무이자부 어음
> • 발행일 20×1년 1월 1일, 6개월 만기

(주)한국이 만기를 2개월 앞둔 4월 말 운영자금 조달을 위해 상기 어음을 할인율 12%에 할인하여 금융기관에 처분할 경우 현금수령액은? (단, 이자율계산은 월할계산함)

① ₩19,200   ② ₩19,400

③ ₩19,600   ④ ₩19,800

⑤ ₩20,000

19 (주)한국은 20×1년 3월 1일 어음할인을 통해 현금화할 경우, 인식할 매출채권처분손익은? (단, 어음의 할인은 월할계산함)

구분	금액	채권발생일	만기	비고
받을어음 (무이자부)	₩800,000	20×1년 2월 1일	3개월	제거요건 충족, 어음할인율 연 9%

① ₩6,000 손실   ② ₩8,000 손실

③ ₩12,000 손실   ④ ₩20,000 손실

⑤ ₩24,000 이익

20 (주)한국은 20×1년 4월 1일 상품을 판매하고 약속어음(액면금액 ₩500,000, 이자율 연 8%, 만기 6개월)을 수취하였다. (주)한국이 어음을 3개월간 보유한 후 거래은행에 연 10%의 이자율로 할인하였을 경우 수령하게 되는 현금은? (단, 어음의 할인은 월할계 산하며, 위험과 보상의 대부분을 이전하였다고 가정함)

① ₩493,000 　　　　　　　② ₩500,000

③ ₩503,000 　　　　　　　④ ₩505,000

⑤ ₩507,000

정답 및 해설

17 ③ 무이자부 어음이므로 만기가치 계산시 이자요소는 없고 액면금액에서 계산을 출발한다.
∴ 할인액 = 만기가치 × 할인율 × 4/12
= ₩200,000 × 12% × 4/12 = ₩8,000

18 ③ 무이자부 어음은 만기가치가 액면금액과 동일하다.
할인료 = ₩20,000 × 12% × 2/12 = ₩400
∴ 현금수령액 = 만기가치 − 할인료 = ₩20,000 − ₩400 = ₩19,600

19 ③ (1) 만기가치 = ₩800,000
(2) 할인료 = ₩800,000 × 9% × 2/12 = ₩12,000
(3) 현금수령액 = (1) − (2) = ₩800,000 − ₩12,000 = ₩788,000
(4) 어음의 장부금액 = ₩800,000(무이자부 어음이므로 액면금액임)
∴ 매출채권처분손익 = ₩788,000 − ₩800,000 = (₩12,000)
매출채권처분손실은 무이자부 어음이므로 어음의 할인료 ₩12,000과 동일하다.

20 ⑤ (1) 만기가치 = ₩500,000 + (₩500,000 × 8% × 6/12) = ₩520,000
(2) 할인료 = ₩520,000 × 10% × 3/12 = ₩13,000
∴ 현금수령액 = (1) − (2) = ₩520,000 − ₩13,000 = ₩507,000

21 (주)한국은 거래처로부터 받은 이자부어음(액면금액 ₩60,000, 만기 6개월, 이자율 연 10%, 만기시 지급)을 2개월간 보유한 후 금융기관에 연 12% 이자율로 할인하였다. 동 거래로 어음과 관련된 위험과 보상은 모두 금융기관에 이전되었다. (주)한국이 동 어음과 관련하여 인식할 당기손익은? (단, 이자는 월할계산함)

① 당기이익 ₩350 ② 당기이익 ₩480
③ 당기손실 ₩520 ④ 당기손실 ₩650
⑤ 당기이익 ₩2,400

22 (주)한국은 20×1년 3월 1일에 상품판매대금 ₩200,000을 만기 3개월의 어음(액면이자율 연 9%)으로 수령하였다. (주)한국은 5월 1일에 연 12% 이자율로 동 어음을 할인하였다. 이 받을어음의 할인이 금융자산 제거조건을 충족할 때, (주)한국이 행할 회계처리는? (단, 이자는 월할계산함)

① (차) 현금	202,400	(대) 매출채권	200,000
금융자산처분손실	600	이자수익	3,000
② (차) 현금	202,455	(대) 매출채권	200,000
금융자산처분손실	545	이자수익	3,000
③ (차) 현금	203,000	(대) 매출채권	200,000
금융자산처분손실	6,000	이자수익	9,000
④ (차) 현금	201,000	(대) 매출채권	200,000
금융자산처분손실	3,000	이자수익	4,000
⑤ (차) 현금	202,400	(대) 매출채권	200,000
금융자산처분손실	600	이자수익	3,000

23 (주)한국은 20×1년 4월 1일 거래처에 상품을 판매하고 그 대가로 이자부 약속어음(3개월 만기, 표시이자율 연 5%, 액면금액 ₩300,000)을 수취하였다. 동 어음을 1개월 보유하다가 주거래은행에서 연 8% 이자율로 할인한 경우, 어음할인액과 처분손실은? (단, 어음할인은 금융자산 제거요건을 충족함)

	할인액	처분손실			할인액	처분손실
①	₩4,000	₩1,550		②	₩4,000	₩2,500
③	₩4,000	₩4,000		④	₩4,050	₩1,550
⑤	₩4,050	₩2,500				

정답 및 해설

21 ② (1) 만기가치 = ₩60,000 + (₩60,000 × 10% × 6/12) = ₩63,000
    (2) 할인료 = ₩63,000 × 12% × 4/12 = ₩2,520
    (3) 현금수령액 = (1) − (2) = ₩60,480
    (4) 어음의 장부금액 = ₩60,000 + (₩60,000 × 10% × 2/12) = ₩61,000
    (5) 매출채권처분손실 = (3) − (4) = ₩60,480 − ₩61,000 = (₩520)
    ∴ 당기손익 효과 = ₩1,000(이자수익) − ₩520(매출채권처분손실)
      = ₩480(이익)
    ▶ **간편법**: 현금수령액 − 액면금액 = ₩60,480 − ₩60,000 = ₩480

22 ② (1) 만기가치 = ₩200,000 + (₩200,000 × 9% × 3/12) = ₩204,500
    (2) 할인액 = ₩204,500 × 12% × 1/12 = ₩2,045
    (3) 현금수령액 = (1) − (2) = ₩204,500 − ₩2,045 = ₩202,455
    (4) 어음의 장부금액 = ₩200,000 + (₩200,000 × 9% × 2/12) = ₩203,000
    ∴ 매출채권(금융자산)처분손실 = (3) − (4) = ₩202,455 − ₩203,000 = ₩545

23 ④ (1) 만기가치 = ₩300,000 + (₩300,000 × 5% × 3/12) = ₩303,750
    (2) 할인액 = ₩303,750 × 8% × 2/12 = ₩4,050
    (3) 현금수령액 = 어음의 만기금액(1) − 할인액(2) = ₩303,750 − ₩4,050 = ₩299,700
    (4) 어음의 장부금액 = ₩300,000 + (₩300,000 × 5% × 1/12) = ₩301,250
    ∴ 매출채권처분손실 = 현금수령액(3) − 어음의 장부금액(4)
      = ₩299,700 − ₩301,250 = −₩1,550
    ▶ **간편법**: 매출채권처분손실 = ₩4,050 − (₩300,000 × 5% × 2/12) = ₩1,550

24 (주)한국은 20×1년 1월 1일 거래처로부터 6개월 만기 10% 이자부어음 ₩60,000을 받았다. (주)한국이 상기 어음을 4개월간 보유한 후 20×1년 5월 1일 거래은행에 할인하였으며 할인시 매출채권처분손실을 ₩260 계상하였다면 거래은행의 수수료율은 얼마인가? (단, 할인료는 월할계산함)

① 11% ② 12%
③ 13% ④ 14%
⑤ 15%

대표예제 37 　　매출채권의 손상 ★★

(주)한국의 20×1년 초 매출채권에 대한 손실충당금은 ₩5,000이다. 매출채권과 관련된 자료가 다음과 같을 때, 20×1년도에 인식할 손상차손은?

제23회

- 20×1년 3월 2일 당기 외상매출한 ₩7,500의 매출채권이 회수 불가능한 것으로 판명되었다.
- 20×1년 6월 3일 전기에 손실충당금으로 손상처리한 매출채권 ₩1,000이 회수되었다.
- 20×1년 12월 31일 기말수정분개 전 매출채권 잔액은 ₩201,250이며, 매출채권 잔액의 미래현금흐름을 개별적으로 분석한 결과, ₩36,000의 손상이 발생할 것으로 예상되었다.

① ₩30,500 ② ₩31,000
③ ₩35,000 ④ ₩36,500
⑤ ₩37,500

해설 |

손실충당금

확정	7,500	기초	5,000
기말	36,000	회수	1,000
		손상차손(x)	37,500
	43,500		43,500

기본서 p.241~244　　　　　　　　　　　　　　　　　　　　　　　　　정답 ⑤

25 (주)한국의 20×1년 중 발생한 거래 및 20×1년 말 손상차손 추정과 관련된 자료는 다음과 같다. (주)한국의 20×1년도 포괄손익계산서상 매출채권에 대한 손상차손이 ₩10,000일 때, 20×1년 초 매출채권에 대한 손실충당금은?

> • 20×1년 6월 9일: 당기 외상매출한 매출채권 ₩12,000이 회수불능으로 확정되어 제거되었다.
> • 20×1년 7월 13일: 전기에 손실충당금으로 손상처리한 매출채권 ₩3,000이 회수되었다.
> • 20×1년 12월 31일: 기말매출채권 잔액은 ₩100,000이며 동 매출채권에 대한 기대신용손실액은 ₩4,000이다.

① ₩1,000   ② ₩1,900

③ ₩3,000   ④ ₩3,900

⑤ ₩5,000

정답 및 해설

24 ② (1) 만기가치 = ₩60,000 + (₩60,000 × 0.1 × 6/12) = ₩63,000
(2) 할인료(선이자) = ₩63,000 × 할인율 × 2/12
(3) 표시(액면)이자 = ₩60,000 × 0.1 × 2/12 = ₩1,000
(4) 매출채권처분손실 = (2) − (3) = (₩63,000 × 할인율 × 2/12) − ₩1,000 = ₩260
∴ 할인율 = 12%

25 ③

손실충당금			
확정	12,000	기초	x
기말	4,000	회수	3,000
		손상차손	10,000
	16,000		16,000

∴ 기초손실충당금(x) = ₩3,000

26 (주)한국(회계기간 1.1.~12.31.)은 20×1년 말 매출채권 ₩370,000에 대하여 경과기간별로 분류한 후 다음과 같이 손실률을 추정하였다.

매출채권 연령	금액	손실률
30일 이하	₩70,000	1%
31일부터 60일 이하	₩100,000	2%
61일부터 90일 이하	₩200,000	5%
계	₩370,000	−

기말 현재 수정 전 손실충당금 잔액이 ₩2,700일 경우 기말수정분개로 옳은 것은?

① (차) 손상차손 700 (대) 손실충당금 700
② (차) 손상차손 2,000 (대) 손실충당금 2,000
③ (차) 손상차손 10,000 (대) 손실충당금 10,000
④ (차) 손상차손 12,700 (대) 손실충당금 12,700
⑤ (차) 손상차손 25,400 (대) 손실충당금 25,400

27 당기 포괄손익계산서상 손상차손이 ₩70일 때, 기중 실제 손상으로 확정된 금액은?

제20회 수정

구분	기초	기말
매출채권	₩15,000	₩10,000
손실충당금	₩150	₩100

① ₩120
② ₩150
③ ₩220
④ ₩250
⑤ ₩270

28 (주)한국의 20×1년 말 매출채권 잔액은 ₩150,000이며, 매출채권에 대한 기대신용손실을 계산하기 위한 연령별 기대신용손실률은 다음과 같다.

연체기간	금액	기대신용손실률
연체되지 않음	₩120,000	0.4%
1일~60일	₩25,000	2.0%
61일 이상	₩5,000	8.0%
합계	₩150,000	

(주)한국의 20×1년 초 매출채권에 대한 손실충당금 잔액이 ₩2,500이고, 20×1년 중 매출채권 ₩1,000이 회수불능으로 확정되어 제거되었다. 20×1년 포괄손익계산서에 보고할 매출채권 손상차손(또는 손상차손 환입)은? 제25회

① 손상차손 환입 ₩120

② 손상차손 환입 ₩380

③ 손상차손 ₩120

④ 손상차손 ₩1,120

⑤ 손상차손 ₩1,380

정답 및 해설

26 ③ • 기대신용손실액 = (₩70,000 × 1%) + (₩100,000 × 2%) + (₩200,000 × 5%)
  = ₩12,700
• 기말손상차손 설정액 = ₩12,700 − ₩2,700 = ₩10,000
∴ [회계처리]
  (차) 손상차손   10,000   (대) 손실충당금   10,000

27 ① 손실충당금

손상확정액	x	기초	150
기말	100	손상차손	70
	220		220

∴ 손상확정액(x) = ₩120

28 ① • 20×1년 말 기대신용손실 추정액
  = (₩120,000 × 0.4%) + (₩25,000 × 2%) + (₩5,000 × 8%) = ₩1,380
• 포괄손익계산서에 계상될 손상차손(또는 손상차손 환입)
  손상차손 환입: 기말 손실충당금 장부금액 > 기말 기대신용손실 추정액
  = (₩2,500 − ₩1,000) − ₩1,380 = ₩120

29 (주)한국은 제조업을 영위하는 기업으로 20×2년 말 ₩6,000,000에 해당하는 매출채권 포트폴리오를 갖고 있으며 한 지역에서만 영업한다. (주)한국의 고객들은 다수의 작은 고객들로 구성되어 있으며 유의적인 금융요소가 없다. 20×2년 초 손실충당금(대손충당금) 잔액은 ₩40,000이다. 20×2년 중 회수가 불가능하게 되어 장부에서 제거한 매출채권은 ₩15,000이고 20×1년에 회수불능으로 장부에서 제거한 매출채권 ₩6,000을 20×2년 중에 다시 회수하였다. (주)한국은 매출채권의 기대신용손실을 결정하기 위하여 충당금설정률표를 이용한 결과, 20×2년 말의 손실충당금 잔액을 ₩117,000으로 추정하였다. (주)한국의 매출채권과 관련한 회계처리가 당기순이익에 미치는 영향은?

① ₩31,000 증가   ② ₩50,000 증가
③ ₩77,000 감소   ④ ₩86,000 감소
⑤ ₩117,000 감소

30 (주)한국의 20×1년 초 매출채권 잔액(총액)은 ₩2,000이고 손실충당금(대손충당금) 대변잔액은 ₩100이다. 다음은 매출채권 및 대손과 관련된 자료이다. 20×1년에 인식할 손상차손(대손상각비)는 얼마인가?

- 20×1년 4월 1일 전기 대손 처리된 ₩32을 회수하였다.
- 20×1년 8월 1일 매출채권 ₩120이 회수불능으로 대손 확정되었다.
- 20×1년 중 외상매출액은 ₩10,000이며, 현금회수액은 ₩9,280이다.
- 20×1년 12월 31일 예상 미래현금흐름을 분석해 매출채권 잔액(총액)의 5%를 회수불확실한 것으로 추정하였다.

① ₩100   ② ₩118
③ ₩124   ④ ₩130
⑤ ₩150

31 다음 자료를 통하여 계산한 당기 포괄손익계산서에 계상하여야 하는 손상차손은? (단, 당기말 매출채권의 순실현가능가치는 ₩180,000임)

• 전기말 매출채권 잔액	₩100,000	• 당기말 매출채권 잔액	₩250,000
• 전기말 손실충당금 잔액	₩15,000	• 당기중 손상확정액	₩10,000

① ₩55,000

② ₩60,000

③ ₩65,000

④ ₩70,000

⑤ ₩78,000

정답 및 해설

29 ④

손실충당금

확정	15,000	기초	40,000
기말	117,000	회수	6,000
		손상차손(x)	86,000
	132,000		132,000

30 ② 기말손실(대손)충당금 추정액(ⓒ) = 기말매출채권(ⓐ) × 5%
= ₩2,600 × 5% = ₩130

매출채권

기초	2,000	손상확정	120
외상매출액	10,000	회수액	9,280
		기말	ⓐ 2,600
	12,000		12,000

손실(대손)충당금

확정	120	기초	100
기말	ⓒ 130	회수	32
		손상차손(x)	118
	250		250

ⓒ ₩2,500 × 5% = ₩130

31 ③

손실충당금

확정	10,000	기초	15,000
기말	70,000*	손상차손(x)	65,000
	80,000		80,000

* 기말손실충당금 = ₩250,000 − ₩180,000 = ₩70,000

32 (주)한국은 거래처의 부도로 인하여 회수 불가능한 것으로 판명된 매출채권 ₩1,000,000을 손상확정하였다. 이때 손실충당금 잔액은 ₩700,000이었다. 매출채권의 손상확정에 관한 회계처리가 (주)한국의 유동자산과 당기순이익에 미치는 영향으로 옳은 것은?

	유동자산	당기순이익		유동자산	당기순이익
①	감소	감소	②	감소	불변
③	불변	감소	④	불변	불변
⑤	증가	증가			

대표예제 38 　　장기성 채권·채무의 현재가치 평가

(주)한국은 20×1년 초 토지를 ₩4,000,000에 취득하면서 현금 ₩1,000,000을 즉시 지급하고 나머지 ₩3,000,000은 20×1년 말부터 매년 말에 각각 ₩1,000,000씩 3회 분할지급하기로 하였다. 이러한 대금지급은 일반적인 신용기간을 초과하는 것이다. 취득일 현재 토지의 현금가격상당액은 총지급액을 연 10% 이자율로 할인한 현재가치와 동일하다. 20×2년에 인식할 이자비용은? (단, 단수 차이가 발생할 경우 가장 근사치를 선택함)　　제25회

기간	연이자율 10%	
	단일금액 ₩1의 현재가치	정상연금 ₩1의 현재가치
3	0.7513	2.4869

① ₩100,000　　　　　　　　② ₩173,559
③ ₩248,690　　　　　　　　④ ₩348,690
⑤ ₩513,100

해설 | • 20×1년 말 = 20×2년 초 장기 미지급금의 장부금액
　　　 = [(₩1,000,000 × 2.4869) × 1.1] − ₩1,000,000 = ₩1,735,590
　　 • 20×2년 이자비용
　　　 = ₩1,735,590 × 10% = ₩173,559

기본서 p.247~252　　　　　　　　　　　　　　　　　　　　　　　정답 ②

33 (주)한국은 20×1년 초 제품(장부금액 ₩30,000)을 판매하면서 20×1년 말부터 20×3년 말까지 매년 말 ₩20,000씩 수령하기로 하였다. 당해 거래에 적용된 유효이자율이 연 10%일 때 동 제품 판매와 관련하여 (주)한국이 20×1년도 포괄손익계산서에 인식해야 할 이자수익은 얼마인가? (단, 현가계수는 아래의 표를 이용하며, 이자는 월할 계산함. 계산금액은 소수점 첫째 자리에서 반올림하며, 단수 차이로 인한 오차가 있으면 가장 근사치를 선택함)

현가계수표

	기간 말 단일금액 ₩1의 현재가치	정상연금 ₩1의 현재가치
	10%	10%
1	0.90909	0.90909
2	0.82645	1.73554
3	0.75131	2.48685

① ₩3,008
② ₩4,974
③ ₩5,200
④ ₩5,800
⑤ ₩6,500

정답 및 해설

32 ① (차) 손실충당금　　　　　　　700,000　　(대) 매출채권　　　　　　　1,000,000
　　　손상차손　　　　　　　　300,000
　　⇨ 손실충당금 잔액을 초과하여 손상이 확정되는 경우, 비용(손상차손)이 발생하고 자산(매출채권)이 감소한다.

33 ② 매출채권의 장부금액(매출시) = ₩20,000 × 2.48685 = ₩49,737
　　∴ 이자수익 = ₩49,737 × 0.1 = ₩4,974
　　▶ **참고**: 20×1년 말 장기성 매출채권의 장부금액 = (₩49,737 × 1.1) − ₩20,000 = ₩34,711

제**7**장 금융자산(II) · 관계기업투자 · 투자부동산

금융자산의 개요 및 구분 ★

다음 중 금융상품으로만 묶은 것은?

㉠ 선급금	㉡ 투자사채
㉢ 매출채권	㉣ 대여금
㉤ 이연법인세자산	㉥ 선급비용

① ㉠, ㉡, ㉢　　　　　　　　　② ㉠, ㉣, ㉤

③ ㉡, ㉢, ㉣　　　　　　　　　④ ㉢, ㉣, ㉤

⑤ ㉠, ㉤

해설 | 금융상품은 거래상대자 일방에게는 금융자산을 발생시키고, 동시에 다른 상대방에게는 금융부채나 지분상품을 발생시키는 모든 계약을 말한다.
　　▶ 비금융자산: 선급금, 선급비용, 재고자산, 유형자산, 무형자산, 투자부동산, 리스자산

기본서 p.271　　　　　　　　　　　　　　　　　　　　　　　　　　　정답 ③

01 금융자산의 회계처리에 대한 설명으로 타당한 것을 모두 고른 것은?

㉠ 당기손익-공정가치측정 금융자산은 취득시 발생하는 거래원가를 공정가치에 가산한다.
㉡ 지분상품에 대해서는 신용위험의 유의적 증가 여부와 상관없이 손상을 인식하지 않는다.
㉢ 채무상품 중 기타포괄손익-공정가치측정 금융자산으로 분류된 경우 후속기간 동안 공정가치로 평가하여 보고한다.
㉣ 채무상품의 경우 신용위험이 유의적으로 증가하지 않았다고 판단되는 경우에 손상을 인식하지 않는다.

① ㉠, ㉡　　　　　　　　　　　② ㉠, ㉢

③ ㉠, ㉣　　　　　　　　　　　④ ㉡, ㉢

⑤ ㉢, ㉣

당기손익 – 공정가치측정 금융자산 ★★

(주)한국은 A회사 주식을 취득하고, 이를 당기손익 – 공정가치측정 금융자산으로 분류하였다. A회사 주식 거래와 관련된 정보가 다음과 같을 때, 옳은 설명은?

구분	20×1년 기중	20×1년 기말	20×2년 기말	20×3년 기말
회계처리	취득	후속평가	후속평가	처분
공정가치	₩200,000	₩240,000	₩190,000	₩195,000
거래원가	₩10,000	–	–	₩5,000

① 20×1년 기중 당기손익 – 공정가치측정 금융자산의 취득원가는 ₩210,000이다.

② 20×1년 기말 당기손익 – 공정가치측정 금융자산의 평가이익은 ₩40,000이다.

③ 20×2년 기말 당기손익 – 공정가치측정 금융자산의 평가손실은 ₩20,000이다.

④ 20×2년 말 재무상태표상 당기손익 – 공정가치측정 금융자산은 ₩195,000이다.

⑤ 20×3년 처분시 당기손실은 ₩5,000이다.

해설 | ② 20×2년 당기손익 – 공정가치측정 금융자산평가이익 = ₩240,000 – ₩200,000 = ₩40,000

오답 | ① 20×1년 기중 취득원가는 ₩200,000이다.
체크 | ③ 20×2년 기말 당기손익 – 공정가치측정 금융자산의 평가손익
      = ₩190,000 – ₩240,000 = (₩50,000) 손실
④ 20×2년 말 재무상태표상 당기손익 – 공정가치측정 금융자산은 ₩190,000이다.
⑤ 20×3년 처분 관련 손익 = (₩195,000 – ₩5,000) – ₩190,000 = ₩0

기본서 p.274~275   정답 ②

정답 및 해설

01 ④ ㉠ 당기손익 – 공정가치측정 금융자산은 취득시 발생하는 거래원가를 당기손익으로 인식한다.
     ㉢ 채무상품의 경우 신용위험이 유의적으로 증가하지 않았다고 판단되는 경우에는 12개월 기간의 기대신용손실을 손상차손으로 인식한다.

02 (주)한국은 20×1년 초 (주)대한의 지분상품을 취득(매매수수료 ₩2,000을 포함하여 총 ₩62,000을 지급)하고 당기손익－공정가치측정 금융자산으로 분류하였다. 20×1년 말 동 지분상품의 공정가치는 ₩54,000이다. (주)한국은 20×2년 4월 초 동 지분상품을 공정가치인 ₩65,000에 처분하였다. (주)한국이 동 지분상품과 관련하여 20×2년도에 인식할 당기손익은?

① ₩4,000 손실　　　　　　　　　② ₩8,000 손실
③ ₩0　　　　　　　　　　　　　④ ₩6,000 이익
⑤ ₩11,000 이익

03 (주)한국은 20×1년 1월 1일 (주)대한의 주식 10주를 ₩200,000에 취득하고, 당기손익－공정가치측정 금융자산으로 분류하였다. 해당 주식 관련 자료는 다음과 같다. 주식 관련 거래가 (주)한국의 20×1년 당기순이익에 미치는 영향은 얼마인가?

- (주)대한은 20×1년 3월 20일 주당 ₩1,000의 현금배당을 결의하였고, 3월 31일에 지급하였다.
- (주)한국은 20×1년 6월 1일 (주)대한 주식 5주를 주당 ₩18,000에 처분하였다.
- 20×1년 말 (주)대한 주식의 1주당 주가는 ₩26,000이다.

① ₩18,000 증가　　　　　　　　② ₩22,000 증가
③ ₩24,000 증가　　　　　　　　④ ₩30,000 증가
⑤ ₩36,000 증가

04 (주)대한은 20×1년 10월 31일 상장회사인 (주)관리의 주식을 단기간 내에 매각할 목적으로 ₩24,000에 취득하면서 거래수수료 ₩400을 추가로 지출하였다. (주)대한은 20×1년 12월 20일 보유 중인 (주)관리의 주식 중 50%를 ₩12,800에 처분하였으며, 20×1년 말 현재 (주)대한이 보유 중인 (주)관리 주식의 공정가치는 ₩14,400이다. 해당 주식과 관련된 거래가 (주)대한의 20×1년도 포괄손익계산서의 당기순이익에 미치는 영향은?

① ₩0　　　　　　　　　　　　　② ₩1,500 감소
③ ₩2,000 증가　　　　　　　　　④ ₩2,500 증가
⑤ ₩2,800 증가

05 (주)한국의 20×1년 당기손익 - 공정가치측정 금융자산 관련 자료는 다음과 같다. 동 금융자산과 관련하여 (주)한국이 20×1년 인식할 당기손익은?

> - 4월 1일: (주)대한의 주식 100주를 거래원가 ₩3,000을 포함하여 ₩93,000에 취득
> - 6월 9일: 4월 1일 취득한 주식 중 60주를 주당 ₩1,000에 처분(처분시 거래원가는 없음)
> - 12월 31일: (주)대한의 주당 공정가치는 ₩850임

① ₩0   ② ₩500 손실
③ ₩1,000 손실   ④ ₩1,000 이익
⑤ ₩3,000 이익

정답 및 해설

02 ⑤ 묻고 있는 연도가 20×2년도임을 주의한다.
처분손익 = 처분금액 − 처분 직전 장부금액
= ₩65,000 − ₩54,000 = ₩11,000 처분이익

03 ④ 현금배당금 = 10주 × ₩1,000 = ₩10,000
- 당기손익 금융자산처분손익 = (₩18,000 − ₩20,000) × 5주 = (₩10,000) 처분손실
- 당기손익 금융자산평가손익 = (₩26,000 − ₩20,000) × 5주 = ₩30,000 처분이익
∴ 당기순이익에 미치는 영향 = ₩10,000 − ₩10,000 + ₩30,000 = ₩30,000 증가

04 ⑤ (1) 거래수수료 = ₩400 ⇨ 당기비용
(2) 당기손익 금융자산처분손익 = 처분금액 − 처분 직전 장부금액
= ₩12,800 − (₩24,000 × 0.5) = ₩800(이익)
(3) 기말 공정가치 평가 = ₩14,400 − (₩24,000 × 0.5) = ₩2,400(평가이익)
∴ 당기순이익에 미치는 효과 = (1) + (2) + (3) = −₩400 + ₩800 + ₩2,400 = ₩2,800(증가)

05 ④ 20×1년 인식할 당기손익
- 거래원가 = ₩3,000 당기비용 ⇨ 당기순이익 감소
- 처분손익 = (₩1,000 − ₩900*) × 60주 = ₩6,000 처분이익 ⇨ 당기순이익 증가
  * 단위당 취득원가 = (₩93,000 − ₩3,000)/100주 = ₩900
- 공정가치 평가: 당기손익 - 공정가치측정 금융자산평가손익
= (₩850 − ₩900) × 40주 = (₩2,000) 평가손실 ⇨ 당기순이익 감소
∴ 당기순이익에 미치는 영향
= −₩3,000 + ₩6,000 − ₩2,000 = ₩1,000 이익

06 (주)한국은 20×1년 1월 1일에 액면금액 ₩1,000,000(표시이자율 연 10%, 만기 3년, 매년 말 이자지급)의 사채를 ₩951,964에 취득하고, 당기손익−공정가치측정 금융자산으로 분류하였다. 동 사채의 취득 당시 유효이자율은 연 12%이며, 20×1년 말 공정가치는 ₩1,020,000이다. 상기 금융자산 관련 회계처리가 (주)한국의 20×1년도 당기순이익에 미치는 영향은? (단, 단수 차이로 인한 오차가 있다면 가장 근사치를 선택함)

① ₩20,000 증가
② ₩68,036 증가
③ ₩120,000 증가
④ ₩140,000 증가
⑤ ₩168,036 증가

07 다음은 (주)대한이 보유하고 있는 (주)민국(코스닥상장법인임)의 주식에 관한 거래자료이다. 20×2년 2월 10일 (주)대한의 회계처리로 옳은 것은?

- 20×1년 11월 1일: 단기투자 목적으로 주식 ₩4,500 취득
- 20×1년 12월 31일: 주식의 시가 ₩7,590
- 20×2년 2월 10일: 주식 전부를 ₩7,200에 처분

① (차) 현금   7,200   (대) 당기손익 금융자산   4,500
                                    당기손익 금융자산처분이익   2,700

② (차) 현금   7,200   (대) 기타포괄손익 금융자산   4,500
                                    기타포괄손익 금융자산처분이익 2,700

③ (차) 현금   7,200   (대) 당기손익 금융자산   7,590
     당기손익 금융자산처분손실   390

④ (차) 현금   390   (대) 기타포괄손익 금융자산   7,590
     기타포괄손익 금융자산처분손실 7,200

⑤ (차) 현금   7,200   (대) 당기손익 금융자산   7,200

08 한국채택국제회계기준서에 의한 당기손익-공정가치측정 금융자산에 대한 설명으로 옳지 않은 것은?

① 당기손익-공정가치측정 금융자산은 손상차손과 손상차손환입을 인식하지 않는다.

② 당기손익-공정가치측정 금융자산은 취득 후 공정가치로 평가하여 당기손익에 반영한다.

③ 투자 목적으로 취득한 지분상품은 모두 당기손익-공정가치측정 금융자산으로 분류하는 것이 원칙이다.

④ 당기손익-공정가치측정 금융자산 취득시 지출된 거래원가는 당기비용으로 처리한다.

⑤ 당기손익-공정가치측정 금융자산은 단기매매 이외의 목적으로 취득한 지분상품 중 후속적인 공정가치 변동을 기타포괄손익으로 인식하기로 선택한 경우에도 기타포괄손익-공정가치측정 금융자산으로 분류할 수 없다.

정답 및 해설

06 ⑤ • 이자수익 = ₩1,000,000 × 10% = ₩100,000
　　　당기손익-공정가치측정 금융자산의 경우 이자수익은 표시(액면)이자이다.
　　• 공정가치 측정: 평가손익
　　　= ₩1,020,000 - ₩951,964 = ₩68,036
　　∴ 당기순이익에 미치는 영향: ₩100,000 + ₩68,036 = ₩168,036 증가

07 ③ 당기손익-공정가치측정 금융자산처분손익 = 처분금액 - 처분 직전 장부금액
　　= ₩7,200 - ₩7,590 = -₩390(손실)

08 ⑤ 당기손익-공정가치측정 금융자산은 단기매매 이외의 목적으로 취득한 지분상품 중 후속적인 공정가치 변동을 기타포괄손익으로 인식하기로 선택한 경우에는 기타포괄손익-공정가치측정 금융자산으로 <u>분류할 수 있다.</u>

09 금융자산에 대한 설명으로 옳지 않은 것은?

① 주로 단기간 내에 매각하거나 재매입할 목적으로 보유하는 포트폴리오를 구성하는 금융자산을 취득한 경우에는 당기손익 – 공정가치측정 금융자산으로 분류한다.

② 지분상품에 대한 특정 투자에 대하여 후속적인 공정가치 변동을 기타포괄손익으로 표시하도록 최초인식 시점에 선택할 수도 있다.

③ 당기손익 – 공정가치측정 금융자산의 취득과 직접 관련되는 거래원가는 금융자산의 취득원가를 구성하지 않고, 당기손익에 반영한다.

④ 금융자산은 상각후원가로 측정하거나 기타포괄손익 – 공정가치로 측정하는 경우가 아니라면 당기손익 – 공정가치로 측정한다.

⑤ 특정일에 원리금 지급만으로 구성된 현금흐름이 발생하는 금융자산을 계약상 현금흐름의 수취와 금융자산의 매도 둘 다를 통해 목적을 이루는 사업모형하에서 보유하면 상각후원가측정 금융자산으로 분류한다.

| 대표예제 41 | 기타포괄손익 – 공정가치측정 금융자산(지분상품) ★★ |

다음의 (주)대한 주식에 대한 (주)한국의 회계처리로 옳지 않은 것은?

- (주)한국은 20×1년 1월 10일 (주)대한의 주식을 ₩500,000에 취득하면서 기타포괄손익 – 공정가치측정 금융자산으로 분류하기로 선택하였다.
- (주)대한의 공정가치는 20×1년 12월 31일 ₩450,000이고, 20×2년 12월 31일 ₩600,000 이다.
- 20×3년 초 (주)대한 주식을 ₩600,000에 처분하였다.

① 20×1년 12월 31일 재무상태표에 기타포괄손익 – 공정가치측정 금융자산평가손실이 ₩50,000 계상된다.

② 20×2년 12월 31일 기타포괄손익 – 공정가치측정 금융자산의 장부금액은 ₩600,000이다.

③ 20×2년 포괄손익계산서에 기타포괄손익 – 공정가치측정 금융자산평가이익이 ₩50,000 계상된다.

④ 20×2년 12월 31일 재무상태표상 기타포괄손익 – 공정가치측정 금융자산평가이익이 ₩100,000 계상된다.

⑤ 20×3년 초 기타포괄손익 – 공정가치측정 금융자산의 처분과 관련된 손익은 발생하지 않는다.

해설 | ③ 기타포괄손익 – 공정가치측정 평가이익(당기발생액) = ₩600,000 − ₩450,000 = ₩150,000

오답 체크 | ① 20×1.12.31. 기타포괄손익 – 공정가치측정 금융자산평가손실
= ₩450,000 − ₩500,000 = (₩50,000)

② 20×2.12.31. 기말장부금액은 기말 공정가치인 ₩600,000이다.

④ 20×2.12.31. 재무상태표상 기타포괄손익 – 공정가치측정 금융자산평가이익
= 기말공정가치 − 취득원가 = ₩600,000 − ₩500,000 = ₩100,000

⑤ 기타포괄손익 – 공정가치측정 금융자산은 지분상품의 경우 처분손익이 당기손익에 미치는 영향은 ₩0이다.

기본서 p.274~275   정답 ③

정답 및 해설

09 ⑤ 특정일에 원리금 지급만으로 구성된 현금흐름이 발생하는 금융자산을 계약상 현금흐름의 수취와 금융자산의 매도 둘 다를 통해 목적을 이루는 사업모형하에서 보유하면 기타포괄손익 – 공정가치측정 금융자산으로 분류한다.

10 (주)한국은 20×1년 1월 초 A사 지분상품을 ₩50,000에 매입하면서 매입수수료 ₩2,500을 현금으로 지급하고, 기타포괄손익 – 공정가치측정 금융자산으로 분류하였다. 20×1년 12월 말 A사 지분상품의 공정가치가 ₩40,000이라면, 20×1년 말 (주)한국이 인식할 A사 지분상품 관련 평가손익은?

① 금융자산평가손실(당기손익) ₩10,000
② 금융자산평가손실(기타포괄손익) ₩10,000
③ 금융자산평가손실(당기손익) ₩12,500
④ 금융자산평가손실(기타포괄손익) ₩12,500
⑤ 금융자산평가이익(당기손익) ₩15,000

11 (주)한국은 20×1년 초에 지분상품 ₩20,000을 취득하여 기타포괄손익 – 공정가치측정 금융자산(최초 지정됨)으로 분류하였다. 해당 지분상품의 공정가치는 20×1년 말에 ₩28,000, 20×2년 말에 ₩16,000이었다. 20×2년도 포괄손익계산서상 기타포괄손익과 20×2년 말 재무상태표상의 기타포괄손익누계액은 각각 얼마인가?

	기타포괄손익	기타포괄손익누계액
①	₩0	₩0
②	−₩4,000	−₩4,000
③	−₩12,000	−₩12,000
④	−₩4,000	−₩12,000
⑤	−₩12,000	−₩4,000

12 (주)대한은 20×1년 12월 1일 (주)민국 주식을 ₩300,000에 취득하고 기타포괄손익－공정가치측정금융자산으로 분류하였다. 동 주식의 공정가치는 20×1년 말 ₩290,000이었으며, 20×2년 말 ₩320,000이었다. (주)대한이 20×3년 중에 동 주식을 ₩330,000에 처분하였을 경우, 20×3년의 당기순이익 및 총포괄이익에 미치는 영향은? (단, 세금효과는 고려하지 않음)

	당기순이익	총포괄이익
①	영향 없음	영향 없음
②	영향 없음	₩10,000 증가
③	₩30,000 증가	₩30,000 증가
④	₩10,000 증가	₩10,000 감소
⑤	₩30,000 증가	₩20,000 감소

제1편 재무회계

제7장

정답 및 해설

10 ④ • 20×1.1. 취득원가 = ₩50,000 + ₩2,500 = ₩52,500
　　　• 20×1.12.31. 공정가치 평가 = ₩40,000 − ₩52,500 = (₩12,500) 평가손실(기타포괄손익)

11 ⑤ • 당기 기타포괄손익(손실) = ₩28,000 − ₩16,000 = ₩12,000
　　　• 기타포괄손익누계액(손실) = ₩20,000 − ₩16,000 = ₩4,000

12 ② • 당기손익: 처분손익은 ₩0이다.
　　　• 총포괄손익 = 처분손익(당기손익) ± 평가손익(기타포괄손익)
　　　　= ₩0 + (₩330,000 − ₩320,000) = ₩10,000
　　　처분시 처분손익으로 인식하지 않고 공정가치변동분을 평가손익으로 인식한다.

13 (주)한국은 20×1년 중 증권시장에서 주식 A와 주식 B를 취득한 후 20×3년에 모두 처분하였다. 주식 거래가액 및 보유기간 중 공정가치가 다음과 같을 때, 두 주식을 모두 당기손익-공정가치측정 금융자산으로 분류한 경우와 기타포괄손익-공정가치측정 금융자산으로 분류한 경우, 각 분류방법에 따른 (주)한국의 20×3년 당기손익의 차이는 얼마인가?

구분	20×1년 중 취득원가	20×1년 말 공정가치	20×2년 말 공정가치	20×3년 중 처분금액(공정가치)
주식 A	₩200	₩160	₩240	₩260
주식 B	₩400	₩600	₩500	₩360

① ₩80
② ₩100
③ ₩120
④ ₩140
⑤ ₩150

14 (주)한국은 20×1년 중 금융자산을 취득하고 주식 A는 당기손익-공정가치측정 금융자산으로, 주식 B는 기타포괄손익-공정가치측정 금융자산으로 분류하였다. 20×1년 중 주식 A는 전부 매각하였고, 주식 B는 20×1년 말 현재 보유하고 있다. 주식 A의 매각금액과 20×1년 말 주식 B의 공정가치가 다음과 같을 때, 20×1년 당기순이익에 미치는 영향은? 제25회

구분	20×1년 중 취득원가	비고
주식 A	₩250	매각금액 ₩230
주식 B	₩340	20×1년 말 공정가치 ₩380

① ₩20 증가
② ₩40 증가
③ ₩60 증가
④ ₩20 감소
⑤ ₩40 감소

15 (주)한국은 20×1년 6월 말에 주식 A와 B를 각각 ₩800, ₩960에 취득하였다. 주식 A는 당기손익－공정가치측정 금융자산, 주식 B는 기타포괄손익－공정가치측정 금융자산으로 분류하였으며, 보유기간 중 해당 주식의 손상은 발생하지 않았다. 다음 자료를 이용할 경우, 해당 주식 보유에 따른 기말평가 및 처분에 관한 설명으로 옳은 것은?

구분	20×1년 말 공정가치	20×2년 말 공정가치	20×3년 매각금액
주식 A	₩880	₩760	₩830
주식 B	₩920	₩1,000	₩970

① 20×1년 당기순이익은 ₩40 증가한다.

② 20×1년 기타포괄손익은 ₩50 증가한다.

③ 20×2년 말 기타포괄손익누계액에 표시된 기타포괄손익－공정가치측정 금융자산평가이익은 ₩20이다.

④ 20×2년 당기순이익은 ₩120 감소한다.

⑤ 20×3년 금융자산처분이익은 ₩20이다.

정답 및 해설

13 ③ 기타포괄손익－공정가치측정 금융자산(지분상품)의 경우 처분손익이 당기손익에 미치는 영향은 0이다. 따라서 당기손익－공정가치측정 금융자산처분손익만큼 차이가 난다.
∴ 당기손익－공정가치측정 금융자산처분이익 = (₩260 － ₩240) + (₩360 － ₩500)
 = +₩20 － ₩140 = －₩120

14 ④ (1) 당기손익－공정가치측정 금융자산
  당기손익－공정가치측정 금융자산처분손익 = ₩230 － ₩250 = (₩20) 당기순이익의 감소
 (2) 기타포괄손익－공정가치측정 금융자산
  기타포괄손익－공정가치측정 금융자산평가손익 = ₩380 － ₩340 = ₩40 기타포괄이익의 증가
 ∴ 20×1년 당기순이익에 미치는 영향은 (1)의 ₩20이 감소된다.

15 ④ ④ 20×2년 당기순이익 = ₩760 － ₩880 = －₩120(손실)
 ① 20×1년 당기순이익은 ₩80(₩880 － ₩800) 증가한다.
 ② 20×1년 기타포괄손익은 ₩40(₩920 － ₩960) 감소한다.
 ③ 20×2년 말 기타포괄손익누계액에 표시된 기타포괄손익－공정가치측정 금융자산평가이익은 ₩40 (= ₩1,000 － ₩960)이다.
 ⑤ 20×3년 금융자산처분이익은 ₩70이다.
  • 당기손익－공정가치측정 금융자산처분이익 = 처분금액 － 처분 직전 장부금액
   = ₩830 － ₩760 = ₩70(이익)
  • 기타포괄손익－공정가치측정 금융자산(지분상품)의 처분손익은 기타포괄손익으로 인식하므로 당기손익에 영향을 주지 아니한다.

상각후원가측정 금융자산, 기타포괄손익-공정가치측정 금융자산(채무상품) ★★★

(주)한국은 20×1년 1월 1일에 (주)대한이 발행한 사채(액면금액 ₩10,000, 표시이자율 연 10%, 이자는 매년 12월 31일 지급, 만기 3년)를 공정가치로 취득하고 상각후원가측정 금융자산으로 분류하였다. 취득 당시 유효이자율은 연 12%이다. 동 금융자산과 관련하여 (주)한국이 20×2년 12월 31일에 인식할 이자수익과 20×2년 12월 31일 금융자산 장부금액은? (단, 사채 발행일과 취득일은 동일하며, 단수 차이가 발생할 경우 가장 근사치를 선택함) 제25회

기간	단일금액 ₩1의 현재가치		정상연금 ₩1의 현재가치	
	10%	12%	10%	12%
3	0.7513	0.7118	2.4869	2.4019

	이자수익	장부금액		이자수익	장부금액
①	₩952	₩9,520	②	₩1,000	₩9,620
③	₩1,142	₩9,662	④	₩1,159	₩9,821
⑤	₩1,178	₩10,000			

해설 | • 상각후원가측정 금융자산의 취득원가
= (₩10,000 × 0.7118) + (₩10,000 × 10% × 2.4019) = ₩9,520
• 20×1년 말 상각후원가 = (₩9,520 × 1.12) − ₩1,000 = ₩9,662
∴ 이자수익 = ₩9,662 × 12% = ₩1,159
　장부금액(상각후원가) = (₩9,662 × 1.12) − ₩1,000 = ₩9,821

기본서 p.277~282　　　　　　　　　　　　　　　　　　　　정답 ④

16 (주)한국은 20×1년 초 (주)대한이 발행한 사채를 ₩1,049,732에 구입하여 상각후원가로 측정한다. 발행조건이 다음과 같을 때, 20×2년 초 동 금융자산의 장부금액은? (단, 계산된 금액은 소수점 이하의 단수 차이가 발생할 경우 근사치를 선택함)

제20회 수정

- 액면금액: ₩1,000,000
- 유효이자율: 연 10%
- 표시이자율: 연 12%(매년 말 지급)
- 만기: 3년(만기 일시상환)

① ₩1,034,705
② ₩1,043,764
③ ₩1,055,699
④ ₩1,064,759
⑤ ₩1,154,705

17 (주)한국은 20×1년 1월 1일에 (주)대한이 발행한 사채(액면 ₩100,000, 표시이자 연 8%, 매년 말 지급, 만기 3년)를 20×1년 1월 1일에 발행금액으로 취득하여 상각후원가 측정 금융자산으로 분류하였다. 동 사채의 취득 당시 유효이자율은 연 6%이고, 20×1년 도 말 현재 공정가치는 ₩95,000이고 공정가치의 하락은 일시적인 것이며 신용위험이나 손상은 아닌 것으로 판단된다. 다음 자료를 이용할 경우 (주)한국이 20×1년도 인식해야 할 이자수익은 얼마인가? (단, 단수 차이가 발생할 경우 가장 근사치를 선택함)

기간	기간 말 ₩1의 현재가치		정상연금 ₩1의 현재가치	
	6%	8%	6%	8%
1	0.9434	0.9259	0.9434	0.9259
2	0.8900	0.8573	1.8334	1.7833
3	0.8396	0.7938	2.6730	2.5771

① ₩6,320

② ₩7,200

③ ₩8,000

④ ₩9,320

⑤ ₩10,000

정답 및 해설

16 ① 20×2년 초는 20×1년 말과 동일하므로 20×1년 말 상각후원가를 간편법으로 계산한다.

∴ 20×2년 초 상각후원가 = (₩1,049,732 × 1.1) − ₩120,000* = ₩1,034,705

　*액면이자 = 액면금액 × 액면이자율 = ₩1,000,000 × 12%

17 ① 취득원가 = (₩100,000 × 0.8396) + (₩100,000 × 0.08 × 2.6730) = ₩105,344

∴ 20×1년 이자수익(유효이자) = ₩105,344 × 0.06 = ₩6,320

18 (주)대한은 20×1년 1월 1일에 (주)민국의 사채(액면금액 ₩5,000,000)를 ₩4,800,000에 취득하고 상각후원가측정 금융자산으로 분류하였다. 사채의 이자지급일은 매년 말이며, 액면이자율은 8%이고, 유효이자율은 10%로 가정한다. 그러나 회사의 사정에 의하여 20×1년 12월 31일에 보유하고 있는 사채를 액면이자 수취 후 ₩5,200,000에 매각하였다. 이 거래와 관련하여 20×1년도의 포괄손익계산서상에 보고될 처분손익은? (단, 회계처리는 유효이자율법에 따름)

① ₩480,000(손실) ② ₩330,000(손실)
③ ₩210,000(이익) ④ ₩300,000(이익)
⑤ ₩320,000(이익)

19 (주)한국은 20×1년 초 채무상품(액면금액 ₩1,000,000, 표시이자율 연 5%, 매년 말 이자지급, 3년 만기)을 ₩875,640에 구입하여 기타포괄손익 – 공정가치측정 금융자산으로 분류하였다. 취득 당시 유효이자율은 연 10%이고, 20×1년 말 동 채무상품의 공정가치는 ₩950,000이다. 20×1년도 (주)한국이 동 금융자산과 관련하여 인식할 기타포괄이익은? (단, 화폐금액은 소수점 첫째 자리에서 반올림함)

① ₩35,000 ② ₩36,796
③ ₩50,000 ④ ₩74,360
⑤ ₩87,564

20 (주)대한은 (주)민국이 20×1년 1월 1일 발행한 사채(액면금액 ₩100,000, 표시이자율 연 13%, 매년 말 이자지급, 만기 3년)를 발행 시점에서 ₩95,434에 취득하여 기타포괄손익 – 공정가치측정 금융자산으로 분류하였다. 취득 당시 유효이자율은 연 15%이었다. 20×1년 12월 31일 현재 기타포괄손익 – 공정가치측정 금융자산의 공정가치는 ₩95,000이다. (주)대한이 동 금융자산과 관련하여 20×1년도에 인식할 총포괄이익은? (단, 계산시 화폐금액은 소수점 첫째 자리에서 반올림하며, 단수 차이로 인한 오차가 있으면 가장 근사치를 선택함)

① ₩1,850 ② ₩10,500
③ ₩12,566 ④ ₩13,000
⑤ ₩14,315

| 대표예제 43 | 금융자산 II 종합, 관계기업투자 ★ |

(주)한국은 투자 목적으로 A사채와 B주식을 취득하였다. (주)한국은 A사채로부터 원리금 수취와 매매차익 모두를 기대하고 있으며, B주식의 공정가치변동액을 기타포괄손익으로 인식하도록 선택하였다. 다음 설명 중 옳지 않은 것은?

① (주)한국은 A사채의 공정가치변동액을 기타포괄손익으로 인식한다.

② (주)한국은 A사채에 대하여 유효이자율법으로 이자수익을 먼저 인식한 후 평가 전 장부금액과 공정가치의 차이를 기타포괄손익 – 공정가치측정 금융자산평가손익으로 회계처리한다.

③ (주)한국이 A사채를 당기손익 – 공정가치측정 범주로 재분류하는 경우 재분류 전에 인식한 기타포괄손익누계액은 당기손익으로 재분류한다.

④ (주)한국은 B주식으로 인해 수령한 배당금을 당기손익으로 인식한다.

⑤ (주)한국이 B주식을 처분할 때 기인식한 기타포괄손익누계액을 당기손익으로 재분류할 수 있다.

해설 | 기타포괄손익 – 공정가치측정 금융자산(지분상품) 평가손익은 당기손익으로 재분류하지 않는다.

기본서 p.283~284   정답 ⑤

정답 및 해설

18 ⑤ 상각후원가측정 금융자산처분손익 = 처분금액 – 상각후원가
= ₩5,200,000 – [(₩4,800,000 × 1.1) – ₩400,000]
= ₩320,000(이익)

19 ② • 20×1년 말 상각후원가의 결정 = (₩875,640 × 1.1) – (₩1,000,000 × 0.05) = ₩913,204
• 공정가치평가 = ₩950,000 – ₩913,204 = ₩36,796 평가이익(기타포괄이익)

20 ③ 총포괄이익은 당기순이익과 기타포괄이익의 합계이다.
• 이자수익(유효이자) = ₩95,434 × 15% = ₩14,315
• 기타포괄손익 = 기타포괄손익 – 공정가치측정 금융자산평가이익
= ₩95,000 – [(₩95,434 × 1.15) – ₩13,000]
= (–)₩1,749 손실
∴ 총포괄이익 = ₩14,315 – ₩1,749 = ₩12,566

21 다음 중 금융자산에 대한 설명으로 옳지 않은 것은?

① 금융자산은 거래상대방에게서 현금 등 금융자산을 수취할 계약상 권리를 포함한다.

② 당기손익 - 공정가치측정 금융자산의 최초인식은 공정가치로 한다.

③ 금융자산의 정형화된 매입 또는 매도는 매매일이나 결제일에 인식하거나 제거한다.

④ 계약상 현금흐름의 수취와 금융자산의 매도 둘 다를 통해 목적을 이루는 사업모형의 경우 금융자산을 상각후원가측정으로 분류한다.

⑤ 최초인식 후에 금융상품의 신용위험이 유의적으로 증가하지 아니한 경우에는 매 보고기간 말에 12개월 기대신용손실에 해당하는 금액으로 손실충당금을 측정한다.

22 다음은 기업회계기준서 제1109호(금융상품)에 대한 규정이다. 이 중 옳지 않은 것은?

① 금융자산을 당기손익 - 공정가치측정 범주에서 기타포괄손익 - 공정가치측정 범주로 재분류하는 경우에 계속 공정가치로 측정한다.

② 최초인식 후 금융상품의 신용위험이 유의적으로 증가한 경우에는 매 보고기간 말에 전체기간 기대신용손실에 해당하는 금액으로 손실충당금을 측정하며, 그렇지 않은 경우에는 12개월 기대신용손실에 해당하는 금액으로 손실충당금을 측정한다.

③ 금융자산을 상각후원가측정 범주에서 당기손익 - 공정가치측정 범주로 재분류하는 경우에 재분류일의 공정가치로 측정하고, 금융자산의 재분류 전 상각후원가와 공정가치의 차이에 따른 손익은 기타포괄손익으로 인식한다.

④ 지분상품에 대한 투자로서 투자의 손익을 기타포괄손익으로 표시하도록 선택한 경우에는 관련 배당금은 당기손익으로 인식한다.

⑤ 금융자산을 상각후원가측정 범주에서 기타포괄손익 - 공정가치측정 범주로 재분류하는 경우에 재분류일의 공정가치로 측정하고, 금융자산의 재분류 전 상각후원가와 공정가치의 차이에 따른 손익은 기타포괄손익으로 인식한다.

23 취득한 사채(채무상품)를 기타포괄손익 – 공정가치측정 금융자산으로 분류한 경우의 회계처리로 옳지 않은 것은? (단, 손상은 고려하지 않음) 제26회

① 취득과 관련되는 거래원가는 최초 인식시점의 공정가치에 가산한다.

② 처분할 경우 기타포괄손익누계액에 누적된 평가손익을 당기손익으로 재분류한다.

③ 당기손익으로 인식하는 금액은 상각후원가측정 금융자산으로 분류하였을 경우 당기손익으로 인식하는 금액과 차이가 없다.

④ 액면금액 미만으로 취득(할인취득)한 경우 이자수익 인식금액이 현금으로 수취하는 이자금액보다 크다.

⑤ 이자수익은 매 보고기간 말의 현행 시장이자율을 이용하여 인식한다.

24 (주)한국은 20×1년 초 (주)대한의 의결권 있는 보통주 30%(30주)를 주당 ₩15,000에 취득하여 유의적인 영향력을 행사하게 되었다. 취득 당시 (주)대한의 식별 가능한 순자산 공정가치와 장부금액은 일치하였다. 20×1년 중 (주)한국은 (주)대한으로부터 주당 ₩500의 중간배당금을 현금으로 수취하였고, 20×1년 말 (주)대한은 당기순이익 ₩30,000을 보고하였다. (주)한국이 동 관계기업투자주식과 관련하여 20×1년 인식할 당기손익은? (단, 손상차손은 고려하지 않으며, (주)대한은 보통주만 발행하였음)

① ₩0

② ₩9,000 이익

③ ₩10,000 이익

④ ₩12,000 손실

⑤ ₩15,000 이익

정답 및 해설

21 ④ 상각후원가측정 금융자산이 아니라 <u>기타포괄손익 – 공정가치측정 금융자산으로 분류한다</u>.

22 ③ 기타포괄손익이 아니라 <u>당기손익으로 인식한다</u>.

23 ⑤ 현행 시장이자율이 아니라 <u>발행 당시 시장이자율</u>을 이용하여 인식한다.

24 ② 지분법 적용시 관계기업투자에 관한 투자수익인 지분법이익만큼 당기순이익에 증가를 가져온다.

∴ 지분법이익 = 보고된 당기순이익 × 30% = ₩30,000 × 30% = ₩9,000

25 12월 결산법인인 (주)한국은 20×1년 초에 (주)대한의 발행주식의 25%인 200주를 주당 ₩5,000에 현금으로 매입하였다. 20×1년 말 (주)대한은 당기순이익 ₩6,000,000을 보고하였으며, 동 일자에 주주들에게 배당금 ₩300,000을 지급하였다. 20×1년 말 (주)한국의 관계기업투자와 지분법이익은?

	관계기업투자	지분법이익
①	₩2,000,000	₩1,320,000
②	₩2,425,000	₩1,425,000
③	₩2,425,000	₩1,500,000
④	₩2,500,000	₩1,425,000
⑤	₩2,500,000	₩1,500,000

26 (주)대한은 관계기업투자로 (주)민국의 발행주식 중 40%에 해당하는 100주를 보유하고 있다. 동 주식의 20×3년 12월 31일의 장부금액은 주당 ₩10,000이었고, 시가는 주당 ₩12,000이었다. 20×3년 12월 31일 결산 결과, (주)민국의 당기순이익은 ₩40,000이었다. (주)민국은 20×4년 1월에 주당 ₩100의 배당금을 지급하였다. (주)대한은 20×4년 3월 5일에 보유 중이던 (주)민국의 주식을 주당 ₩13,000에 모두 처분하였다. (주)대한의 주식처분시 분개로 옳은 것은?

① (차) 현금 1,300,000 (대) 관계기업투자 1,000,000
　　　　　　　　　　　　　　관계기업투자처분이익 300,000

② (차) 현금 1,300,000 (대) 관계기업투자 1,006,000
　　　　　　　　　　　　　　관계기업투자처분이익 294,000

③ (차) 현금 1,300,000 (대) 관계기업투자 1,184,000
　　　　　　　　　　　　　　관계기업투자처분이익 116,000

④ (차) 현금 1,300,000 (대) 관계기업투자 1,200,000
　　　　　　　　　　　　　　관계기업투자처분이익 100,000

⑤ (차) 현금 1,300,000 (대) 관계기업투자 1,300,000

(주)한국은 다음의 3가지 자산을 소유하고 있으며 투자부동산으로 분류하고 있다. (주)한국은 투자부동산에 대하여 공정가치모형을 사용하고 있다. 20×2년 (주)한국의 포괄손익계산서에 포함되어야 할 손익은?

구분	취득원가	20×1년 말 공정가치	20×2년 말 공정가치
투자부동산 A	₩600	₩780	₩740
투자부동산 B	₩700	₩580	₩550
투자부동산 C	₩620	₩770	₩780

① ₩60 손실　　　　　　　　　　② ₩70 손실
③ ₩120 이익　　　　　　　　　　④ ₩160 이익
⑤ ₩210 이익

해설 | 20×2년 포괄손익계산서에 포함될 당기손익은 투자부동산 평가손익이다.

구분	20×1년 말 공정가치	20×2년 말 공정가치	20×2년 평가손익(당기손익)
투자부동산 A	₩780	₩740	(₩40)
투자부동산 B	₩580	₩550	(₩30)
투자부동산 C	₩770	₩780	₩10
평가손익			(₩60)

기본서 p.285~289　　　　　　　　　　　　　　　　　　　　　　　　　정답 ①

정답 및 해설

25 ③　• 관계기업투자 = (200주 × ₩5,000) + (₩6,000,000 − ₩300,000) × 0.25 = ₩2,425,000
　　　　• 지분법이익 = ₩6,000,000 × 0.25 = ₩1,500,000

26 ②　• 회계처리 처분 직전 장부금액 = (100주 × ₩10,000) + (₩40,000 × 40%) − (100주 × ₩100)
　　　　　= ₩1,006,000
　　　　• 처분손익 = ₩1,300,000 − ₩1,006,000 = ₩294,000(이익)
　　　　∴ [회계처리]
　　　　　(차) 현금　　　　　　　　　1,300,000　　　(대) 관계기업투자　　　　　　1,006,000
　　　　　　　　　　　　　　　　　　　　　　　　　　　관계기업투자처분이익　　　　294,000

27 다음 중 투자부동산에 해당하는 항목을 모두 고른 것은?

> ㉠ 장래 사용 목적을 결정하지 못한 채 보유하고 있는 토지
> ㉡ 직접 소유(또는 금융리스를 통해 보유)하고 운용리스로 제공하고 있는 건물
> ㉢ 제3자를 위하여 건설 또는 개발 중인 부동산
> ㉣ 자가사용부동산
> ㉤ 처분예정인 자가사용부동산
> ㉥ 금융리스로 제공한 부동산
> ㉦ 운용리스로 제공하기 위하여 보유하고 있는 미사용건물
> ㉧ 미래에 투자부동산으로 사용하기 위하여 건설 또는 개발 중인 부동산

① ㉠, ㉡, ㉣
② ㉠, ㉡, ㉦, ㉧
③ ㉠, ㉢, ㉤, ㉥
④ ㉡, ㉢, ㉥, ㉧
⑤ ㉠, ㉡, ㉢, ㉤, ㉦, ㉧

28 (주)한국의 20×1년 말 재무상태표상의 자산항목이 다음과 같을 때, 투자부동산으로 분류되는 항목들의 합계는 얼마인가?

㉠ 처분예정인 자가사용건물	₩100,000
㉡ 금융리스로 제공한 토지	₩50,000
㉢ 미래 자가사용 목적으로 개발 중인 토지	₩125,000
㉣ 직접 소유하고 운용리스로 제공하고 있는 건물	₩50,000
㉤ 운용리스 제공 목적으로 보유 중인 미사용건물	₩75,000
㉥ 장래 용도 미결정인 보유 중 토지	₩50,000

① ₩175,000
② ₩200,000
③ ₩225,000
④ ₩250,000
⑤ ₩270,000

29 (주)한국은 20×1년 초 시세차익 목적으로 건물(취득원가 ₩80,000, 내용연수 4년, 잔존가치 없음)을 취득하고 투자부동산으로 분류하였다. (주)한국은 건물에 대하여 공정가치모형을 적용하고 있으며, 20×1년 말과 20×2년 말 동 건물의 공정가치는 각각 ₩60,000과 ₩80,000으로 평가되었다. 동 건물에 대한 회계처리가 20×2년도 당기순이익에 미치는 영향은? (단, (주)한국은 통상적으로 건물을 정액법으로 감가상각함)

제22회·제21회 유사

① ₩20,000 증가   ② ₩20,000 감소
③ 영향 없음   ④ ₩40,000 증가
⑤ ₩40,000 감소

30 (주)한국은 20×1년 초 투자부동산으로 건물(취득원가 ₩150,000, 잔존가치 ₩0, 내용연수 20년, 정액법 상각)을 취득하여 원가모형을 적용하여 평가해 오다가 20×5년 초 평가방법을 공정가치모형으로 변경하였다. 20×5년 말 동 건물의 공정가치는 ₩126,000이다. 20×6년 초 동 건물을 ₩108,000에 처분할 경우 인식할 손익은?

① ₩18,000 손실   ② ₩9,600 손실
③ ₩4,500 손실   ④ ₩4,500 이익
⑤ ₩12,500 이익

정답 및 해설

27 ② ㉠㉡㉤㉦이 투자부동산에 해당하는 항목이다.

28 ① 투자부동산 = ₩50,000(㉣) + ₩75,000(㉤) + ₩50,000(㉧) = ₩175,000

29 ① 투자부동산의 공정가치모형은 감가상각을 하지 않으며 투자부동산 평가손익은 당기손익항목에 속한다. 따라서 20×2년 투자부동산 평가이익은 ₩80,000 − ₩60,000 = ₩20,000이므로 당기순이익에 증가를 가져온다.

30 ① 공정가치모형으로 후속측정을 하는 경우 처분 직전 장부금액은 전년도 말 공정가치가 된다.
　　∴ 투자부동산 처분손익 = 처분금액 − 처분 직전 장부금액
　　　= ₩108,000 − ₩126,000 = (₩18,000) 처분손실

31 (주)한국은 20×1년 초 임대목적으로 건물(취득원가 ₩2,000, 내용연수 10년, 잔존가치 ₩0, 정액법 감가상각)을 취득하여 이를 투자부동산으로 분류하였다. 20×1년 말 건물의 공정가치가 ₩1,860일 때 공정가치모형과 원가모형을 각각 적용할 경우 (주)한국의 20×1년도 당기순이익에 미치는 영향은? (단, 해당 건물은 매각예정으로 분류되어 있지 않음)

	공정가치모형	원가모형
①	₩140 감소	₩140 감소
②	₩140 감소	₩200 감소
③	₩120 감소	₩200 감소
④	₩120 증가	₩140 감소
⑤	₩200 증가	₩200 증가

32 다음은 (주)한국이 취득하여 보유 중인 토지의 공정가치 변동자료이다. 동 토지가 투자부동산으로 분류되는 경우와 유형자산으로 분류되는 경우 각각 기말재무상태표상의 이익잉여금에 미치는 영향은? (단, (주)한국은 토지 회계처리시 투자부동산의 경우 공정가치모형을, 유형자산의 경우 재평가모형을 적용하고 있음)

• 20×1년 7월 중 취득시 공정가치	₩20,000
• 20×1년 12월 31일 공정가치	₩30,000

	투자부동산으로 분류	유형자산으로 분류
①	영향 없음	영향 없음
②	영향 없음	₩10,000 증가
③	₩10,000 증가	영향 없음
④	₩10,000 증가	₩10,000 감소
⑤	₩10,000 감소	₩10,000 증가

33 (주)한국은 투자부동산에 대하여 공정가치모형을, 유형자산에 대하여는 재평가모형을 사용하여 후속측정을 하고 있다. 다음의 자료에 의하여 20×2년에 후속측정과 관련하여 당기손익과 기타포괄손익으로 계상할 금액은?

구분	20×1년 초 취득원가	20×1년 말 공정가치	20×2년 말 공정가치
건물(투자부동산)	₩1,000,000	₩1,200,000	₩1,100,000
토지(유형자산)	₩5,000,000	₩4,750,000	₩5,050,000

	당기손익	기타포괄손익
①	₩50,000 손실	₩0
②	₩150,000 이익	₩50,000 손실
③	₩150,000 이익	₩50,000 이익
④	₩200,000 이익	₩0
⑤	₩300,000 이익	₩50,000 손실

정답 및 해설

31 ② (1) 공정가치모형
　　　투자부동산 평가손익 = ₩1,860 − ₩2,000 = (₩140)
　　(2) 원가모형
　　　감가상각비 = (₩2,000 − ₩0) ÷ 10년 = ₩200

32 ③ (1) 투자부동산의 경우: 투자부동산 평가손익(당기손익)
　　　투자부동산 평가이익 = ₩30,000 − ₩20,000 = ₩10,000
　　　투자부동산 평가이익은 당기순이익과 이익잉여금을 증가시킨다.
　　(2) 유형자산의 경우: 재평가이익(기타포괄손익)
　　　기타포괄손익은 당기순이익에 영향을 주지 않으므로 이익잉여금에 영향을 주지 않는다.

33 ③ 투자부동산은 공정가치평가로 인한 평가손익을 당기손익에 반영하고 유형자산의 재평가모형으로 인한 평가손익은 기타포괄손익 항목이다.
　　• 건물(투자부동산) = ₩1,100,000 − ₩1,200,000 = ₩100,000(손실) ⇨ 당기비용
　　• 토지(유형자산) = ₩5,050,000 − ₩4,750,000 = ₩300,000(이익)
　　　⇨ 평가이익 중 ₩250,000은 최초평가시 재평가손실로 당기비용을 인식한 만큼 상승시 이익으로 인식하므로 당기손익으로 ₩250,000이 증가하고, 나머지 상승분 ₩50,000은 기타포괄손익 항목이다.
　　∴ 당기손익 = −₩100,000 + ₩250,000 = ₩150,000(이익)
　　　기타포괄손익 = ₩50,000(이익)

34 투자부동산에 대한 설명으로 옳지 않은 것은?

① 원가모형을 적용하는 투자부동산은 손상회계를 적용한다.

② 장래 용도를 결정하지 못한 채로 보유하고 있는 토지는 투자부동산으로 분류한다.

③ 투자부동산에 대하여 공정가치모형을 선택한 경우 감가상각하지 않으며, 공정가치 변동으로 발생하는 손익은 기타포괄손익으로 분류한다.

④ 재고자산을 공정가치로 평가하는 투자부동산으로 대체하는 경우, 재고자산의 장부금액과 대체시점의 공정가치의 차액은 당기손익으로 인식한다.

⑤ 장기 시세차익을 얻기 위하여 보유하고 있는 토지는 투자부동산으로 분류되나, 통상적인 영업과정에서 단기간에 판매하기 위하여 보유하는 토지는 투자부동산에서 제외한다.

정답 및 해설

34 ③ 투자부동산에 대하여 공정가치모형을 선택한 경우 감가상각하지 않으며, 공정가치 변동으로 발생하는 손익은 <u>당기손익으로 분류한다</u>.

제8장 부채

대표예제 45 / **부채의 분류 ★**

다음 부채 항목 중 금융부채의 합계금액은?

• 미지급금	₩6,600	• 선수수익	₩8,000
• 매입채무	₩6,000	• 미지급법인세	₩9,000
• 장기차입금	₩20,000	• 미지급이자	₩16,000
• 사채	₩30,000	• 제품보증충당부채	₩5,000

① ₩62,600   ② ₩65,600

③ ₩70,600   ④ ₩71,600

⑤ ₩78,600

해설 | 금융부채는 거래상대방에게 현금 등 금융자산을 인도하기로 한 계약상 의무를 말한다.
   금융부채 = 미지급금 + 매입채무 + 장기차입금 + 미지급이자 + 사채
   = ₩6,600 + ₩6,000 + ₩20,000 + ₩16,000 + ₩30,000 = ₩78,600

기본서 p.307~308   정답 ⑤

---

01 금융부채에 해당하지 않는 것은?   제25회

　　① 사채   ② 단기차입금

　　③ 미지급금   ④ 매입채무

　　⑤ 당기법인세부채

정답 및 해설

01 ⑤ 금융부채는 거래상대방에게 현금 등 금융자산을 인도하기로 한 계약상 의무를 말한다. 따라서 당기법인세
　　　 부채는 비금융부채에 해당한다.

02 다음은 20×1년 초에 설립된 (주)한국의 당기 중 발생한 거래의 기말 상황이다.

> • 3월 1일: 은행으로부터 현금 ₩100 차입(만기 3년)
> • 4월 1일: 거래처A에게 내년 초 신제품을 공급하는 대가로 미리 현금 ₩50 수령
> • 7월 1일: 거래처B에게 재고자산 매입대금으로 어음(만기 1년) ₩200 발행
> • 11월 1일: 거래처C로부터 자금을 차입하면서 어음(만기 3개월) ₩300 발행
> • 12월 1일: 사무용비품 구입대금 ₩500 중 ₩100은 어음(만기 3개월) 발행, 나머지는 5개
>   월 후에 지급 약정

(주)한국의 20×1년 말 금융부채는?   제17회

① ₩550   ② ₩600
③ ₩850   ④ ₩1,100
⑤ ₩1,150

03 도매업을 영위하는 (주)한국의 거래 중 금융부채를 발생시키는 거래를 모두 고른 것은?

> ㉠ 상품 ₩4,000을 외상으로 구입하였다.
> ㉡ 건물 임대료 ₩5,000을 미리 수취하였다.
> ㉢ 상품을 판매하기로 하고 계약금 ₩3,000을 수령하였다.
> ㉣ 일반사채(액면금액 ₩10,000, 표시이자율 연 8%, 만기 3년, 매년 말 이자지급)를 액면
>   발행하였다.

① ㉠, ㉢   ② ㉠, ㉣
③ ㉡, ㉢   ④ ㉡, ㉣
⑤ ㉢, ㉣

04 **(주)한국의 금융부채를 발생시키는 거래를 모두 고른 것은?**

> ㉠ (주)한국은 제품을 판매하기로 하고 선금 ₩1,000을 받았다.
> ㉡ (주)한국은 거래처로부터 ₩2,000을 차입하였다.
> ㉢ (주)한국은 제품보증에 대한 충당부채를 ₩20,000 설정하였다.
> ㉣ (주)한국은 보유자가 확정된 금액으로 상환을 청구할 수 있는 권리가 부여된 상환우선주
>   10주(주당 액면금액 ₩500)를 주당 ₩800에 발행하였다.

① ㉠, ㉢
② ㉠, ㉣
③ ㉡, ㉢
④ ㉡, ㉣
⑤ ㉢, ㉣

제1편 재무회계

제8장

정답 및 해설

02 ④ 금융부채 = ₩100 + ₩200 + ₩300 + ₩500 = ₩1,100

03 ② • 금융부채: ㉠(매입채무), ㉣(사채) = ₩4,000 + ₩10,000 = ₩14,000
     • 비금융부채: ㉡(선수임대료), ㉢(선수금)

04 ④ ㉠ 제품을 판매하기로 하고 받은 선금은 선수금으로 금융부채에 해당하지 않는다.
     ㉡ 차입금은 금융부채를 발생시키는 거래에 해당한다.
     ㉢ 충당부채는 법률(의제)의무에 해당되므로 금융부채에 해당하지 않는다.
     ㉣ 보유자에게 상환을 청구할 수 있는 권리가 부여된 상환우선주는 금융부채로 회계처리한다.

충당부채, 우발부채, 우발자산에 관한 설명으로 옳은 것은?   제25회

① 경제적 효익의 유입가능성이 높지 않은 우발자산은 그 특성과 추정금액을 주석으로 공시한다.
② 과거에 우발부채로 처리한 경우에는 그 이후 기간에 미래경제적 효익의 유출가능성이 높아
   졌다고 하더라도 이를 충당부채로 인식할 수 없다.
③ 미래에 영업손실이 발생할 가능성이 높은 경우에는 그러한 영업손실의 예상금액을 신뢰성
   있게 추정하여 충당부채로 인식한다.
④ 충당부채는 화폐의 시간가치 영향이 중요하다고 하더라도 의무이행시 예상되는 지출액을
   할인하지 않은 금액으로 평가한다.
⑤ 충당부채는 최초인식과 관련 있는 지출에만 사용한다.

해설 | ⑤ 충당부채는 최초인식과 관련이 있는 지출에 대해서만 사용한다. 다른 목적으로 인식된 충당부채를
       어떤 지출에 대해 함께 사용하면 다른 두 사건의 영향이 적절하게 표시되지 않기 때문이다.

오답   ① 우발자산은 경제적 효익의 유입가능성이 높지만 거의 확실하지 않은 경우에만 우발자산으로 공시
체크   한다.
       ② 과거에 우발부채로 처리하였더라도 이후 충당부채의 인식조건을 충족하였다면 재무상태표에 충당
         부채로 인식한다.
       ③ 미래 예상영업손실은 부채의 정의에 부합하지 못할 뿐만 아니라 충당부채의 인식기준을 충족하지
         못하므로 충당부채로 인식하지 않는다.
       ④ 화폐의 시간가치 영향이 중요한 경우에는 충당부채를 예상되는 지출액의 현재가치로 평가한다.

기본서 p.309~315   정답 ⑤

05 다음 중 충당부채를 인식하기 위해 충족해야 하는 요건을 모두 고른 것은?   제24회

> ㉠ 과거사건의 결과로 현재 법적 의무나 의제의무가 존재한다.
> ㉡ 해당 의무를 이행하기 위하여 경제적 효익이 있는 자원을 유출할 가능성이 높다.
> ㉢ 미래에 전혀 실현되지 않을 수도 있는 수익을 인식하는 결과를 가져온다.
> ㉣ 해당 의무를 이행하기 위하여 필요한 금액을 신뢰성 있게 추정할 수 있다.

① ㉠, ㉡   ② ㉠, ㉢
③ ㉡, ㉣   ④ ㉠, ㉡, ㉣
⑤ ㉡, ㉢, ㉣

06 충당부채와 우발부채에 관한 설명으로 옳지 않은 것은?

① 충당부채는 재무상태표에 표시되는 부채이나, 우발부채는 재무상태표에 표시될 수 없고 주석으로만 기재될 수 있다.

② 충당부채를 현재가치로 평가하기 위한 할인율은 부채의 특유한 위험과 화폐의 시간가치에 대한 현행시장의 평가를 반영한 세후이율이다.

③ 충당부채로 인식하는 금액은 현재의무를 보고기간 말에 이행하기 위하여 필요한 지출에 대한 최선의 추정치이어야 한다.

④ 우발부채는 처음에 예상하지 못한 상황에 따라 변할 수 있으므로, 경제적 효익이 있는 자원의 유출가능성이 높아졌는지를 판단하기 위하여 우발부채를 지속적으로 평가한다.

⑤ 예상되는 자산처분이 충당부채를 생기게 한 사건과 밀접하게 관련되었더라도 예상되는 자산처분이익은 충당부채를 측정하는 데 고려하지 아니한다.

07 충당부채의 측정에 관한 설명으로 옳지 않은 것은?

① 충당부채로 인식하는 금액은 현재의무를 보고기간 말에 이행하기 위하여 필요한 지출에 대한 최선의 추정치이어야 한다.

② 충당부채로 인식하여야 하는 금액과 관련된 불확실성은 상황에 따라 판단한다.

③ 화폐의 시간가치 영향이 중요한 경우에 충당부채는 의무를 이행하기 위하여 예상되는 지출액의 현재가치로 평가한다.

④ 할인율은 부채의 특유한 위험과 화폐의 시간가치에 대한 현행시장의 평가를 반영한 세전이율이다.

⑤ 예상되는 자산처분이익은 충당부채를 객관적으로 측정하기 위하여 고려하여야 한다.

정답 및 해설

05 ④ 충당부채로 인식하기 위해서는 과거사건의 결과 현재의무가 존재하고(㉠), 자원의 유출가능성이 높으며(㉡), 금액의 신뢰성 있는 추정이 가능해야(㉣) 한다.

06 ② 충당부채를 현재가치로 평가하기 위한 할인율은 부채의 특유한 위험과 화폐의 시간가치에 대한 현행시장의 평가를 반영한 <u>세전이율</u>이다.

07 ⑤ 예상되는 자산처분이익은 충당부채를 객관적으로 측정하기 위하여 <u>고려하지 아니한다</u>.

08 충당부채의 회계처리에 관한 설명으로 옳지 않은 것은?

① 충당부채는 최초인식과 관련 있는 지출에만 사용한다.

② 미래의 예상영업손실은 충당부채로 인식한다.

③ 예상되는 자산처분이익은 충당부채를 측정하는 데 고려하지 아니한다.

④ 충당부채로 인식하는 금액은 현재의무를 보고기간 말에 이행하기 위하여 필요한 지출에 대한 최선의 추정치이어야 한다.

⑤ 화폐의 시간가치 영향이 중요한 경우에 충당부채는 의무를 이행하기 위하여 예상되는 지출액의 현재가치로 평가한다.

09 충당부채와 우발부채에 관한 설명으로 옳지 않은 것은?

① 충당부채는 지출의 시기 또는 금액이 불확실한 부채이다.

② 충당부채로 인식하기 위해서는 과거사건의 결과로 현재의무가 존재하여야 한다.

③ 충당부채로 인식되기 위해서는 과거사건으로 인한 의무가 기업의 미래행위와 관련되어야 한다.

④ 제3자와 연대하여 의무를 지는 경우에는 이행할 전체 의무 중 제3자가 이행할 것으로 예상되는 부분을 우발부채로 인식한다.

⑤ 과거에 우발부채로 처리하였다 하더라도 충당부채 인식조건을 충족하면 충당부채로 인식한다.

10 충당부채, 우발부채 및 우발자산에 대한 설명으로 옳은 것은?

① 충당부채 인식요건에서 현재의무는 법적의무만 해당된다.

② 예상되는 자산처분이 충당부채를 생기게 한 사건과 밀접하게 관련되어 있다면, 예상되는 자산처분이익은 충당부채를 측정하는 데 고려한다.

③ 의무를 이행하기 위하여 경제적 효익이 있는 자원을 유출할 가능성이 희박하지 않다면, 우발부채를 재무제표에 인식한다.

④ 손실부담계약을 체결하고 있는 경우에는 관련된 현재의무를 우발부채로 인식하고 측정한다.

⑤ 수익의 실현이 거의 확실하다면, 관련 자산은 우발자산이 아니므로 해당 자산을 재무제표에 인식하는 것이 타당하다.

11 충당부채와 우발부채에 관한 설명으로 옳지 않은 것은?

① 충당부채는 과거사건의 결과로 현재의무가 존재하며, 의무이행에 경제적 효익이 있는 자원의 유출가능성이 높고, 그 금액을 신뢰성 있게 추정할 수 있을 때 인식한다.

② 어떤 의무를 제3자와 연대하여 부담하는 경우에 이행하여야 하는 전체 의무 중에서 제3자가 이행할 것으로 예상되는 정도까지만 우발부채로 처리한다.

③ 과거사건으로 발생했으나, 기업이 전적으로 통제할 수는 없는 하나 이상의 불확실한 미래사건의 발생 여부로만 그 존재 유무를 확인할 수 있는 잠재적 의무는 우발채무이다.

④ 예상되는 자산처분이 충당부채를 생기게 한 사건과 밀접하게 관련된 경우에 예상되는 자산처분이익은 충당부채를 측정하는 데에 차감한다.

⑤ 충당부채와 관련하여 포괄손익계산서에 인식한 비용은 제3자의 변제와 관련하여 인식한 금액과 상계하여 표시할 수 있다.

정답 및 해설

08 ② 미래의 예상영업손실은 충당부채로 <u>인식하지 아니한다</u>.

09 ③ 충당부채로 인식되기 위해서는 과거사건으로 인한 의무가 기업의 미래행위와 <u>독립적이어야 한다</u>.

10 ⑤ ① 충당부채 인식요건에서 현재의무는 <u>법적의무 또는 의제의무</u>를 말한다.
② 충당부채와 관련된 의무의 이행과 관련하여 자산처분이 예상되는 경우 자산의 처분이익은 충당부채를 측정하는 데 <u>고려하지 않는다</u>.
③ 우발부채는 경제적 효익의 유출가능성이 높지 않으므로 주석으로 공시하여야 하나, 경제적 효익의 유출가능성이 아주 낮은 경우에는 주석으로도 공시하지 않는다.
④ 손실부담계약은 계약상의 의무이행에서 발생하는 회피 불가능한 원가가 그 계약에 의하여 받을 것으로 기대되는 경제적 효익을 초과하는 계약으로 <u>충당부채로 인식한다</u>.

11 ④ 예상되는 자산처분이 충당부채를 생기게 한 사건과 밀접하게 관련된 경우에 예상되는 자산처분이익은 <u>충당부채를 측정하는 데에 고려하지 않으므로 차감하지 아니한다</u>.

(주)한국은 통신기계를 판매하고 있으며 모든 판매에 대해 3년간 제품보증을 제공한다. 20×1년에 4,000대, 20×2년에 6,000대를 단위당 ₩20,000에 외상판매하였으며, 판매된 제품수량의 1%를 제품보증비로 지출할 것으로 예상하고 있다. 보증비용은 모두 현금으로 지출되며 단위당 ₩100이 발생한다. 실제로 20×1년에 12대, 20×2년에 24대의 제품보증이 발생한 경우, 20×1년 제품보증비(A)와 20×1년 말 제품보증충당부채(B)는 각각 얼마인가?

	(A)	(B)			(A)	(B)
①	₩4,000	₩1,500		②	₩4,000	₩2,800
③	₩6,000	₩4,000		④	₩6,400	₩6,000
⑤	₩5,500	₩4,500				

해설 | • 20×1년 제품보증비(A) = (4,000대 × 1%) × ₩100 = ₩4,000
　　　 • 20×1년 말 제품보증충당부채(B) = [(4,000대 × 1%) − 12대] × ₩100 = ₩2,800

보충 | 20×2년 말 제품보증충당부채 = [(4,000대 + 6,000대) × 1% − (12대 + 24대)] × ₩100
　　　 = ₩6,400

기본서 p.309~315　　　　　　　　　　　　　　　　　　　　　　　　정답 ②

12 20×1년부터 커피체인인 (주)한국은 판촉활동을 위해 커피 1잔에 쿠폰을 1매씩 지급하고, 고객이 쿠폰 10매를 모아오면 머그컵 1개를 무료로 제공한다. 제공되는 컵의 원가는 ₩1,000이다. (주)한국은 쿠폰의 60%가 상환될 것으로 추정하고 있다. 20×1년 회계기간 동안 판매된 커피는 5,000잔이었으며, 쿠폰은 2,500매가 교환되었다. 20×1년에 인식해야 할 쿠폰 관련 경품비와 경품충당부채의 기말잔액은?

	경품비	경품충당부채
①	₩250,000	₩0
②	₩250,000	₩100,000
③	₩300,000	₩50,000
④	₩300,000	₩100,000
⑤	₩400,000	₩50,000

13 다음은 20×1년에 발생한 사건으로 금액은 모두 신뢰성 있게 측정되었다. (주)한국이 20×1년 말 재무상태표에 계상할 충당부채 금액은?

- 신축한 폐기물처리장의 내용연수가 종료되면 이를 철거하고 구축물이 있던 토지를 원상 복구해야 한다. 복구비용은 ₩60,000으로 추정되며 현재가치 금액은 ₩50,000이다.
- 판매 제품의 문제로 기업에 손해배상을 청구하는 절차가 시작되었으며, 법률전문가는 기업에 책임이 있다고 밝혀질 가능성이 높다고 조언하였다. 배상비용으로 ₩40,000이 예상된다.
- 해외사업부를 폐쇄하는 구조조정계획이 이사회에서 수립되었으며 이를 수행하는 데 ₩30,000의 비용이 발생할 것으로 추정하였다. 이러한 의사결정의 영향을 받는 대상자들에게 그 결정을 알리지 않았고 실행을 위한 절차도 착수하지 않았다.

① ₩70,000
② ₩90,000
③ ₩100,000
④ ₩130,000
⑤ ₩140,000

14 (주)합격은 제품 구입 후 1년 이내에 발생하는 제품의 결함에 대하여 제품보증을 실시하고 있다. 20×1년에 판매된 제품에 대하여 중요하지 않은 결함이 발생한다면 ₩100,000의 수리비용이 발생하고, 치명적인 결함이 발생하면 ₩400,000의 수리비용이 발생한다. 과거 경험률에 따르면 70%는 결함이 없으며, 20%는 중요하지 않은 결함이 발생하고, 10%는 치명적인 결함이 발생한다고 할 때, 20×1년 말에 제품보증충당부채로 인식할 금액은? (단, 20×1년 말까지 발생한 수리비용은 없음)

① ₩20,000
② ₩40,000
③ ₩60,000
④ ₩400,000
⑤ ₩500,000

정답 및 해설

12 ③ • 경품비 추정액 = 5,000잔 × 1매 × 60% × 1/10 × ₩1,000 = ₩300,000
　　　　• 경품충당부채 = (3,000매 − 2,500매) × 1/10 × ₩1,000 = ₩50,000

13 ② 구조조정은 공식적인 계획이 있어야 하고 계획의 이행에 착수하였거나 기업이 구조조정을 이행할 것이라는 정당한 기대가 있어야 충당부채로 인식한다.
　　　∴ 충당부채 = ₩50,000(현재가치) + ₩40,000 = ₩90,000

14 ③ 충당부채추정액 = [₩100,000 × 0.2(중요하지 않은 결함)] + [₩400,000 × 0.1(치명적인 결함)]
　　　　= ₩60,000

(주)한국은 20×1년 1월 1일 액면금액 ₩1,000,000인 사채(액면이자율 연 3%, 이자지급 매년 말, 만기 20×3년 12월 31일)를 발행하였으며, 동 사채의 발행 시점 유효이자율은 연 4%이다. 다음 설명 중 옳지 않은 것은? (단, 계산금액은 소수점 첫째 자리에서 반올림하며, 단수 차이로 인한 오차가 있으면 가장 근사치를 선택함)

할인율	단일금액 ₩1의 현재가치			정상연금 ₩1의 현재가치		
	1기간	2기간	3기간	1기간	2기간	3기간
3%	0.9709	0.9426	0.9151	0.9709	1.9135	2.8286
4%	0.9615	0.9246	0.8890	0.9615	1.8861	2.7751

① 사채의 발행금액은 ₩972,253이다.
② 20×1년 사채이자비용은 ₩38,890이다.
③ 20×1년 현금이자보다 사채이자비용이 크다.
④ 20×2년 12월 31일 사채장부금액은 ₩981,143이다.
⑤ 사채발행기간 동안 총이자비용은 ₩117,747이다.

해설 | 사채장부금액(상각후원가)
- 20×1년 12월 31일: (₩972,253 × 1.04) − (₩1,000,000 × 0.03) = ₩981,143
- 20×2년 12월 31일: (₩981,143 × 1.04) − (₩1,000,000 × 0.03) = ₩990,389
① 사채의 발행금액 = 액면금액의 현재가치 + 표시이자의 현재가치
  = (₩1,000,000 × 0.8890) + (₩1,000,000 × 0.03 × 2.7751) = ₩972,253
② 20×1년 사채이자비용 = ₩972,253 × 0.04 = ₩38,890
③ 유효이자(₩38,890) > 표시(현금)이자(₩30,000)
⑤ 만기까지 총이자비용 = 표시이자의 합계 + 사채할인발행차금
  = (₩1,000,000 × 0.03 × 3년) + (₩1,000,000 − ₩972,253) = ₩117,747

기본서 p.318~327

정답 ④

15 상각후원가측정 금융부채로 분류하는 사채의 회계처리에 대한 설명으로 옳지 않은 것은?

① 사채를 할증발행한 경우 사채의 장부금액은 시간이 흐를수록 감소한다.

② 할인발행과 할증발행은 사채의 만기금액이 동일하다.

③ 사채의 할인발행과 할증발행의 경우 사채발행차금상각액이 모두 점차 감소한다.

④ 사채의 액면이자율이 시장이자율보다 낮은 경우 사채를 할인발행하게 된다.

⑤ 사채 발행시 사채발행비가 발생한 경우의 유효이자율은 사채발행비가 발생하지 않는 경우보다 높다.

16 (주)대한은 20×1년 1월 1일 액면금액 ₩100,000(만기 3년, 액면이자율 연 10%, 유효이자율 연 15%, 이자지급일 12월 31일)의 사채를 ₩88,582에 할인발행하였다. 20×1년도 포괄손익계산서에 보고할 사채이자비용은? (단, 계산시 소수점 이하는 버림)

① ₩8,858   ② ₩10,000

③ ₩13,287   ④ ₩13,780

⑤ ₩15,000

17 (주)한국(회계기간 1.1.~12.31.)은 20×1년 7월 1일에 액면금액 ₩100,000의 사채(표시이자율 연 12%, 2년 만기)를 ₩103,466에 발행하였다. 이자지급일은 매년 6월 30일이며, 유효이자율은 연 10%이다. 유효이자율법으로 사채발행차금을 상각(환입)하고 있는 (주)한국이 12월 31일로 종료하는 20×1년도 포괄손익계산서에 보고할 사채이자비용은? (단, 소수점 이하는 버림)

① ₩4,400   ② ₩5,000

③ ₩5,173   ④ ₩6,207

⑤ ₩10,346

정답 및 해설

15 ③ 사채 할인·할증발행차금상각액은 <u>매기 증가한다</u>.

16 ③ 포괄손익계산서상 사채이자비용 = 직전 사채의 장부금액 × 유효이자율
= ₩88,582 × 15% = ₩13,287

17 ③ 사채이자비용 = ₩103,466 × 10% × 6/12 = ₩5,173

18 (주)한국은 20×1년 초 액면금액 ₩100,000의 사채(표시이자율 연 8%, 이자는 매년 말 후급, 유효이자율 연 10%, 만기 20×3년 말)를 ₩95,026에 발행하고 상각후원가로 측정하였다. 동 사채와 관련하여 20×3년 인식할 이자비용은? (단, 이자는 월할계산하며, 단수 차이가 발생할 경우 가장 근사치를 선택함)   제22회

① ₩9,503   ② ₩9,553

③ ₩9,653   ④ ₩9,818

⑤ ₩9,918

19 (주)한국은 20×1년 1월 1일에 액면금액 ₩500,000의 사채를 발행하였다. 사채의 만기일은 20×3년 12월 31일이며, 이자지급일은 매년 12월 31일이다. 사채의 표시이자율은 10%이며, 유효이자율은 5%이다. 20×1년 포괄손익계산서에 계상될 사채의 이자비용은? (단, 계산금액은 소수점 첫째 자리에서 반올림함)

할인율	단일금액 ₩1의 현재가치			정상연금 ₩1의 현재가치		
	1기간	2기간	3기간	1기간	2기간	3기간
5%	0.9524	0.9070	0.8638	0.9524	1.8594	2.7232
10%	0.9091	0.8265	0.7513	0.9091	1.7356	2.4869

① ₩21,500   ② ₩25,000

③ ₩27,000   ④ ₩28,403

⑤ ₩30,000

20 (주)한국은 20×1년 1월 1일 액면금액 ₩1,000,000, 액면이자율 연 10%, 만기 3년, 매년 말 이자지급 조건의 사채를 ₩951,980에 발행하였다. 사채의 발행차금에 대한 회계처리는 유효이자율법을 적용하고 있으며, 사채발행일의 시장이자율은 연 12%이다. 사채발행일의 시장이자율과 유효이자율이 일치한다고 할 때, (주)한국이 사채의 만기일까지 3년간 인식할 총이자비용은?

① ₩295,000   ② ₩348,020

③ ₩360,000   ④ ₩368,020

⑤ ₩370,000

21 (주)한국은 20×1년 1월 1일 액면금액이 ₩1,000,000인 사채(액면이자율 8%, 만기 3년)를 ₩950,263에 발행하였다. (주)한국이 발행한 사채와 관련한 설명으로 옳지 않은 것은? (단, 액면이자는 매년 말 지급하고, 원금은 만기에 일시상환함)

① 매년 인식해야 할 이자비용은 증가한다.
② 사채발행시 액면이자율이 시장이자율보다 낮다.
③ 사채할인발행차금상각액은 매기 증가한다.
④ 이자비용으로 지출하는 현금은 매년 ₩80,000으로 일정하다.
⑤ 만기까지 인식해야 할 이자비용의 총액은 ₩240,000이다.

정답 및 해설

18 ④ • 20×1.12.31. 장부금액 = (₩95,026 × 1.1) − ₩8,000 = ₩96,529
• 20×2.12.31. 장부금액 = (₩96,529 × 1.1) − ₩8,000 = ₩98,182
∴ 20×3년 이자비용 = ₩98,182 × 0.1 = ₩9,818

19 ④ 사채의 발행금액 = (₩500,000 × 0.8638) + (₩500,000 × 10% × 2.7232) = ₩568,060
∴ 20×1년 이자비용 = ₩568,060 × 5% = ₩28,403

20 ② 만기까지 인식할 총이자비용(할인발행) = 표시(액면)이자의 합계 + 사채할인발행차금
= (₩1,000,000 × 10% × 3년) + (₩1,000,000 − ₩951,980) = ₩348,020

21 ⑤ 만기까지의 총이자비용 = 표시(액면)이자의 합계 + 사채할인발행차금
= (₩1,000,000 × 8% × 3년) + (₩1,000,000 − ₩950,263) = ₩289,737

22 (주)한국은 20×1년 다음과 같이 사채를 발행하고 현금 ₩675,000을 조달하였다.

• 액면금액	₩500,000
• 만기	5년(20×5년 12월 31일)
• 표시이자율	연 18%
• 이자지급일	6월 30일, 12월 31일

발행일의 시장이자율은 연 11%였다. (주)한국은 사채할인발행차금의 상각에 유효이자율법을 사용한다. 이 사채의 발행으로 인하여 (주)한국이 앞으로 5년간 포괄손익계산서에 인식할 이자비용의 합계액으로 옳은 것은?

① ₩116,000
② ₩140,000
③ ₩225,000
④ ₩275,000
⑤ ₩310,000

23 (주)한국은 20×1년 초 액면금액 ₩1,000,000의 사채(액면이자율 연 12%, 유효이자율 연 10%, 만기 3년)를 발행하였으며, 발행시부터 만기까지 인식한 총이자비용은 ₩310,263이다. 20×1년 초 이 사채의 발행금액은? (단, 액면이자는 매년 말 지급하고, 원금은 만기에 일시상환함)

① ₩1,000,000
② ₩1,310,163
③ ₩1,360,000
④ ₩1,049,737
⑤ ₩1,670,263

24 다음 중 사채 전체기간의 총이자비용이 표시이자 총액보다 큰 상황을 설명하는 것은?

① 사채이자비용이 매년 감소하는 경우
② 사채발행금액이 액면금액보다 큰 경우
③ 표시이자율이 유효이자율보다 큰 경우
④ 사채장부금액이 매년 증가하는 경우
⑤ 발행금액보다 만기상환금액이 작은 경우

25 (주)한국은 20×1년 초 3년 만기 사채를 할인발행하여 매년 말 액면이자를 지급하고 상각후원가로 측정하였다. 20×2년 말 사채장부금액이 ₩98,148이고, 20×2년 사채이자 관련 분개는 다음과 같다. 20×1년 말 사채의 장부금액은? 제22회

(차) 이자비용	7,715	(대) 현금	6,000
		사채할인발행차금	1,715

① ₩90,433   ② ₩92,148

③ ₩94,863   ④ ₩96,433

⑤ ₩99,863

26 (주)한국은 20×1년 1월 1일에 사채(표시이자율 10%, 만기 3년, 액면금액 ₩100,000, 이자 후급)를 ₩95,200에 발행하였다. 20×1년 이자비용이 ₩11,400 발생하였을 경우, 20×1년 말 사채의 장부금액은?

① ₩94,500   ② ₩95,200

③ ₩96,600   ④ ₩98,600

⑤ ₩101,400

정답 및 해설

22 ④ 5년간 인식할 총이자비용 = (₩500,000 × 18% × 5년) − (₩675,000 − ₩500,000) = ₩275,000

23 ④ (1) 총이자비용 = 표시(액면)이자의 합계 − 사채할증발행차금(x)
= (₩1,000,000 × 12% × 3년) − x = ₩310,263
⇨ x = ₩49,737
(2) 사채발행금액: 할증발행
= 액면금액 + 사채할증발행차금
= ₩1,000,000 + ₩49,737 = ₩1,049,737

24 ④ 총이자비용은 유효이자를 말하므로 유효이자율이 표시이자보다 큰 상황이므로 할인발행의 경우를 묻고 있다. 나머지는 할증발행의 경우에 해당된다.

25 ④ 20×1년 말 사채의 장부금액 = ₩98,148 − ₩1,715 = ₩96,433

26 ③ 20×1년 말 사채의 장부금액 = ₩95,200 + [₩11,400 − (₩100,000 × 10%)] = ₩96,600

27 (주)한국은 20×1년 1월 1일 액면금액 ₩2,000,000, 발행 당시 유효이자율 10%, 만기 3년의 사채를 ₩2,100,000에 발행하였다. 20×1년 12월 31일 장부금액이 ₩2,070,000이라면, 20×2년 12월 31일 장부금액은?

① ₩2,000,000
② ₩2,037,000
③ ₩2,040,000
④ ₩2,103,000
⑤ ₩2,105,000

28 (주)한국은 발행한 사채에 대하여 매년 말 액면이자를 지급하고, 사채할인발행차금을 유효이자율법에 의하여 상각한다. 20×1년 말 (주)한국의 분개가 다음과 같고, 분개 후 사채의 장부금액이 ₩334,000일 때, 사채의 유효이자율은?

(차) 이자비용	80,000	(대) 사채할인발행차금	14,000
		현금	66,000

① 10%
② 15%
③ 25%
④ 30%
⑤ 32%

29 (주)한국은 액면금액 ₩1,000,000인 사채를 발행하여 매년 말 이자를 지급하고 상각후원가로 측정하고 있다. 사채와 관련된 자료가 다음과 같을 때 표시이자율은? 제23회

• 사채발행금액	₩875,650
• 유효이자율	연 10%
• 1차년도 사채할인발행차금상각액	₩37,565

① 4%
② 5%
③ 6%
④ 7%
⑤ 8%

30 (주)한국은 20×1년 1월 1일에 액면금액이 ₩40,000, 3년 만기 사채를 ₩36,962에 할인발행하였다. 사채 발행시 유효이자율은 연 9%이고, 이자는 매년 말 후급한다. 20×2년 1월 1일 현재 사채의 장부금액이 ₩37,889이라고 하면 사채의 표시이자율은? (단, 계산시 화폐금액은 소수점 첫째 자리에서 반올림함)

① 5.8%   ② 6.0%

③ 6.2%   ④ 6.5%

⑤ 7.0%

31 사채할증발행차금 상각시 당기순이익, 사채장부금액에 미치는 영향은?

	당기순이익	사채장부금액
①	증가	감소
②	증가	증가
③	감소	감소
④	감소	증가
⑤	불변	불변

정답 및 해설

27 ② 20×1년 12월 31일 장부금액 = (₩2,100,000 × 1.1) − 표시이자(x) = ₩2,070,000
    ⇨ 표시이자(x) = ₩240,000
    ∴ 20×2년 12월 31일 장부금액 = (₩2,070,000 × 1.1) − ₩240,000 = ₩2,037,000

28 ③ 기초사채의 장부금액(상각후원가) = ₩334,000 − ₩14,000 = ₩320,000
    ∴ 유효이자율 = ₩80,000 ÷ ₩320,000 = 25%

29 ② 사채할인발행차금상각액 = 유효이자 − 표시이자
    = (₩875,650 × 10%) − 표시이자 = ₩37,565
    ⇨ 표시이자 = ₩50,000
    ∴ 표시이자율 = 표시이자 ÷ 액면금액 = ₩50,000 ÷ ₩1,000,000 = 5%

30 ② 20×1년 말 장부금액 = (₩36,962 × 1.09) − 표시이자 = ₩37,889
    ⇨ 표시(액면)이자 = ₩2,400
    ∴ 표시이자율 = ₩2,400 ÷ ₩40,000 = 6.0%

31 ① 사채할증발행차금 상각액 ⇨ 이자비용 차감 ⇨ 당기순이익 증가

32 (주)한국은 20×1년 1월 1일에 액면금액 ₩10,000, 만기 3년, 표시이자율 연 8%, 이 자지급일이 매년 12월 31일인 사채를 ₩9,503에 할인발행하였다. 이 사채를 20×2년 1월 1일에 ₩9,800을 지급하고 조기상환할 때, 사채상환손익은? (단, 발행일의 유효이 자율은 10%이고, 금액은 소수점 첫째 자리에서 반올림함)

① 사채상환손실 ₩18   ② 사채상환손실 ₩147
③ 사채상환이익 ₩18   ④ 사채상환이익 ₩147
⑤ 사채상환손실 ₩150

33 (주)한국은 20×1년 1월 1일 상각후원가로 측정하는 액면금액 ₩1,000,000의 사채 (만기 3년, 표시이자율 연 8%, 이자는 매년 말 후급)를 ₩950,250에 발행하였다. 동 사 채와 관련하여 (주)한국이 20×1년도 포괄손익계산서에 인식한 이자비용은 ₩95,025이 다. (주)한국이 20×3년 1월 1일에 동 사채 전부를 ₩980,000에 조기상환하였을 때, 인식할 사채상환손익은? (단, 단수차이가 발생할 경우 가장 근사치를 선택함) 제26회

① 손실 ₩14,725   ② 손실 ₩5,296
③ 이익 ₩1,803   ④ 이익 ₩9,729
⑤ 이익 ₩20,000

34 (주)한국은 20×1년 1월 1일 사채(액면금액 ₩1,000,000, 표시이자율 연 8%, 매년 말 이자지급, 만기 3년)를 ₩950,263에 발행하였다. (주)한국은 동 사채를 20×3년 1월 1일 에 전액 상환하였으며 발행 시점부터 상환 직전까지 인식한 총이자비용은 ₩191,555이 었다. 사채 상환시 사채상환손실이 ₩8,182인 경우 (주)한국이 지급한 현금은?

① ₩960,000   ② ₩970,000
③ ₩980,000   ④ ₩990,000
⑤ ₩1,000,000

35 (주)한국은 20×1년 1월 1일 사채(액면금액 ₩100,000, 3년 만기, 표시이자율 연 3%, 매년 말 이자지급)를 발행하였다. 동 사채의 발행 시점에서 유효이자율은 연 5%이다. 20×2년 1월 1일 동 사채를 ₩90,000에 조기상환하였을 때, 사채상환손익은? (단, 동 사채는 상각후원가로 후속측정하는 금융부채이며, 화폐금액은 소수점 첫째 자리에서 반올림함)

기간	단일금액 ₩1의 현재가치		정상연금 ₩1의 현재가치	
	3%	5%	3%	5%
3	0.9151	0.8638	2.8286	2.7232

① ₩0

② ₩5,000 손실

③ ₩6,938 손실

④ ₩6,278 이익

⑤ ₩8,092 이익

정답 및 해설

32 ② 20×2년 1월 1일 상환 직전 장부금액 = (₩9,503 × 1.1) − (₩10,000 × 0.08) = ₩9,653
∴ 상환손익 = ₩9,800 − ₩9,653 = ₩147 손실

33 ③ (1) 유효이자율 = ₩95,025 ÷ ₩950,250 = 10%
(2) 장부금액(상각후원가)
 • 20×1.12.31. = (₩950,250 × 1.1) − ₩80,000 = ₩965,275
 • 20×2.12.31. = 20×3.1.1.
  = (₩965,275 × 1.1) − ₩80,000 = ₩981,803
∴ 상환손익 = ₩981,803 − ₩980,000 = ₩1,803 상환이익

34 ④ • ₩950,263 + [₩191,555 − (₩1,000,000 × 8% × 2년)] = ₩981,818
• 사채상환손실 = 상환금액(x) − ₩981,818 = ₩8,182
∴ 상환금액(x) = ₩990,000

35 ④ • 사채발행금액 = 액면금액의 현재가치 + 표시이자의 현재가치
  = (₩100,000 × 0.8638) + (₩100,000 × 3% × 2.7232) = ₩94,550
• 20×1.12.31. 장부금액 = 20×2.12.31.
  = (₩94,550 × 1.05) − ₩3,000 = ₩96,278
∴ 상환손익 = 상환 직전 장부금액 − 순상환금액
  = ₩96,278 − ₩90,000 = ₩6,278 이익

36 (주)대한은 20×1년 1월 1일 다음과 같은 사채를 발행하였으며 유효이자율법에 따라 회계처리한다. 동 사채와 관련하여 옳지 않은 것은?

> • 액면금액: ₩1,000,000
> • 만기: 3년
> • 액면이자율: 연 5%
> • 이자 지급시기: 매년 말
> • 사채발행비: ₩20,000
> • 유효이자율: 연 8%(사채발행비가 고려됨)

① 동 사채는 할인발행 사채이다.
② 매년 말 지급할 현금이자는 ₩50,000이다.
③ 이자비용은 만기가 가까워질수록 증가한다.
④ 사채발행비가 ₩30,000이라면 동 사채에 적용되는 유효이자율은 연 8%보다 낮다.
⑤ 사채할인발행차금 상각이 완료된 시점에서 사채장부금액은 액면금액과 같다.

정답 및 해설

36 ④ ④ 사채발행비가 존재하는 경우 발행금액에서 차감하게 되므로 유효이자율은 상승하게 된다.
① 유효이자율(8%)이 액면이자율(5%)보다 크므로 할인발행이 된다.
② 현금(액면)이자 = ₩1,000,000 × 5% = ₩50,000
③ 할인발행의 경우 장부금액이 매기 증가하므로, 유효이자율법의 경우 이자비용은 매기 증가한다.
⑤ 사채할인발행차금 상각이 완료되면 사채 액면에 차감하는 사채할인발행차금의 잔액이 ₩0이 되므로 사채장부금액은 액면금액과 같다.

제9장 자본

자본금과 자본잉여금 ★★

20×1년 1월 1일 설립한 (주)한국의 자본 관련 거래는 다음과 같다. 이와 관련된 설명으로 옳은 것은?

일자	거래내역
1월 1일	보통주 1,000주를 주당 ₩600(액면금액 ₩500)에 발행하고, 주식발행과 관련된 직접비용 ₩3,500을 현금 지급하였다.
8월 1일	보통주 1,000주를 주당 ₩450(액면금액 ₩500)에 발행하고, 주식발행과 관련된 직접비용은 발생하지 않았다.

① 1월 1일 현금 ₩600,000이 증가한다.

② 1월 1일 주식발행과 관련된 직접비용 ₩3,500을 비용으로 계상한다.

③ 8월 1일 자본금 ₩450,000이 증가한다.

④ 8월 1일 주식발행으로 자본은 ₩500,000이 증가한다.

⑤ 12월 31일 재무상태표에 주식발행초과금으로 표시될 금액은 ₩46,500이다.

해설 | 12월 31일 재무상태표에 주식발행초과금으로 표시될 금액은 ₩96,500 − ₩50,000 = ₩46,500 이다.

(1) 1월 1일

(차) 현금	596,500*	(대) 자본금	500,000
		주식발행초과금	96,500

*(1,000주 × ₩600) − ₩3,500 = ₩596,500

(2) 8월 1일

(차) 현금	450,000	(대) 자본금	500,000
주식발행초과금	50,000		

오답
체크
① 1월 1일 현금 ₩596,500이 증가한다.
② 1월 1일 주식발행과 관련된 직접비용은 발행금액에서 차감한다.
③ 8월 1일 자본금 ₩500,000이 증가한다.
④ 8월 1일 주식발행으로 자본은 ₩450,000이 증가한다.

기본서 p.346~355

정답 ⑤

01 자본에 영향을 미치는 거래에 해당하지 않는 것은?

① 본사 건물에 대한 보험료를 현금으로 지급하다.

② 자기주식을 현금으로 취득하다.

③ 정기 주주총회에서 5%의 현금배당을 결의하다.

④ 보관 중인 재고자산의 순실현가능가치가 하락하여 평가손실을 인식하다.

⑤ 차량을 구입하고 일부는 현금으로 지급하고 나머지는 월말에 지급하기로 하다.

02 (주)한국은 당기 중 보통주 30주(1주당 액면금액 ₩5,000)를 1주당 ₩7,000에 발행하였으며, 보통주 발행과 관련하여 총 ₩5,000의 발행비용이 발생하였다. 상기 보통주 발행으로 증가하는 자본총액은 얼마인가?

① ₩143,000   ② ₩150,000

③ ₩198,000   ④ ₩205,000

⑤ ₩210,000

03 (주)한국은 액면금액 ₩500인 주식 10주를 주당 ₩600에 발행하였는데, 주식발행비로 ₩500이 지출되었다. 위의 주식발행이 (주)한국의 재무제표에 미치는 영향에 대한 설명으로 옳은 것은? (단, 법인세효과는 무시함)

① 순이익이 ₩500 감소한다.

② 이익잉여금이 ₩500 감소한다.

③ 자산총액이 ₩6,000 증가한다.

④ 자본총액이 ₩5,500 증가한다.

⑤ 주주지분총액이 ₩5,000 증가한다.

04 자본의 감소를 가져오는 거래는?

① 보통주를 현금납입 받아 신주발행하였다.

② 자기주식을 재발행하고 자기주식처분이익을 인식하였다.

③ 이월결손금을 보전하기 위하여 보통주 자본금을 무상감자하였다.

④ 주주총회에서 보통주에 대해 현금배당을 지급하기로 결의하였다.

⑤ 주주총회에서 사업확장적립금을 별도적립금으로 대체하기로 결의하였다.

정답 및 해설

01 ⑤ (차) 차량운반구   ×××   (대) 현금   ×××

                                                  미지급금   ×××

∴ 자산 증가, 부채 증가 ⇨ 자본 불변

① 비용(보험료) 발생 ⇨ 자본 감소

② 자기주식의 취득 ⇨ 자본 감소

③ (차) 미처분이익잉여금   ×××   (대) 미지급배당금   ×××

     현금배당의 결의 ⇨ 자본 감소

④ (차) 재고자산평가손실(당기비용)   ×××   (대) 재고자산평가충당금   ×××

     비용 발생 ⇨ 자본 감소

02 ④ 주식발행시 발행금액만큼 자본은 증가하고, 주식발행비는 발행금액에서 차감한다.

∴ 주식발행으로 증가하는 자본총액 = (30주 × ₩7,000) − ₩5,000 = ₩205,000

03 ④ (차) 현금   5,500[*1]   (대) 자본금   5,000[*2]

                                       주식발행초과금   500

[*1] (10주 × ₩600) − ₩500

[*2] 10주 × ₩500

▶ 주식발행비는 발행금액에서 차감한다.

04 ④ (차) 미처분이익잉여금(자본의 증가)   ×××   (대) 미지급배당금(부채의 증가)   ×××

①② 자본의 증가, ③⑤ 자본의 불변

05 주당 액면금액이 ₩5,000인 보통주 200주를 주당 ₩7,000에 현금 발행한 경우 재무제표에 미치는 영향으로 옳지 않은 것은?

① 자산 증가
② 자본 증가
③ 수익 불변
④ 부채 불변
⑤ 이익잉여금 증가

06 (주)한국은 20×2년 (주)대한에게 보통주 10주(1주당 액면금액 ₩5,000)를 발행하였으며, 그 대가로 (주)대한이 소유한 토지를 취득하였다. 유상증자일 현재 (주)대한이 제공한 토지의 장부가치는 ₩90,000, 공정가치는 ₩130,000이다. 동 유상증자와 관련하여 (주)한국이 인식할 주식발행초과금은 얼마인가? (단, (주)대한의 토지는 신뢰성 있게 측정되었으나, (주)한국 주식의 공정가치는 신뢰성 있게 측정할 수 없다고 가정함)

① ₩50,000
② ₩60,000
③ ₩70,000
④ ₩80,000
⑤ ₩90,000

07 (주)한국의 20×1년 자본 관련 거래가 다음과 같을 때, 20×1년에 증가한 주식발행초과금은? (단, 기초 주식할인발행차금은 없음)

- 3월 2일: 보통주 100주(주당 액면금액 ₩500)를 주당 ₩700에 발행하였다.
- 5월 10일: 우선주 200주(주당 액면금액 ₩500)를 주당 ₩600에 발행하였다.
- 9월 25일: 보통주 50주(주당 액면금액 ₩500)를 발행하면서 그 대가로 건물을 취득하였다(취득 당시 보통주의 주당 공정가치 ₩1,000).

① ₩20,000
② ₩40,000
③ ₩45,000
④ ₩65,000
⑤ ₩70,000

08 (주)한국의 20×1년 초 자본잉여금은 ₩500,000이다. 당기에 다음과 같은 거래가 발생하였을 때, 20×1년 말 자본잉여금은? (단, 다음 거래를 수행하는 데 충분한 계정금액을 보유하고 있으며, 자기주식에 대하여 원가법을 적용함)

- 2월에 1주당 액면금액이 ₩1,000인 보통주 500주를 1주당 ₩2,000에 발행하였다.
- 3월에 주주총회에서 총액 ₩200,000의 배당을 결의하였다.
- 4월에 자기주식 100주를 1주당 ₩1,200에 취득하였다.
- 3월에 결의한 배당금을 4월에 현금으로 지급하였다.
- 4월에 취득한 자기주식 30주를 10월에 1주당 ₩2,000에 처분하였다.

① ₩824,000
② ₩1,000,000
③ ₩1,024,000
④ ₩1,100,000
⑤ ₩1,250,000

정답 및 해설

05 ⑤

(차) 현금	1,400,000	(대) 자본금	1,000,000
		주식발행초과금	400,000

주식의 현금발행은 자산의 증가(현금)와 자본금과 자본잉여금(주식발행초과금)이 증가하여 자본 전체는 증가하지만, 이익잉여금은 손익거래와 관련된 항목이므로 주식발행으로 증가하지 않는다.

06 ④

(차) 토지(공정가치)	130,000	(대) 자본금	50,000(액면금액)
		주식발행초과금	80,000

07 ④
- 3월 2일: (₩700 − ₩500) × 100주 = ₩20,000
- 5월 10일: (₩600 − ₩500) × 200주 = ₩20,000
- 9월 25일: (₩1,000 − ₩500) × 50주 = ₩25,000
∴ 주식발행초과금 = ₩65,000

08 ③ 자본잉여금 = 기초잔액 + 주식발행초과금(2월) + 자기주식처분이익(10월)
= ₩500,000 + [500주 × (₩2,000 − ₩1,000)] + [30주 × (₩2,000 − ₩1,200)]
= ₩1,024,000

09 (주)한국은 20×1년 1월 1일 액면금액이 ₩5,000인 주식 1,000주를 액면발행하여 설립되었는데, 20×1년 중의 주식거래는 다음과 같다. 20×1년 말 (주)한국의 자본잉여금으로 보고할 금액은?

- 20×1.2.15. 주당 ₩5,000으로 600주를 발행하였다.
- 20×1.4.20. 주당 ₩8,000으로 200주를 발행하였다.
- 20×1.8.10. 주당 ₩4,000으로 자기주식 300주를 취득하였다.
- 20×1.12.12. 주당 ₩6,500으로 자기주식 300주를 매각하였다.

① ₩1,000,000
② ₩1,100,000
③ ₩1,200,000
④ ₩1,250,000
⑤ ₩1,350,000

대표예제 50 **이익잉여금 ★★**

(주)한국의 20×2년 1월 1일 자본내역은 다음과 같다. (주)한국은 20×2년 3월 10일 20×1년 재무제표를 확정하고 20×1년 12월 28일을 배당기준일로 하여 1주당 ₩100의 현금배당을 결의하였다. (주)한국은 현금배당의 10%를 이익준비금으로 적립하고 있으며, 20×2년 당기순이익은 ₩25,000이다. 20×2년 12월 31일 미처분이익잉여금은 얼마인가?

• 보통주 자본금(50주×₩500)	₩25,000
• 주식발행초과금	₩16,000
• 이익준비금	₩10,000
• 미처분이익잉여금	₩50,000

① ₩50,000
② ₩58,200
③ ₩65,200
④ ₩69,500
⑤ ₩75,000

해설 | 20×2년 12월 31일 미처분이익잉여금
= 기초 미처분이익잉여금 - 현금배당 - 이익준비금적립 + 당기순이익
= ₩50,000 - (50주 × ₩100) - (50주 × ₩100 × 10%) + ₩25,000 = ₩69,500

기본서 p.356~359   정답 ④

10 (주)한국의 20×2년 2월 중 개최된 주주총회에서 이루어진 20×1년 재무제표에 대한 결산승인내역은 다음과 같다. (주)한국의 결산승인 전 미처분이익잉여금이 ₩80,000일 때, 결산승인내역을 반영한 후의 차기이월미처분이익잉여금은? (단, 이익준비금 설정은 고려하지 않음)

• 임의적립금 이입액	₩6,000
• 주식할인발행차금 상각액	₩4,000
• 현금배당액	₩20,000

① ₩50,000 ② ₩52,000
③ ₩60,000 ④ ₩62,000
⑤ ₩64,000

11 다음의 자료를 사용하여 계산된 기말이익잉여금은? 제15회

• 기초자본금	₩200,000	• 매출원가	₩40,300
• 기초이익잉여금	₩27,200	• 급여	₩68,000
• 배당금선언 및 지급액	₩18,000	• 신주발행금액	₩100,000
• 매출액	₩140,000		

① ₩27,200 ② ₩31,700
③ ₩40,900 ④ ₩50,600
⑤ ₩61,200

정답 및 해설

09 ⑤ • 주식발행초과금 = (₩8,000 − ₩5,000) × 200주 = ₩600,000
　　　• 자기주식처분이익 = (₩6,500 − ₩4,000) × 300주 = ₩750,000
　　　∴ 자본잉여금 = 주식발행초과금 + 자기주식처분이익
　　　　= ₩600,000 + ₩750,000 = ₩1,350,000

10 ④ 차기이월미처분이익잉여금
　　　= 미처분이익잉여금 + 임의적립금 이입액 − 주식할인발행차금상각액 − 현금배당액
　　　= ₩80,000 + ₩6,000 − ₩4,000 − ₩20,000 = ₩62,000

11 ③ 기말이익잉여금 = 기초이익잉여금 + 당기순이익 − 배당금선언 및 지급액
　　　= ₩27,200 + (₩140,000 − ₩40,300 − ₩68,000) − ₩18,000 = ₩40,900
　　　▶ 기말이익잉여금 잔액을 묻고 있으므로 이익잉여금의 증가와 감소요인을 확인한다.

12 주당 액면금액이 ₩500인 보통주 500,000주를 발행하고 있고, 이익잉여금 잔액이 ₩100,000,000인 (주)한국은 20×1년 2월에 5%의 주식배당과 주당 ₩15의 현금배당을 선언하였다. 이러한 배당선언이 회사의 자본에 미치는 영향으로 옳지 않은 것은?

① 이익잉여금 ₩20,000,000이 배당의 재원으로 사용되었다.
② 현금배당액은 ₩7,500,000이 될 예정이다.
③ 주식배당액은 ₩7,500,000이 될 예정이다.
④ 배당선언으로 부채 ₩7,500,000이 증가한다.
⑤ 주식배당 결의시 대변항목은 자본조정항목인 미교부주식배당금이 증가한다.

대표예제 51 · 주식배당 · 무상증자 등 자본 종합 ★★★

다음은 (주)한국의 20×1년 12월 31일 자본내역이다.

자본금(액면금액 ₩500)	₩600,000
주식발행초과금	₩300,000
이익준비금	₩400,000
미처분이익잉여금	₩1,100,000
	₩2,400,000

(주)한국은 주권상장법인이며, 20×2년 2월 주주총회에서 400주의 주식배당과 이익준비금을 재원으로 한 400주의 무상증자를 실시하기로 하였다. 주식배당과 무상증자를 실시하여 주식을 교부하였다면, (주)한국의 자본금은?

① ₩600,000   ② ₩800,000
③ ₩1,000,000   ④ ₩1,200,000
⑤ ₩1,500,000

해설 | • 주식배당으로 인한 자본금의 증가 = 400주 × ₩500 = ₩200,000
    • 무상증자로 인한 자본금의 증가 = 400주 × ₩500 = ₩200,000
    ∴ 주식배당과 무상증자 후 자본금
      = ₩600,000 + ₩200,000 + ₩200,000 = ₩1,000,000

기본서 p.347~350   정답 ③

13 자본에 관한 설명으로 옳은 것을 모두 고른 것은? 제22회

> ㉠ 자기주식을 취득하면 자본총액은 증가한다.
> ㉡ 유상증자시에 자본금은 증가하나 자본총액은 변동하지 않는다.
> ㉢ 무상증자시에 자본금은 증가하나 자본총액은 변동하지 않는다.
> ㉣ 주식배당시에 자산총액과 자본총액은 변동하지 않는다.
> ㉤ 주식분할로 인해 발행주식수가 증가하여도 액면금액은 변동이 없다.
> ㉥ 임의적립금은 주주총회의 의결을 통해 미처분이익잉여금으로 이입한 후 배당할 수 있다.

① ㉠, ㉡, ㉢   ② ㉠, ㉤, ㉥
③ ㉡, ㉢, ㉣   ④ ㉡, ㉣, ㉤
⑤ ㉢, ㉣, ㉥

14 무상증자, 주식배당, 주식분할, 주식병합에 대한 설명으로 옳지 않은 것은?

① 유상증자는 자본이 증가한다.
② 주식배당은 발행주식수를 증가시킨다.
③ 주식병합으로 자본금은 변동하지 않는다.
④ 무상증자로 자본금은 변동하지 않는다.
⑤ 주식분할은 발행주식수를 증가시킨다.

정답 및 해설

12 ③ • 현금배당 = 500,000주 × ₩15 = ₩7,500,000

| (차) 미처분이익잉여금 | 7,500,000 | (대) 미지급배당금 | 7,500,000 |

• 주식배당 = 500,000주 × ₩500 × 5% = ₩12,500,000

| (차) 미처분이익잉여금 | 12,500,000 | (대) 미교부주식배당금 | 12,500,000 |

13 ⑤ ㉠ 자기주식을 취득하면 <u>자본총액은 감소한다</u>.
㉡ 유상증자시 <u>자본총액은 증가한다</u>.
㉤ 주식분할로 발행주식수가 증가하면 <u>액면금액은 감소한다</u>.

14 ④ 무상증자로 자본잉여금이나 법정적립금 등과 같은 이익잉여금은 감소하고 자본금은 증가한다. 따라서 <u>자본은 불변이다</u>.

| (차) ○○잉여금(자본의 감소) | ××× | (대) 자본금(자본의 증가) | ××× |

15 다음 각 항목이 재무상태표의 자본금, 이익잉여금 및 자본총계에 미치는 영향으로 옳지 않은 것은?

	자본금	이익잉여금	자본총계
① 무상증자	증가	증가	증가
② 주식배당	증가	감소	불변
③ 주식분할	불변	불변	불변
④ 유상증자	증가	불변	증가
⑤ 주식병합	불변	불변	불변

16 다음 중 자본에 관한 설명으로 옳은 것을 모두 고른 것은?

> ㉠ 이익잉여금은 당기순이익의 발생으로 증가하고 다른 요인으로 증가하지 않는다.
> ㉡ 주식배당을 실시하면 자본금은 증가하지만 이익잉여금은 감소한다.
> ㉢ 무상증자를 실시하면 발행주식수는 증가하지만 자본총액은 변동하지 않는다.
> ㉣ 주식분할을 실시하면 발행주식수는 증가하지만 이익잉여금과 자본금은 변동하지 않는다.

① ㉠, ㉡, ㉢   ② ㉠, ㉡, ㉣

③ ㉠, ㉢, ㉣   ④ ㉡, ㉢, ㉣

⑤ ㉠, ㉡, ㉢, ㉣

대표예제 52	자기주식 ★★★

(주)한국은 20×1년 10월 1일 자기주식 200주(1주당 액면금액 ₩1,000)를 1주당 ₩1,600에 취득하였다. (주)한국은 동 자기주식 중 100주를 20×1년 12월 1일 1주당 ₩2,000에 처분하였다. 다음 설명 중 옳은 것은?

① 20×1년 10월 1일 자기주식의 장부금액은 ₩200,000이다.
② 20×1년 10월 1일 자기주식 취득거래로 인해 자본총액이 ₩160,000 증가한다.
③ 20×1년 12월 1일 자기주식 처분거래로 인해 당기순이익이 ₩10,000 증가한다.
④ 20×1년 12월 1일 자기주식 처분거래로 인해 자본총액이 ₩200,000 증가한다.
⑤ 20×1년 12월 1일 자기주식 처분거래로 인해 자본잉여금이 ₩60,000 증가한다.

해설 | ④ 자기주식 처분금액(100주 × ₩2,000 = ₩200,000)만큼 자본총액이 증가한다.
오답
체크 | ① 자기주식의 장부금액(취득원가)은 ₩320,000(200주 × ₩1,600)이다.
② 자본총액이 ₩320,000(200주 × ₩1,600) 감소한다.
③ 자기주식 처분거래는 자본거래이므로 당기순이익에 영향을 미치지 않는다.
⑤ 자기주식처분이익(자본잉여금) = (₩2,000 − ₩1,600) × 100주 = ₩40,000 증가

기본서 p.352~355   정답 ④

정답 및 해설

15 ① 무상증자: (차) ○○잉여금   ×××   (대) 자본금   ××× ⇨ 자본총액 불변
16 ④ ㉠ 이익잉여금은 당기순이익의 발생으로 증가하고, 자산재평가차익으로 인하여 증가될 수도 있다.

17 (주)한국은 다음과 같이 액면금액 ₩1,000인 자기주식을 취득하여 매각하였다. 11월 10일 매각 시점의 분개로 옳은 것은? 제23회

날짜	적요	금액	주식수
11월 1일	취득	₩950	50주
11월 5일	매각	970	20주
11월 10일	매각	930	30주

	차변		대변	
①	현금	27,900	자기주식	27,900
②	현금	27,900	자기주식	28,500
	자기주식처분손실	600		
③	현금	27,900	자기주식	28,500
	자기주식처분이익	400		
	자기주식처분손실	200		
④	현금	30,000	자기주식	28,500
			자기주식처분손실	600
			자기주식처분이익	900
⑤	현금	30,000	자기주식	28,500
			자기주식처분이익	1,500

18 (주)한국의 20×1년도 자기주식과 관련된 거래이다. 자본총계가 증가하는 거래만을 모두 고르면?

> ㉠ 자기주식 1,000주를 주당 ₩700에 취득하였다.
> ㉡ 자기주식 200주를 주당 ₩800에 재발행하였다.
> ㉢ 자기주식 300주를 소각하였다.
> ㉣ 자기주식 500주를 주당 ₩600에 재발행하였다.

① ㉠, ㉡
② ㉠, ㉢
③ ㉡, ㉢
④ ㉡, ㉣
⑤ ㉢, ㉣

19 다음 자료를 이용하여 계산한 기말자본총액은?

> • 기초자본총액: ₩24,000
> • 7월 1일: 주당 액면금액 ₩100의 자기주식 10주를 주당 ₩400에 취득
> • 8월 1일: 위 자기주식 중 3주를 주당 ₩420에 매각
> • 9월 1일: 위 자기주식 중 2주를 소각

① ₩21,260   ② ₩23,550
③ ₩25,500   ④ ₩26,250
⑤ ₩27,950

정답 및 해설

17 ③ • 11.5. 매각시: 처분금액 > 취득원가
　　자기주식처분이익(자본잉여금) = (₩970 − ₩950) × 20주 = ₩400
　• 11.10. 매각시: 처분금액 < 취득원가
　　처분시 처분손실이 (₩950 − ₩930) × 30주 = ₩600 발생하지만 11월 5일 자기주식처분이익 ₩400
　　을 먼저 감소시키고 나머지 ₩200을 자기주식처분손실(자본조정)로 회계처리한다.

18 ④ ㉠ 자기주식의 취득 ⇨ 자본의 감소
　㉡ 자기주식의 재발행(처분) ⇨ 자본의 증가
　㉢ 자기주식의 소각 ⇨ 자본불변
　㉣ 자기주식의 재발행(처분) ⇨ 자본의 증가

19 ① 기말자본 = 기초자본 − 자기주식 취득 + 자기주식 매각
　= ₩24,000 − (10주 × ₩400) + (3주 × ₩420) + ₩0 = ₩21,260

(주)한국의 20×1년 자본 관련 자료이다. 20×1년 말 자본총계는? (단, 자기주식 거래는 선입선출법에 따른 원가법을 적용함)

(1) 기초자본: ₩24,000
(2) 기중 자본거래
  • 4월 1일: 자기주식 10주를 1주당 ₩450에 취득
  • 5월 25일: 자기주식 4주를 1주당 ₩700에 처분
  • 6월 12일: 자기주식 2주 소각
  • 8월 20일: 주식발행초과금 ₩2,000과 이익잉여금 중 ₩2,500을 재원으로 무상증자 실시
(3) 20×1년 당기순이익: ₩25,000

① ₩38,600
② ₩43,750
③ ₩45,000
④ ₩47,300
⑤ ₩48,125

해설 | 기말자본 = 기초자본 − 자기주식의 취득 + 자기주식의 처분 + 당기순이익
= ₩24,000 − (10주 × ₩450) + (4주 × ₩700) + ₩0 + ₩25,000
= ₩24,000 − ₩4,500 + ₩2,800 + ₩25,000 = ₩47,300

기본서 p.352~354

정답 ④

20 (주)한국의 20×1년 말 자본내역은 다음과 같다. 20×2년 중 자기주식의 50%를 ₩50,000에 처분하였으며, 20×2년 당기순이익은 ₩42,500이었다. 자본에 영향을 미치는 다른 거래가 없었다고 가정할 때, (주)한국의 20×2년 말 자본총계는 얼마인가?

구분	금액
보통주 자본금	₩500,000
주식발행초과금	₩150,000
자기주식	(₩75,000)
이익잉여금	₩225,000
자본총계	₩800,000

① ₩842,500
② ₩855,000
③ ₩875,000
④ ₩880,000
⑤ ₩892,500

21 다음의 장부마감 전 자료를 토대로 계산한 기말자본은? (단, 수익과 비용에는 기타포괄손익항목이 포함되어 있지 않음)

• 자본금	₩500,000	• 주식발행초과금	₩250,000
• 수익 합계	₩1,000,000	• 비용 합계	₩500,000
• 기초이익잉여금	₩250,000	• 자기주식	₩50,000
• 감자차익	₩50,000	• 재평가잉여금	₩100,000

① ₩1,500,000

② ₩1,600,000

③ ₩1,650,000

④ ₩1,750,000

⑤ ₩1,800,000

정답 및 해설

20 ⑤ 20×2년 말 자본총계 = 기초자본(20×1년 말) + 자기주식의 처분 + 당기순이익
= ₩800,000 + ₩50,000 + ₩42,500 = ₩892,500

21 ② 기말자본 = 자본금 + 자본잉여금 + 자본조정 + 기타포괄손익누계액 + 이익잉여금
= ₩500,000 + (₩250,000 + ₩50,000) − ₩50,000 + ₩100,000 + (₩250,000 +
₩1,000,000 − ₩500,000)
= ₩1,600,000

22 (주)한국의 20×1년 초 자본의 내역은 다음과 같다.

보통주 자본금(주당 액면금액 ₩500, 총 발행주식수 4,000주)	₩2,000,000
주식발행초과금(보통주)	₩500,000
이익잉여금	₩800,000
자본조정(20×0년 중 주당 ₩1,100에 취득한 자기주식 30주)	(₩33,000)
자본총계	₩3,267,000

(주)한국은 20×1년 3월 1일 자기주식 30주를 주당 ₩1,200에 취득하였고, 20×1년 6월 30일 자기주식 40주를 주당 ₩1,300에 처분하였으며, 20×1년 10월 1일 자기주식 20주를 소각하였다. (주)한국은 20×1년도 당기순손실 ₩200,000과 기타포괄이익 ₩150,000을 보고하였다. 20×1년 말 (주)한국의 자본총계는?

제26회

① ₩3,181,000 ② ₩3,217,000
③ ₩3,233,000 ④ ₩3,305,000
⑤ ₩3,405,000

┌─종합
23 (주)한국의 20×1년 중 자본 관련 자료가 다음과 같을 때 20×1년도 자본 증가액은? (단, (주)한국은 주당 액면금액이 ₩1,000인 보통주만 발행하고 있음)

- 1월 15일: 보통주 200주를 주당 ₩1,200에 유상증자
- 2월 20일: 자기주식 50주를 주당 ₩1,000에 취득
- 3월 10일: 2월 20일에 취득한 자기주식 중 30주 소각
- 6월 25일: 상장기업 관리사 주식 200주를 주당 ₩1,400에 취득하여 기타포괄손익−공정가치측정 금융자산으로 분류
- 8월 10일: 보통주 100주를 주당 ₩900에 유상감자
- 12월 31일: 상장기업 관리사 주식 공정가치 주당 ₩1,100

① ₩10,000 ② ₩20,000
③ ₩30,000 ④ ₩40,000
⑤ ₩50,000

20×1년 1월 1일 (주)한국의 보통주 2,000주(주당 액면금액 ₩5,000)가 유통되고 있었으며, 10월 1일에 보통주 1,600주가 추가로 발행되었다. 다음 자료에 따른 (주)한국의 기본주당순이익은? (단, 유통보통주식수의 가중평균은 월수로 계산하며, 다른 자본의 변동은 없는 것으로 가정함)

- 우선주(주당 액면금액 ₩5,000) 유통보통주식수 200주
- 우선주배당률: 연 10%
- 20×1년 당기순이익: ₩1,300,000

① ₩500   ② ₩550

③ ₩600   ④ ₩650

⑤ ₩750

해설 | (1) 가중평균유통보통주식수 = 2,000주 + (1,600주 × 3/12) = 2,400주
      (2) 보통주 당기순이익 = 당기순이익 − 우선주배당금
          = ₩1,300,000 − (₩5,000 × 200주 × 10%) = ₩1,200,000
      ∴ 주당순이익 = (2) ÷ (1) = ₩1,200,000 ÷ 2,400주 = ₩500

기본서 p.363~364   정답 ①

정답 및 해설

22 ③ 20×1년 말 자본총계 = 기초자본 − 자기주식의 취득 + 자기주식의 처분 − 당기순손실 + 기타포괄이익
= ₩3,267,000 − (30주 × ₩1,200) + (40주 × ₩1,300) − ₩200,000 + ₩150,000 = ₩3,233,000

23 ④ 자본의 증가액 = 유상증자(발행금액) − 자기주식의 취득 − 유상감자 + 기타포괄손익 금융자산평가이익
= (200주 × ₩1,200) − (50주 × ₩1,000) − (100주 × ₩900) − (₩1,400 − ₩1,100) × 200주
= ₩40,000

24 (주)한국의 20×1년도 포괄손익계산서상 당기순이익은 ₩510,000이고, 우선주(비참가적 · 비누적적) 배당금은 ₩30,000이다. (주)한국의 20×1년도 기본주당순이익이 ₩30일 때, 가중평균유통보통주식수는? 제26회

① 12,000주
② 13,000주
③ 15,000주
④ 16,000주
⑤ 17,000주

25 (주)한국의 20×1년 1월 1일 유통보통주식수는 10,000주이다. 20×1년도에 발행된 보통주는 다음과 같다. 20×1년도 (주)한국의 가중평균유통보통주식수는? (단, 가중평균유통보통주식수는 월수를 기준으로 계산함) 제23회

- 4월 1일 무상증자 10%를 실시하였다.
- 9월 1일 유상으로 신주 15%를 공정가치로 발행하였다.

① 11,550주
② 11,600주
③ 11,650주
④ 11,700주
⑤ 11,750주

26 (주)한국의 20×1년 1월 1일의 유통보통주식수는 12,000주였으며, 20×1년도 중 보통주식수에 대한 변동내역은 다음과 같다.

일자	보통주식수 변동내역
3월 1일	유상증자를 통해 4,000주 시가발행
7월 1일	20% 무상증자 실시
10월 1일	자기주식 2,000주 재발행

① 15,000주
② 17,900주
③ 18,900주
④ 20,500주
⑤ 23,500주

27 (주)한국의 20×1년 12월 31일 유통주식은 보통주 1,200주(액면금액 ₩500), 우선주 1,000주(액면금액 ₩500, 연 7% 배당인 비참가적·비누적적 우선주)이다. (주)한국은 20×2년 10월 1일 보통주 자기주식 200주를 취득하였다. 20×2년 당기순이익이 ₩1,760,000일 때, 20×2년 기본주당순이익은? (단, 이익에 대한 현금배당결의를 하였으며, 가중평균유통보통주식수는 월할계산함)

① ₩950   ② ₩1,300   ③ ₩1,450

④ ₩1,500   ⑤ ₩1,680

28 (주)한국의 20×1년 보통주 관련 자료는 다음과 같다.

> • 1월 1일: 회사를 설립하고 보통주를 발행
> • 7월 1일: 200주 유상증자(현금을 받을 권리 발생일은 7월 1일이며, 공정가치로 발행) 실시
> • 10월 1일: 10% 무상증자 실시

20×1년 (주)한국의 보통주에 귀속되는 당기순이익이 ₩528,000, 기본주당이익이 ₩200일 때, 설립시 발행한 보통주식수는? (단, 가중평균유통보통주식수 계산시 월수를 가중치로 사용함)

① 2,000주   ② 2,036주   ③ 2,240주

④ 2,300주   ⑤ 2,640주

정답 및 해설

24 ④ 기본주당순이익 = 보통주 당기순이익 ÷ 가중평균유통보통주식수
= (₩510,000 − ₩30,000) ÷ 가중평균유통보통주식수 = ₩30
∴ 가중평균유통보통주식수 = 16,000주

25 ① 가중평균유통보통주식수 = (₩10,000 × 1.1) + (₩11,000 × 0.15 × 4/12) = 11,550주

26 ③ 가중평균유통보통주식수 = (12,000주 × 1.2 × 12/12) + (4,000주 × 1.2 × 10/12) + (2,000주 × 3/12)
= 18,900주

27 ④ • 보통주당기순이익 = ₩1,760,000 − (1,000주 × ₩500 × 7%) = ₩1,725,000
• 가중평균보통주식수 = (1,200주 × 12/12) − (200주 × 3/12) = 1,150주
∴ 기본주당순이익 = ₩1,725,000 ÷ 1,150주 = ₩1,500

28 ④ • 주당순이익 = ₩528,000 / 가중평균유통보통주식수 = 200주
⇨ 가중평균유통보통주식수 = 2,640주
• 가중평균유통주식수 = (발행주식수 × 1.1) + (200주 × 1.1 × 6/12) = 2,640주
∴ 발행주식수 = 2,300주

제10장 수익과 비용

대표예제 55　　**수익인식 5단계 ★★**

기업회계기준서 제1115호 '고객과의 계약에서 생기는 수익'에 관한 설명으로 옳지 않은 것은?

① 최종 고객에게 판매하기 위하여 제품을 다른 당사자에게 인도하는 위탁약정의 경우에는 다른 당사자에게 제품을 인도할 때 수익을 인식하지 않는다.

② 거래가격은 고객에게 약속한 재화나 용역을 이전하고 그 대가로 기업이 받을 권리를 갖게 될 것으로 예상하는 금액이며 제3자를 대신해서 회수한 금액(예 판매세)은 포함한다.

③ 배당수익은 배당금을 받을 권리가 확정되는 시점에서 인식한다.

④ 구매자가 최종 할부금을 지급한 경우에만 재화를 인도하기로 약정한 완납인도 예약판매의 경우에는 재화를 인도하는 시점에만 수익을 인식한다.

⑤ 인도결제판매의 경우 인도가 완료되고 판매자나 판매자의 대리인이 현금을 수취한 때 수익을 인식한다.

해설 | 거래가격은 고객에게 약속한 재화나 용역을 이전하고 그 대가로 기업이 받을 권리를 갖게 될 것으로 예상하는 금액이며 제3자를 대신해서 회수한 금액(예 판매세)은 제외한다.

기본서 p.382~388　　　　　　　　　　　　　　　　　　　　　　　　　　　　　　　정답 ②

01 수익인식 5단계를 순서대로 바르게 나열한 것은? 제23회

> ㉠ 수행의무의 식별
> ㉡ 고객과의 계약을 식별
> ㉢ 거래가격을 산정
> ㉣ 거래가격을 계약 내 수행의무에 배분
> ㉤ 수행의무를 이행할 때 수익을 인식

① ㉠ ⇨ ㉡ ⇨ ㉢ ⇨ ㉣ ⇨ ㉤
② ㉠ ⇨ ㉢ ⇨ ㉡ ⇨ ㉣ ⇨ ㉤
③ ㉡ ⇨ ㉠ ⇨ ㉢ ⇨ ㉣ ⇨ ㉤
④ ㉡ ⇨ ㉠ ⇨ ㉣ ⇨ ㉢ ⇨ ㉤
⑤ ㉢ ⇨ ㉠ ⇨ ㉡ ⇨ ㉣ ⇨ ㉤

02 수익인식 단계 중 거래가격 산정에 관한 설명으로 옳지 않은 것은?

① 비현금대가의 경우 비현금대가의 공정가치로 측정한다.

② 고객이 약속한 대가의 특성, 시기, 금액은 거래가격의 추정치에 영향을 미친다.

③ 고객과의 계약에서 약속한 대가는 고정금액, 변동금액 또는 둘 다를 포함할 수 있다.

④ 계약에서 가능한 결과치가 두 가지뿐일 경우 '기댓값'은 변동대가(금액)의 적절한 추정치일 수 있다.

⑤ 거래가격은 고객에게 약속한 재화나 용역을 이전하고 그 대가로 기업이 받을 권리를 갖게 될 것으로 예상하는 금액이며, 제3자를 대신해서 회수한 금액은 제외한다.

정답 및 해설

01 ③ ㉡ 고객과의 계약을 식별 ⇨ ㉠ 수행의무의 식별 ⇨ ㉢ 거래가격을 산정 ⇨ ㉣ 거래가격을 계약 내 수행의무에 배분 ⇨ ㉤ 수행의무를 이행할 때 수익을 인식

02 ④ 계약에서 가능한 결과치가 두 가지뿐일 경우 '기댓값'이 아니라 <u>가능성이 가장 높은 금액</u>이다. 한편, 기댓값은 기업에 특성이 비슷한 계약이 많은 경우 추정하는 방법이다.

03 기업회계기준서 '고객과의 계약에서 생기는 수익'과 관련된 설명으로 옳지 않은 것은?

① 거래가격은 고객에게 약속한 재화나 용역을 이전하고 그 대가로 기업이 받을 권리를 갖게 될 것으로 예상하는 금액으로, 궁극적으로 수익으로 인식할 금액이며, 제3자를 대신해서 회수한 금액은 제외한다.

② 고객에게 지급할 대가는 고객이 기업에 이전하는 구별되는 재화나 용역의 대가로 지급하는 것이 아니라면 그 대가는 거래가격, 즉 수익에서 차감하여 회계처리한다.

③ 기간에 걸쳐 수행의무를 이행하는 경우 수행의무 완료까지의 진행률을 측정하여 기간에 걸쳐 수익을 인식하는데, 기준서에서는 진행률 측정방법으로 산출법과 투입법 중 투입법만을 인정한다.

④ 수행의무를 기간에 걸쳐 이행하는 경우에는 기간에 걸쳐 수익을 인식하며, 수행의무를 한 시점에 이행하는 경우에는 한 시점에 수익을 인식한다.

⑤ 만일 수행의무의 진행률을 합리적으로 측정할 수 없는 경우에는 수행의무의 산출물을 합리적으로 측정할 수 있을 때까지 발생원가의 범위 내에서만 수익을 인식한다.

04 고객과의 계약에서 생기는 수익에 관한 설명으로 옳은 것은?

① 이전할 재화나 용역의 지급조건을 식별할 수 없는 경우에도 고객과의 계약으로 회계처리할 수 있다.

② 계약은 서면이나 구두, 혹은 기업의 사업관행에 따라 암묵적으로 체결할 수 있다.

③ 계약의 결과로 기업의 미래 현금흐름의 위험, 시기, 금액이 변동될 것으로 예상되지 않는 경우에도 고객과의 계약으로 회계처리할 수 있다.

④ 계약변경은 반드시 서면으로만 승인될 수 있다.

⑤ 고객과의 계약에서 식별되는 수행의무는 계약에 분명히 기재한 재화나 용역에만 한정된다.

05 다음 중 기업회계기준서 제1115호 '고객과의 계약에서 생기는 수익'에서 계약의 식별요건과 가장 관계가 없는 것은?

① 이전할 재화나 용역과 관련된 각 당사자의 권리를 식별할 수 있다.

② 계약당사자들이 계약을 (서면, 구두, 또는 그 밖의 사업관행에 따라) 승인하고 각자의 의무를 수행하기로 확약한다.

③ 계약에 상업적 실질이 결여되어 있다.

④ 고객에게 이전할 재화나 용역에 대하여 받을 권리를 갖게 될 대가의 회수가능성이 높다.

⑤ 이전할 재화나 용역의 지급조건을 식별할 수 있다.

정답 및 해설

03 ③ 기간에 걸쳐 수행의무를 이행하는 경우 수행의무 완료까지의 진행률을 측정하여 기간에 걸쳐 수익을 인식하는데, 진행률 측정방법은 <u>산출법과 투입법 중 선택하여 적용한다.</u>

04 ② ① 고객과의 계약으로 회계처리하기 위해서는 이전할 재화나 용역의 <u>지급조건을 식별할 수 있어야 한다.</u>
　③ 고객과의 계약으로 회계처리를 하기 위해서는 상업적 실질이 존재해야 한다. 계약에서 상업적 실질이 존재한다는 것은 계약의 결과로 기업의 미래 현금흐름의 위험, 시기, 금액이 변동될 것으로 예상된다는 것을 의미한다. 따라서 계약의 결과로 기업의 미래 현금흐름의 위험, 시기, 금액이 변동될 것으로 예상되지 않는 경우에는 <u>고객과의 계약으로 회계처리하지 않는다.</u>
　④ 계약변경은 서면이나 구두, 혹은 기업의 사업관행에 따라 <u>암묵적으로 체결할 수 있다.</u>
　⑤ 고객과의 계약에서 식별되는 수행의무는 계약에 분명히 기재한 재화나 용역에만 <u>한정되지 아니한다.</u>

05 ③ 계약에 상업적 실질이 있어야 한다.

06 20×1년 1월 1일 (주)한국은 통신기계와 향후 24개월 동안 유지보수서비스를 함께 제공하기로 고객과 계약을 체결하고 총 ₩1,000,000을 수취하였다. 통신기계는 판매 즉시 고객에게 인도하였다. 통신기계와 유지보수서비스의 개별판매가격은 각각 ₩500,000과 ₩750,000이다. 이 거래에 대한 수익인식과 관련하여 다음 설명 중 옳은 것은?

① 이 계약에는 한 개의 수행의무가 있다.
② 이 계약의 거래가격은 ₩1,250,000이다.
③ 20×1년 1월 1일에 ₩400,000의 수익을 인식한다.
④ 통신기계에 ₩500,000의 이연수익을 배분한다.
⑤ ₩750,000의 수익을 이연하여 20×1년 1월 1일부터 향후 24개월 기간에 걸쳐 수익으로 인식한다.

07 수익의 인식을 수반하지 않는 사건에 해당하는 것은?

① 상품을 거래처에 위탁하여 판매하였다.
② 이자부채권을 매입하고 3개월이 지났으나 이자를 수취하지 못하였다.
③ 상품을 도착지인도조건으로 판매하기로 하고 운송선박에 선적하였다.
④ 용역을 제공하고 용역대금으로 거래처에 대한 매입채무를 상계하였다.
⑤ 상품을 장기할부로 판매하였다.

08 수익의 인식에 관한 설명으로 옳지 않은 것은?

① 위탁판매의 경우 수탁자가 제3자에게 재화를 판매한 시점에 인식한다.
② 광고매체수수료는 광고가 소비대중에게 방영되거나 전달되었을 때 인식한다.
③ 상품권의 발행과 관련된 수익은 상품권 판매시점에서 수익으로 인식한다.
④ 정기간행물 품목의 가액이 기간별로 다른 경우에는 품목의 판매가액이 구독 신청을 받은 모든 품목의 추정 총판매가액에 차지하는 비율에 따라 수익을 인식한다.
⑤ 타인의 대리인 역할을 수행하여 재화를 판매하는 경우에는 판매가액을 수익으로 계상하지 않고 판매수수료만을 수익으로 인식한다.

09 수익인식에 관한 설명으로 옳지 않은 것은?

① 정기간행물 구독료의 경우, 판매가격이 매기 비슷한 경우 발송기간에 걸쳐 정액기준으로 수익을 인식한다.

② 할부판매의 경우, 재화를 고객에게 판매한 시점에서 수익을 인식한다.

③ 검사조건부 판매의 경우, 재화나 용역이 합의된 규격에 부합하는지 객관적으로 판단할 수 있는 경우에는 고객이 인수하는 시점에 수익을 인식한다.

④ 인도결제판매의 경우에는 인도가 완료되고 판매자가 현금을 수취할 때 수익을 인식한다.

⑤ 광고매체수수료는 광고 또는 상업방송이 대중에게 전달될 때 인식하고, 광고제작수수료는 제작이 진행되는 정도에 따라 수익을 인식한다.

정답 및 해설

06 ③ • 통신기계 = ₩1,000,000 × ₩500,000 / (₩500,000 + ₩750,000)
   = ₩400,000(통제 이전시 수익인식)
 • 유지보수 = ₩1,000,000 − ₩400,000 = ₩600,000(기간에 걸쳐 수익인식)
 ① 이 계약에는 두 개(통신기계, 유지보수)의 수행의무가 있다.
 ② 이 계약의 거래가격은 ₩1,000,000이다.
 ④ 유지보수에 대해 ₩600,000의 이연수익을 배분한다.
 ⑤ ₩600,000의 수익을 이연하여 20×1년 1월 1일부터 향후 24개월 기간에 걸쳐 수익으로 인식한다.

07 ③ 도착지인도조건으로 판매하는 경우 목적지에 도착해야 수익으로 인식할 수 있다.

08 ③ 상품권 발행으로 인한 수익은 상품권이 회수되어 재화가 인도되는 시점에서 수익으로 인식한다.

09 ③ 검사조건부 판매의 경우, 재화나 용역이 합의된 규격에 부합하는지 객관적으로 판단할 수 있는 경우에는 고객의 인수는 형식적인 것이므로 고객의 인수 여부와 무관하게 수익을 인식한다.

10 (주)한국은 20×1년 7월 1일 원가 ₩40,000의 재고자산을 판매하고 계약금으로 현금 ₩5,000을 수령한 후 다음과 같이 대금을 수령하기로 하였다. 재고자산 판매일 현재 할인율이 연 10%일 때 동 거래로 인하여 발생되는 (주)한국의 20×1년 매출총이익은? [단, 명목가치와 현재가치의 차이는 중요하고, 정상연금 ₩1의 현재가치는 2.4868(3기간, 10%)임]

20×2년 6월 30일	20×3년 6월 30일	20×4년 6월 30일
₩15,000	₩15,000	₩15,000

① ₩1,900

② ₩2,302

③ ₩3,500

④ ₩5,000

⑤ ₩10,000

11 (주)한국은 20×1년 초에 제품을 ₩300,000에 판매(제품을 실질적으로 인도함)하면서, 판매대금 중 ₩100,000은 판매 즉시 수취하고 나머지 ₩200,000은 향후 2년에 걸쳐 매년 말에 각각 ₩100,000씩 받기로 하였다. 동 거래에는 유의적인 금융요소가 포함되어 있고, 판매계약의 할인율은 연 10%로 동 할인율은 별도 금융거래에 적용될 할인율에 해당한다. 판매대금의 회수가능성이 확실하다고 가정할 때, 상기 제품의 판매거래로 (주)한국이 20×1년에 인식하게 될 수익의 총액은? (단, 현재가치 계산시 다음의 현가표를 이용하며, 단수차이가 발생하는 경우 가장 근사치를 선택함) 제26회

기간	연 이자율 10%	
	단일금액 ₩1의 현재가치	정상연금 ₩1의 현재가치
2	0.8265	1.7355
3	0.7513	2.4868

① ₩273,559

② ₩290,905

③ ₩300,000

④ ₩300,905

⑤ ₩330,000

12 (주)한국은 (주)민국과 매출액의 10%를 판매수수료로 지급하는 위탁판매계약을 맺고 있으며, (주)민국에게 적송한 재화의 통제권은 (주)한국이 계속 보유하고 있다. 20×1년에 (주)한국은 (주)민국에 단위당 원가 ₩90인 상품 A 10개를 적송하였으며, (주)민국은 상품 A 8개를 단위당 ₩100에 고객에게 판매하였다. 상품 A의 판매와 관련하여 (주)한국과 (주)민국이 20×1년에 인식할 수익금액은?

제25회

	(주)한국	(주)민국
①	₩100	₩80
②	₩800	₩80
③	₩800	₩800
④	₩1,000	₩100
⑤	₩1,000	₩800

정답 및 해설

10 ② • 매출총이익 = 매출액(현재가치) − 매출원가
   • 매출액 = ₩5,000 + (₩15,000 × 2.4868) = ₩42,302
   ∴ 매출총이익 = ₩42,302 − ₩40,000 = ₩2,302

11 ② (1) 매출액 = ₩100,000 + (₩100,000 × 1.7355) = ₩273,550
   (2) 이자수익(유효이자) = (₩100,000 × 1.7355) × 10% = ₩17,355
   ∴ 수익의 총액 = (1) + (2) = ₩273,550 + ₩17,355 = ₩290,905

12 ② 위탁판매에서 수탁자가 상품을 판매한 경우 위탁자는 이와 관련된 수익(8개 × ₩100 = ₩800)을 인식하며 관련원가는 매출원가와 수수료를 인식한다. 이 경우 수탁자는 판매와 관련된 수수료(₩800 × 10% = ₩80)를 수익으로 인식한다.

13 (주)한국은 20×1년부터 상품 A(단위당 판매가격 ₩50,000, 단위당 매입원가 ₩30,000)의 위탁판매를 시작하면서 수탁자에게 단위당 ₩5,000의 판매수수료를 지급하기로 하였다. 20×1년 (주)한국이 수탁자에게 적송한 상품 A는 200개이며, 적송운임 ₩20,000은 (주)한국이 부담하였다. 수탁자는 이 중 100개를 20×1년에 판매하였다. 20×1년 (주)한국이 상품 A의 위탁판매와 관련하여 인식할 당기이익은?

① ₩1,200,000   ② ₩1,490,000

③ ₩2,200,000   ④ ₩2,800,000

⑤ ₩3,010,000

14 (주)대한은 20×1년 12월 초 위탁판매를 위해 (주)민국에게 단위당 원가 ₩600인 상품 1,000개를 적송하면서 운임 ₩15,000을 현금 지급하였다. 20×2년 초 위탁판매와 관련하여 (주)대한은 (주)민국에서 다음과 같은 판매현황을 보고받았다.

• 매출액	800개 × @₩700 = ₩560,000		
• 판매수수료	(18,000)		
• 운임 및 보관료	(2,000)	(₩20,000)	
• (주)대한에게 송금한 금액		₩540,000	

(주)대한이 위탁판매와 관련하여 20×1년 재무제표에 인식할 매출액과 적송품의 금액은? (단, (주)대한은 계속기록법을 채택하고 있음)

	매출액	적송품금액
①	₩570,000	₩120,000
②	₩600,000	₩120,000
③	₩600,000	₩123,000
④	₩560,000	₩120,000
⑤	₩560,000	₩123,000

15 (주)대한의 20×1년 상품의 판매와 관련한 자료를 통해 계산한 20×1년 매출액은?

> • 위탁판매를 위하여 적송된 상품(매가 ₩160,000) 중 소비자에게 판매된 금액은 ₩48,000 이다.
> • 시송품(매가 ₩80,000)에 대해 20×1년 말 현재 고객으로부터 매입의사표시를 받지 못했다.
> • 장기할부판매상품(총할부대금은 ₩144,000이고, 현재가치는 ₩128,000) 중 50%만 현금으로 수취하였다.

① ₩112,000   ② ₩120,000

③ ₩144,000   ④ ₩153,000

⑤ ₩176,000

정답 및 해설

13 ② 주어진 자료에 단위당 원가가 주어졌으므로 단위당 적송운임만 고려하여 계산한다.
∴ 위탁판매 관련 당기이익 = (₩50,000 − ₩30,000 − ₩100* − ₩5,000) × 100개 = ₩1,490,000
* 적송품 단위당 적송운임 = ₩20,000 ÷ 200개 = ₩100

14 ⑤ • 매출액은 ₩560,000 전액 인식하고, 판매수수료와 운임 및 보관료 등은 판매비와관리비로 인식한다.
• 적송품 = [(₩600 × 1,000개) + ₩15,000] × 200개 / 1,000개 = ₩123,000

15 ⑤ 20×1년 매출액 = 위탁판매분 + 장기할부판매분
= ₩48,000 + ₩128,000 = ₩176,000
▶ 위탁판매는 수탁자가 제3자에게 재화를 판매하는 시점에서 인식하고, 시송품의 경우는 고객이 매입의사 표시를 한 경우에 수익으로 인식한다. 또한 대가를 분할하여 판매하는 장기할부판매의 경우는 이자 부분을 제외한 판매가격인 현재가치를 수익으로 인식한다.

16 (주)한국은 20×1년 10월 1일에 신상품을 출시하면서 2개월 내에 반품가능 조건으로 상품을 현금판매하였다. 결산일인 12월 31일 현재 반품기간이 미경과된 금액은 판매수량 1,000개이며, 개당 판매가격은 ₩400이다. 동 제품의 원가율은 80%이다. 동 제품에 대하여 반품률이 10%로 예상되는 경우 (주)한국이 판매시점에 인식할 매출액은?

① ₩190,000
② ₩288,000
③ ₩320,000
④ ₩360,000
⑤ ₩400,000

대표예제 56 ▶ **진행기준에 의한 계약손익의 인식 ★★**

(주)한국은 고객과 20×1년부터 3년간 용역제공계약을 체결하고 용역을 제공하고 있다. 최초 계약시 총계약금액은 ₩2,000이었다. 20×2년 중 용역계약원가의 상승으로 총계약금액을 ₩2,400으로 변경하였다. 용역제공과 관련된 자료가 다음과 같을 때, (주)한국이 인식할 20×2년도 용역계약손익은? (단, 진행률에 의해 계약수익을 인식하며, 진행률은 총추정계약원가 대비 누적발생계약원가로 산정함)

제23회

구분	20×1년	20×2년	20×3년
당기발생계약원가	₩320	₩880	₩800
총추정계약원가	₩1,600	₩2,000	₩2,000

① 손실 ₩120
② 손실 ₩80
③ 이익 ₩120
④ 이익 ₩160
⑤ 이익 ₩240

해설 |

구분	20×1년	20×2년	20×3년
누적발생계약원가	₩320	₩1,200	₩2,000
총추정계약원가	₩1,600	₩2,000	₩2,000
진행률	20%	60%	100%

• 20×1년 계약이익 = (₩2,000 − ₩1,600) × 0.2 = ₩80
• 20×2년 계약이익 = (₩2,400 − ₩2,000) × 0.6 − ₩80 = ₩160

기본서 p.397~399

정답 ④

17 다음은 (주)한국의 20×1년 초에 시작해서 20×3년 말에 끝나는 공사계약(총공사계약 금액 ₩10,000,000)과 관련된 자료이다. (주)한국이 20×2년도에 인식할 공사 관련 이익은 얼마인가? [단, (주)한국은 발생한 누적계약원가를 추정총계약원가로 나눈 진행률(진행기준)을 사용하여 수익과 비용을 인식함]

구분	20×1년	20×2년	20×3년
발생한 누적계약원가	₩1,600,000	₩5,400,000	₩9,000,000
추정 총계약원가	₩8,000,000	₩9,000,000	₩9,000,000

① ₩100,000

② ₩200,000

③ ₩300,000

④ ₩400,000

⑤ ₩500,000

정답 및 해설

16 ④ 반품가능성을 예측할 수 있는 경우이므로 수익으로 인식할 매출액은 반품조건부 매출액에 (1 – 예상반품률)을 곱한 금액이다.
- 매출액 = 1,000개 × ₩400 × (1 – 10%) = ₩360,000
- 매출원가 = 1,000개 × ₩320 × (1 – 10%) = ₩288,000

17 ②

구분	20×1년	20×2년	20×3년
㉠ 발생 누적계약원가	₩1,600,000	₩5,400,000	₩9,000,000
㉡ 추정총계약원가	₩8,000,000	₩9,000,000	₩9,000,000
㉢ 진행률(㉠/㉡)	20%	60%	100%

- 20×1년 계약이익 = (₩10,000,000 – ₩8,000,000) × 20% = ₩400,000
- 20×2년 계약이익 = (₩10,000,000 – ₩9,000,000) × 60% – ₩400,000 = ₩200,000

18 (주)한국은 20×1년 초 건설계약(공사기간 4년)을 체결하였다. (주)한국은 동 건설계약의 수익을 진행기준으로 인식하며, 20×2년까지 연도별 공사 관련 정보는 다음과 같다. (주)한국이 20×2년에 인식할 계약(공사)수익은 얼마인가? (단, (주)한국은 공사원가에 기초한 투입법으로 진행률을 측정하고 있으며, 진행률은 신뢰성 있게 측정 가능한 것으로 가정함)

구분	20×1년	20×2년
연도별 계약원가	₩600,000	₩1,000,000
완성시까지 추가계약원가예상액	₩2,400,000	₩1,600,000
도급금액	₩4,000,000	₩4,400,000

① ₩1,200,000
② ₩1,320,000
③ ₩1,400,000
④ ₩1,800,000
⑤ ₩2,000,000

19 12월 말 결산법인인 (주)한국은 20×1년 초에 도급금액이 ₩160,000인 건설공사를 수주하였다. 동 공사는 20×3년 말에 완공될 예정이며 용역제공거래에 대한 수익인식은 진행기준을 적용한다. 다음의 자료를 기초로 (주)한국이 20×2년도에 인식해야 할 계약이익은? (단, 공사진행률 계산은 발생원가기준에 따름)

구분	20×1년	20×2년	20×3년
각 연도 발생한 계약원가	₩40,000	₩30,000	₩40,000
각 연도 말 예상추가계약원가	₩40,000	₩30,000	—

① ₩2,000
② ₩5,000
③ ₩10,000
④ ₩12,000
⑤ ₩13,000

20 (주)한국의 건설계약과 관련된 자료는 다음과 같다.

- 계약기간: 20×1년 1월 1일 ~ 20×3년 12월 31일
- 계약금액: ₩2,500,000
- 계약원가 자료

구분	20×1년	20×2년	20×3년
연도별 발생원가	₩840,000	₩1,185,000	₩675,000
완성시까지 추가소요 예정원가	₩1,260,000	₩675,000	–

(주)한국의 20×2년도 계약손실은? (단, 진행기준을 적용하여 수익을 인식하며, 진행률은 발생한 누적계약원가를 추정 총계약원가로 나누어 산정함)

① ₩100,000
② ₩180,000
③ ₩200,000
④ ₩360,000
⑤ ₩420,000

정답 및 해설

18 ③

구분	20×1년	20×2년
연도별 누적계약원가	₩600,000	₩1,600,000
총예상계약원가	₩3,000,000	₩3,200,000
누적진행률	20%	50%

20×2년에 인식할 계약(공사)수익 = (₩4,400,000 × 50%) − (₩4,000,000 × 20%)
= ₩1,400,000

19 ①

구분	20×1년	20×2년	20×3년
각 연도 발생한 누적계약원가	₩40,000	₩70,000	₩110,000
추정총계약원가	₩80,000	₩100,000	–
진행률	50%	70%	100%

- 20×1년 = (₩160,000 − ₩80,000) × 50% = ₩40,000
- 20×2년 = (₩160,000 − ₩100,000) × 70% − ₩40,000 = ₩2,000

20 ④

구분	20×1년	20×2년	20×3년
연도별 누적발생원가	₩840,000	₩2,025,000	₩2,700,000
총예정계약원가	₩2,100,000	₩2,700,000	₩2,700,000
진행률	40%	75%	100%

- 20×2년도 계약수익 = ₩2,500,000 × (75% − 40%) = ₩875,000
- 20×2년도 계약원가 = ₩1,185,000 + ₩50,000* = ₩1,235,000
  * (₩2,500,000 − ₩2,700,000) × (1 − 0.75) = ₩50,000(예상손실)
∴ 계약손실 = 계약수익 − 계약원가 = ₩875,000 − ₩1,235,000 = ₩360,000 손실
▶ 간편법: 계약손실 = (₩2,700,000 − ₩2,500,000) + (₩2,500,000 − ₩2,100,000) × 0.4 = ₩360,000

21 (주)한국은 20×1년 1월 1일에 도로건설계약(공사기간 20×1.1.1.~20×1.12.31.)을 체결하고 공사를 진행하였다. 총계약수익은 ₩600,000이며, 이 도로를 건설하는 데 총 추정계약원가는 ₩400,000으로 추정되었다. 당해 건설계약에서 실제로 발생한 누적계약원가가 다음과 같을 때, 이 건설계약에 대한 설명으로 옳지 않은 것은? (단, 진행률은 실제 발생한 누적계약원가를 추정 총계약원가로 나눈 비율로 계산함)

구분	20×1년	20×2년	20×3년
누적계약원가	₩100,000	₩260,000	₩400,000

① 20×1년 계약진행률은 25%이다.
② 20×3년의 계약수익은 ₩210,000이다.
③ 20×2년까지 누적진행률은 65%이다.
④ 20×2년에 인식할 계약이익은 ₩130,000이다.
⑤ 20×2년도 발생한 계약원가는 ₩160,000이다.

22 다음은 (주)한국이 수주한 건설공사 관련 자료이다. 공사기간은 20×3년 말까지이며 한국채택국제회계기준에 따라 회계처리할 경우, 20×2년 재무상태표에 계상되는 미청구공사 또는 초과청구공사금액은 얼마인가?

	20×1년	20×2년	20×3년
누적계약원가	₩600,000	₩1,000,000	₩2,200,000
추가예상계약원가	₩1,000,000	₩1,000,000	–
총계약수익	₩2,000,000	₩2,400,000	₩2,400,000
진행청구액	₩500,000	₩1,000,000	₩900,000
공사대금 회수액	₩400,000	₩800,000	₩1,200,000

① 초과청구공사 ₩200,000
② 초과청구공사 ₩300,000
③ 미청구공사 ₩200,000
④ 미청구공사 ₩300,000
⑤ 미청구공사 ₩500,000

23 (주)한국은 20×1년 1월 1일 계약금액 ₩60,000의 공장 건설계약을 체결하였다. 장기 공사계약에 대한 진행기준을 적용하여 수익을 인식하고 공사진행률은 누적발생공사원가에 기초하여 측정하고 있다. 20×1년 말 현재 공사진행률은 20%, 인식한 이익의 누계액은 ₩3,000, 추정 총계약원가는 ₩45,000이다. 20×2년 말 현재 공사진행률은 60%, 인식한 이익의 누계액은 ₩7,200, 추정 총계약원가가 ₩48,000일 때 20×2년도에 발생한 계약원가는?

① ₩19,200   ② ₩19,800

③ ₩21,000   ④ ₩28,800

⑤ ₩30,200

정답 및 해설

21 ④ 20×2년에 인식할 계약이익 = 총인식할 이익 × 20×2년 진행률
= (₩600,000 − ₩400,000) × (65% − 25%) = ₩80,000
① 20×1년 계약진행률 = ₩100,000 / ₩400,000 = 25%
② 20×3년 계약수익 = 총계약수익 × 20×3년 진행률 = ₩600,000 × (100% − 65%) = ₩210,000
③ 20×2년 누적진행률 = ₩260,000 / ₩400,000 = 65%
⑤ 20×2년도 발생한 계약원가 = ₩260,000 − ₩100,000 = ₩160,000

22 ②

	20×1년	20×2년	20×3년
누적계약원가	₩600,000	₩1,000,000	₩2,200,000
추정 총계약원가	₩1,600,000	₩2,000,000	−
총계약수익	37.5%	50%	100%

• 진행청구액(20×2년) = ₩500,000 + ₩1,000,000 = ₩1,500,000
• 미성공사(20×2년) = ₩2,400,000 × 50% = ₩1,200,000
∴ 초과청구공사금액 = ₩1,500,000 − ₩1,200,000 = ₩300,000

23 ② • 20×1년 누적계약원가 = ₩45,000 × 20% = ₩9,000
• 20×2년 누적계약원가 = ₩48,000 × 60% = ₩28,800
∴ 20×2년 계약원가 = 20×2년 누적계약원가 − 20×1년 누적계약원가 = ₩19,800

제11장 회계변경과 오류수정

대표예제 57   회계변경 ★★

(주)한국은 20×1년 1월 1일 기계장치를 ₩3,100에 취득하고 연수합계법(잔존가치 ₩100, 내용연수 5년)으로 감가상각하였다. 20×3년 1월 1일 현재 동 기계장치의 감가상각방법을 정액법으로 변경하고, 잔존내용연수를 5년으로 변경하였다. 잔존가치의 변동이 없다고 할 경우 (주)한국이 20×3년 포괄손익계산서에 인식할 감가상각비와 재무상태표에 인식할 감가상각누계액은?

	감가상각비	감가상각누계액
①	₩200	₩1,800
②	₩240	₩2,040
③	₩200	₩2,000
④	₩240	₩2,240
⑤	₩250	₩2,500

해설 | (1) 20×3년 초 장부금액
= ₩3,100 − [(₩3,100 − ₩100) × 9/15] = ₩1,300
(2) 20×3년 감가상각비: 전진법
= (₩1,300 − ₩100) × 1/5 = ₩240
∴ 20×3년 말 감가상각누계액 = [(₩3,100 − ₩100) × 9/15] + ₩240 = ₩2,040

기본서 p.415~418   정답 ②

---

01 회계변경을 회계정책의 변경과 회계추정의 변경으로 분류할 때, 그 분류가 다른 것은?

① 감가상각자산의 감가상각방법을 정률법에서 정액법으로 변경

② 감가상각자산의 내용연수를 10년에서 15년으로 변경

③ 감가상각자산의 잔존가치를 취득원가의 10%에서 5%로 변경

④ 감가상각자산의 측정기준을 원가모형에서 재평가모형으로 변경

⑤ 매출채권의 손실예상률을 5%에서 3%로 변경

02 (주)한국은 20×1년 1월 1일 기계장치(취득원가 ₩310,000, 내용연수 5년, 잔존가치 ₩10,000)를 취득하고 이를 정액법으로 감가상각하였다. 20×3년 1월 1일 감가상각 방법을 정액법에서 연수합계법으로 변경하였으나 내용연수와 잔존가치는 변함이 없다. 20×3년 감가상각비는?

① ₩70,000   ② ₩85,000
③ ₩90,000   ④ ₩93,000
⑤ ₩95,000

03 (주)한국은 20×1년 1월 1일에 기계장치(내용연수 5년, 잔존가치 ₩7,000)를 ₩75,000에 취득하여 정률법(상각률 40%)으로 상각해 왔다. (주)한국은 20×3년 초에 동 기계 장치에 대해서 잔존내용연수가 2년 연장되었다고 판단하였으며, 상각방법은 정액법으로 변경하였다. (주)한국의 20×3년 감가상각비는? (단, 추정치의 변경은 모두 정당한 회계변경으로 가정함)

① ₩4,000   ② ₩5,400
③ ₩6,480   ④ ₩10,800
⑤ ₩12,000

정답 및 해설

01 ④ 감가상각자산의 측정기준을 변경하는 것은 회계정책의 변경이고, 나머지는 회계추정의 변경이다.

02 ③ 20×3년 1월 1일 감가상각누계액 = (₩310,000 − ₩10,000) × 2/5 = ₩120,000
∴ 20×3년 감가상각비 = (₩310,000 − ₩120,000 − ₩10,000) × 3/6 = ₩90,000

03 ① 회계변경 연도 초 감가상각누계액(정률법)
= (₩75,000 × 0.4) + [₩30,000 × (1 − 0.4)] = ₩48,000
∴ 20×3년 감가상각비(정액법: 전진법)
= (₩75,000 − ₩48,000 − ₩7,000) × 1/(5 + 2 − 2) = ₩4,000

04 회계변경 또는 회계선택의 결과로 당기순이익이 감소하는 것은? (단, 회계변경은 모두 정당한 변경으로 간주함)

① 정액법을 적용하여 감가상각하는 비품의 내용연수를 5년에서 7년으로 변경하였다.
② 매입한 재고자산의 단가가 계속 상승할 때, 재고자산 단위원가 결정방법을 가중평균법에서 선입선출법으로 변경하였다.
③ 신규취득 기계장치의 감가상각방법으로 정액법이 아닌 정률법을 선택하였다.
④ 정액법으로 감가상각하는 기계장치에 대한 수선비가 발생하여 이를 수익적 지출이 아닌 자본적 지출로 회계처리하였다.
⑤ 감가상각방법으로 체감상각법보다 정액법을 선택하여 회계처리하였다.

05 (주)한국은 20×1년 10월 초 기계장치를 ₩200,000(내용연수 4년, 잔존가치 ₩40,000, 연수합계법, 월할상각)에 취득한 후, 20×2년 1월 초 ₩60,000의 자본적 지출을 하였으며 자산의 인식요건을 충족하였다. 그 결과 20×2년 1월 초 기계장치의 잔존내용연수는 10년, 잔존가치는 ₩100,000으로 추정되었다. (주)한국이 20×2년 1월 초부터 감가상각방법을 정액법으로 변경하였다면, 20×2년 포괄손익계산서에 보고할 감가상각비는? (단, 원가모형을 적용하고, 손상차손은 발생하지 않았음)

① ₩12,500
② ₩14,400
③ ₩20,400
④ ₩24,400
⑤ ₩74,400

^{종합}
06 회계변경 및 오류수정에 관한 설명으로 옳지 않은 것은?

① 과거에 발생한 거래와 실질이 다른 거래, 기타 사건 또는 상황에 대하여 다른 회계정책을 적용하는 경우는 회계정책의 변경에 해당하지 아니한다.
② 기업은 한국채택국제회계기준에서 회계정책의 변경을 요구하는 경우에 회계정책을 변경할 수 있다.
③ 자산으로 처리해야 할 항목을 비용처리한 것은 오류에 해당된다.
④ 측정기준의 변경은 회계정책의 변경이 아니라 회계추정의 변경에 해당한다.
⑤ 감가상각자산의 추정내용연수가 변경되는 경우 그 변경 효과는 전진적으로 인식한다.

07 12월 결산법인인 (주)한국은 20×1년 1월 1일에 기계를 ₩1,000,000(내용연수 5년, 잔존가치 ₩200,000)에 취득하여 정액법으로 감가상각을 하고 있다. 그러나 20×3년 1월 1일 상태를 점검한 결과, 앞으로 2년간 사용이 가능하고 2년 후의 잔존가치가 ₩100,000이 될 것으로 추정을 변경한 경우, 20×3년에 인식할 감가상각비는?

① ₩160,000   ② ₩200,000
③ ₩225,000   ④ ₩250,000
⑤ ₩290,000

08 (주)한국은 설립일 이후 재고자산 단위원가 결정방법으로 가중평균법을 사용하여 왔다. 그러나 실제 재고자산의 흐름을 살펴보았을 때 선입선출법이 보다 신뢰성 있고 목적적합한 정보를 제공하는 것으로 판단되어 20×3년 초에 단위원가 결정방법을 선입선출법으로 변경하였다. 각 방법하에서의 20×2년 초와 20×2년 말의 재고자산의 가액은 다음과 같으며 가중평균법으로 인식한 20×2년도의 포괄손익계산서상 매출원가는 ₩400,000이다. (주)한국이 20×3년도에 선입선출법으로 소급적용하는 경우 20×3년도 포괄손익계산서에 비교정보로 공시되는 20×2년도 매출원가는?

구분	20×2년 초	20×2년 말
가중평균법	₩20,000	₩35,000
선입선출법	₩25,000	₩38,000

① ₩401,000   ② ₩402,000
③ ₩403,000   ④ ₩404,000
⑤ ₩407,000

정답 및 해설

04 ③ 초년도에는 정액법에 따른 감가상각비보다 정률법에 따른 감가상각비가 더 크기 때문에 당기순이익이 감소한다.

05 ② 20×2년 초 감가상각누계액 = (₩200,000 − ₩40,000) × 4/10 × 3/12 = ₩16,000
∴ 20×2년 감가상각비 = [(₩200,000 − ₩16,000 + ₩60,000) − ₩100,000] × 1/10 = ₩14,400

06 ④ 측정기준의 변경은 <u>회계정책의 변경</u>에 해당한다.

07 ⑤ 20×3년 초 감가상각누계액 = (₩1,000,000 − ₩200,000) × 2/5 = ₩320,000
∴ 20×3년 감가상각비 = (₩1,000,000 − ₩320,000 − ₩100,000) × 1/2 = ₩290,000

08 ② • 20×2년도 회계변경 반영 전 매출원가 = ₩400,000
• 회계변경으로 증가한 20×2년 기초재고 = ₩25,000 − ₩20,000 = ₩5,000
• 회계변경으로 증가한 20×2년 기말재고 = ₩38,000 − ₩35,000 = −₩3,000
∴ 재작성된 매출원가 = ₩400,000 + ₩5,000 − ₩3,000 = ₩402,000

실지재고조사법을 적용하는 (주)한국은 20×1년 기말재고자산(상품) ₩10,000(원가)을 누락하여 과소계상하였다. 해당 오류가 향후 밝혀지지 않을 경우, 다음 설명 중 옳은 것은?

제24회

① 20×1년 매출원가는 ₩10,000 과대계상된다.

② 20×1년 영업이익은 ₩10,000 과대계상된다.

③ 20×2년 기초재고자산은 ₩10,000 과대계상된다.

④ 20×2년 매출원가는 ₩10,000 과대계상된다.

⑤ 누락된 기말재고자산이 20×2년 중 판매되었다면, 20×3년 매출총이익은 ₩10,000 과대계상된다.

해설 | 20×1년 기말재고 과소는 20×2년 초 기초재고 과소가 된다.
- 20×1년: 기말재고의 과소 ⇨ 매출원가 과대 ⇨ 영업이익 과소
- 20×2년: 기초재고의 과소 ⇨ 매출원가 과소 ⇨ 영업이익 과대

오답 체크 | ② 과소계상된다.
③ 과소계상된다.
④ 과소계상된다.
⑤ 기말재고의 오류는 자동조정오류이므로 20×2년 마감 후 오류효과는 자동조정된다.

기본서 p.419~420   정답 ①

09   다음 중 자동조정오류가 아닌 것은?

① 선급비용의 과대계상

② 자본적 지출을 수익적 지출로 표시

③ 매입액의 과대표시

④ 기말재고자산의 과소표시

⑤ 미지급비용의 누락

10 (주)한국은 20×1년 9월 14일 상품을 현금으로 매입하고 회계처리를 누락하였다. 그런 데 재고자산 평가시 실지재고조사법에 의한 평균법을 사용하고 있어 해당 상품은 재무상 태표상 기말재고액에 적정하게 반영되어 있다. 9월 14일의 회계처리 누락으로 인한 오류 가 20×1년 재무제표의 총자산과 당기순이익에 미치는 영향으로 옳은 것은?

	총자산	당기순이익
①	과소계상	과소계상
②	과소계상	과대계상
③	과대계상	과소계상
④	과대계상	과대계상
⑤	영향 없음	영향 없음

11 실지재고조사법을 사용하는 기업이 당기 중 상품 외상매입에 대한 회계처리를 누락하였 다. 기말 현재 동 매입채무는 아직 상환되지 않았다. 기말실지재고조사에서는 이 상품이 포함되었다. 외상매입에 대한 회계처리 누락의 영향으로 옳은 것은? 제14회

	자산	부채	자본	당기순이익
①	과소	과소	영향 없음	영향 없음
②	과소	과소	과대	과대
③	과소	과소	영향 없음	과소
④	영향 없음	영향 없음	영향 없음	영향 없음
⑤	영향 없음	과소	과대	과대

정답 및 해설

09 ② 자본적 지출을 수익적 지출로 표시한 것은 비자동조정오류에 해당된다.

10 ④ (차) 매입 ××× (대) 현금 ×××
자산 과대계상, 매입 과소계상 ⇨ 매출원가 과소계상 ⇨ 당기순이익 과대계상

11 ⑤ (차) 매입 ××× (대) 외상매입금 ×××
• 매입 누락 ⇨ 매출원가(가산요소) 과소계상 ⇨ 당기순이익 과대계상 ⇨ 자본 과대계상
• 외상매입금 누락 ⇨ 부채 과소계상 ⇨ 자본 과대계상

12 (주)한국은 20×1년 회계연도 말 재고실사할 때 외부에 판매를 위탁한 적송품 중 미판매된 상품을 누락시킨 사실이 회계감사 도중에 발견되었다. 이 오류가 20×1년 회계연도의 기말재고자산, 매출원가, 기말이익잉여금에 미치는 영향으로 옳은 것은?

	기말재고자산	매출원가	기말이익잉여금
①	영향 없음	과소계상	과대계상
②	과소계상	과대계상	과소계상
③	과소계상	과대계상	과대계상
④	과대계상	영향 없음	과소계상
⑤	과대계상	영향 없음	과대계상

13 (주)한국은 상품매매거래의 기록방법으로 실지재고조사법을 채택하고 있다. 20×1년 말 결산시 실지재고조사에서 기말재고자산을 ₩3,700만큼 과소계상하는 오류를 범하였다. 이러한 오류가 20×2년 말 재무제표에 미치는 영향으로 옳은 것은?

	매출원가	매출총이익
①	₩3,700 과소계상	₩3,700 과소계상
②	₩3,700 과소계상	₩3,700 과대계상
③	₩3,700 과대계상	₩3,700 과소계상
④	₩3,700 과대계상	₩3,700 과대계상
⑤	₩3,500 과대계상	₩3,500 과소계상

14 (주)한국이 보고한 20×3년의 당기순이익은 ₩1,000이다. 20×2년 기말재고자산이 ₩300 과대계상되었고, 20×3년 기말재고자산이 ₩300 과소계상되었음을 발견하였을 때 20×3년도에 보고할 올바른 당기순이익은? (단, 법인세효과는 무시함)

① ₩400 ② ₩700
③ ₩1,000 ④ ₩1,600
⑤ ₩2,000

대표예제 59 ＼ 비자동조정적 오류 ★★

(주)한국은 20×1년도 결산과정에서 다음과 같은 중요한 오류를 발견하였다.

> 20×1년 초 연구비(당기비용)로 처리해야 할 지출액 ₩40,000을 모두 무형자산으로 인식하고 1년간 무형자산상각비(당기비용)로 ₩8,000을 인식하였다.

20×1년도 오류수정 전 법인세비용차감전순이익이 ₩700,000인 경우, 오류 수정 후 (주)한국의 20×1년도 법인세비용차감전순이익은? (단, (주)한국의 20×1년도 장부는 아직 마감되지 않았음)

① ₩480,000   ② ₩550,000

③ ₩668,000   ④ ₩732,000

⑤ ₩800,000

해설 | 연구비의 오류: 비용의 ₩32,000 과소계상(₩40,000 − ₩8,000)
      ∴ 수정 후 법인세비용차감전순이익 = ₩700,000 − ₩32,000 = ₩668,000

기본서 p.420   정답 ③

---

15 (주)한국은 20×1년에는 감가상각비를 ₩5,000 과대계상하였고, 20×2년에는 ₩3,000 과소계상하였다. 20×2년 말 이익잉여금에 미치는 영향은?

① ₩1,000 과대계상   ② ₩1,000 과소계상

③ ₩2,000 과대계상   ④ ₩2,000 과소계상

⑤ ₩3,000 과소계상

정답 및 해설

12 ② 기말재고 과소계상 ⇨ 매출원가 과대계상 ⇨ 당기순이익 과소계상

13 ② 기초재고 과소계상 ⇨ 매출원가 과소계상 ⇨ 매출총이익 과대계상

14 ④ 20×3년도 올바른 당기순이익 = ₩1,000 + ₩300(기초 과대계상) + ₩300(기말 과소계상)
      = ₩1,600

15 ④ 20×1년 ₩5,000 비용 과대(이익 과소), 20×2년 ₩3,000 비용 과소(이익 과대)이므로 20×2년 말 이익잉여금에 미치는 영향은 ₩2,000 과소계상이다.

16 (주)한국은 20×1년 장부를 마감하기 전 다음과 같은 오류를 발견하였다.

- 20×1년 7월 1일 기계장치를 취득하면서 지불한 운반비 ₩100,000과 설치비 ₩50,000을 모두 비용으로 처리하였다.
- 20×1년 11월 1일 건물에 대한 1년분 화재보험료 ₩120,000을 지출하며 전액 당기비용으로 처리하였다.

(주)한국의 기계장치에 대한 감가상각방법은 정률법이며 상각률은 40%라고 할 때, 이러한 오류가 (주)한국의 법인세비용차감전순이익에 미치는 영향은?

① ₩145,000 과소계상   ② ₩220,000 과소계상
③ ₩145,000 과대계상   ④ ₩220,000 과대계상
⑤ ₩175,000 과소계상

17 (주)한국은 20×2년 말 장부마감 전에 다음과 같은 오류사항을 발견하였다.

- 20×2년 외상매입액 ₩20,000을 20×1년에 매입으로 회계처리하였다.
- 20×1년 기말재고자산 ₩40,000이 과대계상되었다.

(주)한국의 오류수정에 대한 회계처리가 20×2년도 당기순이익에 미치는 영향은?

① ₩20,000 감소   ② ₩20,000 증가
③ ₩60,000 감소   ④ ₩60,000 증가
⑤ ₩70,000 증가

종합

18 다음 (주)한국의 재무자료로 계산한 20×1년의 당기순이익은?

- 20×1년의 수정 전 당기순이익은 ₩46,000이다.
- 기말재고자산을 ₩10,000 과대계상하였다.
- 선급비용 ₩5,000을 당기비용으로 처리하였다.
- 미지급비용 ₩3,000을 누락하였다.
- 20×1년 초에 현금으로 지급한 기계장치에 대한 자본적 지출액 ₩20,000을 수선비로 처리하였다.
- 기계장치의 잔존가치는 없으며, 내용연수는 20×1년 초부터 시작하여 5년이며, 정액법으로 감가상각한다.
- 법인세는 무시하며, 모든 오류는 중요하다고 가정한다.

① ₩50,000
② ₩54,000
③ ₩58,000
④ ₩64,000
⑤ ₩72,000

정답 및 해설

16 ② (1) 지출 분류의 오류
- 회사(誤): 당기비용 ₩150,000
- 올바른 회계처리(正): 감가상각비 = ₩150,000 × 40% × 6/12 = ₩30,000
- 비용 과대: ₩120,000

(2) 비용 과대계상
차기분 비용 과대 = ₩120,000 × 10/12 = ₩100,000
따라서 오류로 인해 비용 과대 ₩220,000만큼 법인세비용차감전순이익은 과소계상된다.

17 ②

구분	20×1년	20×2년
20×1년 매입 오류	20,000	(20,000)
20×1년 기말재고 과대	(40,000)	40,000
당기순이익	₩20,000 감소	₩20,000 증가

18 ②
- 회사측(誤): ₩20,000 수선비(전액 당기비용)
- 올바른 회계처리(正): ₩20,000(자산) ⇨ ₩4,000[당기비용: 감가상각비(= ₩20,000 ÷ 5년)]
- ∴ 수정 후 올바른 당기순이익 = ₩46,000 − ₩10,000 + ₩5,000 − ₩3,000 + ₩16,000*
  = ₩54,000
  * 수정금액(비용 과대) = ₩20,000 − ₩4,000

김수석 회계사는 (주)한국의 20×1년 재무제표를 감사하는 과정에서 다음과 같은 오류를 발견하였다. 오류수정 후 (주)한국의 정확한 당기순이익은 얼마인가?

• 회사 보고 순이익	₩1,500,000
• 매입과 매입채무 누락(기말재고에는 포함되어 있음)	₩100,000
• 매출과 매출채권 과대계상	₩150,000
• 토지취득세를 당기비용으로 처리	₩50,000
• 기타포괄손익 – 공정가치측정 금융자산평가이익을 수익으로 분류	₩75,000

① ₩1,175,000
② ₩1,225,000
③ ₩1,275,000
④ ₩1,325,000
⑤ ₩1,400,000

20 다음은 (주)한국의 비품과 관련된 내용이다. 오류수정분개로 옳은 것은?

> (주)한국은 20×1년 1월 1일 비품에 대한 수선비 ₩20,000을 비용으로 회계처리했어야 하나 이를 비품의 장부금액에 가산하여 정액법으로 상각하였다. 20×1년 1월 1일 수선비 지출시 비품의 잔여내용연수는 5년이고 잔존가치는 없다. 20×3년도 재무제표 마감 전 수선비 지출에 대한 오류가 발견되었다(단, 법인세효과는 무시하며 해당 비품의 최초 취득원가는 ₩1,000,000이다).

① (차) 이익잉여금   20,000   (대) 비품   20,000
      감가상각누계액   12,000   감가상각비   12,000

② (차) 이익잉여금   20,000   (대) 비품   20,000
      감가상각누계액   2,000   감가상각비   2,000

③ (차) 이익잉여금   8,000   (대) 비품   20,000
      감가상각누계액   12,000

④ (차) 이익잉여금   12,000   (대) 비품   20,000
      감가상각누계액   12,000   감가상각비   4,000

⑤ (차) 감가상각누계액   20,000   (대) 비품   20,000
      이익잉여금   4,000   감가상각누계액   4,000

정답 및 해설

19 ② 올바른 당기순이익 = ₩1,500,000 − ₩100,000 − ₩150,000 + ₩50,000 − ₩75,000
= ₩1,225,000

20 ④

	20×1년	20×2년	20×3년
• 비용(正)	(20,000)		
• 회사측(誤)	20,000		
	(4,000)	(4,000)	(4,000)

∴ [수정분개]
   (차) 이익잉여금   12,000   (대) 비품   20,000
      감가상각누계액   12,000   감가상각비   4,000

제12장 재무제표의 표시

대표예제 60 | 재무제표 작성과 표시 ★★

다음 중 재무제표 표시에 대한 설명으로 옳지 않은 것은?

① 한국채택국제회계기준이 달리 허용하거나 요구하는 경우를 제외하고는 당기 재무제표에 보고되는 모든 금액에 대해 전기 비교정보를 공시한다.

② 한국채택국제회계기준에서 요구하거나 허용하지 않는 한 자산과 부채, 그리고 수익과 비용은 상계하지 아니한다.

③ 재무제표가 계속기업의 기준하에 작성되지 않은 경우에는 그 사실과 함께 재무제표가 작성된 기준 및 그 기업을 계속기업으로 보지 않는 이유를 공시하여야 한다.

④ 상이한 성격이나 기능을 가진 항목은 통합하여 표시하지만, 중요하지 않은 항목은 성격이나 기능이 유사한 항목과 구분하여 표시할 수 있다.

⑤ 계속기업의 가정이 적절한지의 여부를 평가할 때 경영진은 적어도 보고기간 말부터 향후 12개월 기간에 대하여 이용 가능한 모든 정보를 고려한다.

해설 | 상이한 성격이나 기능을 가진 항목은 구분표시하고, 중요하지 않은 항목은 성격이나 기능이 유사한 항목과 통합하여 표시할 수 있다.

기본서 p.430~433 정답 ④

01 재무제표의 표시에서 제시한 '일반사항'에 대한 설명으로 옳은 것은?

① 경영활동을 중단할 의도를 가진 경우에도 재무제표는 계속기업을 전제로 작성된다.

② 기업은 현금흐름정보를 포함하여 발생기준 회계를 사용하여 재무제표를 작성한다.

③ 부적절한 회계정책은 공시나 주석 또는 보충자료를 통해 설명하더라도 정당화될 수 있다.

④ 일반적으로 인정된 회계관습에 따라 작성된 재무제표는 공정하게 표시된 재무제표로 본다.

⑤ 회계기준의 요구에 따라 공시되는 정보가 중요하지 않다면 그 공시를 제공할 필요가 없다.

02 재무제표 표시에 관한 설명으로 옳지 않은 것은?   제26회

① 재무제표가 한국채택국제회계기준의 요구사항을 모두 충족한 경우가 아니라면 한국채택국제회계기준을 준수하여 작성되었다고 기재하여서는 아니 된다.

② 한국채택국제회계기준에서 요구하거나 허용하지 않는 한 자산과 부채, 그리고 수익과 비용은 상계하지 아니한다.

③ 기업은 현금흐름정보를 제외하고는 발생기준 회계를 사용하여 재무제표를 작성한다.

④ 부적절한 회계정책은 이에 대해 공시나 주석 또는 보충자료를 통해 설명한다면 정당화될 수 있다.

⑤ 유사한 항목은 중요성 분류에 따라 재무제표에 구분하여 표시한다.

정답 및 해설

01 ⑤ ① 경영활동을 중단할 의도를 가지고 있지 않은 경우 재무제표는 계속기업을 전제로 작성된다.
　　　② 기업은 현금흐름정보를 제외하고 발생기준 회계를 사용하여 재무제표를 작성한다.
　　　③ 부적절한 회계정책은 공시나 주석 또는 보충자료를 통해 설명하더라도 정당화될 수 없다.
　　　④ 한국채택국제회계기준에 따라 작성된 재무제표는 공정하게 표시된 재무제표로 본다.

02 ④ 부적절한 회계정책은 공시나 주석 또는 보충자료를 통해 설명하더라도 정당화될 수 없다.

03 재무제표 표시에 관한 설명으로 옳지 않은 것을 모두 고른 것은? 제25회

> ㉠ 모든 재무제표는 발생기준 회계를 적용하여 작성한다.
> ㉡ 한국채택국제회계기준이 달리 허용하거나 요구하는 경우를 제외하고는 당기 재무제표에 보고되는 모든 금액에 대해 전기 비교정보를 표시한다.
> ㉢ 부적절한 회계정책은 이에 대하여 공시나 주석 또는 보충자료를 통해 설명함으로써 정당화될 수 있다.
> ㉣ 상이한 성격이나 기능을 가진 항목은 구분하여 표시한다. 다만 중요하지 않은 항목은 성격이나 기능이 유사한 항목과 통합하여 표시할 수 있다.
> ㉤ 수익과 비용의 어느 항목도 당기손익과 기타포괄손익을 표시하는 보고서에 특별손익항목으로 표시할 수 없다.

① ㉠, ㉡ ② ㉠, ㉢
③ ㉡, ㉤ ④ ㉢, ㉣
⑤ ㉣, ㉤

04 재무제표의 표시에 대한 설명으로 옳지 않은 것은?

① 각각의 재무제표는 전체 재무제표에서 동등한 비중으로 표시한다.
② 한국채택국제회계기준에 따라 작성된 재무제표(필요에 따라 추가 공시한 경우 포함)는 공정하게 표시된 재무제표로 본다.
③ 한국채택국제회계기준에서 요구하거나 허용하지 않는 한 자산과 부채, 그리고 수익과 비용은 상계하지 아니한다.
④ 당기손익과 기타포괄손익은 단일의 포괄손익계산서에 두 부분으로 나누어 표시할 수 있지만 당기손익 부분을 별개의 손익계산서로 표시할 수 없다.
⑤ 재무제표가 한국채택국제회계기준의 요구사항을 모두 충족한 경우가 아니라면 주석에 한국채택국제회계기준을 준수하여 작성되었다고 기재하여서는 아니 된다.

05 재무제표 표시에 관한 일반사항으로 옳지 않은 것은?

① 중요하지 않은 항목은 성격이나 기능이 유사한 항목과 통합하여 표시할 수 있다.

② 기업은 현금흐름정보를 제외하고는 발생기준 회계를 사용하여 재무제표를 작성한다.

③ 한국채택국제회계기준을 준수하여 작성된 재무제표는 공정하게 표시된 재무제표로 본다.

④ 서술형 정보는 당기 재무제표를 이해하는 데 목적적합하더라도 비교정보를 표시하지 아니한다.

⑤ 재무제표가 계속기업 기준으로 작성되지 않을 경우, 그 사실과 함께 재무제표 작성기준과 계속기업으로 보지 않는 이유를 공시하여야 한다.

06 재무제표 표시의 일반사항에 관한 설명으로 옳지 않은 것은?

① 부적절한 회계정책은 이에 대하여 공시나 주석 또는 보충자료를 통해 설명하더라도 정당화될 수 없다.

② 기업은 현금흐름정보를 제외하고는 발생기준 회계를 사용하여 재무제표를 작성한다.

③ 한국채택국제회계기준이 달리 허용하거나 요구하는 경우를 제외하고는 당기 재무제표에 보고되는 모든 금액에 대해 전기 비교정보를 표시한다.

④ 재고자산평가충당금과 대손(손실)충당금과 같은 평가충당금을 차감하여 관련 자산을 순액으로 측정하는 것은 상계표시에 해당한다.

⑤ 한국채택국제회계기준을 준수하여 작성된 재무제표는 국제회계기준을 준수하여 작성된 재무제표임을 주석으로 공시할 수 있다.

정답 및 해설

03 ② ㉠ 재무제표는 <u>현금흐름정보를 제외하고</u> 발생기준 회계를 적용하여 작성한다.

㉢ 부적절한 회계정책은 이에 대하여 공시나 주석 또는 보충자료를 통해 설명하더라도 <u>정당화될 수 없다</u>.

04 ④ 당기손익 부분을 별개의 <u>손익계산서로 표시할 수 있다</u>.

05 ④ 비교정보에는 서술형 정보를 포함한다.

06 ④ 재고자산평가충당금과 대손충당금과 같은 평가충당금을 차감하여 관련 자산을 순액으로 측정하는 것은 <u>상계표시에 해당하지 아니한다</u>.

07 재무제표 표시에 관한 설명으로 옳은 것은?

① 각각의 재무제표는 전체 재무제표에서 동등한 비중으로 표시한다.

② 부적절한 회계정책이라도 공시나 주석 또는 보충자료를 통해 설명하면 정당화될 수 있다.

③ 환경요인이 유의적인 산업에 속해 있는 기업이 제공하는 환경보고서는 한국채택국제
회계기준의 적용범위에 해당한다.

④ 한국채택국제회계기준을 준수하여 작성된 재무제표는 국제회계기준을 준수하여 작성
된 재무제표임을 주석으로 공시할 수 없다.

⑤ 기업이 재무상태표에 유동자산과 비유동자산, 그리고 유동부채와 비유동부채로 구분
하여 표시하는 경우, 이연법인세자산(부채)은 유동자산(부채)으로 분류한다.

08 다음 중 재무제표 작성원칙에 대한 설명으로 옳은 것은?

① 부적절한 회계정책은 이에 대하여 공시나 주석 또는 보충자료를 통해 설명하면 정당
화될 수 있다.

② 재무제표가 한국채택국제회계기준의 요구사항을 대부분 충족한 경우에는 한국채택국
제회계기준을 준수하였다고 보고할 수 있다.

③ 한국채택국제회계기준의 요구에 따라 공시되는 정보가 중요하지 않은 경우에도 그 공
시는 제공해야 한다.

④ 한국채택국제회계기준이 달리 허용하거나 요구하는 경우를 제외하고는 당기 재무제
표에 보고되는 모든 금액에 대해 전기 비교정보를 표시한다.

⑤ 계속기업의 가정이 적절한지의 여부를 평가할 때 경영진은 적어도 보고기간 말로부터
향후 6개월 기간에 대하여 이용 가능한 모든 정보를 고려한다.

09 재무제표와 관련된 설명 중 옳은 것만을 모두 고른 것은?

> ㉠ 현금흐름표는 일정 회계기간 동안의 기업의 영업활동, 투자활동, 재무활동으로 인한 현금의 유입과 유출에 관한 정보를 제공한다.
> ㉡ 재무상태표는 일정 시점의 기업의 재무상태에 관한 정보를 제공한다.
> ㉢ 자본변동표는 일정 회계기간 동안의 기업의 경영성과에 관한 정보를 제공한다.
> ㉣ 재무제표의 작성과 표시에 대한 책임은 소유주인 주주에게 있고, 반드시 공인회계사에게 외부검토를 받아야 한다.
> ㉤ 포괄손익계산서에서는 당기순손익에 기타포괄손익을 더한 총포괄손익을 나타낸다.

① ㉠, ㉡, ㉢   ② ㉠, ㉡, ㉤
③ ㉠, ㉢, ㉤   ④ ㉡, ㉢, ㉣
⑤ ㉢, ㉣, ㉤

정답 및 해설

07 ① ② 부적절한 회계정책은 공시나 주석 또는 보충자료를 통해 <u>설명하더라도 정당화될 수 없다.</u>
　　　③ 환경보고서는 한국채택국제회계기준의 적용범위에 <u>해당하지 아니한다.</u>
　　　④ 주석으로 <u>공시할 수 있다.</u>
　　　⑤ 이연법인세자산(부채)은 유동자산(부채)으로 <u>분류하지 아니한다.</u>

08 ④ ① 부적절한 회계정책은 이에 대하여 공시나 주석 또는 보충자료를 통해 <u>설명하더라도 정당화될 수 없다.</u>
　　　② 재무제표가 한국채택국제회계기준의 요구사항을 <u>모두 충족한 경우가 아니라면</u> 한국채택국제회계기준을 준수하여 작성되었다고 <u>기재해서는 안 된다.</u>
　　　③ 한국채택국제회계기준의 요구에 따라 <u>공시되는 정보가 중요하지 않다면</u> 그 공시는 <u>제공할 필요가 없다.</u>
　　　⑤ 보고기간 말로부터 향후 6개월 기간이 아니라 <u>12개월</u> 기간에 대하여 이용 가능한 모든 정보를 고려한다.

09 ② ㉢ 자본변동표가 아니라 <u>포괄손익계산서</u>에 대한 설명이다.
　　　㉣ 재무제표의 작성과 표시에 대한 책임은 <u>경영자</u>에게 있고, 외부감사 대상법인은 <u>일정한 조건을 충족하는 기업</u>을 대상으로 한다.

10 주식회사 등의 외부감사에 관한 법률상 기업의 재무제표 작성책임이 있는 자는?

① 공인회계사

② 주주 및 채권자

③ 금융감독원

④ 세무사

⑤ 회사의 대표이사와 회계담당 임원(회계담당 임원이 없는 경우에는 회계업무를 집행하는 직원)

11 다음 중 재무제표 표시에 관한 설명으로 옳지 않은 것은?

① 계속기업의 가정이 적절한지 여부를 평가할 때 경영진은 적어도 보고기간 말부터 향후 12개월 기간에 대하여 이용 가능한 모든 정보를 고려한다.

② 재무제표에는 중요하지 않아 구분하여 표시하지 않은 항목이라도 주석에서는 구분해야 할 만큼 충분히 중요할 수 있다.

③ 기업은 현금흐름정보를 제외하고는 발생기준 회계를 사용하여 재무제표를 작성한다.

④ 매출채권에 대한 대손(손실)충당금을 차감하여 관련 자산을 순액으로 표시하는 것은 상계표시에 해당하지 않는다.

⑤ 비유동자산의 처분손익을 처분대금에서 그 자산의 장부금액과 관련 처분비용을 차감하여 표시하는 것은 총액주의에 위배되므로 허용하지 아니한다.

대표예제 61   **재무상태표 ★**

재무상태표에 표시되는 정보가 아닌 것은?

① 보고기간 종료일
② 기타포괄손익누계액
③ 투자부동산
④ 매출원가
⑤ 납입자본

해설| 매출원가는 비용항목으로 기능별 포괄손익계산서에 계상되는 항목이다.

오답체크| ① 재무상태표는 일정한 시점에서 작성되는 보고서이다.
②⑤ 자본항목
③ 자산항목

기본서 p.434

정답 ④

12 (주)한국의 다음 자료를 바탕으로 유동자산으로 분류할 수 있는 금액의 합계액은?

• 정상영업주기 내 판매하거나 소비될 것으로 예상되는 재고자산	₩250,000
• 주로 단기매매 목적으로 보유하고 있는 다른 회사 발행주식	₩1,000,000
• 기업의 정상영업주기 내 회수될 것으로 예상하는 매출채권	₩700,000
• 보고기간 후 12개월 이내에 회수될 것으로 예상되는 대여금	₩370,000
• 보고기간 후 12개월 이내에 만기가 도래하는 부채의 상환에 쓰도록 용도가 제한된 현금	₩440,000

① ₩1,000,000
② ₩1,370,000
③ ₩1,950,000
④ ₩2,320,000
⑤ ₩2,760,000

정답 및 해설

10 ⑤   재무제표 작성과 표시에 대한 책임은 경영진에게 있다.

11 ⑤   원칙적인 표시방법에 따라 자산과 부채는 상계하지 않으나, 투자자산 및 영업용 자산을 포함한 비유동자산의 처분손익은 처분대금에서 그 자산의 장부금액과 관련 처분비용을 <u>차감하여 표시할 수 있다</u>.

12 ⑤   문제에서 제시된 모든 금액이 유동자산의 조건을 충족하므로 모두 유동자산으로 분류된다.
   ▶ 유동자산의 분류 조건
    • 단기매매 목적
    • 1년 이내 결제
    • 정상영업주기 내

13 재무상태표에 관한 설명으로 옳지 않은 것은?

① 유동자산과 비유동자산, 유동부채와 비유동부채로 구분하는 표시방법이 신뢰성 있고 더욱 목적적합한 정보를 제공하는 경우를 제외하고는 자산과 부채는 유동성순서에 따라 표시된다.

② 유동자산은 보고기간 후 12개월 이내에 실현될 것으로 예상되지 않는 경우에도 재고자산과 매출채권과 같이 정상영업주기의 일부로서, 소비 또는 실현되는 자산을 포함한다.

③ 기업은 재무제표에 표시된 개별 항목을 기업의 영업활동을 나타내기에 적절한 방법으로 세분류하고, 그 추가적인 분류내용을 재무상태표 또는 주석에 공시한다.

④ 보고기간 후 재무제표 발행승인일 전에 장기로 차환하는 약정이 체결된 경우라 하더라도 금융부채가 보고기간 후 12개월 이내에 결제일이 도래하면 이를 유동부채로 분류한다.

⑤ 한국채택국제회계기준은 재무상태표의 형식과 상세계정과목에 대하여 언급이 없고 재무제표에 표시할 최소한의 계정과목만 제시할 뿐 재무제표의 세부순서·형식 등을 규정하고 있지 않다.

14 재무제표 표시에 대한 설명으로 옳지 않은 것은?

① 재무상태표에서 기업이 재무상태를 이해하는 데 목적적합한 경우 재무상태표에 항목, 제목 및 중간합계를 추가하여 표시한다.

② 유동성 순서에 따른 표시방법을 적용할 경우 모든 자산과 부채는 유동성의 순서에 따라 표시한다.

③ 금융회사와 같은 일부 기업의 경우에는 오름차순이나 내림차순의 유동성 순서에 따른 표시방법으로 자산과 부채를 표시하는 것이 유동·비유동 구분법보다 신뢰성 있고 더욱 목적적합한 정보를 제공한다.

④ 기업이 명확히 식별 가능한 영업주기 내에서 재화나 용역을 제공하는 경우, 재무상태표에 유동자산과 비유동자산 및 유동부채와 비유동부채를 구분하여 표시한다.

⑤ 기업이 기존의 대출계약조건에 따라 보고기간 후 적어도 12개월 이상 부채를 차환하거나 연장할 것으로 기대하고 있고, 그런 재량권이 있더라도, 보고기간 후 12개월 이내에 만기가 도래한다면 유동부채로 분류한다.

| 대표예제 62 | 포괄손익계산서 ★★ |

20×1년 초에 설립된 (주)한국의 손익자료가 다음과 같을 때, 20×1년도의 당기순이익은? (단, 손상차손은 없다고 가정함)

- 매출 ₩500,000
- 당기손익 – 공정가치측정 금융자산평가손실 ₩50,000
- 매출원가 ₩125,000
- 기타포괄손익 – 공정가치측정 금융자산평가손실 ₩25,000
- 유형자산 감가상각비 ₩25,000
- 유형자산 재평가잉여금 ₩50,000
- 임대수익 ₩25,000
- 이자비용 ₩25,000

① ₩250,000   ② ₩275,000
③ ₩300,000   ④ ₩325,000
⑤ ₩350,000

해설| 당기순이익 = 총수익 − 총비용
= (매출 + 임대수익) − (매출원가 + 당기손익−공정가치측정 금융자산평가손실 + 감가상각비 + 이자비용)
= (₩500,000 + ₩25,000) − (₩125,000 + ₩50,000 + ₩25,000 + ₩25,000)
= ₩300,000
▶ 기타포괄손익항목은 당기순이익 계산시 고려대상이 아님을 주의한다.

기본서 p.439~446   정답 ③

정답 및 해설

13 ① 유동성순서에 따른 표시방법이 신뢰성 있고 목적적합한 정보를 제공하는 경우를 제외하고는 유동자산과 비유동자산, 유동부채와 비유동부채로 구분하여 표시한다.

14 ⑤ 기업이 기존의 대출계약조건에 따라 보고기간 후 적어도 12개월 이상 부채를 차환하거나 연장할 것으로 기대하고 있고, 그런 재량권이 있다면, 보고기간 후 12개월 이내에 만기가 도래한다 하더라도 <u>비유동부채로 분류</u>한다.

15 포괄손익계산서에 표시되는 당기손익으로 옳지 않은 것은? 제26회

① 최초 인식된 토지재평가손실

② 기타포괄손익 – 공정가치측정 금융자산으로 분류된 지분상품의 평가손익

③ 원가모형을 적용하는 유형자산의 손상차손환입

④ 투자부동산 평가손익

⑤ 사업결합시 발생한 염가매수차익

16 다음은 (주)한국이 20×1년도 재무제표 작성시 누락한 거래들이다. 이를 반영할 경우 20×1년도에 증가하는 당기순이익은?

• 토지 최초 재평가로 인한 기말평가이익	₩30,000
• 사업결합과정에서 발생한 염가매수차익	₩15,000
• 공정가치모형 적용 투자부동산의 기말평가이익	₩14,000
• 주식 취득시 발생한 거래원가(단, 주식은 당기손익 – 공정가치측정 금융자산으로 분류)	₩10,000

① ₩5,000   ② ₩19,000

③ ₩29,000   ④ ₩49,000

⑤ ₩52,000

17 다음 경영활동 중에서 20×1년도 포괄손익계산서의 당기순이익에 영향을 미치지 않는 것은?

① 20×1년 5월 10일에 단위당 ₩500에 매입한 상품 100개를 개당 ₩550에 판매하였다.

② 20×1년 5월 1일에 주당 액면금액 ₩5,000인 보통주 200주를 주당 ₩8,000에 발행하였다.

③ 20×1년 3월 1일에 은행으로부터 ₩5,000,000을 2년 후 상환하기로 하고 차입하였다. 이자는 연 10%이며 매년 말에 지불한다.

④ 20×1년 초 ₩2,000,000에 취득한 토지를 20×1년 5월 10일에 ₩1,500,000에 처분하였다.

⑤ 20×1년 7월 1일에 장부금액이 ₩1,000,000인 창고에 화재가 발생하여 창고 전체가 불에 타버렸다. 회사는 이 건물에 대해 어떤 보험도 가입되어 있지 않다.

18 다음의 자료를 사용하여 계산된 당기순이익과 총포괄이익은? (단, 법인세율은 30%)

• 총매출액	₩412,000	• 매출할인	₩6,000
• 기타수익	₩15,000	• 기초재고자산	₩41,000
• 기말재고자산	₩31,000	• 매입액	₩196,000
• 물류비와 관리비	₩100,000	• 기타포괄손익 – 공정가치측정 금융자산평가이익	₩10,000

	당기순이익	총포괄이익
①	₩77,500	₩90,500
②	₩80,500	₩87,500
③	₩80,500	₩90,500
④	₩83,500	₩90,500
⑤	₩86,500	₩87,500

정답 및 해설

15 ② 기타포괄손익 – 공정가치측정 금융자산으로 분류된 지분상품의 평가손익은 기타포괄손익 항목이고 나머지는 당기손익 항목이다.

16 ② 올바른 당기순이익 = 염가매수차익 + 투자부동산 평가이익 – 거래수수료(당기손익 금융자산 관련)
= ₩15,000 + ₩14,000 – ₩10,000 = ₩19,000

17 ② 당기순이익과 관련이 없는 것은 자본거래와 기타포괄손익거래이다.
①③④⑤는 당기손익거래에 해당된다.

18 ② • 법인세비용차감전순이익 = 순매출액 – 매출원가 + 기타수익 – 물류비와 관리비
= (₩412,000 – ₩6,000) – (₩41,000 + ₩196,000 – ₩31,000) + ₩15,000 – ₩100,000
= ₩115,000
• 당기순이익 = 법인세비용차감전순이익 – 법인세비용
= ₩115,000 – (₩115,000 × 30%) = ₩80,500
• 총포괄이익 = 당기순이익 ± 기타포괄손익 = ₩80,500 + ₩7,000* = ₩87,500
* ₩10,000 × (1 – 0.3)
▶ 기타포괄손익의 구성요소와 관련한 법인세비용금액은 포괄손익계산서나 주석에 공시한다. 기타포괄손익의 구성요소는 다음 중 한 가지 방법으로 표시할 수 있다.
1. 관련 법인세효과를 차감한 순액으로 표시
2. 기타포괄손익의 구성요소와 관련한 법인세효과 반영 전 금액으로 표시하고, 각 항목들에 관련된 법인세효과는 단일금액으로 합산하여 표시

19 (주)한국이 20×1년 다음 자료를 반영하기 전의 당기순이익이 ₩200,000이라면, 다음 자료를 반영한 후 당기순이익은 얼마인가? (단, 법인세효과는 고려하지 않음)

- 20×1년 초 취득한 투자부동산(공정가치모형 적용)의 취득원가는 ₩25,000이고, 당기말 공정가치는 ₩30,000이다.
- 신제품 개발과 관련하여 여러 가지 대체안을 탐색하는 활동과정에서 ₩10,000이 발생하였다.
- 보유하고 있는 건물에 대해 20×1년 말부터 재평가를 적용하기로 하였는데, 공장 건물의 20×1년 말 감가상각 후 장부금액은 ₩45,000이고 20×1년 말 공정가치는 ₩50,000이다.
- 본사 건물을 증축할 목적으로 취득한 토지에 일시적으로 주차장 용도로 사용함에 따른 운용수익 ₩15,000이 발생하였다.

① ₩200,000
② ₩210,000
③ ₩250,000
④ ₩280,000
⑤ ₩300,000

20 기업은 비용을 분류하는 방식에 따라 성격별 포괄손익계산서와 기능별 포괄손익계산서를 선택할 수 있다. 다음 중 성격별 포괄손익계산서와 기능별 포괄손익계산서에 공통으로 나타나지 않는 것은?

① 매출원가
② 수익
③ 법인세비용
④ 지분법 적용대상인 관계기업과 조인트벤처의 당기순손익에 대한 지분
⑤ 기타포괄손익

21 포괄손익계산서에 나타나는 항목이 아닌 것은?   제24회

① 미수수익
② 매출액
③ 유형자산처분이익
④ 이자비용
⑤ 법인세비용

22 한국채택국제회계기준에 따라 비용을 기능별로 분류할 때, 매출원가에 영향을 미칠 수 있는 것은?

① 주주총회의 의결에 따라 주주들에게 현금배당을 지급하다.
② 기계장치를 장부금액보다 높은 가격에 처분하다.
③ 공장 건물에 대한 감가상각비를 계상하다.
④ 상품매입을 위해 계약금을 현금으로 지급하다.
⑤ 판매비를 현금으로 지급하다.

23 포괄손익계산서에 대한 설명으로 옳지 않은 것은?

① 당기손익과 기타포괄손익은 단일의 포괄손익계산서에 두 부분으로 나누어 표시할 수 있다.
② 수익과 비용의 어느 항목도 당기손익과 기타포괄손익을 표시하는 보고서 또는 주석에 특별손익 항목으로 표시할 수 없다.
③ 기타포괄손익의 항목(재분류조정 포함)과 관련한 법인세비용금액은 포괄손익계산서나 주석에 공시한다.
④ 비용의 기능에 대한 정보가 미래 현금흐름을 예측하는 데 유용하기 때문에 비용을 성격별로 분류하는 경우에는 추가 공시가 필요하다.
⑤ 영업이익은 매출액에서 매출원가 및 판매비와 관리비를 차감한 금액으로 포괄손익계산서에 구분하여 표시한다.

정답 및 해설

---

19 ② 건물의 경우 재평가모형으로 인한 평가이익은 기타포괄이익이므로 당기순이익에는 영향이 없다. 또한 유형자산의 건설 또는 개발과 관련하여 부수적 영업활동(예 주차장 운용수익)에서 발생한 수익과 비용은 당기손익으로 인식한다.
∴ 수정 후 당기순이익 = 수정 전 당기순이익 + 투자부동산 평가이익 − 연구비 + 주차장 운용수익
= ₩200,000 + (₩30,000 − ₩25,000) − ₩10,000 + ₩15,000 = ₩210,000

20 ① 매출원가는 기능별로 비용을 분류하는 경우 포괄손익계산서에 계상된다.

21 ① 미수수익은 자산계정이므로 재무상태표에 나타나는 항목이다.

22 ③ 공장 건물의 감가상각비는 제조원가에 해당되므로 판매된 부분은 매출원가를, 판매되지 않은 부분은 기말재고자산 금액을 구성한다.

23 ④ 비용의 성격에 대한 정보가 미래 현금흐름을 예측하는 데 유용하기 때문에 비용을 기능별로 분류하는 경우에는 비용의 성격에 대한 정보의 추가 공시가 필요하다.

---

24 포괄손익계산서에 관한 설명으로 옳지 않은 것은?

① 수익과 비용의 어느 항목도 당기손익과 기타포괄손익을 표시하는 보고서 또는 주석에 특별손익항목으로 표시할 수 없다.

② 기타포괄손익의 항목과 관련된 법인세비용금액은 포괄손익계산서나 주석에 공시한다.

③ 비용을 기능별로 분류하는 기업은 감가상각비, 기타 상각비와 종업원급여비용을 포함하여 비용의 성격에 대한 추가정보를 공시한다.

④ 기타포괄손익의 재분류조정은 당기나 과거기간에 인식한 기타포괄손익을 당기손익으로 재분류한 금액을 말한다.

⑤ 기타포괄손익으로 인식한 재평가잉여금의 변동은 후속기간에 재분류하지 않으며, 자산이 제거될 때 이익잉여금으로 대체될 수 없다.

25 재무제표 표시에 관한 설명으로 옳은 것은?

① 비용을 성격별로 분류하는 기업은 비용의 기능에 대한 추가정보를 공시하여야 한다.

② 주석은 실무적으로 적용 가능한 한 체계적인 방법으로 표시한다.

③ 영업주기는 현금회수 여부와 상관없이 영업활동을 위한 자산의 취득시점부터 판매시점까지 소요되는 기간이다.

④ 자산을 유동자산과 비유동자산으로 구분하여 표시하는 경우, 이연법인세자산은 유동자산으로 분류한다.

⑤ 수익과 비용 항목을 당기손익과 기타포괄손익으로 표시하는 보고서에 특별손익 항목으로 표시할 수 있다.

26 **포괄손익계산서에 관한 설명으로 옳은 것은?**

① 기업은 예외적인 경우를 제외하고는 수익(매출액)에서 매출원가 및 판매비와관리비 (물류원가 등 포함)를 차감한 영업이익(또는 영업손실)을 포괄손익계산서에 구분하여 표시한다.

② 비용을 성격별로 분류하는 기업은 매출원가, 감가상각비, 기타 상각비와 종업원급여 비용을 포함하여 비용의 기능에 대한 추가정보를 공시한다.

③ 재분류조정은 당기나 과거기간에 기타포괄손익으로 인식되었다가 당기에 자본잉여금 으로 재분류된 금액을 의미한다.

④ 기타포괄손익의 항목은 세후금액으로 표시할 수 없으며, 관련된 법인세효과 반영 전 금액으로 표시하고 각 항목들에 관련된 법인세효과는 단일금액으로 합산하여 표시 한다.

⑤ 기업은 재무성과를 설명하는 데 필요하다면 특별항목을 비롯하여 추가항목을 포괄손 익계산서에 재량적으로 포함할 수 있으며, 사용된 용어와 항목의 배열도 필요하면 수 정할 수 있다.

정답 및 해설

24 ⑤ 재분류조정대상이 아닌 기타포괄손익은 최초에 기타포괄손익으로 인식하고 후속기간에 당기손익으로 재분 류하지 않으며, 이익잉여금으로 직접 <u>대체할 수 있다</u>.

25 ② ① 비용을 <u>기능별로 분류</u>하는 기업은 <u>비용의 성격</u>에 대한 추가 정보를 공시하여야 한다.
    ③ 영업주기는 영업활동을 위한 자산의 취득시점부터 <u>그 자산이 현금이나 현금성자산으로 실현되는 시점</u> 까지 소요되는 기간이다.
    ④ 자산을 유동자산과 비유동자산으로 구분하여 표시하는 경우, 이연법인세자산은 유동자산으로 <u>분류하지 아니한다</u>.
    ⑤ 수익과 비용 항목을 당기손익과 기타포괄손익으로 표시하는 보고서에 <u>특별손익 항목으로 표시할 수 없다</u>.

26 ① ② <u>비용을 기능별로 분류</u>하는 기업은 비용의 성격에 대한 정보가 미래현금흐름을 예측하는 데 유용하기 때문에 성격별 분류에 따른 추가공시가 필요하다.
    ③ 재분류조정은 당기나 과거기간에 기타포괄손익으로 인식되었다가 당기에 <u>당기손익으로 재분류된 금액</u> 을 의미한다.
    ④ 기타포괄손익의 구성요소는 <u>관련 법인세효과를 차감한 순액으로 표시할 수도 있고</u> 기타포괄손익의 구 성요소와 관련된 법인세효과 반영 전 금액으로 표시하고, 각 항목들에 관련된 법인세효과는 단일금액으 로 합산하여 표시할 수도 있다.
    ⑤ 포괄손익계산서에는 <u>특별손익을 표시할 수 없고, 이는 주석으로도 공시할 수 없다</u>.

27 포괄손익계산서에 대한 설명으로 옳지 않은 것은?

① 기업은 매출액에서 매출원가 및 판매비와관리비를 차감한 경상이익을 포괄손익계산서에 구분하여 표시한다.

② 한 기간에 인식되는 모든 수익과 비용 항목은 한국채택국제회계기준이 달리 정하지 않는 한 당기손익으로 인식한다.

③ 비용을 기능별로 분류하는 기업은 감가상각비, 기타 상각비와 종업원급여비용을 포함하여 비용의 성격에 대한 추가정보를 공시한다.

④ 수익과 비용의 어느 항목도 당기손익과 기타포괄손익을 표시하는 보고서 또는 주석에 특별손익항목으로 표시할 수 없다.

⑤ 일반적으로 재무제표는 일관성 있게 1년 단위로 작성한다. 그러나 실무적인 이유로 어떤 기업은 52주의 보고기간을 적용할 수 있으며, 이러한 경우 해당 내용을 주석으로 공시하여야 한다.

28 포괄손익계산서의 구조와 내용에 관한 설명으로 옳지 않은 것은?

① 비용을 기능별로 분류하는 경우 감가상각비, 기타 상각비나 종업원급여비용을 포함하여 비용의 성격에 대한 추가정보를 공시해야 한다.

② 포괄손익계산서 본문에 영업이익을 표시하여야 한다.

③ 비용은 성격별 또는 기능별 분류방법 중에서 신뢰성 있고 더욱 목적적합한 정보를 제공할 수 있는 방법을 적용하여 당기손익으로 인식한 비용의 분석내용을 표시한다.

④ 수익과 비용의 어느 항목도 포괄손익계산서에 특별손익으로 구분하여 표시할 수 없으나 주석으로는 표시할 수 있다.

⑤ 자본의 구성요소인 기타포괄손익누계액과 이익잉여금은 포괄손익계산서와 재무상태표를 연결시키는 역할을 한다.

29 다음의 기타포괄손익 중에서 재분류조정이 발생하지 않는 항목은?

① 해외사업장의 재무제표 환산으로 인한 손익

② 기타포괄손익-공정가치측정 금융자산평가손익(채무상품)

③ 재평가잉여금

④ 현금흐름위험회피 파생상품평가손익

⑤ 관계기업 기타포괄손익

대표예제 63 재무제표 종합과 기타의 재무제표 ★★

재무제표의 작성과 표시에 관한 설명으로 옳지 않은 것은?

① 유동성순서에 따른 표시방법을 적용하는 경우에는 모든 자산과 부채를 유동성의 순서에 따라 표시한다.

② 해당 기간에 인식한 모든 수익과 비용항목은 별개의 손익계산서와 당기순손익에서 시작하여 기타포괄손익의 구성요소를 표시하는 보고서 또는 단일 포괄손익계산서 중 한 가지 방법으로 표시한다.

③ 영업활동을 위한 자산의 취득시점부터 그 자산이 현금이나 현금성자산으로 실현되는 시점까지 소요되는 기간이 영업주기이다.

④ 비용의 기능에 대한 정보가 미래현금흐름을 예측하는 데 유용하기 때문에 비용을 성격별로 분류하는 경우에는 비용의 기능에 대한 추가정보를 공시하는 것이 필요하다.

⑤ 재분류조정은 과거기간에 기타포괄손익으로 인식한 금액을 당기손익으로 재분류하는 것을 말한다.

해설| 비용을 기능별로 분류하는 경우에는 성격별 분류에 따른 정보를 추가로 공시하여야 하지만, 비용을 성격별로 분류하는 경우에는 <u>추가적인 공시가 필요 없다</u>.

기본서 p.446~447   정답 ④

정답 및 해설

27 ① 경상이익이 아니라 <u>영업이익</u>을 포괄손익계산서에 구분하여 표시한다.

28 ④ 수익과 비용의 어느 항목도 포괄손익계산서, 별개의 손익계산서 또는 주석에 <u>특별손익항목으로 표시할 수 없다</u>.

29 ③ ▶ 재분류조정 대상 여부
   1. 재분류조정이 발생하는 경우: 기타포괄손익 – 공정가치측정 금융자산평가손익(채무상품), 해외사업장 재무제표 환산으로 인한 손익, 현금흐름위험회피 파생상품평가손익
   2. 재분류조정이 발생하지 않는 경우: 재평가잉여금, 확정급여제도의 재측정요소, 기타포괄손익 – 공정가치측정 금융자산평가손익(지분상품)

30 재무제표 표시에 관한 설명으로 옳지 않은 것은? 제19회

① 재고자산의 판매 또는 매출채권의 회수시점이 보고기간 후 12개월을 초과한다면 유동자산으로 분류하지 못한다.

② 재무상태표의 자산과 부채는 유동과 비유동자산으로 구분하여 표시하거나 유동성순서에 따라 표시할 수 있다.

③ 수익과 비용의 어느 항목도 당기손익과 기타포괄손익을 표시하는 보고서에 특별손익항목으로 표시할 수 없다.

④ 당기손익의 계산에 포함된 비용항목에 대해 성격별 또는 기능별 분류방법 중에서 신뢰성 있고 더욱 목적적합한 정보를 제공할 수 있는 방법을 적용하여 표시한다.

⑤ 포괄손익계산서는 단일 포괄손익계산서로 작성되거나 두 개의 보고서(당기손익 부분을 표시하는 별개의 손익계산서와 포괄손익을 표시하는 보고서)로 작성될 수 있다.

31 재무제표 표시에 관한 설명으로 옳은 것은?

① 유동자산과 비유동자산을 구분하여 표시하는 경우라면 이연법인세자산을 유동자산으로 분류할 수 있다.

② 비용을 성격별로 분류하는 경우에는 적어도 매출원가를 다른 비용과 분리하여 공시해야 한다.

③ 경영진은 재무제표를 작성할 때 계속기업으로서의 존속가능성을 평가해야 한다.

④ 한국채택국제회계기준에서 별도로 허용하지 않는 한, 중요하지 않은 항목이라도 유사한 항목과 통합하여 표시해서는 안 된다.

⑤ 기타포괄손익의 항목(재분류조정 포함)과 관련한 법인세비용금액은 포괄손익계산서에 직접 표시해야 하며 주석을 통한 공시는 허용하지 않는다.

32 자본변동표의 금액에 변화를 초래하지 않는 것은?

① 자기주식 취득

② 유상증자

③ 회계정책의 변경으로 인한 누적효과

④ 이익잉여금의 법정적립금 처분

⑤ 당기순이익

정답 및 해설

30 ① 재고자산의 판매 또는 매출채권의 회수는 정상영업주기의 일부로서 보고기간 후 12개월을 초과하더라도 유동자산으로 분류한다.

31 ③ ① 이연법인세자산을 유동자산으로 분류하지 아니한다.

② 매출원가를 기능별로 분류하는 경우 다른 비용과 분리하여 공시해야 한다.

④ 중요하지 않은 항목의 경우 유사한 항목과 통합하여 표시할 수 있다.

⑤ 기타포괄손익의 항목(재분류조정 포함)과 관련한 법인세비용금액은 포괄손익계산서나 주석을 통해 공시한다.

32 ④ 이익잉여금의 법정적립금 처분은 이익잉여금의 불변 또는 자본의 불변거래이다.

제13장 현금흐름표

대표예제 64 **현금흐름표 일반 ★**

현금흐름표에 관한 설명으로 옳지 않은 것은?

① 영업활동은 기업의 주요 수익창출활동, 그리고 투자활동이나 재무활동이 아닌 기타의 활동을 말한다.

② 현금흐름표는 회계기간 동안 발생한 현금흐름을 영업활동, 투자활동 및 재무활동으로 분류하여 보고한다.

③ 기업이 보유한 특허권을 일정기간 사용하도록 하고 받은 수수료 관련 현금수입은 투자활동으로 분류한다.

④ 직접법에 의한 현금흐름표 작성이 간접법보다 미래현금흐름을 추정하는 데 보다 유용한 정보를 제공한다.

⑤ 투자활동은 유·무형자산, 다른 기업의 지분상품이나 채무상품 등의 취득과 처분활동, 제3자에 대한 대여 및 회수활동을 포함하며, 재무활동은 기업의 납입자본과 차입금 크기 및 구성내용에 변동을 가져오는 활동을 말한다.

해설 | 로열티, 수수료, 중개료 및 기타 수익에 따른 현금유입은 영업활동 현금흐름에 속하므로 특허권 관련 수수료는 영업활동으로 분류한다.

기본서 p.463~464   정답 ③

01 현금흐름표에 관한 설명으로 옳지 않은 것은?

① 현금흐름표는 일정 시점의 현금유입액과 현금유출액에 대한 정보를 제공하는 재무제
표이다.

② 현금흐름표상의 현금흐름은 영업활동으로 인한 현금흐름, 투자활동으로 인한 현금흐
름, 재무활동으로 인한 현금흐름으로 분류된다.

③ 현금흐름표는 다른 재무제표와 같이 사용되는 경우 순자산의 변화, 재무구조(유동성
과 지급능력 포함), 그리고 변화하는 상황과 기회에 적응하기 위하여 현금흐름의 금액
과 시기를 조절하는 능력을 평가하는 데 유용한 정보를 제공한다.

④ 역사적 현금흐름정보는 미래현금흐름의 금액, 시기 및 확실성에 대한 지표로 자주 사
용된다. 또한 과거에 추정한 미래현금흐름의 정확성을 검증하고, 수익성과 순현금흐
름간의 관계 및 물가변동의 영향을 분석하는 데 유용하다.

⑤ 현금및현금성자산을 구성하는 항목간의 이동은 영업활동, 투자활동 및 재무활동의 일
부가 아닌 현금관리의 일부이므로 현금흐름에서 제외한다.

02 현금흐름표에 대한 설명으로 옳지 않은 것은?

① 이자와 배당금의 수취 및 지급에 따른 현금흐름은 각각 별도로 공시한다. 각 현금흐름
은 매 기간 일관성 있게 영업활동, 투자활동 또는 재무활동으로 분류한다.

② 영업활동 현금흐름은 일반적으로 당기순이익의 결정에 영향을 미치는 거래나 그 밖의
사건의 결과로 발생한다.

③ 법인세로 인한 현금흐름은 별도로 공시하며, 재무활동과 투자활동에 명백히 관련되지
않는 한 영업활동 현금흐름으로 분류한다.

④ 단기매매 목적으로 보유하는 유가증권의 취득과 판매에 따른 현금흐름은 투자활동으
로 분류한다.

⑤ 현금및현금성자산의 사용을 수반하지 않는 투자활동과 재무활동 거래는 현금흐름표
에서 제외한다.

정답 및 해설

01 ① 현금흐름표는 일정한 시점이 아니라 <u>일정한 기간 동안의 기업의 영업활동, 투자활동, 재무활동으로부터의</u>
<u>현금흐름 변동에 대한</u> 정보를 제공하는 재무제표이다.

02 ④ 단기매매 목적으로 보유하는 유가증권의 취득과 판매에 따른 현금흐름은 <u>영업활동으로</u> 분류한다.

03 (주)한국의 현금흐름 내역이 다음과 같은 경우 영업활동으로 인한 현금흐름은?

기초현금	증감내역		기말현금
	영업활동으로 인한 현금흐름	x	
₩32,000	투자활동으로 인한 현금흐름	(₩40,000)	₩96,000
	재무활동으로 인한 현금흐름	₩80,000	

① ₩24,000 ② ₩25,000

③ ₩35,000 ④ ₩40,000

⑤ ₩45,000

대표예제 65 **영업활동 현금흐름 일반과 활동 구분 ★★**

현금흐름표상 영업활동 현금흐름에 관한 설명으로 옳은 것은?   제19회

① 영업활동 현금흐름은 직접법 또는 간접법 중 하나의 방법으로 보고할 수 있으나, 한국채택국제회계기준에서는 직접법을 사용할 것을 권장하고 있다.

② 단기매매 목적으로 보유하는 유가증권의 판매에 따른 현금은 영업활동현금으로부터의 현금유입에 포함되지 않는다.

③ 일반적으로 법인세로 납부한 현금은 영업활동으로 인한 현금유출에 포함되지 않는다.

④ 직접법은 당기순이익의 조정을 통해 영업활동 현금흐름을 계산한다.

⑤ 간접법은 영업을 통해 획득한 현금에서 영업을 위해 지출한 현금을 차감하는 형식으로 영업활동 현금흐름을 계산한다.

오답체크 ② 단기매매 목적으로 보유하는 유가증권의 판매에 따른 현금은 영업활동현금으로부터의 <u>현금유입에 포함된다</u>.

③ 일반적으로 법인세의 납부 또는 환급은 영업활동 현금흐름에 <u>포함된다</u>. 다만, 투자활동과 재무활동에 명백히 관련되는 것은 투자활동 현금흐름과 재무활동 현금흐름에 속한다.

④ 당기순이익의 조정을 통해 영업활동 현금흐름을 계산하는 것은 <u>간접법</u>이다.

⑤ 각 영업활동 유형별로 구분하여 현금의 유입액과 유출액을 직접 계산하여 표시하는 방법은 <u>직접법</u>이다.

기본서 p.465   정답 ①

04 현금흐름표상 영업활동 현금흐름에 속하지 않는 것은?

① 종업원과 관련하여 직·간접적으로 발생하는 현금유출
② 고객에게 용역의 제공을 수행하고 유입된 현금
③ 제3자에 대한 선급금 및 대여금 회수에 따른 현금유입
④ 로열티, 수수료, 중개료 및 기타 수익에 따른 현금유입
⑤ 단기매매 목적으로 보유하는 계약에서 발생하는 현금유입과 유출

05 다음 중 영업활동 현금흐름과 관련된 항목을 모두 고른 것은?

㉠ 로열티, 수수료, 중개료 및 기타 수익
㉡ 기계장치의 구입
㉢ 유상증자
㉣ 기계장치의 처분
㉤ 장기차입금의 차입
㉥ 단기매매 목적 금융자산의 처분

① ㉠, ㉡   ② ㉠, ㉥
③ ㉡, ㉣   ④ ㉢, ㉤
⑤ ㉣, ㉤

정답 및 해설

03 ① 영업활동 현금흐름(x) + 투자활동 현금흐름 + 재무활동 현금흐름 = 현금의 증감
x − ₩40,000 + ₩80,000 = (₩96,000 − ₩32,000)
∴ 영업활동 현금흐름(x) = ₩24,000

04 ③ 제3자에 대한 선급금 및 대여금 회수에 따른 현금유입은 <u>투자활동 현금흐름</u>으로 분류된다.

05 ② ㉠㉥ 주로 기업의 주요 수익창출활동에서 발생하며 일반적으로 당기순손익의 결정에 영향을 미치는 거래나 그 밖의 사건의 결과로 나타난다. 따라서 로열티수익이나 단기매매 금융자산의 처분 등은 영업활동 현금흐름이다.
㉡㉣ 투자활동 현금흐름, ㉢㉤ 재무활동 현금흐름

(주)한국의 20×1년도 포괄손익계산서에 임차료와 이자비용은 각각 ₩150,000과 ₩100,000으로 보고되었고, 재무상태표 잔액은 다음과 같다. (주)한국이 20×1년도 현금으로 지출한 임차료와 이자비용은?

	20×1년 초	20×1년 말
• 선급임차료	–	₩15,000
• 미지급이자	₩40,000	–

	임차료	이자비용		임차료	이자비용
①	₩135,000	₩60,000	②	₩135,000	₩100,000
③	₩165,000	₩100,000	④	₩165,000	₩140,000
⑤	₩170,000	₩140,000			

해설 |

임차료			
발생주의	150,000	지급액	165,000
선급임차료 증가	15,000		
	165,000		165,000

이자비용			
발생주의	100,000	지급액	140,000
미지급이자 감소	40,000		
	140,000		140,000

기본서 p.469~471   정답 ④

06 (주)한국의 20×1년 포괄손익계산서상 종업원급여는 ₩10,000이다. 재무상태표상 관련 계정의 기초 및 기말잔액이 다음과 같을 때, 20×1년 종업원급여 현금지출액은?

제25회

계정과목	기초잔액	기말잔액
미지급급여	₩1,000	₩2,000

① ₩8,000　　　　　　　　　　② ₩9,000

③ ₩10,000　　　　　　　　　④ ₩11,000

⑤ ₩12,000

07 다음은 (주)한국의 20×1년도 재무제표의 상매매와 관련된 자료이다. 20×1년도 (주)한국의 상품매입과 관련된 현금유출액은?

• 기초매출채권	₩20,000	• 기말매출채권	₩25,000
• 기초상품재고액	₩15,000	• 기말상품재고액	₩14,000
• 기초매입채무	₩9,500	• 기말매입채무	₩10,000
• 기초선급금	₩5,000	• 기말선급금	₩2,500
• 매출액	₩200,000	• 매출원가	₩120,000

① ₩100,000   ② ₩111,000

③ ₩116,000   ④ ₩118,500

⑤ ₩196,000

---

06 ②

급여

발생주의	10,000	급여유출액(x)	9,000
		미지급급여의 증가	1,000
	10,000		10,000

07 ③

매출원가

발생주의	120,000	현금유출액	116,000
		재고자산의 감소	1,000
		매입채무의 증가	500
		선급금의 감소	2,500
	120,000		120,000

다음은 (주)한국의 20×1년 상품매매와 관련된 자료이다.

• 매출액	₩15,000	• 기초상품재고액	₩4,000
• 기말상품재고액	₩2,000	• 기초매입채무	₩1,000
• 기말매입채무	₩6,000		

(주)한국이 매출원가의 50%를 이익으로 가산하여 상품을 판매할 경우, 20×1년 상품매입을 위한 현금유출액은?

① ₩2,500

② ₩3,000

③ ₩4,200

④ ₩8,400

⑤ ₩10,000

다음은 (주)한국의 20×1년도 재무제표의 일부 자료이다.

1. 재무상태표의 일부 자료

계정과목	20×1.1.1.	20×1.12.31.
매출채권(순액)	₩280	₩420
선급 영업비용	₩50	₩20
미지급 영업비용	₩60	₩100

2. 포괄손익계산서의 일부 자료
   • 매출액   ₩820
   • 영업비용   ₩300

위 자료에 기초한 20×1년도 (주)한국의 고객으로부터 유입된 현금흐름(A)과 영업비용으로 유출된 현금흐름(B)은?

	(A)	(B)
①	₩670	₩310
②	₩680	₩290
③	₩680	₩230
④	₩700	₩230
⑤	₩700	₩310

10 (주)한국의 20×1년 초 미지급임차료계정 잔액은 ₩1,500이었다. 20×1년 말 수정후 시산표상 임차료 관련 계정 잔액이 다음과 같을 때, (주)한국이 임차와 관련하여 20×1년 도에 지급한 현금총액은?

제21회

• 임차료	₩12,000	• 선급임차료	₩300

① ₩12,300   ② ₩12,800
③ ₩13,500   ④ ₩13,800
⑤ ₩14,300

정답 및 해설

08 ② (1) 매출원가 = ₩15,000 ÷ (1 + 0.5) = ₩10,000
(2) 매입 등 현금유출액

발생주의 매출원가	10,000	유출액	3,000
		재고자산의 감소	2,000
		매입채무의 증가	5,000
	10,000		10,000

09 ③

매출(A)			
유입액(A)	680	발생주의	820
매출채권 증가	140		
	820		820

영업비용(B)			
발생주의	300	유출액(B)	230
		선급 영업비용 감소	30
		미지급 영업비용 증가	40
	300		300

10 ④ 미지급임차료는 수정후시산표에 미지급임차료계정이 없으므로 기초잔액인 ₩1,500만큼 감소하였고, 선급임차료는 당기에 ₩300 증가하였다.
∴ 임차료지급액 = −₩12,000(발생기준) − ₩1,500(부채의 감소) − ₩300(자산의 증가) = ₩13,800

임차료			
발생주의	12,000	임차료지급액(x)	13,800
미지급임차료 감소	1,500		
선급임차료 증가	300		
	13,800		13,800

11 다음 자료를 이용하여 20×1년도 (주)한국이 재고자산 공급자에게 지급한 현금유출액을 구하면 얼마인가? (단, 다음 자료에서 재고자산감모손실은 비정상적인 것으로 매출원가에 포함되어 있지 않았으며, 재고자산 매입은 모두 외상으로 이루어짐)

1. (주)한국의 포괄손익계산서 자료(20×1년)
   - 매출원가   ₩100,000
   - 재고자산감모손실   ₩4,000
2. (주)한국의 재무상태표 자료(20×1년)

	20×1년 초	20×1년 말
• 재고자산	₩20,000	₩40,000
• 매입채무	₩16,000	₩24,000

① ₩58,000   ② ₩65,000   ③ ₩80,000
④ ₩98,000   ⑤ ₩116,000

대표예제 67 영업활동 현금흐름의 계산 – 간접법 ★★

(주)한국이 보고한 20×1년의 당기순이익은 ₩500,000이다. 다음과 같은 사항이 20×1년에 발생하였을 때, (주)한국의 20×1년 간접법에 의한 영업활동 현금흐름을 계산하면 얼마인가? (단, 법인세는 무시함)

• 재고자산(순액) 감소액	₩100,000	• 감가상각비	₩60,000
• 기계장치 처분액	₩70,000	• 매입채무 증가액	₩50,000
• 매출채권(순액) 증가액	₩150,000	• 유형자산처분이익	₩75,000

① ₩480,000   ② ₩485,000   ③ ₩490,000
④ ₩495,000   ⑤ ₩500,000

해설 | 기계장치 처분은 투자활동 현금유입액이며, 처분으로 인한 수익계정이나 비용계정이 아니므로 당기순이익에서 조정하는 간접법의 경우 조정대상이 아님을 주의한다.

영업활동 현금흐름(간접법)

영업활동 현금흐름(x)	485,000	당기순이익	500,000
[수익계정 제거]		[비용계정 제거]	
유형자산처분이익	75,000	감가상각비	60,000
[영업활동 관련 자산증가 · 부채감소]		[영업활동 관련 자산감소 · 부채증가]	
매출채권(순액) 증가	150,000	재고자산(순액) 감소	100,000
		매입채무 증가	50,000
	710,000		710,000

기본서 p.472~474   정답 ②

---

12 (주)한국의 20×1년 당기순이익은 ₩200,000이고, 감가상각비 ₩20,000, 유형자산 처분이익은 ₩16,000이다. 영업활동과 관련 있는 자산과 부채의 기말금액에서 기초금 액을 차감한 변동금액이 다음과 같을 때, (주)한국의 20×1년 영업활동 현금흐름은?

• 매출채권	₩18,000 증가	• 매입채무	₩10,000 증가
• 선급비용	₩8,000 감소	• 미지급비용	₩6,000 감소

① ₩185,000
② ₩190,000
③ ₩198,000
④ ₩200,000
⑤ ₩225,000

13 간접법을 이용하여 영업활동으로 인한 현금흐름을 계산하는 경우 당기순이익에 가산할 항목이 아닌 것은?

① 사채상환손실
② 감가상각비
③ 유형자산손상차손
④ 무형자산처분이익
⑤ 상각후원가측정 금융자산처분손실

정답 및 해설

11 ⑤ 공급자에 대한 지출액 = −₩100,000 − ₩4,000 − ₩20,000(자산의 증가) + ₩8,000(부채의 증가)
= −₩116,000

12 ③

영업활동 현금흐름 I/S	198,000	당기순이익	200,000
유형자산처분이익 B/S	16,000	감가상각비	20,000
매출채권의 증가	18,000	매입채무의 증가	10,000
미지급비용의 감소	6,000	선급비용의 감소	8,000
	238,000		238,000

13 ④ 무형자산처분이익은 투자활동 관련 수익계정으로 당기순이익에서 제거하기 위해 차감할 항목이다.

14 다음 자료를 이용하여 계산한 영업활동 순현금흐름은?

• 당기순이익	₩150,000	• 감가상각비	₩15,000
• 재고자산 증가	₩20,000	• 매입채무 증가	₩30,000
• 기계장치 처분금액(장부금액: ₩35,000)			₩45,000

① ₩145,000 ② ₩155,000

③ ₩165,000 ④ ₩175,000

⑤ ₩185,000

15 다음은 (주)한국의 20×1년 현금흐름표 작성을 위한 자료이다.

• 감가상각비	₩20,000	• 미지급이자 증가액	₩2,500
• 유형자산처분손실	₩10,000	• 매출채권 증가액	₩7,500
• 이자비용	₩12,500	• 재고자산 감소액	₩2,000
• 법인세비용	₩15,000	• 매입채무 감소액	₩3,000
• 미지급법인세 감소액	₩2,500	• 당기순이익	₩73,500

(주)한국은 간접법으로 현금흐름표를 작성하며, 이자지급 및 법인세 납부를 영업활동으로 분류한다. 20×1년 (주)한국이 현금흐름표에 보고해야 할 영업활동 순현금흐름은?

① ₩80,000 ② ₩82,500

③ ₩95,000 ④ ₩97,500

⑤ ₩107,500

16 (주)한국의 법인세비용차감전순이익은 ₩130,000이다. 다음 사항을 모두 반영했을 때 현금흐름표에 영업활동 현금으로 보고될 금액은 얼마인가? (단, 이자수익과 이자비용 및 법인세지급액은 모두 영업활동으로 분류함)

• 매출채권의 감소	₩4,000	• 매입채무의 증가	₩2,500
• 감가상각비	₩6,000	• 이자비용	₩7,500
• 미지급이자의 감소	₩500	• 유형자산처분이익	₩10,000
• 사채상환손실	₩7,000	• 재고자산의 증가	₩4,500
• 단기차입금의 증가	₩6,000	• 미지급법인세의 증가	₩2,000
• 법인세비용	₩9,000		
• 기타포괄손익－공정가치측정 금융자산평가이익			₩5,000

① ₩120,000
② ₩127,500
③ ₩129,500
④ ₩142,500
⑤ ₩144,500

정답 및 해설

14 ③ 영업활동 현금흐름
= 당기순이익 + 감가상각비(현금유출 없는 비용) − 재고자산 증가(영업활동 자산의 증가) + 매입채무 증가(영업활동 부채의 증가) − 유형자산처분이익(투자활동 관련 수익계정)
= ₩150,000 + ₩15,000 − ₩20,000 + ₩30,000 − ₩10,000 = ₩165,000

15 ③ 영업활동 현금흐름(간접법)
= 당기순이익(발생주의) + 감가상각비 + 유형자산처분손실 + 미지급이자 증가분 − 매출채권 증가분 + 재고자산 감소분 − 매입채무 감소분 − 미지급법인세 감소분
= ₩73,500 + ₩20,000 + ₩10,000 + ₩2,500 − ₩7,500 + ₩2,000 − ₩3,000 − ₩2,500
= ₩95,000

16 ②

영업활동 현금흐름	127,500	법인세비용차감전순이익	130,000
법인세비용	9,000	[비용계정 제거]	
[수익계정 제거]		감가상각비	6,000
유형자산처분이익	10,000	사채상환손실	7,000
[영업활동 관련 자산증가 · 부채감소]		[영업활동 관련 자산감소 · 부채증가]	
미지급이자의 감소	500	매출채권의 감소	4,000
재고자산의 증가	4,500	매입채무의 증가	2,500
		미지급법인세의 증가	2,000
	151,500		151,500

17 (주)한국의 당기순이익은 ₩100,000이고, 장기차입금에서 발생한 이자비용은 ₩5,000이며, 보유하고 있는 유형자산의 감가상각비는 ₩11,000이다. 당기 영업활동과 관련된 자산과 부채의 변동내역은 다음과 같다.

• 재고자산의 증가	₩8,000
• 매출채권(손실충당금 차감 후 순액)의 감소	₩3,000
• 매입채무의 감소	₩4,200
• 선수금의 증가	₩2,000

(주)한국의 당기 영업활동 순현금유입액은? (단, 이자의 지급과 수취는 각각 재무활동과 투자활동으로 분류함)

제26회

① ₩76,800   ② ₩81,800   ③ ₩92,800
④ ₩106,000   ⑤ ₩108,800

대표예제 68 / **투자활동 현금흐름 ★★★**

(주)한국의 20×1년 건물 관련 자료는 다음과 같다. (주)한국은 당기 중 건물을 ₩40,000에 취득하였고, 포괄손익계산서에 건물처분이익 ₩2,000과 건물감가상각비 ₩14,000이 보고되었다. 건물 취득 및 처분거래는 모두 현금으로 이루어졌다. 건물 관련 거래가 20×1년 투자활동 현금흐름(순액)에 미치는 영향은 얼마인가?

계정과목	기초잔액	기말잔액
건물	₩120,000	₩128,000
감가상각누계액	₩22,000	₩24,000

① ₩8,000 유출   ② ₩16,000 유출
③ ₩18,000 유출   ④ ₩20,000 유출
⑤ ₩24,000 유출

해설 |

투자활동 현금흐름

I/S 감가상각비	14,000	유형자산처분이익	2,000
B/S 건물의 증가	8,000	감가상각누계액의 증가	2,000
		순현금흐름 유출(차액)	18,000
	22,000		22,000

기본서 p.466~467   정답 ③

18 다음 중 현금흐름표상 투자활동 현금흐름에 해당하는 것은?

① 재화의 판매와 용역 제공에 따른 현금유입
② 단기매매 목적으로 보유하는 계약에서 발생하는 현금유입
③ 주식의 발행에 따른 현금유입
④ 리스이용자의 리스부채 상환에 따른 현금유출
⑤ 유형자산, 무형자산 및 기타 장기성 자산의 취득에 따른 현금유출

정답 및 해설

17 ⑤

영업활동 현금흐름	108,800	당기순이익	100,000
[수익계정 제거]		[비용계정 제거]	
		이자비용	5,000
		감가상각비	11,000
[영업활동 관련 자산증가·부채감소]		[영업활동 관련 자산감소·부채증가]	
재고자산의 증가	8,000	매출채권의 감소	3,000
매입채무의 감소	4,200	선수금의 증가	2,000
	121,000		121,000

18 ⑤ 유형자산, 무형자산 및 기타 장기성 자산의 취득에 따른 현금유출은 투자활동 현금흐름에 해당된다.
①② 영업활동 현금흐름
③④ 재무활동 현금흐름

19 (주)한국의 20×1년 토지와 관련된 자료가 다음과 같을 때, 20×1년의 투자활동 현금흐름에 대한 설명으로 옳은 것은? (단, 모든 거래는 현금거래임)

구분	기초	기말
토지(유형자산)	₩300,000	₩500,000

[추가자료]
- 토지는 취득원가로 기록하며, 20×1년에 손상차손은 없다.
- 20×1년 중에 토지(장부금액 ₩100,000)를 ₩150,000에 매각하였다.

① 토지의 매각으로 인한 현금유입액은 ₩50,000이다.
② 토지 취득으로 인한 현금유출은 ₩300,000이다.
③ 토지 처분이익은 ₩20,000이다.
④ 투자활동 순현금유출액은 ₩140,000이다.
⑤ 토지의 취득과 처분은 영업활동 현금흐름이다.

20 다음은 (주)한국의 회계장부에서 구한 20×1년 유형자산 및 감가상각누계액의 기초잔액, 기말잔액 및 당기변동과 관련된 자료이다. (주)한국은 당기 중 취득원가 ₩80,000 (감가상각누계액 ₩40,000)의 유형자산을 ₩30,000에 처분하였다. 모든 유형자산의 취득 및 처분거래는 현금거래라고 가정할 때, 유형자산과 관련된 투자활동 순현금흐름은? (단, (주)한국은 유형자산에 대해 원가모형을 적용함)

과목	기초	기말
유형자산	₩200,000	₩280,000
감가상각누계액	(₩60,000)	(₩50,000)

① ₩110,000 순유입 ② ₩130,000 순유출
③ ₩150,000 순유출 ④ ₩175,000 순유입
⑤ ₩200,000 순유입

대표예제 69 재무활동 현금흐름 ★★

(주)한국은 당기 중 다음과 같은 거래가 있다. 재무활동 현금흐름은?

- 무상증자(자본잉여금 ₩50,000을 자본전입)
- 전기에 ₩7,000에 취득하였던 자기주식을 당기에 현금 ₩5,000에 처분
- 전환사채 ₩30,000이 주식 5주로 전환
- 유상증자(발행가 ₩100,000, 액면가 ₩40,000이며, 주주 100%가 유상증자에 참여하여 전액 현금수취)

① ₩95,000
② ₩100,000
③ ₩105,000
④ ₩107,000
⑤ ₩110,000

해설 | • 무상증자: 자본잉여금(자본) 감소, 자본금(자본) 증가 ⇨ 현금흐름 영향 없음
- 전환사채의 주식으로의 전환: 전환사채(부채) 감소, 자본 증가 ⇨ 현금흐름 영향 없음
- 자기주식의 처분은 처분금액만큼 현금이 증가하고, 유상증자는 발행금액만큼 현금이 증가한다.
∴ 재무활동 현금흐름 = ₩5,000(자기주식 처분: 자본의 증가) + ₩100,000(유상증자: 자본의 증가)
= ₩105,000

기본서 p.467~468
정답 ③

정답 및 해설

19 ②

	토지		
기초	300,000	처분	100,000(장부금액)
취득 ㉠	300,000	기말	500,000
	600,000		600,000

① 토지의 매각으로 인한 현금유입액은 ₩150,000이다.
③ 토지 처분이익은 ₩50,000이다.
④ 투자활동 순현금유출액은 취득으로 인한 유출(₩300,000)과 처분으로 인한 유입액(₩150,000)의 차이인 ₩150,000(유출)이다.
⑤ 토지의 취득과 처분은 투자활동 현금흐름이다.

20 ② • 감가상각비: ₩60,000 + x − ₩40,000 = ₩50,000
⇨ 감가상각비 = ₩30,000
- 유형자산처분손익 = ₩30,000 − (₩80,000 − ₩40,000) = (₩10,000) 처분손실

투자활동 현금흐름			
I/S 감가상각비	30,000		
유형자산처분손실	10,000		
B/S 유형자산의 증가	80,000		
감가상각누계액의 감소	10,000	차액(순유출)	130,000
	130,000		130,000

21 다음 중 현금흐름상 재무활동 현금흐름에 해당하는 것은?

① 유형자산의 취득 및 처분에 따른 현금의 유출과 유입

② 보험회사의 경우 보험금과 관련된 현금의 유출

③ 주식 등의 지분상품 발행에 따른 현금의 유입

④ 단기매매 목적으로 보유하는 계약에서 발생하는 현금의 유입

⑤ 판매 목적으로 보유하는 재고자산을 제조하거나 취득하기 위한 현금의 유출

22 다음 자료를 이용하여 계산된 20×1년도 재무활동 순현금흐름은? (단, 이자지급은 재무활동으로 분류하며, 납입자본의 변동은 현금 유상증자에 의한 것임) 제17회

- 이자비용 ₩3,000
- 재무상태표 관련 자료

구분	20×1.1.1.	20×1.12.31.
자본금	₩10,000	₩20,000
주식발행초과금	₩10,000	₩20,000
단기차입금	₩50,000	₩45,000
미지급이자	₩4,000	₩6,000

① ₩4,000 ② ₩13,000

③ ₩14,000 ④ ₩15,000

⑤ ₩16,000

(주)한국의 20×1년도 현금주의 당기순이익은 ₩80,000이다. 다음 전기 말에 비하여 증감된 자산·부채와 당기에 발생된 비용을 이용하여 계산한 (주)한국의 20×1년 발생주의 당기순이익은?

• 매출채권	₩25,000(감소)	• 매입채무	₩5,000(증가)
• 선급비용	₩3,000(증가)	• 미지급비용	₩4,000(감소)
• 감가상각비	₩5,000(발생)		

① ₩52,000   ② ₩57,000

③ ₩98,000   ④ ₩103,000

⑤ ₩108,000

해설 |

현금주의	80,000	발생주의(x)	52,000
[수익계정 제거]		[비용계정 제거]	5,000
		감가상각비	
[영업활동 관련 자산증가·부채감소]		[영업활동 관련 자산감소·부채증가]	
선급비용 증가	3,000	매출채권 감소	25,000
미지급비용 감소	4,000	매입채무 증가	5,000
	87,000		87,000

기본서 p.475   정답 ①

정답 및 해설

21 ③ 재무활동은 기업의 납입자본과 차입금의 크기 및 구성내용에 변동을 가져오는 활동을 말한다. 따라서 주식 등의 지분상품 발행에 따른 현금의 유입은 재무활동 현금흐름에 해당된다.
① 투자활동 현금흐름
②④⑤ 영업활동 현금흐름

22 ③ • 유상증자로 인한 유입액 = (₩20,000 + ₩20,000) − (₩10,000 + ₩10,000) = ₩20,000
• 이자비용 유출액 = −₩3,000 + ₩2,000(미지급이자 증가) = −₩1,000
• 차입금 감소(유출) = −₩5,000
∴ 재무활동으로 인한 현금유입액 = ₩20,000 − (₩1,000 + ₩5,000) = ₩14,000

23 (주)한국의 20×2년 거래처로부터 현금유입액은 ₩100,000이며, 매출채권과 선수금 잔액은 다음과 같다.

구분	20×1년 말	20×2년 말
매출채권	₩20,000	₩24,000
선수금	₩7,500	₩5,000

(주)한국의 20×2년 매출액은 얼마인가?

① ₩93,500 ② ₩98,500

③ ₩101,500 ④ ₩106,500

⑤ ₩107,000

24 (주)한국의 20×1년 영업활동 순현금유입액은 ₩12,000이다. 다음 자료를 이용할 때, 20×1년 법인세비용차감전순이익과 재무활동 순현금흐름으로 옳은 것은? 제25회

- 재무상태표 관련 자료

계정과목	20×1년 1월 1일	20×1년 12월 31일
매출채권	₩2,800	₩1,300
선급비용	₩1,000	₩1,800
미지급이자	₩80	₩40
단기차입금	₩1,500	₩1,250
자본금	₩500	₩1,200

- 20×1년 감가상각비   ₩900
- 20×1년 유형자산처분손실   ₩2,100
- 이자비용(미지급이자)은 영업활동으로 분류한다.
- 자본금변동은 유상증자로 인한 것이며 모든 자산, 부채, 자본변동은 현금거래로 인한 것이다.

	법인세비용차감전순이익	재무활동 순현금흐름
①	₩7,800	순유입액 ₩410
②	₩8,300	순유입액 ₩450
③	₩8,340	순유입액 ₩450
④	₩8,640	순유입액 ₩410
⑤	₩8,800	순유출액 ₩250

25 (주)한국의 20×1년 중 거래가 다음과 같을 때 20×1년도 인식할 용역수익과 임차료는?

- (주)한국은 20×1년 중 용역을 제공하기로 하고 현금 ₩120,000을 받았다. 20×1년 선수용역수익계정의 기초잔액은 ₩30,000이고, 기말잔액은 ₩40,000이다.
- (주)한국은 20×1년 중 건물 임차료로 현금 ₩70,000을 미리 지급하였다. 20×1년 선급임차료계정의 기초잔액은 ₩10,000이고, 기말잔액은 ₩30,000이다.

	용역수익	임차료
①	₩110,000	₩50,000
②	₩110,000	₩70,000
③	₩120,000	₩50,000
④	₩120,000	₩70,000
⑤	₩100,000	₩70,000

정답 및 해설

23 ④

매출

현금주의	100,000	발생주의(x)	106,500
매출채권의 증가	4,000		
선수금의 감소	2,500		
	106,500		106,500

24 ③ (1) 발생주의 전환: 법인세비용차감전순이익의 계산

영업활동 현금흐름	12,000	법인세비용차감전순이익(x)	8,340
[수익계정 제거]	–	[비용계정 제거]	
		감가상각비	900
		유형자산처분손실	2,100
[영업활동 자산의 증가 · 부채의 감소]		[영업활동 관련 자산의 감소 · 부채의 증가]	
선급비용의 증가	800	매출채권의 감소	1,500
미지급이자의 감소	40		
	12,840		12,840

(2) 재무활동 순현금흐름 = ₩700(자본의 증가: +) − ₩250(부채의 감소: −) = ₩450 현금유입

25 ①

용역수익

현금주의	120,000	발생주의(x)	110,000
		선수용역수익 증가	10,000
	120,000		120,000

임차료

발생주의(y)	50,000	현금주의	70,000
선급임차료 증가	20,000		
	70,000		70,000

26 (주)한국의 당기말 재고자산은 전기말 대비 ₩15,000 증가하였고 당기말 매입채무는 전기말 대비 ₩9,000 증가하였다. 매입과 관련된 현금유출액은 ₩75,000이고, 매출총이익률이 20%일 때, (주)한국의 당기매출액은 얼마인가?

① ₩63,750
② ₩75,000
③ ₩82,800
④ ₩86,250
⑤ ₩123,750

27 (주)한국의 매출액은 ₩43,000, 재고구입에 따른 현금유출액은 ₩24,000이다. 다음 (주)한국의 재고자산, 매입채무 변동 자료를 이용할 경우 매출총이익은?

구분	금액
재고자산 증가액	₩800
매입채무 증가액	₩1,200

① ₩17,000
② ₩17,800
③ ₩18,200
④ ₩18,600
⑤ ₩19,400

정답 및 해설

26 ④

매출원가			
발생주의 ㉠	69,000	현금유출액	75,000
재고자산의 증가	15,000	매입채무의 증가	9,000
	84,000		84,000

∴ 매출액 = 매출원가 ÷ 매출원가율 = ₩69,000 ÷ (1 − 0.2) = ₩86,250

27 ④

매출원가			
발생주의 매출원가(x)	24,400	매입 등 현금유출액	24,000
재고자산 증가액	800	매입채무 증가액	1,200
	25,200		25,200

∴ 매출총이익 = 순매출액 − 매출원가(x) = ₩43,000 − ₩24,400 = ₩18,600

대표예제 **71** 유동성비율 ★★

(주)한국은 상품을 ₩1,000에 취득하면서 현금 ₩500을 지급하고 나머지는 3개월 이내에 지급하기로 하였다. 이 거래가 발생하기 직전의 유동비율과 당좌비율은 각각 70%와 60%이었다. 상품 취득거래가 유동비율과 당좌비율에 미치는 영향은? (단, 상품거래에 대해 계속기록법을 적용함)

제23회

	유동비율	당좌비율		유동비율	당좌비율
①	감소	감소	②	감소	변동 없음
③	변동 없음	감소	④	증가	변동 없음
⑤	증가	감소			

해설 | 유동비율이 1보다 작은(70%) 상황이고 유동자산과 유동부채가 동액이 증가하는 상황이므로 유동비율은 증가한다.

(차) 상품	1,000	(대) 현금	500
		매입채무	500

- 유동비율: 유동자산(↑) / 유동부채(↑) ⇨ 증가
- 당좌비율: 당좌자산(↓) / 유동부채(↑) ⇨ 감소

기본서 p.491~492　　　　　　　　　　　　　　　　　　　　　　　　　　정답 ⑤

01 (주)한국의 20×1년 3월 20일 당좌비율은 75%, 유동비율은 140%이다. (주)한국이 20×1년 3월 30일 매입채무를 현금 ₩50,000으로 상환할 경우, 당좌비율과 유동비율에 미치는 영향을 바르게 연결한 것은?

	당좌비율	유동비율
①	증가	증가
②	감소	증가
③	감소	감소
④	증가	감소
⑤	변동 없음	변동 없음

02 (주)한국은 현재 당좌자산 ₩3,000, 재고자산 ₩1,000, 유동부채 ₩2,000을 보유하고 있다. 다음 거래를 추가하여 반영할 경우 당좌비율과 유동비율은? (단, 상품기록은 계속기록법을 적용하며, 유동자산은 당좌자산과 재고자산으로만 구성됨)

- 매출채권 ₩400을 현금회수하다.
- 상품 ₩600을 현금으로 취득하다.

	당좌비율	유동비율
①	100%	200%
②	120%	200%
③	180%	150%
④	180%	180%
⑤	200%	150%

03 (주)한국의 현재 유동자산은 ₩100, 유동부채는 ₩200이다. 다음 거래가 (주)한국의 유동비율에 미치는 영향으로 옳지 않은 것은? (단, 상품기록은 계속기록법을 적용함)

① 기계장치를 ₩30에 취득하면서 취득대금 중 ₩10은 현금으로 지급하고 나머지는 2년 후에 지급하기로 한 거래는 유동비율을 감소시킨다.

② 재고자산을 현금 ₩10에 구입한 거래는 유동비율에 영향을 미치지 않는다.

③ 단기차입금을 현금 ₩20으로 상환한 거래는 유동비율에 영향을 미치지 않는다.

④ 3년 만기 사채를 발행하고 현금 ₩30을 수령한 거래는 유동비율을 증가시킨다.

⑤ 상품 ₩10을 외상으로 매입한 거래는 유동비율이 증가한다.

정답 및 해설

01 ② (차) 매입채무(유동부채 감소)　　50,000　　　(대) 현금(당좌자산·유동자산 감소)　　50,000
당좌비율은 75%이므로 당좌자산(감소) / 유동부채(감소)로 당좌비율은 감소하고, 유동비율이 140%이고 유동자산과 유동부채가 동액이 감소하므로 유동비율(유동자산 / 유동부채)은 증가한다.

02 ② (1) 거래분석
　　　• (차) 현금(유동자산 증가)　　400　　　(대) 매출채권(유동자산 감소)　　400
　　　　⇨ 유동자산·당좌자산 불변
　　　• (차) 상품(유동자산 증가)　　600　　　(대) 현금(유동자산 감소)　　600
　　　　⇨ 유동자산 불변·당좌자산 감소
　　(2) 거래 반영 전
　　　• 당좌비율 = ₩3,000 / ₩2,000 = 150%
　　　• 유동비율 = (₩3,000 + ₩1,000) / ₩2,000 = 200%
　　∴ 거래 반영 후
　　　• 당좌비율 = (₩3,000 − ₩600) / ₩2,000 = 120%
　　　• 유동비율 = (₩3,000 + ₩1,000) / ₩2,000 = 200%

03 ③ 유동비율 = 유동자산 / 유동부채 = ₩100 / ₩200 = 50% < 1
유동비율이 1보다 작은 상황이므로 단기차입금을 현금 ₩20으로 상환한 거래는 유동자산(현금)과 유동부채(단기차입금)가 동액 감소하므로 유동비율은 감소한다.
　　① (차) 기계장치　　　　　　　　30　　　(대) 현금(유동자산의 감소)　　10
　　　　　　　　　　　　　　　　　　　　　　　　장기미지급금　　　　　　　20
　　　　∴ 유동비율: 유동자산(↓) / 유동부채 ⇨ 감소
　　② 재고자산을 현금 ₩10에 구입한 거래는 유동비율에 영향을 미치지 않는다.
　　④ (차) 현금　　　　　　　　　　30　　　(대) 사채　　　　　　　　　　30
　　　　∴ 유동비율: 유동자산(↑) / 유동부채 ⇨ 증가
　　⑤ (차) 상품　　　　　　　　　　10　　　(대) 매입채무　　　　　　　　10
　　　　∴ 유동비율: 유동자산(↑) / 유동부채(↑) ⇨ 증가
　　　▶ 유동비율이 1보다 작은 상황이므로 유동자산과 유동부채가 동액이 증가하므로 유동비율은 증가한다.

04 20×1년 12월 30일 현재 (주)한국의 유동자산과 유동부채의 잔액이 각각 ₩5,000이었다. 12월 31일 상품 ₩2,500을 구입하면서 현금 ₩500을 지급하고 나머지는 3개월 후에 지급하기로 한 경우, 동 거래를 반영한 후의 유동비율은? (단, 상품기록은 계속기록법을 적용함)

① 70%   ② 80%
③ 100%   ④ 140%
⑤ 150%

05 (주)한국의 20×1년 초 재고자산은 ₩50,000이고, 당기매입액은 ₩190,000이다. (주)한국의 20×1년 말 유동비율은 120%, 당좌비율은 70%, 유동부채는 ₩160,000일 때, 20×1년도 매출원가는? (단, 재고자산은 상품으로만 구성되어 있음)

① ₩104,000   ② ₩128,000
③ ₩152,000   ④ ₩160,000
⑤ ₩180,000

06 다음은 (주)한국의 20×1년 12월 31일 재무상태표이다.

재무상태표			
(주)한국	20×1년 12월 31일 현재		(단위: 원)
현금및현금성자산	?	매입채무	?
매출채권	4,000	단기차입금	4,000
재고자산	?	사채	20,000
유형자산	40,000	자본금	?
		이익잉여금	10,000
합계	100,000	합계	100,000

20×1년 12월 31일 현재 유동비율이 200%일 때, 자본금은?

① ₩20,000   ② ₩30,000
③ ₩40,000   ④ ₩50,000
⑤ ₩60,000

07 (주)한국은 20×1년 말 토지(유형자산)를 ₩1,000에 취득하였다. 대금의 50%는 취득시 현금지급하고, 나머지는 20×2년 5월 1일에 지급할 예정이다. 토지거래가 없었을 때와 비교하여 20×1년 말 유동비율과 총자산순이익률의 변화는? (단, 토지거래가 있기 전 유동부채가 있으며, 20×1년 당기순이익이 보고됨) 제17회

	유동비율	총자산순이익률
①	증가	증가
②	증가	감소
③	감소	증가
④	감소	불변
⑤	감소	감소

정답 및 해설

04 ③ 유동비율 = 유동자산 ÷ 유동부채 = ₩5,000 ÷ ₩5,000 = 100% ⇨ 거래 반영 후 불변

(차) 상품(유동자산의 증가)	2,500	(대) 현금(유동자산의 감소)	500
		외상매입금(유동부채의 증가)	2,000

▶ 유동비율이 100%인 경우 유동자산과 유동부채가 동액이 증가하면 유동비율은 불변이다.

05 ④ • 유동비율 = 유동자산 / ₩160,000(유동부채) = 120%
⇨ 유동자산 = ₩192,000
• 당좌비율 = 당좌자산 / ₩160,000(유동부채) = 70%
⇨ 당좌자산 = ₩112,000
• 기말재고자산 = ₩192,000(유동자산) − ₩112,000(당좌자산) = ₩80,000
∴ 매출원가 = ₩50,000(기초재고) + ₩190,000(당기매입) − ₩80,000(기말재고) = ₩160,000

06 ③ • 유동자산 = 자산합계 − 유형자산 = ₩100,000 − ₩40,000 = ₩60,000
• 유동비율 = 유동자산(₩60,000) / 유동부채 = 200%
⇨ 유동부채 = ₩30,000
• 자본금 = 부채와 자본의 합계 − 유동부채 − 사채 − 이익잉여금
= ₩100,000 − ₩30,000 − ₩20,000 − ₩10,000 = ₩40,000

07 ⑤

(차) 토지	1,000	(대) 현금	500
		미지급금	500

• 유동비율 = 유동자산(↓) / 유동부채(↑) ⇨ 감소
• 총자산순이익률 = 당기순이익 / 총자산(↑) ⇨ 감소

08 (주)대한은 20×1년 중 만기가 20×3년 6월 30일인 사채를 현금으로 상환하였다. 이 거래가 20×1년 말 총자산회전율과 당좌비율에 미치는 영향은?

	총자산회전율	당좌비율
①	감소	감소
②	감소	증가
③	증가	감소
④	증가	증가
⑤	불변	불변

대표예제 72 \ 활동성비율 ★★

(주)한국의 20×1년 기초재고자산은 ₩30,000, 기말재고자산은 ₩42,000, 매출액은 ₩400,000 이다. 당기 재고자산회전율이 5회라면 매출총이익은? (단, 재고자산회전율 계산시 매출원가와 평균재고자산을 이용함)

① ₩124,000   ② ₩150,000

③ ₩190,000   ④ ₩220,000

⑤ ₩265,000

해설 | 재고자산회전율 공식을 응용하여 매출원가를 계산한 후 주어진 매출액에서 차감한다.
매출총이익 = 매출액 - 매출원가
(1) 매출액 = ₩400,000
(2) 매출원가 = 평균재고 × 재고자산회전율
    = (₩30,000 + ₩42,000)/2 × 5회 = ₩180,000
∴ 매출총이익 = (1) - (2) = ₩220,000

기본서 p.493~494   정답 ④

---

09 (주)한국의 20×1년 재무자료가 다음과 같을 때, 20×1년도 매출액은? 제23회 수정

- 평균재고자산: ₩100,000
- 재고자산회전율: 5회
- 매출총이익률: 20%

① ₩400,000
② ₩450,000
③ ₩500,000
④ ₩625,000
⑤ ₩800,000

10 다음의 20×1년 재무정보를 이용한 매출총이익은? (단, 회전율 계산시 기초와 기말의 평균값을 이용함)

• 매출채권회전율	5회	• 재고자산회전율(매출원가 기준)	3회
• 기초매출채권	₩1,800	• 기초재고자산	₩1,500
• 기말매출채권	₩1,200	• 기말재고자산	₩2,100

① ₩1,000
② ₩1,200
③ ₩2,100
④ ₩3,600
⑤ ₩4,200

정답 및 해설

08 ③ (차) 사채 ××× (대) 현금 ×××
- 총자산회전율 = 매출액 / 평균총자산(↓) ⇨ 증가
- 당좌비율 = 당좌자산(↓) / 유동부채 ⇨ 감소

09 ④ 재고자산회전율을 활용하여 매출원가와 매출액을 구하는 문제이다.
재고자산회전율 = 매출원가 / 평균재고자산 = 매출원가 / ₩100,000 = 5회
⇨ 매출원가 = ₩500,000
∴ 매출액 = 매출원가 ÷ (1 − 0.2) = ₩500,000 ÷ 0.8 = ₩625,000

10 ③ • 매출채권회전율 = 매출액 / (₩1,800 + ₩1,200)/2 = 5회 ⇨ 매출액 = ₩7,500
• 재고자산회전율 = 매출원가 / (₩1,500 + ₩2,100)/2 = 3회 ⇨ 매출원가 = ₩5,400
∴ 매출총이익 = 매출액 − 매출원가 = ₩7,500 − ₩5,400 = ₩2,100

11 현금판매 없이 외상판매만을 하는 (주)한국의 20×1년도 매출액은 ₩100이었다. (주)한국의 20×1년도 매출채권 평균회수기간이 72일인 경우, 20×1년도 평균매출채권은? (단, 계산의 편의를 위해 1년은 360일이라고 가정함)

① ₩5
② ₩10
③ ₩15
④ ₩20
⑤ ₩25

12 (주)한국의 20×1년 재무자료의 일부이다. 주어진 자료를 이용하여 (주)한국의 재고자산 회전기간을 계산하면 얼마인가? (단, 1년은 360일로 가정함)

• 기초재고	₩6,000
• 당기매입재고	₩100,000
• 매출액	₩160,000
• 매출원가율	60%

① 15일
② 30일
③ 45일
④ 60일
⑤ 80일

13 (주)한국의 영업주기는 상품의 매입시점부터 판매 후 대금의 회수시점까지 기간이다. 다음은 (주)한국의 20×1년 재무자료의 일부이다. 주어진 자료를 이용하여 (주)한국의 평균영업주기를 계산하면 얼마인가? (단, 매출은 전액 신용매출이며, 1년은 360일로 간주함)

• 매출액	₩90,000	• 매출원가	₩52,500
• 연평균 매출채권	₩15,000	• 연평균 재고자산	₩17,500

① 90일
② 120일
③ 150일
④ 180일
⑤ 210일

14 다음은 (주)한국의 20×1년 회계자료의 일부이다. 매출원가를 이용하여 계산한 재고자산회전율은?

• 기초상품재고액	₩600,000	• 기중상품매입액	₩3,000,000
• 기중총매출액	₩4,200,000	• 기중매출환입액	₩600,000
• 기말상품재고액	₩600,000	• 당기순이익	₩1,800,000
• 매출총이익	₩600,000		

① 1회
② 3회
③ 5회
④ 7회
⑤ 9회

정답 및 해설

11 ④ 매출채권회수기간 = 360일 / 평균매출채권회전율 = 72일
⇨ 평균매출채권회전율 = 5회
매출채권회전율 = ₩100 / 평균매출채권 = 5회
∴ 평균매출채권 = ₩20

12 ②

재고자산			
기초재고	6,000	매출원가	₩160,000 × 60% = 96,000
당기매입재고	100,000	기말재고	㉠ 10,000
	106,000		106,000

㉡ 재고자산회전율 = ₩96,000 ÷ (₩6,000 + ₩10,000)/2 = 12회
∴ 재고자산회전기간 = 360일 ÷ 12회 = 30일

13 ④ • 매출채권회전율 = ₩90,000 / ₩15,000 = 6회
• 재고자산회전율 = ₩52,500 / ₩17,500 = 3회
⇨ 매출채권회수기간 = 360일 / 6회 = 60일
재고자산회전기간 = 360일 / 3회 = 120일
∴ 영업주기 = 매출채권회수기간 + 재고자산회전기간 = 60일 + 120일 = 180일

14 ③ • 순매출액 = ₩4,200,000 − ₩600,000 = ₩3,600,000
• 매출원가 = ₩3,600,000 − ₩600,000 = ₩3,000,000
∴ 재고자산회전율 = 매출원가 / 평균재고자산
= ₩3,000,000 / (₩600,000 + ₩600,000) ÷ 2 = 5회

15 다음은 (주)대한의 20×1년 말 재무비율 분석자료의 일부이다.

• 유동비율: 150%	• 당좌비율: 100%

20×1년 초 재고자산은 ₩40,000이고, 20×1년 말 유동부채는 ₩60,000이다. 20×1년 매출원가가 ₩175,000일 때 재고자산회전율은? (단, 유동자산은 당좌자산과 재고자산만으로 구성되어 있다고 가정함)

① 1회   ② 2회
③ 3회   ④ 4회
⑤ 5회

16 다음 자료를 이용하여 계산된 매출원가는? (단, 계산의 편의상 1년은 360일, 평균재고자산은 기초와 기말의 평균임)

제20회

• 기초재고자산	₩90,000	• 기말재고자산	₩210,000
• 재고자산보유(회전)기간	120일		

① ₩350,000   ② ₩400,000
③ ₩450,000   ④ ₩500,000
⑤ ₩550,000

17 (주)한국의 20×1년 기말유동자산은 ₩400,000, 유동비율 400%, 당좌비율 150%, 재고자산회전율(매출원가 기준) 8회, 그리고 매출총이익률은 60%이며, 유동자산은 당좌자산과 재고자산으로 구성되어 있다. (주)한국의 매출액은 얼마인가? (단, 기말재고자산은 평균재고자산과 일치함을 가정함)

① ₩4,500,000   ② ₩4,800,000
③ ₩5,000,000   ④ ₩5,500,000
⑤ ₩6,200,000

18 (주)한국의 영업주기(상품의 매입시점부터 판매 후 대금회수시점까지의 기간)는 180일 이다. 다음 20×1년 자료를 이용하여 계산한 매출액은? (단, 매입과 매출은 전액 외상거래이고, 1년은 360일로 가정함) 제17회

• 매출액	?
• 매출원가	₩8,000
• 평균매출채권	₩2,500
• 평균매입채무	₩1,600
• 평균재고자산	₩2,000

① ₩8,333   ② ₩8,833
③ ₩9,000   ④ ₩10,000
⑤ ₩12,000

정답 및 해설 |

15 ⑤ • 유동비율 = 유동자산 / 유동부채 = 150% = x / ₩60,000 ⇨ x = ₩90,000
  • 당좌비율 = 당좌자산 / 유동부채 = 100% = y / ₩60,000 ⇨ y = ₩60,000
  • 기말재고 = $x - y$ = ₩30,000
  ∴ 재고자산회전율 = 매출원가 / 평균재고자산
    = ₩175,000 / (₩40,000 + ₩30,000) ÷ 2 = 5회

16 ③ • 재고자산회전기간 = 360일 ÷ 재고자산회전율 = 120일 ⇨ 재고자산회전율 = 3회
  • 재고자산회전율 = 매출원가(x) ÷ (기초재고 + 기말재고) / 2
    = x ÷ (₩90,000 + ₩210,000)/2 = 3회
  ∴ 매출원가(x) = ₩450,000

17 ③ • 유동비율 = 유동자산 / 유동부채 = ₩400,000 / 유동부채 = 400% ⇨ 유동부채 = ₩100,000
  • 당좌비율 = 당좌자산 / 유동부채 = 당좌자산 / ₩100,000 = 150% ⇨ 당좌자산 = ₩150,000
  • 재고자산회전율 = 매출원가 / 평균재고자산 = 매출원가 / ₩250,000 = 8회
    ⇨ 매출원가 = ₩2,000,000
  ∴ 매출액 = 매출원가 ÷ 매출원가율 = ₩2,000,000 ÷ (1 - 0.6) = ₩5,000,000

18 ④ 정상영업주기(일수) = 매출채권회수기간 + 재고자산회전기간
  • 재고자산회전율 = 매출원가 / 평균재고자산 = ₩8,000 / ₩2,000 = 4회
  • 재고자산회전기간 = 360일 / 재고자산회전율 = 360일 / 4회 = 90일
  • 정상영업주기 = 매출채권회수기간 + 90일 = 180일
    ⇨ 매출채권회수기간 = 정상영업주기 - 재고자산회전기간 = 180일 - 90일 = 90일
  • 매출채권회수기간 = 360일 / 매출채권회전율 = 90일 ⇨ 매출채권회전율 = 4회
  • 매출채권회전율 = 매출액 / 평균매출채권 = x / ₩2,500 = 4회
  ∴ 매출액(x) = ₩10,000

19 다음은 현금판매 없이 외상판매만 하는 (주)한국의 20×1년도 관련 사항이다. 기업의 재고자산보유기간(또는 회전기간)과 매출채권회수기간의 합을 영업주기라고 할 때, (주)한국의 20×1년도 평균매출채권은? (단, 재고자산회전율 계산시 매출원가를 사용하며, 평균재고자산과 평균매출채권은 기초와 기말의 평균으로 계산하고, 1년은 360일로 가정함)

• 영업순환주기	236일
• 매출액	₩100,000
• 매출원가율(매출원가 ÷ 매출액)	90%
• 평균재고자산	₩50,000

① ₩5,000　　　　　　　　　　② ₩10,000

③ ₩15,000　　　　　　　　　　④ ₩20,000

⑤ ₩25,000

대표예제 73 \ 수익성비율 ★★

(주)한국의 20×0년 매출액은 ₩800이며, 20×0년과 20×1년의 매출액순이익률은 각각 15%와 20%이다. 20×1년 당기순이익이 전기에 비해 25% 증가하였을 경우, 20×1년 매출액은?

제25회

① ₩600　　　　　　　　　　② ₩750

③ ₩800　　　　　　　　　　④ ₩960

⑤ ₩1,000

해설 | • 20×0년 매출액순이익률 = 당기순이익(x) ÷ 매출액 = 15%
　　　 = 당기순이익(x) ÷ ₩800 = 15%
　　　 ⇨ 당기순이익(x) = ₩120
　　 • 20×1년 매출액순이익률 = (₩120 × 1.25) ÷ 매출액 = 20%
　　 ∴ 매출액 = ₩750

기본서 p.495~497　　　　　　　　　　　　　　　　　　　　　　정답 ②

20 다음 20×1년도 자료를 이용하여 계산된 20×1년도 당기순이익은? (단, 매출은 전액 신용매출임)

- 매출채권회전율: 4회
- 매출액순이익률: 3%
- 평균매출채권: ₩40,000

① ₩1,000　　　　　　　　　② ₩2,500

③ ₩3,000　　　　　　　　　④ ₩4,800

⑤ ₩5,000

21 자기자본이익률(return on equity)의 분해로 옳은 것은?

① 매출액순이익률 × 총자산회전율 × (1 + 부채비율)

② 총자산순이익률 × 매출액회전율 × (1 + 부채비율)

③ 매출액순이익률 × 자기자본회전율 × (1 + 부채비율)

④ 총자산순이익률 × 자기자본회전율 × (1 + 부채비율)

⑤ 매출총이익률 × (1 + 부채비율)

정답 및 해설

19 ② (1) 재고자산회전기간
- 매출원가 = ₩100,000 × 90% = ₩90,000
- 재고자산회전율 = ₩90,000 / ₩50,000 = 1.8회
  ⇨ 재고자산회전기간 = 360일 / 1.8회 = 200일
(2) 평균매출채권
- 매출채권회수기간 = 236일 − 200일 = 36일
- 매출채권회전율 = 360일 / 36일 = 10회 = 매출액 / 평균매출채권 = ₩100,000 / x

∴ 평균매출채권(x) = ₩10,000

20 ④ • 매출채권회전율을 이용한 매출액 계산

매출채권회전율 = 매출액 ÷ 평균매출채권 = x ÷ ₩40,000 = 4회

⇨ 매출액(x) = ₩160,000

• 매출액순이익률을 이용한 당기순이익 계산

매출액순이익률 = 당기순이익 ÷ 매출액 = y ÷ ₩160,000 = 3%

∴ 당기순이익(y) = ₩4,800

21 ①

$$자기자본이익률 = \frac{당기순이익}{자기자본} = \frac{당기순이익}{매출액} \times \frac{매출액}{총자산} \times \frac{총자산}{자기자본}$$

= 매출액순이익률 × 총자산회전율 × (1 + 부채비율)

22 (주)한국의 아래 20×1년 자료를 이용할 때, 20×1년도 자기자본순이익률(ROE)은? (단, 배당으로 인해 자산과 자본 각각의 기초와 기말금액은 동일함)

• 자산	₩3,000	• 자산회전율	1.5회
• 매출액순이익률	2%	• 부채비율(자기자본 대비)	200%

① 5%　　　　　　　　　　　　② 7%

③ 8%　　　　　　　　　　　　④ 9%

⑤ 10%

23 다음 자료를 이용하여 계산된 매출액순이익률은? (단, 총자산과 총부채는 기초금액과 기말금액이 동일한 것으로 가정함)

• 총자산	₩5,000,000	• 자기자본이익률(= 당기순이익 / 자본)	30%
• 총자산회전율	0.5회	• 부채비율(= 부채 / 자본)	200%

① 5%　　　　　　　　　　　　② 8%

③ 10%　　　　　　　　　　　④ 15%

⑤ 20%

24 총자산회전율과 매출채권회전율이 각각 1.5회와 2회이며, 매출액순이익률이 3%인 경우 총자산순이익률은?　　　　　　　　　제15회

① 1.5%　　　　　　　　　　　② 2.0%

③ 4.5%　　　　　　　　　　　④ 6.0%

⑤ 9.0%

안정성비율 ★★

(주)한국의 20×1년 말 재무비율 관련 자료가 다음과 같을 때 부채비율(총부채 ÷ 자기자본)은?

| • 유동비율 | 180% | • 유동부채 | ₩20,000 |
| • 비유동자산 | ₩54,000 | • 자기자본총계 | ₩30,000 |

① 200%
② 250%
③ 300%
④ 350%
⑤ 400%

해설 |

재무상태표

[자산]		[부채]	
유동자산	㉠ 36,000	유동부채	20,000
비유동자산	54,000	비유동부채	㉡ 40,000
		자기자본	30,000
	90,000		90,000

유동자산 = 유동부채 × 유동비율 = ₩20,000 × 180% = ₩36,000
∴ 부채비율 = 부채 / 자기자본 = (₩90,000 − ₩30,000) / ₩30,000 = 200%

기본서 p.497~498   정답 ①

정답 및 해설

22 ④ 자기자본이익률 = 매출액순이익률 × 총자산회전율 × (1 + 부채비율)
= 2% × 1.5회 × (1 + 2) = 9%

23 ⑤
$$자기자본이익률 = \frac{당기순이익}{자기자본} = \frac{당기순이익}{매출액} \times \frac{매출액}{총자산} \times \frac{총자산}{자기자본}$$
= 매출액순이익률 × 총자산회전율 × (1 + 부채비율) = x × 0.5회 × (1 + 2) = 30%
∴ 매출액순이익률(x) = 20%

24 ③ 총자산(자본)이익률 = 순이익 / 총자산 = 순이익 / 매출액 × 매출액 / 총자산
= 매출액순이익률 × 총자산회전율 = 3% × 1.5회 = 4.5%

25 기말재고자산 금액이 과소계상된 경우 유동비율과 부채비율에 미치는 영향으로 옳은 것은?

	유동비율	부채비율
①	낮아짐	낮아짐
②	낮아짐	높아짐
③	높아짐	낮아짐
④	높아짐	변동 없음
⑤	높아짐	높아짐

26 기업의 안전성을 나타내는 비율이 아닌 것은?

① 부채비율　　　　　　　　　② 자기자본비율
③ 이자보상비율　　　　　　　④ 매출채권평균회수기간
⑤ 고정장기적합률

27 (주)한국의 당기 자기자본이익률(ROE)은 10%이고, 부채비율(= 부채/자본)은 200%이며, 총자산은 ₩3,000,000이다. 당기 매출액순이익률이 5%일 때, 당기 매출액은? (단, 자산과 부채의 규모는 보고기간 중 변동이 없음) 　　제26회

① ₩1,000,000　　　　　　　② ₩1,500,000
③ ₩2,000,000　　　　　　　④ ₩2,500,000
⑤ ₩3,000,000

28 (주)한국의 20×1년도 포괄손익계산서의 일부를 이용하여 이자보상비율을 구하면?

영업이익	₩18,000
이자비용	(₩6,000)
법인세비용차감전순이익	₩12,000
법인세비용	(₩2,400)
당기순이익	₩9,600

① 2.5배 ② 3.0배

③ 4.5배 ④ 5.5배

⑤ 6.0배

정답 및 해설

25 ②
- 유동비율 = $\dfrac{\text{유동자산}(\downarrow)}{\text{유동부채(일정)}}$ ⇨ 감소

- 부채비율 = $\dfrac{\text{부채(일정)}}{\text{자기자본}(\downarrow)}$ ⇨ 증가

26 ④ 매출채권평균회수기간은 활동성비율에 해당한다.

27 ③ 총자산은 총자본(부채 + 자본)과 동일하다. 따라서 부채비율이 200%이므로 부채는 자본의 2배이다. 즉, 총자산(자본) ₩3,000,000 중 자본은 ₩1,000,000이다.
자기자본이익률 = 당기순이익 ÷ 자기자본 = 당기순이익 ÷ ₩1,000,000 = 10%
⇨ 당기순이익 = ₩100,000
∴ 매출총이익률 = 당기 순이익매출액 = ₩100,000 ÷ 매출액 = 5%
⇨ 매출액 = ₩2,000,000

28 ② 안정성비율은 계속기업의 가능성을 판단하는 지표이며, 안정성비율에 속하는 이자보상비율은 이자비용에 대한 안정도를 의미하며 높을수록 좋은 지표이다.
∴ 이자보상비율 = 영업이익 / 이자비용 = ₩18,000 / ₩6,000 = 3배

29 (주)한국의 20×1년도 포괄손익계산서는 다음과 같다. 제26회

손익 구성항목	금액
매출액	₩1,000,000
매출원가	(₩600,000)
매출총이익	₩400,000
기타영업비용	(₩150,000)
영업이익	₩250,000
이자비용	(₩62,500)
당기순이익	₩187,500

(주)한국의 20×2년도 손익을 추정한 결과, 매출액과 기타영업비용이 20×1년도보다 각각 10%씩 증가하고, 20×2년도의 이자보상비율(= 영업이익 / 이자비용)은 20×1년 대비 1.25배가 될 것으로 예측된다. 매출원가율이 20×1년도와 동일할 것으로 예측될 때, (주)한국의 20×2년도 추정 당기순이익은?

① ₩187,500
② ₩200,000
③ ₩217,500
④ ₩220,000
⑤ ₩232,000

정답 및 해설

29 ④ (1) 20×1년 이자보상비율 = 영업이익 ÷ 이자비용 = ₩250,000 ÷ ₩62,500 = 4배
20×2년 이자보상비율 = 20×1년 이자보상비율 × 1.25배 = 4 × 1.25배 = 5배
(2) 20×2년도 추정 당기순이익

손익 구성항목		금액
매출액	₩1,000,000 × 1.1 =	₩1,100,000
매출원가	₩1,100,000 × 0.6[*1]	(₩660,000)
매출총이익		₩440,000
기타영업비용	₩150,000 × 1.1	(₩165,000)
영업이익		₩275,000
이자비용		(₩55,000)[*2]
당기순이익		₩220,000

[*1] ₩600,000 ÷ ₩1,000,000 = 0.6
[*2] 이자보상비율 = ₩275,000 ÷ 이자비용 = 5배
⇨ 이자비용 = ₩55,000

제15장 재무보고를 위한 개념체계

| 대표예제 75 | 개념체계의 개요와 일반목적 재무보고 일반 ★★ |

재무보고를 위한 개념체계에 관한 설명으로 옳지 않은 것은?

① 개념체계의 어떠한 내용도 회계기준이나 회계기준의 요구사항에 우선하지 아니한다.
② 개념체계에 기반한 회계기준은 경영진의 책임을 묻기 위한 필요한 정보를 제공한다.
③ 개념체계는 특정 거래나 다른 사건에 적용할 회계기준이 없는 경우에 재무제표 작성자가 일관된 회계정책을 개발하는 데 도움을 준다.
④ 개념체계는 수시로 개정될 수 있으며, 개념체계가 개정되면 자동으로 회계기준이 개정된다.
⑤ 일반목적 재무보고의 목적을 달성하기 위해 회계기준위원회는 개념체계의 관점에서 벗어난 요구사항을 정하는 경우가 있을 수 있다.

해설 | 개념체계는 수시로 개정될 수 있는데, 개념체계가 개정되더라도 자동으로 회계기준이 개정되는 것은 아니다.

기본서 p.513~517

정답 ④

01 일반목적 재무보고의 주요 이용자에 해당되지 않는 것은?

① 대여자
② 경영자
③ 기타 채권자
④ 현재 투자자
⑤ 잠재적 투자자

정답 및 해설

01 ② 경영자는 기업 내부에서 필요한 재무정보를 확인할 수 있으므로 일반목적 재무보고의 주요 이용자에 해당되지 않는다.

02 개념체계에서 제시한 일반목적 재무보고에 관한 설명으로 옳지 않은 것은?

① 일반목적 재무보고의 목적은 정보이용자가 기업에 자원을 제공하는 것과 관련된 의사결정을 할 때 유용한 보고기업 재무정보를 제공하는 것이다.

② 일반목적 재무보고 이용자의 의사결정은 지분상품 및 채무상품을 매수, 매도 또는 보유하는 것과 대여 및 기타 형태의 신용을 제공 또는 결제하는 것을 포함한다.

③ 일반목적 재무보고서는 경제적 자원과 청구권 및 변동에 관한 정보와 경제적 자원 사용에 관한 정보를 제공한다.

④ 일반목적 재무보고서는 보고기업의 가치를 보여주기 위해 고안된 것이 아니기 때문에, 정보이용자가 보고기업의 가치를 추정하는 데 도움이 되는 정보를 제공하지는 않는다.

⑤ 일반목적 재무보고서는 이용자들이 필요로 하는 모든 정보를 제공할 수 없기 때문에, 그 이용자들은 정치적 사건과 정치 풍토 등과 같은 다른 원천에서 입수한 관련 정보를 고려할 필요가 있다.

03 다음은 일반목적 재무보고의 목적, 유용성 및 한계에 대한 설명이다. 옳지 않은 것은?

① 일반목적 재무보고서의 대상은 현재 및 잠재적 투자자, 대여자와 그 밖의 채권자인 주요 이용자이다.

② 일반목적 재무보고서는 경제적 자원과 청구권 및 변동에 관한 정보와 경제적 자원 사용에 관한 정보를 제공한다.

③ 보고기업의 경영진도 해당 보고기업의 재무정보에 관심이 있다. 따라서 경영진 또한 일반목적 재무보고서에 의존한다.

④ 일반목적 재무보고의 목적은 현재 및 잠재적 투자자, 대여자와 그 밖의 채권자가 기업에 자원을 제공하는 것과 관련된 의사결정을 할 때 유용한 보고기업 재무정보를 제공하는 것이다.

⑤ 경제적 자원 사용에 관한 정보는 기업의 경제적 자원에 대한 경영자의 수탁책임을 평가할 수 있게 한다.

대표예제 76 유용한 재무정보의 질적 특성 ★

재무정보의 질적 특성에 관한 설명으로 옳지 않은 것은?   제25회

① 근본적 질적 특성은 목적적합성과 표현충실성이다.
② 목적적합한 재무정보는 이용자들의 의사결정에 차이가 나도록 할 수 있다.
③ 재무제표에 정보를 누락할 경우 주요 이용자들의 의사결정에 영향을 주면 그 정보는 중요한 것이다.
④ 재무정보가 과거평가에 대해 피드백을 제공한다면 확인가치를 갖는다.
⑤ 완벽한 표현충실성을 위해서는 서술에 완전성과 중립성 및 적시성이 요구된다.

해설 | 완벽한 표현충실성을 위해서는 완전한 서술(완전성), 중립적 서술(중립성) 그리고 오류가 없는 서술 (무오류성)이 요구된다.

기본서 p.518~522   정답 ⑤

---

04 다음 설명과 관련된 유용한 재무정보의 질적 특성은?

> 재무정보에 예측가치, 확인가치 또는 이 둘 모두가 있다면 그 재무정보는 의사결정에 차이가 나도록 할 수 있다.

① 검증가능성   ② 이해가능성
③ 비교가능성   ④ 목적적합성
⑤ 표현충실성

정답 및 해설

02 ④ 일반목적 재무보고서는 보고기업의 가치를 보여주기 위해 고안된 것이 아니라 정보이용자가 보고기업의 가치를 추정하는 데 도움이 되는 정보를 제공하기 위해 고안된 것이다.

03 ③ 보고기업의 경영진도 해당 보고기업의 재무정보에 관심이 있다. 그러나 경영진은 그들이 필요로 하는 재무정보를 내부에서 구할 수 있기 때문에 일반목적 재무보고서에 의존할 필요가 없다.

04 ④ 근본적 질적 특성인 목적적합성에 대한 설명이다. 목적적합성은 의사결정에 차이를 가져오는 특성을 말한다.

05 다음에서 설명하는 의미와 관련된 유용한 재무정보의 질적 특성은?

> • 합리적인 판단력이 있고 독립적인 서로 다른 관찰자가 어떤 서술이 표현충실성에 있어, 비록 반드시 완전히 의견이 일치하지는 않더라도 합의에 이를 수 있다.
> • 정보가 나타내고자 하는 경제적 현상을 충실히 표현하는지를 이용자들이 확인하는 데 도움을 준다.

① 중요성   ② 비교가능성
③ 검증가능성   ④ 적시성
⑤ 이해가능성

06 재무정보의 질적 특성에 관한 설명으로 옳지 않은 것을 모두 고른 것은?

> ㉠ 재무정보가 과거평가에 대해 피드백을 제공한다면 확인가치를 갖는다.
> ㉡ 오류가 없다는 것은 현상의 기술에 오류나 누락이 없고, 보고정보를 생산하는 데 사용되는 절차의 선택과 적용이 절차상 완벽하게 정확하다는 것을 의미한다.
> ㉢ 회계기준위원회는 중요성에 대한 획일적인 계량임계치를 정하거나 특정한 상황에서 무엇이 중요한 것인지를 미리 결정할 수 있다.
> ㉣ 목적적합하고 충실하게 표현된 정보의 유용성을 보강시키는 질적 특성으로는 비교가능성, 검증가능성, 적시성 및 이해가능성이 있다.

① ㉠, ㉡   ② ㉠, ㉢
③ ㉠, ㉣   ④ ㉡, ㉢
⑤ ㉢, ㉣

07 재무정보의 질적 특성에 관한 설명으로 옳지 않은 것은? 제20회

① 검증가능성은 합리적인 판단력이 있고 독립적인 서로 다른 관찰자가 어떤 서술이 표현충실성이라는 데 대체로 의견이 일치할 수 있다는 것을 의미한다.

② 재무정보에 예측가치, 확인가치 또는 이 둘 모두가 있다면 의사결정에 차이가 나도록 할 수 있다.

③ 완벽하게 표현충실성을 위해서 서술은 완전하고, 중립적이며, 오류가 없어야 할 것이다.

④ 이해가능성은 정보이용자가 항목간의 유사점과 차이점을 식별하고 이해할 수 있게 하는 질적 특성이다.

⑤ 적시성은 의사결정에 영향을 미칠 수 있도록 의사결정자가 정보를 제때에 이용 가능하게 하는 것을 의미한다.

08 유용한 재무정보의 질적 특성에 관한 설명으로 옳지 않은 것은? 제19회

① 명확하고 간결하게 분류되고 특징지어져 표시된 정보는 이해가능성이 높다.

② 어떤 재무정보가 예측가치나 확인가치 또는 이 둘 모두를 갖는다면 그 재무정보는 이용자의 의사결정에 차이가 나게 할 수 있다.

③ 검증가능성은 정보가 나타내고자 하는 경제적 현상을 충실히 표현하는지를 정보이용자가 확인하는 데 도움을 주는 근본적 질적 특성이다.

④ 적시성은 정보이용자가 의사결정을 내릴 때 사용되며 그 결정에 영향을 줄 수 있도록 제때에 이용 가능함을 의미한다.

⑤ 어떤 정보의 누락이나 오기로 인해 정보이용자의 의사결정이 바뀔 수 있다면 그 정보는 중요한 정보이다.

정답 및 해설

05 ③ 검증가능성은 보강적 질적 특성으로, 합리적인 판단력이 있고 독립적인 서로 다른 관찰자가 어떤 서술이 표현충실성에 있어, 비록 반드시 완전히 의견이 일치하지 않더라도 합의에 이를 수 있다는 것을 의미한다.

06 ④ ⓒ 오류가 없다는 것은 모든 면에서 완벽하게 정확하다는 것을 의미하는 것은 아니다.
ⓒ 회계기준위원회는 중요성에 대한 획일적인 계량임계치를 정하거나 특정 상황에서 무엇이 중요한 것인지를 미리 결정할 수 없다.

07 ④ 비교가능성에 해당하는 내용이다. 이해가능성은 정보를 정확하고 간결하게 분류하고, 특정지으며 표시하는 질적 특성이다.

08 ③ 검증가능성은 근본적 질적 특성이 아니라 보강적 질적 특성이다.

09 유용한 재무정보의 질적 특성에 대한 설명으로 옳지 않은 것은?

① 표현충실성은 모든 면에서 정확한 것을 의미하지는 않는다. 오류가 없다는 것은 현상의 기술에 오류나 누락이 없고, 보고정보를 생산하는 데 사용되는 절차의 선택과 적용시 절차상 오류가 없음을 의미한다.

② 비교가능성은 통일성이 아니다. 정보가 비교 가능하기 위해서는 비슷한 것은 비슷하게 보여야 하고 다른 것은 다르게 보여야 한다.

③ 보강적 질적 특성을 적용하는 것은 규정된 순서에 따르지 않는 반복적 과정이다.

④ 하나의 경제적 현상은 여러 가지 방법으로 충실하게 표현될 수 있어 동일한 경제적 현상에 대해 대체적인 회계처리방법을 허용하면 비교가능성이 증가한다.

⑤ 보강적 질적 특성은 가능한 한 극대화되어야 한다. 그러나 보강적 질적 특성은 정보가 목적적합하지 않거나 나타내고자 하는 바를 충실하게 표현하지 않으면 개별적으로든 집단적으로든 그 정보를 유용하게 할 수 없다.

10 다음 중 재무보고를 위한 개념체계에 대한 설명으로 옳은 것은?

① 일반목적 재무보고서는 보고기업의 가치를 보여주기 위해 고안된 것이다.

② 과거평가를 확인하거나 변경시킴으로써 과거평가에 대한 피드백을 제공하는 역할은 회계정보의 목적적합성과 관련이 높다.

③ 자산이나 수익을 인식하기 위해서는 부채나 비용을 인식할 때보다 더욱 설득력 있는 증거가 뒷받침되어야 한다.

④ 이용자들이 미래 결과를 예측하기 위해 사용하는 절차의 투입요소로 회계정보가 사용되는 역할은 회계정보의 표현충실성과 관련이 높다.

⑤ 회계기준위원회는 중요성에 대한 획일적인 계량임계치를 정하거나 특정한 상황에서 무엇이 중요한 것인지를 미리 결정할 수 있다.

11 유용한 재무정보의 질적 특성에 관한 설명으로 옳지 않은 것은?

① 보강적 질적 특성은 가능한 한 극대화되어야 한다. 그러나 보강적 질적 특성은 정보가 목적적합하지 않거나 충실하게 표현되지 않으면 개별적으로든 집단적으로든 그 정보를 유용하게 할 수 없다.

② 오류 없는 서술은 현상의 기술에 오류나 누락이 없고, 보고정보를 생산하는 데 사용되는 절차의 선택과 적용시 절차상 오류가 없음을 의미한다.

③ 예측가치는 정보이용자가 미래 결과를 예측하기 위한 절차의 투입요소로 사용될 수 있는 정보의 가치를 말하며, 재무정보가 예측가치를 갖기 위해서 그 자체가 예측치 또는 예상치일 필요는 없다.

④ 보고기업에 대한 정보는 다른 기업에 대한 유사한 정보와 비교할 수 있고, 해당 기업에 대한 다른 기간이나 다른 일자의 유사한 정보와 비교할 수 있다면 더욱 유용하다.

⑤ 비교가능성은 합리적인 판단력이 있고 독립적인 서로 다른 관찰자가 어떤 서술이 충실한 표현이라는 데 대체로 의견이 일치할 수 있다는 것을 의미한다.

정답 및 해설

09 ④ 동일한 경제적 현상에 대해 대체적인 회계처리방법을 허용하면 <u>비교가능성이 감소한다</u>.

10 ② ② 확인가치에 대한 설명으로, 그 재무정보는 의사결정에 차이가 나도록 할 수 있다.
　① 일반목적 재무보고서는 보고기업의 가치를 보여주기 위해 <u>고안된 것이 아니다</u>. 그러나 그것은 현재 및 잠재적 투자자, 대여자 및 기타 채권자가 보고기업의 가치를 추정하는 데 도움이 되는 정보를 제공한다.
　③ 신중성을 기하는 것은 비대칭의 필요성(예 자산이나 수익을 인식하기 위해서는 부채나 비용을 인식할 때보다 더욱 설득력 있는 증거가 뒷받침되어야 한다는 구조적 필요성)을 내포하는 것은 아니다.
　④ 예측가치에 대한 설명으로, 예측가치는 표현충실성이 아니라 <u>목적적합성</u>과 관련이 높다.
　⑤ 회계기준위원회는 중요성에 대한 획일적인 계량임계치를 정하거나 특정한 상황에서 무엇이 중요한 것인지를 <u>미리 결정할 수 없다</u>.

11 ⑤ 비교가능성이 아니라 <u>검증가능성</u>에 대한 설명이다.

---

12 한국채택국제회계기준의 '재무보고를 위한 개념체계'에서 규정한 유용한 재무정보의 질적 특성의 내용으로 옳지 않은 것은?

① 일관성은 한 보고기업 내에서 기간간 또는 같은 기간 동안에 기업간 동일한 항목에 대해 동일한 방법을 적용하는 것이다. 비교가능성은 목표이고 일관성은 그 목표를 달성하는 데 도움을 준다.

② 적시성은 의사결정에 영향을 미칠 수 있도록 의사결정자가 정보를 제때에 이용 가능하게 하는 것을 의미한다. 일반적으로 정보는 오래될수록 유용성이 낮아진다. 그러나 일부 정보는 보고기간 말 후에도 오랫동안 적시성이 있을 수 있다.

③ 보강적 질적 특성은 어떤 규정을 따르지 않는 반복적인 과정이다. 때로는 하나의 보강적 질적 특성이 다른 질적 특성의 극대화를 위해 감소되어야 할 수도 있다.

④ 신중성을 기하는 것이 비대칭의 필요성(예 자산이나 수익을 인식하기 위해서 부채나 비용을 인식할 때보다 더욱 설득력 있는 증거가 뒷받침되어야 한다는 구조적 필요성)을 내포한다. 그러한 비대칭은 유용한 재무정보의 질적 특성이다.

⑤ 비교가능성은 다른 특성과 달리 단 하나의 항목과 관련된 것이 아니다. 비교하려면 최소한 두 항목이 필요하다.

13 개념체계에서 제시한 유용한 재무정보의 질적 특성에 대한 설명으로 옳지 않은 것은?

① 예측가치와 확인가치는 동시에 갖고 있는 경우가 많으므로 상호 연관되어 있다.

② 재무정보의 비교가능성은 비슷한 것을 달리 보이게 하여 보강되지 않는 것처럼, 비슷하지 않은 것을 비슷하게 보이게 한다고 해서 보강되지 않는다.

③ 비교가능성은 한 보고기업 내에서 기간간 또는 같은 기간 동안에 기업간, 동일한 항목에 대해 동일한 방법을 적용하는 것을 말한다. 일관성은 목표이고 비교가능성은 그 목표를 달성하는 데 도움을 준다.

④ 목적적합한 경제적 현상에 대한 표현충실성은 다른 보고기업의 유사한 목적적합한 경제적 현상에 대한 표현충실성과 어느 정도의 비교가능성을 자연히 가져야 한다.

⑤ 보강적 질적 특성은 만일 어떤 두 가지 방법이 모두 현상에 대하여 동일하게 목적적합한 정보이고 동일하게 충실한 표현을 제공하는 것이라면 이 두 가지 방법 가운데 어느 방법을 그 현상의 서술에 사용해야 할지를 결정하는 데에도 도움을 줄 수 있다.

| 대표예제 77 | 재무제표와 보고기업 ★★ |

재무보고를 위한 개념체계에서 보고기업에 대한 설명으로 옳지 않은 것은?

① 보고기업은 재무제표를 작성해야 하거나 작성하기로 선택한 기업이다.

② 보고기업은 둘 이상의 실체로 구성될 수도 있다.

③ 보고기업은 반드시 법적 실체와 일치한다.

④ 보고기업이 지배기업과 종속기업으로 구성된다면 그 보고기업의 재무제표를 연결재무제표 라고 한다.

⑤ 보고기업이 지배-종속관계로 모두 연결되어 있지 않은 둘 이상의 실체들로 구성되는 그 보고기업의 재무제표를 결합재무제표라고 한다.

해설 | ③ 보고기업이 반드시 법적 실체일 필요는 없다.

①② 보고기업은 재무제표를 작성해야 하거나 작성하기로 선택한 기업으로 단일의 실체이거나 어떤 실체의 일부일 수 있으며, 둘 이상의 실체로 구성될 수 있다.

④⑤ 보고기업별 재무제표는 다음과 같다.

1. 연결재무제표: 보고기업이 지배기업과 종속기업으로 구성된다면 그 보고기업의 재무제표
2. 비연결재무제표: 보고기업이 지배기업 단독인 경우 그 보고기업의 재무제표
3. 결합재무제표: 보고기업이 지배-종속관계로 모두 연결되어 있지 않은 둘 이상의 실체들로 구성된다면 그 보고기업의 재무제표

기본서 p.524~525   정답 ③

---

14 기계장치의 취득원가를 기준으로 감가상각하는 회계처리를 정당화하는 개념과 가장 관련 이 깊은 것은?

① 경제적 실질우선   ② 중요성의 원칙

③ 발생기준   ④ 계속기업가정

⑤ 보수주의

정답 및 해설

12 ④ 신중성을 기하는 것이 비대칭의 필요성(예 자산이나 수익을 인식하기 위해서 부채나 비용을 인식할 때보다 더욱 설득력 있는 증거가 뒷받침되어야 한다는 구조적 필요성)을 <u>내포하는 것은 아니다</u>. 그러한 비대칭은 유용한 재무정보의 <u>질적 특성이 아니다</u>.

13 ③ 비교가능성이 목표이고 일관성은 그 목표를 달성하는 데 도움을 준다.

14 ④ 취득원가주의를 정당화하는 것은 <u>계속기업가정</u>이다.

15 다음은 재무제표와 보고기업에 대한 설명이다. 옳지 않은 것은?

① 재무제표는 일반적으로 보고기업이 계속기업이며 예측 가능한 미래에 영업을 계속할 것이라는 가정하에서 작성된다.

② 보고기업은 재무제표를 작성해야 하거나 작성하기로 선택한 기업을 말하며, 반드시 법적 실체일 필요는 없다.

③ 재무제표는 기업의 현재 및 잠재적 투자자, 대여자와 그 밖의 채권자 중 특정 집단의 관점에서 거래 및 그 밖의 사건에 대한 정보를 제공한다.

④ 재무제표이용자들이 변화와 추세를 식별하고 평가하는 것을 돕기 위해 재무제표는 최소한 직전 연도에 대한 비교정보를 제공한다.

⑤ 감가상각비, 역사적 원가, 유동과 비유동의 구분 등은 계속기업가정의 파생개념이다.

16 다음은 재무보고를 위한 개념체계 중 재무제표와 보고기업에 대한 내용이다. 이 중 옳지 않은 것은?

① 기업이 청산을 하거나 거래를 중단하려는 의도나 필요가 있다면, 재무제표는 계속기업과는 다른 기준에 따라 작성되어야 한다.

② 보고기업이 지배기업과 종속기업으로 구성된다면, 그 보고기업의 재무제표를 연결재무제표라고 부른다.

③ 보고기업이 지배-종속관계로 모두 연결되어 있지 않은 둘 이상의 실체들로 구성된다면, 그 보고기업의 재무제표를 비연결재무제표라고 부른다.

④ 개념체계상의 재무제표는 자산, 부채 및 자본이 인식된 재무상태표, 수익과 비용이 인식된 재무성과표, 그리고 특정 정보가 표시되고 공시되는 다른 재무제표와 주석을 말한다.

⑤ 보고기업은 재무제표를 작성해야 하거나 작성하기로 선택한 기업이다. 보고기업은 단일의 실체이거나 어떤 실체의 일부일 수 있으며, 둘 이상의 실체로 구성될 수 있으므로 보고기업은 반드시 법적 실체일 필요는 없다.

17 다음은 재무제표와 보고기업에 대한 설명이다. 옳지 않은 것은?

① 재무제표는 기업의 현재 및 잠재적 투자자, 대여자와 그 밖의 채권자 중 특정 집단의 관점이 아닌 보고기업 전체의 관점에서 거래 및 그 밖의 사건에 대한 정보를 제공한다.

② 재무제표의 목적은 보고기업에 유입될 미래순현금흐름에 대한 전망과 보고기업의 경제적 자원에 대한 경영진의 수탁책임을 평가하는 유용한 보고기업의 자산, 부채, 자본, 수익 및 비용에 대한 재무정보를 재무제표이용자들에게 제공하는 것이다.

③ 보고기업이 지배기업과 종속기업으로 구성된다면 그 보고기업의 재무제표를 연결재무제표라고 부르며, 보고기업이 지배기업 단독인 경우 그 보고기업의 재무제표를 비연결재무제표라고 부른다.

④ 보고기업이 지배-종속관계로 모두 연결되어 있지 않는 둘 이상의 실체들로 구성된다면 그 보고기업의 재무제표를 결합재무제표라고 부른다.

⑤ 미래현금흐름을 추정하여 자산이나 부채를 측정한다면, 그러한 추정 미래현금흐름에 대한 정보는 재무제표이용자들이 보고된 측정치를 이해하는 데 도움을 줄 수 있다. 또한 재무제표는 다른 유형의 미래전망정보(예 보고기업에 대한 경영진의 기대와 전략에 대한 설명자료)도 제공한다.

정답 및 해설

15 ③ 재무제표는 기업의 현재 및 잠재적 투자자, 대여자와 그 밖의 채권자 중 특정 집단의 관점이 아닌 보고기업 전체의 관점에서 거래 및 그 밖의 사건에 대한 정보를 제공한다.

16 ③ 보고기업이 지배-종속관계로 모두 연결되어 있지 않은 둘 이상의 실체들로 구성된다면, 그 보고기업의 재무재표를 결합재무제표라고 부른다.

17 ⑤ 재무제표에 포함되는 미래전망정보는 자산이나 부채를 측정할 때 추정 미래현금흐름에 대한 정보 같은 것이며, 경영진의 기대와 전략에 대한 설명자료 같은 미래전망정보는 아니다.

재무제표요소 ★

재무제표요소의 정의에 관한 설명으로 옳은 것은? 제24회

① 자산은 현재사건의 결과로 기업이 통제하는 미래의 경제적 자원이다.

② 부채는 과거사건의 결과로 기업이 경제적 자원을 이전해야 하는 과거의무이다.

③ 자본은 기업의 자산에서 모든 부채를 차감한 후의 잔여지분이다.

④ 수익은 자산의 감소 또는 부채의 증가로서 자본의 증가를 가져온다.

⑤ 비용은 자산의 증가 또는 부채의 감소로서 자본의 감소를 가져온다.

오답 체크
① 자산은 과거사건의 결과로 기업이 통제하는 현재의 경제적 자원이다.
② 부채는 과거사건의 결과로 기업이 경제적 자원을 이전해야 하는 현재의무이다.
④ 수익은 자산의 증가 또는 부채의 감소로서 자본의 증가를 가져온다.
⑤ 비용은 자산의 감소 또는 부채의 증가로서 자본의 감소를 가져온다.

기본서 p.525~531 정답 ③

---

18 부채에 대한 설명으로 옳지 않은 것은?

① 부채는 과거사건의 결과, 경제적 자원의 이전이 예상되는 현재의무이다.

② 의무는 다른 당사자에게 이행해야 하며 당사자의 신원을 알 필요는 없다.

③ 경제적 자원의 이전가능성이 낮으면 부채로 인식할 수 없다.

④ 많은 의무가 계약, 법률 또는 이와 유사한 수단에 의해 확정된다.

⑤ 기업이 해당 의무를 결제, 이전 또는 대체할 때까지 경제적 자원을 이전할 의무가 있다.

19 자산에 대한 설명으로 옳지 않은 것은?

① 자산의 정의 중에서 경제적 자원은 물리적 대상이 아니라 권리의 집합이다.

② 자산과 관련된 권리들은 계약, 법률 또는 이와 유사한 수단에 의해 성립한다. 그러나 기업의 경우 그 밖의 방법으로도 권리를 획득할 수 있다.

③ 일반적으로 지출의 발생과 자산의 취득은 밀접한 관련이 있으므로 무상으로 증여받은 자산은 자산의 정의를 충족하지 못한다.

④ 자산은 과거의 거래나 그 밖의 사건에서 창출되며, 미래에 발생할 것으로 예상되는 거래나 사건 자체만으로는 자산이 창출되지 않는다.

⑤ 자산으로 정의되기 위한 요건은 권리와 경제적 효익을 창출할 잠재력, 통제의 세 가지 측면으로 설명한다.

20 재무제표요소에 관한 설명으로 옳지 않은 것은?

① 자산은 과거사건의 결과로 기업이 통제하는 현재의 경제적 자원이다.

② 자본청구권은 기업의 자산에서 모든 부채를 차감한 후의 잔여지분에 대한 청구권이다.

③ 부채는 과거사건의 결과로 기업이 경제적 자원을 이전해야 하는 현재의무이다.

④ 기업이 발행한 후 재매입하여 보유하고 있는 채무상품이나 지분상품은 기업의 경제적 자원이 아니다.

⑤ 수익은 자본청구권 보유자로부터의 출자를 포함하며, 자본청구권 보유자에 대한 분배는 비용으로 인식한다.

정답 및 해설

18 ③ 경제적 자원의 이전가능성이 낮더라도 의무가 부채의 정의를 충족할 수 있다.

19 ③ 지출의 발생과 자산의 취득은 반드시 일치하는 것은 아니다. 즉, 지출이 자산을 취득했다는 확정적 증거는 아니며 지출이 없어도 자산의 정의를 충족할 수 있다.

20 ⑤ 수익은 자본청구권 보유자의 출자와 관련된 것은 제외한다. 또한 비용은 자본청구권 보유자에 대한 분배와 관련된 것은 제외한다.

재무제표요소의 인식과 측정 ★★

재무보고를 위한 개념체계에서 재무제표 기본요소의 인식에 대한 설명으로 옳지 않은 것은?

① 일반적으로 지출의 발생과 자산의 취득은 밀접하게 관련되어 있으나 반드시 양자가 일치하는 것은 아니다.
② 특정 자산과 부채를 인식하기 위해서는 측정을 해야 하며, 많은 경우 그러한 측정은 추정될 수 없다.
③ 자산, 부채 또는 자본의 정의를 충족하는 항목만이 재무상태표에 인식되며 그러한 요소 중 하나의 정의를 충족하는 항목이라고 할지라도 항상 인식되는 것은 아니다.
④ 경제적 효익의 유입가능성이나 유출가능성이 낮더라도 자산이나 부채가 존재할 수 있다.
⑤ 거래나 그 밖의 사건에서 발생된 자산이나 부채의 최초인식에 따라 수익과 관련된 비용을 동시에 인식할 수 있다.

해설 | 특정 자산과 부채를 인식하기 위해서는 측정을 해야 하며, 많은 경우 그러한 측정은 추정될 수 있다.

기본서 p.532~542   정답 ②

21 **다음은 개념체계의 인식과 측정에 대한 설명이다. 옳지 않은 것은?**

① 재무제표요소의 정의를 만족하는 항목이 목적적합한 정보를 제공하면서 충실한 표현을 제공할 수 있다면, 재무제표에 인식되어야 한다.
② 개념체계에서 자산이나 부채의 측정기준으로는 역사적 원가, 현행원가, 공정가치와 자산의 사용가치와 부채의 이행가치가 있다.
③ 재무제표요소의 정의를 충족하는 항목이 경제적 효익의 유입가능성이나 유출가능성이 낮은 경우에는 재무제표에 인식될 수 없다.
④ 장부금액은 자산, 부채, 자본이 재무상태표에 인식된 금액을 의미한다.
⑤ 인식은 재무제표요소 중 하나의 정의를 충족하는 항목이 재무상태표나 재무성과표에 포함하기 위하여 포착하는 과정을 말한다.

22 재무보고를 위한 개념체계의 관련 문단에서 발췌되거나 파생된 용어의 정의로 옳지 않은 것은? 제26회

① 근본적 질적 특성: 일반목적 재무보고서의 주요 이용자들에게 유용하기 위하여 재무정보가 지녀야 하는 질적 특성

② 미이행계약: 계약당사자 모두가 자신의 의무를 전혀 수행하지 않았거나 계약당사자 모두가 동일한 정도로 자신의 의무를 부분적으로 수행한 계약이나 계약의 일부

③ 부채: 현재사건의 결과로 실체의 경제적 자원을 이전해야 하는 미래의무

④ 인식: 자산, 부채, 자본, 수익 또는 비용과 같은 재무제표의 구성요소 중 하나의 정의를 충족하는 항목을 재무상태표나 재무성과표에 포함하기 위하여 포착하는 과정

⑤ 중요한 정보: 정보가 누락되거나 잘못 기재된 경우 특정 보고실체의 재무정보를 제공하는 일반목적 재무보고서에 근거하여 이루어지는 주요 이용자들의 의사결정에 영향을 줄 수 있는 정보

23 유입가치를 반영하는 측정기준을 모두 고른 것은? 제23회

㉠ 역사적 원가	㉡ 공정가치
㉢ 사용가치	㉣ 이행가치
㉤ 현행원가	

① ㉠, ㉢
② ㉠, ㉤
③ ㉡, ㉢
④ ㉠, ㉢, ㉣
⑤ ㉡, ㉣, ㉤

정답 및 해설

21 ③ 경제적 효익의 유입가능성이나 유출가능성이 낮더라도 자산이나 부채를 인식하는 것이 목적적합한 정보를 제공할 수 있다.

22 ③ 부채는 <u>과거사건</u>의 결과로 기업의 경제적 자원을 이전해야 하는 <u>현재의무</u>를 말한다.

23 ② 측정기준에서 유입가치는 역사적 원가와 현행가치 중에서 현행원가가 해당된다.

24 다음에 설명하는 재무제표의 측정기준으로 옳은 것은? 제26회

> 측정일에 시장참여자 사이의 정상거래에서 자산을 매도할 때 받거나 부채를 이전할 때 지급하게 될 가격이다.

① 역사적 원가   ② 현행원가
③ 이행가치   ④ 사용가치
⑤ 공정가치

25 다음은 재무제표요소의 측정기준 중 어느 것에 해당하는가?

> 자산의 사용과 궁극적인 처분으로 얻을 것으로 기대하는 현금흐름 또는 그 밖의 경제적 효익의 현재가치나 부채를 상환하기 위해 지급할 것으로 예상되는 현금이나 그 밖의 경제적 자원의 현재가치를 말하며 개별기업의 관점을 반영한다.

① 역사적 원가   ② 현행원가
③ 사용가치(이행가치)   ④ 유입가치
⑤ 공정가치

26 다음은 재무제표요소의 측정기준에 대한 설명이다. 옳지 않은 것은?

① 역사적 원가는 자산의 취득 또는 창출을 위해 지급할 대가와 거래원가를 포함한다.
② 개념체계의 측정기준은 역사적 원가와 현행가치로 분류한다.
③ 현행가치에는 공정가치, 자산의 사용가치 및 부채의 이행가치, 그리고 현행원가를 포함한다.
④ 사용가치와 이행가치는 시장참여자의 가정을 반영한다.
⑤ 현행원가는 측정일에 동등한 자산의 원가로서 측정일에 지급할 대가와 그날 발생할 거래원가를 포함한다.

27 자산과 부채의 평가와 관련한 설명으로 옳지 않은 것은?

① 역사적 원가와 현행원가는 유입가치이고, 공정가치와 사용가치는 유출가치이다.

② 공정가치는 시장참여자 관점의 측정기준으로 거래원가를 반영하지 않는다.

③ 역사적 원가는 검증가능성이 높다는 장점이 있지만, 현재시점의 가치를 반영하지 못한다는 단점이 있다.

④ 모든 자산을 현행원가로 평가한다면, 미실현보유손익을 인식하지 않기 때문에 영업이익과 보유손익을 구분할 수 없다.

⑤ 모든 자산을 공정가치로 평가한다면, 현재시점의 가치를 반영하여 재무상태정보는 유용할 수 있지만, 미실현보유손익의 반영으로 경영성과정보는 왜곡될 수 있다.

28 재무보고를 위한 개념체계에서 측정에 대한 설명으로 옳지 않은 것은?

① 자산을 취득하거나 창출할 때의 역사적 원가는 자산의 취득 또는 창출에 발생한 원가의 가치로서, 자산을 취득 또는 창출하기 위하여 지급한 대가와 거래원가를 포함한다.

② 자산의 현행원가는 측정일 현재 동등한 자산의 원가로서 측정일에 지급할 대가와 그 날에 발생할 거래원가를 포함한다.

③ 공정가치는 부채를 발생시키거나 인수할 때 발생한 거래원가로 인해 감소하며, 부채의 이전 또는 결제에서 발생할 거래원가를 반영한다.

④ 역사적 원가의 경우 원가를 식별할 수 없거나 그 원가가 목적적합한 정보를 제공하지 못할 경우 현행가치가 최초 인식시점의 간주원가로 사용된다.

⑤ 사용가치와 이행가치는 시장참여자의 가정보다는 기업 특유의 가정을 반영한다.

정답 및 해설

24 ⑤   공정가치는 현행가치에 해당하는 유출가치로 시장참여자 관점에서 정상거래에서 결정되는 가격을 말한다.

25 ③   사용(이행)가치는 유출가치로 시장참여자 관점의 가정보다는 기업 특유의 가정을 반영한다.

26 ④   사용가치와 이행가치는 개별기업의 관점을 반영하기 때문에 이러한 측정은 동일한 자산이나 부채를 다른 기업이 보유할 경우 다를 수 있다.

27 ④   모든 자산을 현행원가로 평가한다면, 미실현보유손익을 인식하기 때문에 영업이익과 보유손익을 구분할 수 있다.

28 ③   공정가치는 자산을 취득할 때 발생한 거래원가로 인해 증가하지 않으며, 부채를 인수할 때 발생한 거래원가로 인해 감소하지 않는다.

29 보강적 질적 특성 중 비교가능성은 측정기준의 선택에 영향을 미친다. 다음 중 기업간 비교가능성을 높이거나 향상시킬 수 있는 측정기준을 모두 고른 것은? 제24회

㉠ 역사적 원가	㉡ 공정가치
㉢ 사용가치	㉣ 이행가치
㉤ 현행원가	

① ㉠, ㉡ ② ㉡, ㉢

③ ㉡, ㉤ ④ ㉢, ㉣

⑤ ㉢, ㉣, ㉤

30 자본유지개념과 이익의 결정에 관한 설명으로 옳지 않은 것은?

① 재무자본유지개념을 사용하기 위해서는 현행원가기준에 따라 측정해야 한다.

② 자본유지개념은 기업의 자본에 대한 투자수익과 투자회수를 구분하기 위한 필수요건 이다.

③ 자본유지개념 중 재무자본유지는 명목화폐단위 또는 불변구매력단위를 이용하여 측정할 수 있다.

④ 재무자본유지개념과 실물자본유지개념의 주된 차이는 기업의 자산과 부채에 대한 가격변동 영향의 처리방법에 있다.

⑤ 자본유지개념은 이익이 측정되는 준거기준을 제공함으로써 자본개념과 이익개념 사이의 연결고리를 제공한다.

31 (주)한국은 20×1년 초 현금 ₩4,000을 출자받아 설립되었으며, 이 금액은 (주)한국이 판매할 재고자산 200개를 구입할 수 있는 금액이다. 20×1년 말 자본은 ₩6,000이고, 20×1년도 자본거래는 없었다. 20×1년 말 (주)한국이 판매하는 재고자산의 구입가격은 ₩24이고, 20×1년 말 물가지수는 20×1년 초 ₩100에 비하여 10% 상승하였다. 실물자본유지개념을 적용할 경우 20×1년도 이익은?

① ₩400 ② ₩600

③ ₩800 ④ ₩1,200

⑤ ₩1,600

32 보수주의 회계처리방침으로 옳은 것은?

① 물가상승시 후입선출법보다 선입선출법을 사용하여 재고자산을 평가한다.

② 체감상각법보다 정액법을 사용하여 감가상각비를 계산한다.

③ 사채할인발행차금 상각시 유효이자율법보다는 정액법을 사용한다.

④ 유형자산에 대한 지출은 수익적 지출보다는 자본적 지출로 처리한다.

⑤ 공사완성기준보다는 공사진행기준으로 회계처리한다.

제1편 재무회계

제15장

정답 및 해설

29 ③ 공정가치로 측정하면 동일한 자산이나 부채는 원칙적으로 동일한 시장에 접근할 수 있는 기업에 의해 동일한 금액으로 측정된다. 이는 한 기업의 기간간 또는 한 기간의 기업간 비교가능성을 높일 수 있다. 또한 현행원가로 측정하면 다른 시점에 취득하거나 발생한 동일한 자산이나 부채를 재무제표에 현재시점을 기준으로 한 측정금액으로 보고된다. 이는 한 기업의 기간간 그리고 한 기간의 기업간 비교가능성을 향상시킬 수 있다.

30 ① 현행원가를 측정기준으로 하는 것은 <u>실물자본유지개념</u>이다.

31 ④ 실물자본유지개념하의 20×1년도 이익 = ₩6,000 − (200개 × ₩24) = ₩1,200
실물자본유지개념하에서는 현행원가에 따라서 기초실물생산능력을 측정해야 하며, 기말자본이 기초실물생산능력을 초과한 경우에 이익이 발생한 것으로 본다.

32 ③ ① 물가상승시: 후입선출법 > 선입선출법
② 체감상각법 > 정액법
④ 수익적 지출 > 자본적 지출
⑤ 공사완성기준 > 공사진행기준

20%

제2편
출제비중

장별 출제비중

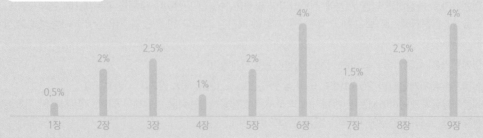

1장	2장	3장	4장	5장	6장	7장	8장	9장
0.5%	2%	2.5%	1%	2%	4%	1.5%	2.5%	4%

제2편

원가 · 관리회계

제 1 장   원가회계의 기초

제 2 장   원가흐름과 집계

제 3 장   원가배분

제 4 장   개별원가계산과 활동기준원가계산

제 5 장   종합원가계산과 결합원가계산

제 6 장   원가추정과 CVP분석

제 7 장   전부원가계산과 변동원가계산

제 8 장   표준원가 차이분석

제 9 장   기타의 관리회계

대표예제 80 원가의 개념 및 분류 ★★

원가에 관한 설명으로 옳은 것은? 제20회

① 기회원가는 미래에 발생할 원가로서 의사결정시 고려하지 않는다.

② 관련 범위 내에서 혼합원가는 조업도가 0이라도 원가는 발생한다.

③ 관련 범위 내에서 생산량이 감소하면 단위당 고정원가도 감소한다.

④ 관련 범위 내에서 생산량이 증가하면 단위당 변동원가도 증가한다.

⑤ 통제가능원가란 특정 관리자가 원가발생을 통제할 수는 있으나 책임질 수 없는 원가를 말한다.

오답체크 | ① 기회원가는 의사결정시 고려해야 하는 <u>관련원가이다.</u>
③ 관련 범위 내에서 생산량이 감소하면 단위당 고정원가는 <u>증가한다.</u>
④ 관련 범위 내에서 생산량이 증가하더라도 단위당 변동원가는 <u>일정하다.</u>
⑤ 통제가능원가란 특정 관리자가 원가발생을 통제할 수 있고 <u>책임질 수 있는</u> 원가를 말한다.

기본서 p.562~567 정답 ②

---

01 원가 및 원가행태에 관한 설명으로 옳지 않은 것은?

① 관련 범위 내에서 단위당 변동원가는 생산량이 증가하더라도 일정하다.

② 제조기업의 제품 배달용 트럭의 감가상각비는 판매관리비이다.

③ 관련 범위 내에서 단위당 고정원가는 생산량이 증가하더라도 일정하다.

④ 제품의 생산과 관련하여 비정상적으로 발생한 경제적 자원의 소비는 제조원가에 포함하지 아니한다.

⑤ 매몰원가는 과거의 의사결정과 관련하여 이미 발생한 원가(역사적 원가)로서 현재나 미래의 의사결정과는 관련이 없는 원가를 말한다.

02 원가행태에 관한 설명으로 옳지 않은 것은?

① 변동원가란 조업도 수준이 변동함에 따라 직접적으로 비례하여 변동하는 원가를 말하며 직접재료원가는 변동원가에 속한다.

② 계단원가(준고정원가)는 관련 범위 내에서는 발생원가가 고정되지만 일정 조업도 수준을 초과하게 되면 고정원가가 추가로 발생하는 경우의 원가를 말한다.

③ 원가 · 조업도 · 이익(CVP)분석에서 고정판매관리비도 고정원가에 포함된다.

④ 단위당 변동원가는 일정하므로 조업이 중단되었을 때에도 변동원가는 증가한다.

⑤ 조업도의 변화에 비례하여 발생하는 변동원가와 조업도의 변화와 관계없이 일정하게 발생하는 고정원가의 두 부분으로 구성된 원가를 준변동원가 또는 혼합원가라고 한다.

03 변동원가와 고정원가에 관한 설명으로 옳지 않은 것은?

① 조업도가 증가함에 따라 단위당 고정원가는 감소한다.

② 조업도가 증감함에 따라 총변동원가도 증감한다.

③ 조업도가 증가함에 따라 순수변동원가의 경우 단위당 변동원가는 일정하다.

④ 조업도가 증감하여도 총고정원가는 불변이다.

⑤ 조업도가 증가하여도 단위당 고정원가는 일정하다.

정답 및 해설

01 ③ 단위당 고정원가는 <u>생산량이 증가함에 따라 감소</u>한다.

02 ④ 변동원가는 조업도 수준이 변동함에 따라 직접적으로 비례하여 변동하는 원가로서, 조업이 중단되었을 경우 전혀 <u>발생하지 않는</u>다.

03 ⑤ 조업도가 증가하면 단위당 고정원가는 <u>감소한다.</u>

04 조업도가 변화할 때 원가가 어떻게 달라지는가에 따라 변동원가, 고정원가, 준변동원가, 준고정원가로 분류할 수 있다. 고정원가에 관한 설명으로 옳은 것은?

① 조업도의 증감에 따라 비례적으로 증가 또는 감소하는 성격의 원가이다.

② 조업도가 증감하더라도 관련 범위 내에서는 고정적이기 때문에, 다른 조건이 동일할 경우 제품의 단위당 원가는 조업도의 증가에 따라 감소한다.

③ 조업도가 영(0)인 경우에도 일정액이 발생하고, 그 이후부터 조업도에 따라 비례적으로 증가하는 원가를 말한다.

④ 조업도와 관계없이 제품의 단위당 원가는 항상 일정하다.

⑤ 고정원가는 원가총액이 조업도와 반대로 증감한다.

05 다음 중 원가흐름에 대한 설명으로 올바른 것은?

① 직접재료원가와 직접노무원가 및 제조간접원가를 합한 금액을 당기제품제조원가라고 한다.

② 직접재료원가는 재료원가 중에서 추적가능성에 관계없이 모든 재료원가를 의미한다.

③ 제조간접원가는 재료원가와 노무원가를 제외한 모든 제조원가를 의미한다. 따라서 제조간접원가에는 재료원가와 노무원가는 포함되지 않는다.

④ 직접노무원가는 생산직 종업원에게 지급되는 임금으로 제품별 추적 가능한 원가를 의미한다.

⑤ 제품별로 추적되지 않는 간접노무원가는 제조원가에 포함되지 않는다.

06 제품생산에 사용한 기계장치의 감가상각비를 기간비용으로 회계처리한 결과로 옳은 것은?

① 판매비와관리비가 과소계상된다.

② 당기총제조원가가 과대계상된다.

③ 매출원가가 과대계상된다.

④ 매출총이익이 과소계상된다.

⑤ 기말재공품이 과소계상된다.

07 (주)한국은 구형 배터리를 가지고 있다. 이 배터리의 구입원가는 ₩1,000,000이었다. (주)한국의 경영진은 이 배터리를 ₩150,000에 판매하는 방안과 ₩300,000을 투입하여 수리한 후 ₩500,000에 판매하는 대안을 고려하고 있다. 이 경우의 매몰원가는 얼마인가?

① ₩150,000　　　　　　　　② ₩300,000

③ ₩500,000　　　　　　　　④ ₩1,000,000

⑤ ₩1,150,000

08 (주)한국은 태풍으로 인하여 총제조원가 ₩1,000,000 상당액의 재고자산이 파손되었다. 이 재고자산을 ₩200,000을 들여 재작업을 하면 ₩900,000에 판매할 수 있고 재작업을 하지 않으면 ₩500,000에 판매할 수 있다. 만약 재작업을 한다고 가정하면 기회비용은 얼마인가?

① ₩200,000　　　　　　　　② ₩500,000

③ ₩700,000　　　　　　　　④ ₩900,000

⑤ ₩1,000,000

정답 및 해설

04 ② ① <u>변동원가</u>에 대한 설명이다.
　　　③ <u>준변동원가(혼합원가)</u>에 대한 설명이다.
　　　④ 단위당 원가가 아니라 <u>총원가가 항상 일정하다</u>.
　　　⑤ 원가총액이 조업도 증감과 관계없이 <u>일정하다</u>.

05 ④ ① 직접재료원가와 직접노무원가 및 제조간접원가를 합한 금액을 <u>당기총제조원가</u>라고 한다.
　　　② 재료원가 중에서 추적되지 않는 간접재료원가는 <u>제조간접원가</u>로 분류된다.
　　　③ 제조간접원가는 재료원가와 노무원가 중에서 <u>간접재료원가와 간접노무원가</u>를 포함한다.
　　　⑤ 제품별로 추적되지 않는 간접노무원가는 <u>제조간접원가</u>로 분류된다.

06 ⑤ 제품의 생산에 사용한 기계장치의 감가상각비는 제조원가에 포함해야 하며, 제조원가는 완성품과 기말재공품에 배분된다. 이 경우 기말재공품에 배분될 감가상각비만큼 기말재공품이 과소계상된다.

07 ④ 매몰원가란 이미 과거에 발생한 원가로서 의사결정에 영향을 미치지 아니하는 원가이다. 이 문제에서는 구입원가(₩1,000,000)가 매몰원가에 해당된다.

08 ② 기회비용이란 선택 가능한 여러 대안 중 특정 대안을 선택함으로써 포기하게 되는 차선안의 효익을 의미한다. 따라서 재작업의 기회비용은 재작업을 하지 않는 경우이므로 ₩500,000이 된다.

09 다음 자료에 의하여 계산한 기본원가와 가공원가는?

| • 직접재료원가 | ₩20,000 | • 변동제조간접원가 | ₩4,000 |
| • 직접노무원가 | ₩15,000 | • 고정제조간접원가 | ₩7,000 |

	기본원가	가공원가
①	₩20,000	₩26,000
②	₩35,000	₩11,000
③	₩35,000	₩20,000
④	₩35,000	₩26,000
⑤	₩39,000	₩7,000

10 (주)한국의 제조간접원가는 가공원가의 20%이다. 직접노무원가가 ₩38,000이고, 직접재료원가가 ₩47,000인 경우 (주)한국의 제조간접원가는 얼마인가?

① ₩8,750   ② ₩9,500

③ ₩11,750   ④ ₩17,000

⑤ ₩20,000

11 (주)한국이 제품 2,000단위를 생산하기 위해서는 단위당 기초원가 ₩7,000, 단위당 가공(전환)원가 ₩11,000, 기계장치의 감가상각비를 비롯한 고정제조간접원가 ₩2,000,000이 발생한다. 기초원가의 60%가 직접노무원가일 경우 제품 단위당 제조원가는 얼마인가?

① ₩12,000   ② ₩13,800

③ ₩15,200   ④ ₩17,200

⑤ ₩17,800

12 변동원가계산에 관한 설명으로 옳은 것은?

① 직접재료원가와 직접노무원가를 제품원가로 하는 원가계산이다.

② 표준재료원가와 표준노무원가를 제품원가로 하는 원가계산이다.

③ 변동제조원가만을 제품원가로 하는 원가계산이다.

④ 변동제조원가와 고정제조원가를 제품원가로 하는 원가계산이다.

⑤ 변동제조원가와 변동판매비와관리비를 제품원가로 하는 원가계산이다.

정답 및 해설

09 ④ • 기본원가 = 직접재료원가 + 직접노무원가 = ₩20,000 + ₩15,000 = ₩35,000
  • 가공원가 = 직접노무원가 + 제조간접원가 = ₩15,000 + (₩4,000 + ₩7,000) = ₩26,000

10 ② 가공원가(x) = ₩38,000 + 0.2x
  ⇨ x = ₩38,000 / 0.8 = ₩47,500
  ∴ 제조간접원가 = 0.2x = 0.2 × ₩47,500 = ₩9,500

11 ② 직접재료원가 = 기초원가 × 0.4 = ₩7,000 × 0.4 = ₩2,800
  ∴ 제품 단위당 제조원가 = 직접재료원가 + 가공원가(직접노무원가 + 제조간접원가)
     = ₩2,800 + ₩11,000 = ₩13,800

12 ③ 변동원가계산은 변동원가가 아니라 변동제조원가(직접재료원가, 직접노무원가, 변동제조간접원가)만을 제품원가로 하는 원가계산이다.

제2장 원가흐름과 집계

대표예제 81 요소별 원가계산 ★

다음 자료에 의하여 재료소비액을 구하면 얼마인가?

• 월초 재료재고액	₩25,000	• 당월매입액	₩430,000
• 매입제비용	₩10,000	• 매입에누리액	₩5,000
• 매입환출액	₩2,000	• 월말 재료재고액	₩28,000

① ₩210,000
② ₩330,000
③ ₩430,000
④ ₩550,000
⑤ ₩620,000

해설 | 재료소비액 = ₩25,000 + (₩430,000 + ₩10,000 − ₩5,000 − ₩2,000) − ₩28,000
= ₩430,000

기본서 p.575

정답 ③

01 20×1년 원재료가 960kg 사용될 것으로 예상된다. 기초원재료가 80kg이고, 기말원재료를 120kg 보유하고자 한다면 20×1년에 구입해야 할 원재료의 수량은?

① 650kg
② 750kg
③ 800kg
④ 1,000kg
⑤ 1,100kg

02 (주)한국은 20×1년 중 7월 중 ₩200,000인 재료 A를 제품생산에 투입하였으며, 20×1년 7월 말 재료 A의 재고액이 7월 초에 비하여 ₩40,000이 증가하였다. (주)한국은 20×1년 7월 중에 재료 A를 얼마나 구입하였는가?

① ₩100,000
② ₩160,000
③ ₩200,000
④ ₩240,000
⑤ ₩300,000

03 다음 임금계정에 관한 설명으로 옳은 것은?

임금			
제좌	700,000	전월이월	30,000
차월이월	50,000	노무원가	720,000

① 전월미지급액은 ₩50,000이다.
② 당월임금소비액은 ₩700,000이다.
③ 당월미지급액은 전월미지급액보다 ₩20,000이 적다.
④ 당월임금발생액은 ₩720,000이다.
⑤ 당월임금지급액은 ₩720,000이다.

정답 및 해설

01 ④

원재료(수량)			
기초수량	80	사용수량	960
구입수량	x	기말수량	120
	1,080		1,080

∴ 원재료 구입수량(x) = 1,000kg

02 ④ 원재료구입액 = 원재료사용액 + 재료 증가액

원재료			
구입액	x	증가	40,000
		소비(사용)액	200,000
	240,000		240,000

∴ 구입액(x) = ₩240,000

03 ④ ① 전월미지급액은 ₩30,000이다.
② 당월임금소비액은 ₩720,000이다.
③ 당월미지급액은 전월미지급액보다 ₩20,000이 크다.
⑤ 당월임금지급액은 ₩700,000이다.

04 다음 자료에 의하여 당월 제조경비의 발생액을 계산하면 얼마인가?

• 전월경비미지급액	₩22,000	• 당월경비선급액	₩80,000
• 당월수표발행지급액	₩400,000	• 당월경비미지급액	₩35,000

① ₩333,000
② ₩350,000
③ ₩418,000
④ ₩550,000
⑤ ₩600,000

05 다음은 (주)한국의 20×1년 발생원가 및 비용에 관한 자료이다. 가공(전환)원가는 얼마인가?

• 직접재료원가	₩24,000	• 간접노무원가	₩4,500
• 공장 소모품비	₩5,000	• 직접노무원가	₩10,000
• 본사건물 감가상각비	₩10,000	• 판매매장 임대료	₩7,000
• 공장건물 감가상각비	₩7,500	• 영업사원 급여	₩5,000

① ₩15,000
② ₩19,500
③ ₩22,500
④ ₩27,000
⑤ ₩34,000

06 (주)한국의 10월 중 수도광열비 발생액은 총 ₩1,000,000이다. 이 가운데 제품을 생산하기 위하여 공장에서 60%가 발생하였으며, 회사의 일반관리를 담당하는 본사에서 30%가 발생하였고, 제품의 판매를 담당하는 영업부서에서 10%가 발생하였다. 10월 중에 제조원가, 기간비용에 포함되어야 하는 수도광열비는 각각 얼마인가?

	제조원가	기간비용
①	₩1,000,000	₩0
②	₩0	₩1,000,000
③	₩500,000	₩500,000
④	₩400,000	₩600,000
⑤	₩600,000	₩400,000

대표예제 82 \ 제품제조원가 계산구조의 이해와 응용 ★★

다음은 (주)한국의 20×1년 원가 자료의 일부이다. 주어진 자료를 이용할 때, (주)한국의 당기제품제조원가는?

구분	1월 1일	12월 31일
직접재료	₩140,000	?
재공품	₩200,000	₩300,000

• 당기 직접원재료매입액은 ₩240,000이며, 당기 직접노무원가는 ₩300,000이다.
• (주)한국의 20×1년 기본원가는 ₩560,000, 제조간접원가는 가공원가의 50%이다.

① ₩540,000   ② ₩660,000
③ ₩760,000   ④ ₩860,000
⑤ ₩900,000

해설 |

재공품

기초재공품	200,000	제품제조원가	760,000
직접재료원가	260,000*1	기말재공품	300,000
직접노무원가	300,000		
제조간접원가	300,000*2		
	1,060,000		1,060,000

*1 직접재료원가 = 기본원가 − 직접노무원가 = ₩560,000 − ₩300,000 = ₩260,000
*2 가공원가 = 직접노무원가 ÷ 50% = ₩300,000 ÷ 50% = ₩600,000
   ⇨ 제조간접원가 = ₩600,000 × 50% = ₩300,000

기본서 p.579~580   정답 ③

정답 및 해설 |

04 ① ₩400,000 + ₩35,000 − ₩22,000 − ₩80,000 = ₩333,000

05 ④ 가공원가(전환원가)
   = 직접노무원가 + 제조간접원가(간접노무원가 + 공장 소모품비 + 공장건물 감가상각비)
   = ₩10,000 + (₩4,500 + ₩5,000 + ₩7,500) = ₩27,000

06 ⑤ 수도광열비는 본사와 관련된 부분(40%)은 기간비용으로 처리하고, 공장과 관련된 부분(60%)은 제조원가로 분류하여 판매시 매출원가로 비용화된다.
   • 제조원가 = ₩1,000,000 × 60% = ₩600,000
   • 기간비용 = ₩1,000,000 × 40% = ₩400,000

07 (주)한국의 20×1년 발생 원가는 다음과 같다.

직접재료원가	직접노무원가	제조간접원가
₩10,000	₩20,000	₩24,000

20×1년 기초재공품이 ₩5,000이고, 기말재공품이 ₩4,000일 때, 20×1년 당기제품제조원가는? 제26회

① ₩52,000
② ₩53,000
③ ₩54,000
④ ₩55,000
⑤ ₩56,000

08 (주)한국의 20×1년 6월 영업자료에서 추출한 정보이다.

• 직접노무원가	₩170,000	• 기타제조간접원가	₩70,000
• 간접노무원가	₩100,000	• 기초직접재료재고액	₩10,000
• 감가상각비(본부사옥)	₩50,000	• 기말직접재료재고액	₩15,000
• 보험료(공장설비)	₩30,000	• 기초재공품재고액	₩16,000
• 판매수수료	₩20,000	• 기말재공품재고액	₩27,000

6월 중 당기제품제조원가가 ₩554,000이라면 6월의 직접재료매입액은? 제23회

① ₩181,000
② ₩190,000
③ ₩195,000
④ ₩200,000
⑤ ₩230,000

09 (주)한국의 20×1년도 원가자료가 다음과 같을 때, 당기제품제조원가는? (단, 본사에서는 제품생산을 제외한 판매 및 일반관리업무를 수행함)

제21회

• 직접재료원가	₩3,000	• 전기료-공장	₩120
• 직접노무원가	₩2,000	• 전기료-본사	₩50
• 간접노무원가	₩1,000	• 기타제조간접원가	₩1,000
• 감가상각비-공장	₩250	• 기초재공품재고액	₩6,000
• 감가상각비-본사	₩300	• 기말재공품재고액	₩5,000

① ₩6,370
② ₩7,370
③ ₩7,720
④ ₩8,370
⑤ ₩8,720

정답 및 해설

07 ④

재공품

기초재공품	5,000	제품제조원가	55,000
직접재료원가	10,000	기말재공품	4,000
직접노무원가	20,000		
제조간접원가	24,000		
	59,000		59,000

08 ④

직접재료 · 재공품

기초직접재료재고액	10,000	제품제조원가	554,000
기초재공품재고액	16,000	기말직접재료재고액	15,000
직접재료매입액	x	기말재공품재고액	27,000
직접노무원가	170,000		
제조간접원가*	200,000		
	596,000		596,000

* 제조간접원가 = ₩100,000 + ₩30,000 + ₩70,000 = ₩200,000

∴ 직접재료매입액 = ₩200,000

09 ④

재공품

기초재공품	6,000	제품제조원가	x
직접재료원가	3,000	기말재공품	5,000
직접노무원가	2,000		
제조간접원가*	2,370		
	13,370		13,370

* 제조간접원가 = 간접노무원가 + 감가상각비(공장) + 전기료(공장) + 기타제조간접원가

= ₩1,000 + ₩250 + ₩120 + ₩1,000 = ₩2,370

∴ 제품제조원가(x) = ₩13,370 − ₩5,000 = ₩8,370

10 다음 자료를 토대로 계산한 당기총제조원가와 당기제품제조원가는?

• 기초직접재료재고액	₩24,000	• 당기직접재료매입액	₩80,000
• 기말직접재료재고액	₩16,000	• 직접노무원가발생액	₩40,000
• 제조간접원가발생액	₩64,000	• 기초재공품재고액	₩48,000
• 기말재공품재고액	₩33,600	• 기초제품재고액	₩24,000
• 기말제품재고액	₩48,000		

	당기총제조원가	당기제품제조원가
①	₩176,000	₩192,000
②	₩192,000	₩177,600
③	₩192,000	₩206,400
④	₩206,400	₩182,400
⑤	₩206,400	₩192,000

11 원가에 관한 설명으로 옳지 않은 것은?

① 변동원가는 조업도 또는 활동수준에 따라 변한다.

② 기업은 의사결정시 기회원가와 매몰원가를 고려하지 않아야 한다.

③ 당기총제조원가는 직접재료원가, 직접노무원가, 제조간접원가를 합계한 금액이다.

④ 당기제품제조원가는 당기총제조원가에 기초재공품재고액을 더하고 기말재공품재고액을 차감한 금액이다.

⑤ 준변동원가는 조업도에 관계없이 원가 총액이 일정하게 발생하는 고정원가와 조업도 수준의 변동에 따라 비례하여 발생하는 변동원가의 두 부분으로 구성된 원가를 말한다.

12 당기제품제조원가에 관한 설명으로 옳은 것은?

① 당기에 투입된 직접재료의 원가이다.

② 당기에 투입한 직접재료원가, 직접노무원가, 제조간접원가의 합계이다.

③ 당기에 완성하였으나 기말에 재고로 남아 있는 제품의 원가이다.

④ 당기에 판매한 제품의 원가이다.

⑤ 당기에 완성된 제품의 원가이다.

13 (주)대한의 20×1년과 20×2년 기말재산과 원가자료는 다음과 같다.

• 원재료매입액		₩70,000
• 직접노무원가발생액		₩150,000
• 제조간접원가발생액		₩190,000
• 기말재고 현황		

	20×1.12.31.	20×2.12.31.
원재료	₩2,000	₩3,400
재공품	₩4,500	?
제품	₩3,700	₩5,200

(주)대한의 20×2년도 당기제품제조원가가 ₩411,000인 경우 20×2년 말 현재 기말
재공품원가는 얼마인가? (단, 원재료소비액은 모두 직접소비액임)

① ₩1,400   ② ₩1,600

③ ₩1,800   ④ ₩1,950

⑤ ₩2,100

정답 및 해설

10 ③ • 당기총제조원가 = 직접재료원가 + 직접노무원가 + 제조간접원가
　　　= (₩24,000 + ₩80,000 − ₩16,000) + ₩40,000 + ₩64,000 = ₩192,000
　• 당기제품제조원가 = 기초재공품 + 당기총제조원가 − 기말재공품
　　　= ₩48,000 + ₩192,000 − ₩33,600 = ₩206,400

11 ② 기회원가는 의사결정시 고려하는 관련원가이고, 매몰원가는 비관련원가이다.

12 ⑤ 당기제품제조원가 = 기초재공품 + 직접재료원가 + 직접노무원가 + 제조간접원가 − 기말재공품

13 ⑤

원재료·재공품			
기초원재료	2,000	제품제조원가	411,000
기초재공품	4,500	기말원재료	3,400
원재료매입액	70,000	기말재공품	x
직접노무원가	150,000		
제조간접원가	190,000		
	416,500		416,500

∴ 기말재공품(x) = ₩2,100

14 제조간접원가가 직접노무원가의 3배일 때 기초재공품원가는?

제20회

• 기본원가	₩250,000
• 전환원가(또는 가공원가)	₩600,000
• 당기제품제조원가	₩1,000,000
• 기말재공품	₩250,000

① ₩400,000 ② ₩450,000

③ ₩500,000 ④ ₩550,000

⑤ ₩600,000

15 (주)한국은 단일제품을 생산하고 있다. 20×1년 자료가 다음과 같을 때, 당기 직접재료 매입액과 당기에 발생한 직접노무원가는?

			〈재고자산〉	
	기초재고		기말재고	
직접재료	₩9,000		₩6,500	
재공품	₩12,500		₩10,000	
• 기본원가	₩42,500	• 가공원가		₩37,500
• 당기제품제조원가	₩65,000	• 매출원가		₩60,000

	직접재료매입액	직접노무원가
①	₩22,500	₩20,000
②	₩22,500	₩17,500
③	₩25,000	₩17,500
④	₩25,000	₩20,000
⑤	₩30,000	₩25,000

정답 및 해설

14 ④

재공품

기초재공품	x	제품제조원가	1,000,000
직접재료원가	100,000	기말재공품	250,000
직접노무원가	150,000		
제조간접원가	450,000		
	1,250,000		1,250,000

• 전환(가공)원가 = 직접노무원가(y) + 제조간접원가 = y + 3y = ₩600,000

  ⇨ 직접노무원가(y) = ₩150,000, 제조간접원가(3y) = ₩450,000

• 기본원가 = 직접재료원가 + 직접노무원가

  ₩250,000 = 직접재료원가 + ₩150,000

  ⇨ 직접재료원가 = ₩100,000

∴ 기초재공품(x) = ₩550,000

15 ②

재공품

기초재공품	12,500	제품제조원가	65,000
총제조원가	㉠ 62,500	기말재공품	10,000
	75,000		75,000

㉡ 제조간접원가 = 총제조원가 − 기본원가 = ₩62,500 − ₩42,500 = ₩20,000

㉢ 직접노무원가 = 가공원가 − 제조간접원가(㉡) = ₩37,500 − ₩20,000 = ₩17,500

㉣ 직접재료원가 = 기본원가 − 직접노무원가(㉢) = ₩42,500 − ₩17,500 = ₩25,000

∴ 직접재료매입액 = 직접재료원가(㉣) + 기말재료 − 기초재료

  = ₩25,000 + ₩6,500 − ₩9,000 = ₩22,500

매출원가 계산구조의 이해와 응용 ★★

다음은 (주)한국의 20×1년 7월 재고자산에 관한 자료이다.

	20×1.7.1.	20×1.7.31.
직접재료	₩2,000	₩2,500
재공품	₩3,500	₩3,000
제품	₩10,000	₩11,000

(주)한국의 20×1년 7월 중 직접재료매입액은 ₩12,500이고, 매출원가는 ₩34,000, 직접노무원가는 ₩5,000이다. (주)한국의 20×1년 7월 제조간접원가는?

① ₩17,500   ② ₩22,500   ③ ₩25,000
④ ₩26,500   ⑤ ₩27,500

해설 |

직접재료 · 재공품 · 제품

기초직접재료	2,000	매출원가	34,000
기초재공품	3,500	기말직접재료	2,500
기초제품	10,000	기말재공품	3,000
직접재료매입액	12,500	기말제품	11,000
직접노무원가	5,000		
제조간접원가	x		
	50,500		50,500

∴ 제조간접원가(x) = ₩17,500

기본서 p.578~579   정답 ①

---

16 다음은 (주)한국의 20×1년 기초 및 기말재고자산 관련 자료이다.

구분	20×1년 1월 1일	20×1년 12월 31일
직접재료	₩22,000	₩10,000
재공품	₩23,500	₩15,000
제품	₩10,000	₩29,000

20×1년 중 직접재료매입액은 ₩33,000이고 가공원가는 ₩300,000이다. (주)한국의 20×1년 매출원가는 얼마인가?

① ₩330,000   ② ₩334,500
③ ₩345,000   ④ ₩353,500
⑤ ₩365,000

17 (주)한국의 20×1년도 매출액은 ₩115,000이며 매출총이익률은 40%이다. 같은 기간 직접재료매입액은 ₩22,000이고, 제조간접원가 발생액은 직접노무원가의 50%이다. 20×1년 기초 및 기말재고자산이 다음과 같을 때, 20×1년에 발생한 제조간접원가는?

제24회

구분	직접재료	재공품	제품
기초재고	₩4,000	₩8,000	₩20,400
기말재고	₩5,200	₩7,200	₩21,000

① ₩10,400
② ₩16,000
③ ₩20,800
④ ₩26,400
⑤ ₩32,000

정답 및 해설

16 ②

직접재료 · 재공품 · 제품

기초재고	55,500*¹	매출원가(x)	334,500
직접재료매입액	33,000	기말재고	54,000*²
가공원가	300,000		
	388,500		388,500

*¹ 기초재고 = 기초직접재료 + 기초재공품 + 기초제품
= ₩22,000 + ₩23,500 + ₩10,000 = ₩55,500
*² 기말재고 = 기말직접재료 + 기말재공품 + 기말제품
= ₩10,000 + ₩15,000 + ₩29,000 = ₩54,000

17 ②

직접재료 · 재공품 · 제품

기초직접재료	4,000	매출원가	69,000*
기초재공품	8,000	기말직접재료	5,200
기초제품	20,400	기말재공품	7,200
재료매입액	22,000	기말제품	21,000
㉠ 가공(전환)원가	48,000		
	102,400		102,400

* 매출원가 = 매출액 × (1 − 매출총이익률) = ₩115,000 × (1 − 0.4) = ₩69,000
㉡ 제조간접원가
가공(전환)원가 = x + 0.5x = ₩48,000
⇨ x = ₩32,000
∴ 제조간접원가 = ₩32,000 × 0.5 = ₩16,000

18 다음 자료를 토대로 계산한 (주)한국의 매출총이익은?

> • 매출액은 ₩30,000이다.
> • 당기 중 직접재료원가는 ₩6,000이다.
> • 직접노무원가 발생액은 매월 말 미지급 임금으로 처리되며 다음 달 초에 지급된다. 미지급 임금의 기초금액과 기말금액은 동일하며, 당기 중 직접노무원가의 지급액은 ₩9,000이다.
> • 재공품 및 제품의 기초금액과 기말금액은 ₩2,000으로 동일하다.
> • 기타 발생비용으로 감가상각비(생산현장) ₩2,000, 감가상각비(영업점) ₩2,000, CEO 급여 ₩3,000, 판매수수료 ₩3,000이 있다. CEO급여는 생산현장에 30%, 영업점에 70% 배부된다.

① ₩11,050   ② ₩11,900

③ ₩12,100   ④ ₩15,200

⑤ ₩17,900

19 다음 자료를 이용하여 당기총제조원가 중 기초(기본)원가를 계산하면 얼마인가?

> • 기초재공품은 기말재공품의 200%
> • 매출원가 ₩10,000, 기초제품 ₩2,500, 기말제품 ₩1,500
> • 직접재료원가 발생액은 ₩3,000
> • 제조간접원가는 직접노무원가 발생액의 1/2만큼 발생
> • 기말재공품은 ₩1,500

① ₩4,000   ② ₩4,500

③ ₩6,000   ④ ₩7,500

⑤ ₩8,000

20 다음 자료에 의하여 (주)한국의 매출액을 계산하면 얼마인가?

• 기초재공품	₩50,000	• 기말재공품	₩250,000
• 당기총제조원가	₩1,200,000	• 기말제품	₩100,000
• 매출총이익	₩400,000	• 기초제품	₩150,000

① ₩1,450,000 ② ₩1,500,000

③ ₩1,600,000 ④ ₩1,700,000

⑤ ₩1,800,000

정답 및 해설

18 ③
- 제조간접원가 = ₩2,000 + (₩3,000 × 30%) = ₩2,900
- 총제조원가 = 제품제조원가 = 매출원가 = ₩6,000 + ₩9,000 + ₩2,900 = ₩17,900
- ∴ 매출총이익 = 매출액 − 매출원가
  = ₩30,000 − ₩17,900 = ₩12,100

19 ③

재공품·제품

기초재공품 1,500 × 200% =	3,000	매출원가	10,000
기초제품	2,500	기말재공품	1,500
직접재료원가	3,000	기말제품	1,500
가공(전환)원가*	4,500		
	13,000		13,000

* 가공(전환)원가 = 직접노무원가(x) + 제조간접원가 = x + 0.5x = ₩4,500
  ⇨ x = ₩3,000
∴ 기초(기본)원가 = 직접재료원가 + 직접노무원가
  = ₩3,000 + ₩3,000 = ₩6,000

20 ①

재공품·제품

기초재공품	50,000	매출원가	1,050,000
기초제품	150,000	기말재공품	250,000
당기총제조원가	1,200,000	기말제품	100,000
	1,400,000		1,400,000

∴ 매출액 = 매출원가 + 매출총이익
  = ₩1,050,000 + ₩400,000 = ₩1,450,000

21 (주)한국의 20×1년도 회계자료가 다음과 같고, 당기 총제조원가가 ₩150,000일 때 ㉠~㉤에 들어갈 금액으로 옳지 않은 것은?

• 직접재료구입액	₩50,000	• 재공품 기초재고	₩2,500
• 직접재료 기초재고	₩10,000	• 재공품 기말재고	₩10,000
• 직접재료 기말재고	㉡	• 당기제품제조원가	㉢
• 직접재료원가	㉠	• 제품 기초재고	㉣
• 직접노무원가	₩40,000	• 제품 기말재고	₩20,000
• 제조간접원가	₩55,000	• 매출원가	₩200,000
• 기본원가	㉤		

① ㉠ 직접재료원가: ₩55,000
② ㉡ 직접재료 기말재고: ₩5,000
③ ㉢ 당기제품제조원가: ₩142,500
④ ㉣ 제품 기초재고: ₩57,500
⑤ ㉤ 기본원가: ₩95,000

정답 및 해설

21 ④ ④ 제품 기초재고(㉣) = 제품 기말재고 + 매출원가 − 당기제품제조원가(㉢)
　　　　= ₩20,000 + ₩200,000 − ₩142,500 = ₩77,500
　　① 직접재료원가(㉠) = 총제조원가 − 직접노무원가 − 제조간접원가
　　　　= ₩150,000 − ₩40,000 − ₩55,000 = ₩55,000
　　② 직접재료 기말재고(㉡) = 직접재료 기초재고 + 직접재료구입액 − 직접재료원가(㉠)
　　　　= ₩10,000 + ₩50,000 − ₩55,000 = ₩5,000
　　③ 당기제품제조원가(㉢) = 재공품 기초재고 + 당기총제조원가 − 재공품 기말재고
　　　　= ₩2,500 + ₩150,000 − ₩10,000 = ₩142,500
　　⑤ 기본원가(㉤) = 직접재료원가(㉡) + 직접노무원가
　　　　= ₩55,000 + ₩40,000 = ₩95,000

제3장 원가배분

대표예제 84 　제조간접원가 예정배부 ★★

정상개별원가계산제도를 채택하고 있는 (주)한국의 20×1년도 원가자료는 다음과 같다.

	직접재료원가	직접노무원가	제조간접원가
• 기초재공품	₩6,000	₩7,500	₩9,750
• 당기실제발생액	₩36,000	₩42,000	₩59,000
• 기말재공품	₩2,500	₩4,500	₩5,850

(주)한국이 직접노무원가 기준으로 제조간접원가를 예정배부하고 배부차이는 매출원가에서 전액 조정할 경우 20×1년도 제조간접원가 배부차이는? (단, 매년 제조간접원가 예정배부율은 동일함)

① ₩4,900 과대배부 　　　　　　② ₩4,600 과대배부
③ ₩3,900 과대배부 　　　　　　④ ₩4,400 과소배부
⑤ ₩4,750 과소배부

해설 | • 제조간접원가 예정배부율 = ₩9,750 ÷ ₩7,500 = ₩1.3/직접노무원가
　　 • 제조간접원가 예정배부액 = 제조간접원가 예정배부율 × 직접노무원가 실제발생액
　　　 = ₩1.3/직접노무원가 × ₩42,000 = ₩54,600
　　 ∴ 배부차이 = ₩59,000 − ₩54,600 = ₩4,400(과소배부)

기본서 p.597~598 　　　　　　　　　　　　　　　　　　　　　　　　　　　　정답 ④

01 제조간접원가의 배부에 관한 설명으로 옳지 않은 것은?

① 제조간접원가계정 차변에는 실제발생액, 대변에는 실제 및 예정배부액을 기입한다.

② 제조간접원가를 실제로 배부하는 것보다 예정배부하는 경우 좀 더 신속한 제품원가계산이 가능하다.

③ 제조간접원가 예정배부는 경영의사결정에 유용한 정보를 제공한다.

④ 제조간접원가 예정배부액은 예정배부기준에 예정배부율을 곱하여 배부한다.

⑤ 실제발생액이 예정배부액보다 크면 과소배부이고 작으면 과대배부이다.

02 (주)한국은 정상(예정)개별원가계산을 적용하며, 기계시간을 기준으로 제조간접원가를 예정배부한다. 20×1년 예정기계시간이 10,000시간이고 원가예산이 다음과 같을 때, 제조간접원가 예정배부율은?

• 직접재료원가	₩12,000	• 간접재료원가	₩2,500
• 직접노무원가	₩15,000	• 공장건물 임차료	₩10,000
• 공장설비 감가상각비	₩3,500	• 판매직원 급여	₩8,500
• 공장설비 보험료	₩6,000	• 광고선전비	₩2,500

① ₩1.5/기계시간 　　　　　② ₩2.2/기계시간

③ ₩3.2/기계시간 　　　　　④ ₩4.5/기계시간

⑤ ₩5.8/기계시간

03 (주)한국은 정상개별원가계산을 사용하며 기계작업시간을 기준으로 제조간접원가를 배부하고 있다. 20×1년 연간 제조간접원가 예산은 ₩2,505,000이다. 20×1년 실제 제조간접원가는 ₩1,900,000이고, 실제 기계작업시간은 10,000시간이다. 20×1년 제조간접원가 과소배부액이 ₩100,000이라고 할 때, 20×1년 제조간접원가 예정배부액은?

① ₩1,700,000 　　　　　② ₩1,800,000

③ ₩1,880,000 　　　　　④ ₩2,080,000

⑤ ₩2,200,000

04 20×1년 설립된 (주)한국은 #101, #102 두 개의 작업을 수행하고 있으며, 정상원가계산을 통해 제조간접원가를 배부하고 있다. (주)한국의 원가 담당자는 제조간접원가 예정배부율을 직접노동시간당 ₩200으로 추정하였으며, 20×1년 실제 발생한 제조간접원가는 ₩54,000이었다. (주)한국의 원가자료가 다음과 같을 때, 제조간접원가 배부차이는?

구분	#101	#102
직접재료원가	₩32,000	₩68,000
직접노무원가	₩60,000	₩80,000
직접노동시간	80시간	160시간

① ₩3,000 과소 ② ₩5,000 과대
③ ₩6,000 과소 ④ ₩7,000 과대
⑤ ₩8,000 과소

정답 및 해설

01 ④ 제조간접원가 예정배부액은 배부기준의 <u>실제발생액</u>에 예정배부율을 곱하여 배부한다.

02 ② 제조간접원가 예산액 = 간접재료원가 + 공장건물 임차료 + 공장설비 감가상각비 + 공장설비 보험료
= ₩2,500 + ₩10,000 + ₩3,500 + ₩6,000 = ₩22,000
∴ 제조간접원가 예정배부율 = ₩22,000 ÷ 10,000시간 = ₩2.2/기계시간

03 ② 제조간접원가 예정배부액 = 실제발생액 − 과소배부액 = ₩1,900,000 − ₩100,000 = ₩1,800,000

04 ③

구분	#101	#102	합계
직접재료원가	₩32,000	₩68,000	₩100,000
직접노무원가	₩60,000	₩80,000	₩140,000
제조간접원가(예정)	₩200 × 80시간 = ₩16,000	₩200 × 160시간 = ₩32,000	₩48,000

∴ 제조간접원가 배부차이 = ₩48,000 − ₩54,000 = ₩6,000 과소배부

05 (주)한국은 정상개별원가계산을 적용하고 있으며, 기계가동시간을 기준으로 제조간접원가를 예정배부한다. (주)한국의 20×1년 제조간접원가 관련 자료가 다음과 같을 때, 실제 발생한 제조간접원가는?

• 제조간접원가 예산	₩500,000
• 예상 기계가동시간	5,000시간
• 실제 기계가동시간	5,200시간
• 제조간접원가 배부차이	₩10,000 과소배부

① ₩450,000   ② ₩530,000
③ ₩540,000   ④ ₩575,000
⑤ ₩650,000

06 정상개별원가계산을 사용하는 (주)한국은 직접노무시간을 기준으로 제조간접원가를 배부하고 있다. 20×1년 (주)한국의 연간 제조간접원가 예산은 ₩10,000이다. 20×1년 실제 발생한 제조간접원가는 ₩8,200이고, 실제직접노무시간은 800시간이다. 20×1년 중 제조간접원가 과소배부액이 ₩200이라고 할 때 연간 예산직접노무시간은?

① 500시간   ② 700시간
③ 1,000시간   ④ 1,200시간
⑤ 1,500시간

07 (주)한국은 정상개별원가계산을 사용하여 직접노무시간을 기준으로 제조간접원가를 배부하고 있다. 20×1년 연간 제조간접원가 예산은 ₩2,500,000이다. 20×1년 실제 발생한 제조간접원가는 ₩1,900,000이고 실제 직접노무시간은 10,000시간이다. 20×1년 중 제조간접원가 과대배부액이 ₩100,000이라고 할 때, 연간 예산(예상)직접노무시간은?

① 20,000시간　　　　　　　　② 11,000시간
③ 12,000시간　　　　　　　　④ 12,500시간
⑤ 13,000시간

---

05 ② • 제조간접원가 예정배부율 = ₩500,000 ÷ 5,000시간 = ₩100
　　 • 제조간접원가 예정배부액 = 제조간접원가 예정배부율 × 배부기준의 실제발생액
　　　 = ₩100 × 5,200시간 = ₩520,000
　　 ∴ 실제 발생한 제조간접원가 = 제조간접원가 예정배부액 + 과소배부액
　　　 = ₩520,000 + ₩10,000 = ₩530,000

제조간접원가

[실제발생액]		[예정배부액]	
실제발생액(x)	530,000	예정배부액	
		₩100 × 5,200시간 = ₩520,000	
		과소배부액	10,000
	530,000		530,000

06 ③

제조간접원가

실제 발생액	8,200	예정배부액 ㉠	8,000
		과소배부액	200
	8,200		8,200

㉡ 예정배부액 = 제조간접원가배부율 × 800시간 = ₩8,000
　 ⇨ 제조간접원가 예정배부율 = ₩10
㉢ 제조간접원가 배부율 = ₩10,000 ÷ 예산직접노무시간 = ₩10
∴ 예산직접노무시간 = 1,000시간

07 ④

제조간접원가

실제발생액	1,900,000	제조간접원가	
과대배부액	100,000	예정배부율 × 10,000시간 = 2,000,000	
	2,000,000		2,000,000

제조간접원가 예정배부율 = ₩2,500,000 / 예산직접노무시간(x) = ₩200
∴ 예산직접노무시간(x) = 12,500시간

---

08 (주)한국은 정상개별원가계산을 사용하고 있다. 20×1년 한해 동안 제조간접원가는 ₩62,500이 실제 발생하였으며, 기계시간당 ₩50으로 제조간접원가를 예정배부한 결과 ₩2,500만큼 과소배부되었다. 20×1년 실제조업도가 예정조업도의 120%인 경우, (주)한국의 제조간접원가 예산액은 얼마인가?

① ₩45,000   ② ₩50,000   ③ ₩52,500

④ ₩55,000   ⑤ ₩60,000

09 (주)대한의 연간 제조간접원가 예산액은 ₩12,000,000이고, 기준조업도는 직접작업시간으로서 연간 6,000시간이다. 당월 직접작업시간은 680시간이고 제조간접원가 실제 발생액은 ₩1,480,000이다. 제조간접원가 배부차이를 매출원가에 가감하는 경우 적절한 회계처리는?

① (차) 매출원가	120,000	(대) 제조간접원가	120,000
② (차) 매출원가	120,000	(대) 재공품	120,000
③ (차) 제조간접원가	142,000	(대) 매출원가	142,000
④ (차) 재공품	142,000	(대) 매출원가	142,000
⑤ (차) 제품	130,000	(대) 매출원가	130,000

10 (주)한국은 정상개별원가계산을 채택하고 있으며, 제조간접원가 배부차이를 총원가비례배분법에 의해 기말재고자산과 매출원가에 배부한다. 다음은 당기말 제조간접원가 배부차이를 조정하기 전 각 계정의 잔액이다.

- 재고자산
  - 원재료   ₩125,000
  - 재공품   ₩45,000
  - 제품   ₩115,000
- 매출원가   ₩340,000

당기에 발생한 제조간접원가 배부차이가 ₩75,000(과소배부)일 경우, 배부차이 조정 후 기말재고자산은?

① ₩179,000   ② ₩184,000   ③ ₩304,200

④ ₩309,000   ⑤ ₩319,000

11 (주)한국은 기계가동시간을 기준으로 제조간접원가 예정배부율을 계산하고 있다. (주)한국의 20×1년 정상가동기계시간은 2,000시간, 제조간접원가 예산은 ₩100,000이다. 20×1년 실제기계가동시간은 2,200시간이고, 제조간접원가 실제발생액은 ₩100,000이다. 20×1년 제조간접원가 배부차이 조정 전 매출원가가 ₩1,500,000일 경우 매출원가조정법으로 배부차이를 조정한 후의 매출원가는?

① ₩1,187,000   ② ₩1,190,000   ③ ₩1,217,000
④ ₩1,490,000   ⑤ ₩1,650,000

정답 및 해설

08 ②

제조간접원가

실제발생액	62,500	㉠ 예정배부액	60,000
		과소배부액	2,500
	62,500		62,500

㉠ 예정배부율 × 실제조업도 = ₩50 × 실제조업도 = ₩60,000
　⇨ 실제조업도 = 1,200시간
　예정조업도 = 실제조업도 ÷ 1.2 = 1,200시간 ÷ 1.2 = 1,000시간
㉡ 제조간접원가 예산액
　⇨ 제조간접원가 예정배부율 = 제조간접원가 예산액 ÷ 1,000시간 = ₩50
∴ 제조간접원가 예산액 = ₩50,000

09 ①
• 제조간접원가 예정배부율 = ₩12,000,000 ÷ 6,000시간 = @₩2,000
• 제조간접원가 예정배부액 = ₩2,000 × 680시간 = ₩1,360,000
• 제조간접원가 배부차이 = ₩1,480,000 − ₩1,360,000 = ₩120,000(과소배부) ⇨ 매출원가에 가산
　▶ 회계처리: 제조간접원가 배부차이를 매출원가에 가감하는 경우
　　• 과소배부액: 매출원가에 가산
　　(차) 매출원가　　　　　　　×××　　　(대) 제조간접원가　　　　　　×××
　　• 과대배부액: 매출원가에서 차감
　　(차) 제조간접원가　　　　　×××　　　(대) 매출원가　　　　　　　×××

10 ④ 총원가비례법에 의한 배분액

구분	기말총원가	비율	배분액
재공품	₩45,000	9%	₩6,750
제품	₩115,000	23%	₩17,250
매출원가	₩340,000	68%	₩51,000
합계	₩500,000	100%	₩75,000(과소배부)

∴ 배부차이 조정 후 기말재고자산
　= (₩125,000 + ₩45,000 + ₩115,000) + (₩6,750 + ₩17,250) = ₩309,000

11 ④ • 예정배부율 = ₩100,000 ÷ 2,000시간 = @₩50
• 예정배부액 = ₩50 × 2,200시간 = ₩110,000
• 배부차이 = ₩110,000 − ₩100,000 = ₩10,000(과대배부)
∴ 조정 후 매출원가 = ₩1,500,000 − ₩10,000 = ₩1,490,000

두 개의 제조부문과 두 개의 보조부문으로 이루어진 (주)한국의 부문간 용역수수 자료는 다음과 같다.

제공부문	보조부문		제조부문	
	동력부문	수선부문	절단부문	용접부문
동력부문	–	40%	40%	20%
수선부문	20%	–	40%	40%
발생원가	₩160,000	₩120,000	₩240,000	₩312,000

(주)한국이 동력부문을 먼저 배부하는 단계배부법을 적용할 경우, 용접부문의 배부 후 원가총액은?

① ₩108,000   ② ₩200,000
③ ₩369,000   ④ ₩420,000
⑤ ₩436,000

해설 | (1) 동력부문 원가의 배부액 = ₩160,000 × 20% = ₩32,000
　　 (2) 수선부문 원가의 배부액 = [(₩160,000 × 40%) + ₩120,000] × 40% / (40% + 40%)
　　　　　 = ₩92,000
　　 ∴ 용접부문 총원가 = 용접부문 발생원가 + 보조부문 원가배부액
　　　　　 = ₩312,000 + (1) + (2) = ₩312,000 + ₩32,000 + ₩92,000 = ₩436,000

보충 | 용접부문에 배부되는 보조부문원가를 묻는다면, 동력부문원가 배부액(1)과 수선부문원가 배부액(2)의 합계액인 ₩124,000이다.

기본서 p.601~605   정답 ⑤

12 다음 중 보조부문원가의 배부에 대한 설명으로 옳은 것은?

① 보조부문원가는 제조부문에 배부하지 않고 기간비용으로 처리해야 한다.
② 단계배부법은 보조부문의 배부순서가 달라져도 배부금액에 차이가 나지 않는다.
③ 상호배부법은 보조부문 상호간의 용역수수관계가 중요하지 않을 때 적용하는 것이 타당하다.
④ 보조부문 상호간의 용역수수를 배부계산상 어떻게 고려하느냐에 따라 직접배분법, 단계배분법, 공통배분법의 세 가지로 대별된다.
⑤ 직접배부법은 보조부문 상호간의 용역수수관계를 고려하지 않는 방법이다.

13 (주)대한에는 두 개의 보조부문(수선부, 전력부)과 두 개의 제조부문(절단부, 조립부)이 있다. 각 부문간의 용역수수관계와 부문원가에 대한 자료는 다음과 같다.

	보조부문		제조부문	
	수선부	전력부	절단부	조립부
부문원가	₩48,000	₩27,200	₩36,800	₩40,000
용역제공량				
• 수선부	–	320시간	960시간	320시간
• 전력부	640kWh	–	480kWh	480kWh

(주)대한은 보조부문원가를 직접배분법으로 배부하고 있다. 조립부에 배부해야 할 보조부문원가는?

① ₩7,500 ② ₩8,500
③ ₩15,500 ④ ₩22,000
⑤ ₩25,600

정답 및 해설

12 ⑤ ① 보조부문원가는 제조부문에 배부한다.
② 단계배부법은 보조부문의 배부순서가 다른 경우 배부금액에 차이가 난다.
③ 상호배부법은 보조부문 상호간의 용역수수관계가 중요할 때 적용하는 것이 타당하다.
④ 보조부문 상호간의 용역수수를 배부계산상 어떻게 고려하느냐에 따라 직접배부법, 단계배부법, 상호배부법의 세 가지로 대별된다.

13 ⑤ • 수선부 = ₩48,000 × 320시간 / (960시간 + 320시간) = ₩12,000
• 전력부 = ₩27,200 × 480kWh / (480kWh + 480kWh) = ₩13,600
∴ 조립부에 배부할 보조부문원가 = ₩12,000 + ₩13,600 = ₩25,600

14 (주)한국은 두 개의 보조부문(S1, S2)과 두 개의 제조부문(P1, P2)으로 제품을 생산하고 있다. 각 부문원가와 용역수수관계는 다음과 같다.

구분	보조부문		제조부문		계
	S1	S2	P1	P2	
부문원가	?	₩140,000	–	–	
S1	–	40	20	40	100%
S2	30	–	40	30	100%

직접배부법으로 보조부문원가를 배부한 결과, P1에 배부된 보조부문의 원가 합계액이 ₩120,000인 경우, S1에 집계된 부문원가는?

제25회

① ₩100,000

② ₩110,000

③ ₩120,000

④ ₩130,000

⑤ ₩140,000

15 (주)한국은 보조부문 A와 B, 제조부문 X와 Y를 가지고 있다. 단계배부법을 적용할 때 제조부문 X에 집계된 부문원가총액은? (단, 보조부문 B부터 배부함)

제20회

- 부문원가 및 배부기준

구분	보조부문		제조부문		합계
	A	B	X	Y	
부문개별원가	₩12,000	₩26,000	₩30,000	₩40,000	₩108,000
부문공통원가					₩40,000
부문공통원가 배부기준	200kWh	100kWh	300kWh	400kWh	1,000kWh

- 각 부문간 용역수수관계

제공처 \ 사용처	보조부문		제조부문	
	A	B	X	Y
A	–	20%	60%	20%
B	30%	–	40%	30%

① ₩71,400

② ₩73,670

③ ₩75,750

④ ₩76,400

⑤ ₩77,600

정답 및 해설

14 ③ P1에 배부된 보조부문원가

= [S1 × 0.2 / (0.2 + 0.4)] + [₩140,000 × 0.4 / (0.4 + 0.3)] = ₩120,000

∴ S1 = ₩120,000

15 ③ 단계배부법에 의해 보조부문에 배부하기 전에 부문공통원가를 배부기준에 의해 각 부문에 배부하여 부문별 원가를 계산하여야 한다.

• 부문공통원가의 배분

구분	보조부문		제조부문		합계
	A	B	X	Y	
부문개별원가	₩12,000	₩26,000	₩30,000	₩40,000	₩108,000
부문공통원가	₩8,000	₩4,000	₩12,000	₩16,000	₩40,000
합계	₩20,000	₩30,000	₩42,000	₩56,000	₩148,000
부문공통원가 배부기준	20%	10%	30%	40%	100%

• 단계법에 의한 보조부문원가의 배분

사용처 / 제공처	보조부문		제조부문	
	A	B	X	Y
부문원가	₩20,000	₩30,000	₩42,000	₩56,000
B (₩30,000)	0.3 ₩9,000	(₩30,000)	0.4 ₩12,000	0.3 ₩9,000
A (₩20,000)	(₩29,000)	—	0.6/(0.6 + 0.2) ₩21,750	0.2/(0.6 + 0.2) ₩7,250
합계	₩0	₩0	₩75,750	₩72,250

∴ 제조부문 X에 집계된 부문원가총액 = ₩75,750

16 (주)한국은 두 개의 보조부문(S1, S2)과 두 개의 제조부문(P1, P2)을 운영하며, 단계배분법을 사용하여 보조부문원가를 제조부문에 배분한다. 보조부문원가 배분 전 S1에 집계된 원가는 ₩120,000이고, S2에 집계된 원가는 ₩110,000이다. 부문간의 용역수수관계가 다음과 같을 때, P1에 배분될 총 보조부문원가는? (단, S1 부문원가를 먼저 배분함)

제26회

제공＼사용	S1	S2	P1	P2
S1	20%	20%	20%	40%
S2	30%	-	42%	28%

① ₩88,800
② ₩96,000
③ ₩104,400
④ ₩106,000
⑤ ₩114,000

※ (주)한국은 제조부문 A, B와 보조부문 X, Y가 있다. 각 보조부문의 서비스 용역수수관계는 다음과 같고, X, Y부문의 변동원가는 각각 ₩160,000, ₩200,000이고 고정원가는 고려하지 않는다. (17~18)

제공처＼사용처	보조부문		제조부문		합계
	X	Y	A	B	
X		40단위	20단위	40단위	100단위
Y	45단위		60단위	45단위	150단위

17 상호배분법에 의해 보조부문원가를 배분하는 경우, 제조부문 A에 배분되는 총보조부문원가는?

① ₩112,000
② ₩152,000
③ ₩167,273
④ ₩170,000
⑤ ₩200,000

18 (주)한국은 보조부문 Y에서 제공하던 용역을 외부에서 구입하고자 한다. 전월과 당월의 생산부문 생산량이 동일한 경우 외부구입시 (주)한국이 지불할 수 있는 최대금액은?

① ₩194,000

② ₩200,000

③ ₩212,000

④ ₩264,000

⑤ ₩320,000

정답 및 해설

16 ⑤

제공 \ 사용	S1	S2	P1	P2
부문원가	₩120,000	₩110,000		
① S1	(₩120,000)	₩30,000*¹ 25%	₩30,000 25%	₩60,000 50%
② S2	30%	(₩140,000)	₩84,000*² 42%	₩56,000 28%
합계			₩114,000	₩116,000

*¹ ₩120,000 × 25% = ₩30,000

*² ₩140,000 × 42% / (42% + 28%) = ₩84,000

17 ④ • X = ₩160,000 + 0.3Y

• Y = ₩200,000 + 0.4X

⇨ X = ₩250,000, Y = ₩300,000

∴ A에 배분되는 총보조부문원가 = 0.2X + 0.4Y = (0.2 × ₩250,000) + (0.4 × ₩300,000)

= ₩170,000

18 ④ 외부구입 최대가격 = 폐지대상 보조부문(Y)의 변동원가 + Y에 용역을 제공하는 X의 회피가능원가

= ₩200,000 + ₩64,000* = ₩264,000

* ₩160,000 × 0.4

19 (주)한국은 두 개의 보조부문(S1, S2)과 두 개의 제조부문(P1, P2)으로 제품을 생산하고 있다. 각 부문원가와 용역수수관계는 다음과 같다.

구분	보조부문		제조부문		계
	S1	S2	P1	P2	
부문원가	₩250,000	₩152,000	—	—	
S1	—	40	20	40	100%
S2	40	—	40	20	100%

상호배부법으로 보조부문원가를 배부한 결과, S1의 총부문원가는 S2로부터 배부받은 ₩120,000을 포함하여 ₩370,000이었다. P2에 배부되는 보조부문원가 합계액은?

제23회

① ₩164,400   ② ₩193,200
③ ₩194,000   ④ ₩208,000
⑤ ₩238,400

20 (주)한국은 보조부문 X와 제조부문 A, B를 보유하고 있다. 20×1년 부문별로 발생한 제조간접원가와 제조부문이 사용한 전력의 실제사용량과 최대사용가능량은 다음과 같다. X부문의 제조간접원가 ₩225,000은 변동원가가 ₩100,000이고, 고정원가는 ₩125,000 이다.

구분	보조부문	제조부문		합계
	X	A	B	
제조간접원가	₩225,000	₩200,000	₩300,000	₩725,000
실제사용량	–	400kWh	600kWh	1,000kWh
최대사용가능량	–	600kWh	600kWh	1,200kWh

(주)한국이 이중배부율법을 적용하여 보조부문 원가를 제조부문에 배부할 때, A부문에 배부되는 X부문의 원가는 얼마인가?

① ₩90,000   ② ₩100,000

③ ₩102,500   ④ ₩112,500

⑤ ₩115,000

정답 및 해설

19 ④ 보조부문 S1 총원가 ₩370,000이 주어져 있으므로 다음을 통하여 보조부문 S2 총원가를 계산한다.
S2 = ₩152,000 + 0.4S1이므로 S1에 ₩370,000을 대입하여 풀이하면, S2 총원가는 ₩300,000이 계산된다.
∴ P2에 배부되는 보조부문원가 = 0.4S1 + 0.2S2
  = (0.4 × ₩370,000) + (0.2 × ₩300,000) = ₩208,000

20 ③ • 변동원가 배부액[실제사용량 기준] = ₩100,000 × 400kWh / 1,000kWh(0.4) = ₩40,000
  • 고정원가 배부액[최대사용가능량 기준] = ₩125,000 × 600kWh / 1,200kWh(0.5) = ₩62,500
  ∴ A부문에 배부되는 X부문의 원가 = ₩40,000 + ₩62,500 = ₩102,500

| 대표예제 86 | 실제개별원가계산 ★ |

20×1년 1월 초에 설립된 (주)한국은 자동차 부품을 주문제작하며, 개별원가계산제도를 적용하여 주문별로 제품원가를 계산하고 있다. 다음은 20×1년 1월의 주문생산에 관한 자료이다. 1월에 생산한 제품원가와 1월 말 재공품원가는?

- 수주받은 주문: 총 3건(주문 1과 2는 완성, 주문 3은 미완성)
- 총제조원가: 직접재료원가 ₩180,000, 직접노무원가 ₩50,000, 제조간접원가 ₩90,000
- 주문 3에 관련된 직접재료원가 ₩24,000, 직접노무원가 ₩10,000
- 제조간접원가는 직접노무원가를 기준으로 실제 배부

	제품원가	재공품원가
①	₩262,000	₩58,000
②	₩264,000	₩56,000
③	₩266,000	₩54,000
④	₩268,000	₩52,000
⑤	₩270,000	₩50,000

해설 | 제조간접원가 실제배부율 = ₩90,000 ÷ ₩50,000 = ₩1.8/직접노무원가

구분	주문 1	주문 2	주문 3	합계
직접재료원가			₩24,000	₩180,000
직접노무원가			₩10,000	₩50,000
제조간접원가			₩18,000[*1]	₩90,000
계	₩268,000[*2]		₩52,000	₩320,000

[*1] ₩50,000 × ₩1.8/직접노무원가
[*2] ₩320,000 − ₩52,000

기본서 p.620~621

정답 ④

01 다음 중 개별원가계산에서 제품계정으로 대체되는 재공품계정의 금액은?

① 당기 지급된 모든 작업의 원가

② 당기 완성된 작업에 당기 투입된 원가

③ 당기 투입된 모든 작업의 원가

④ 당기 완성된 모든 작업의 원가

⑤ 당기 투입한 원가

02 당월 중 실제 발생한 총원가 및 제조지시서 #100의 제조에 실제 발생한 원가는 다음과 같다.

구분	총원가	제조지시서 #100
직접재료원가	₩850,000	₩110,000
직접노무원가	₩700,000	₩85,000
제조간접원가	₩640,000	?

당월 중 실제기계가동시간은 2,000시간이며, 이 중 제조지시서 #100의 제조에 투입된 시간은 300시간이었다. 회사가 제조간접원가를 기계가동시간에 기준하여 실제 배부하는 경우, 제조지시서 #100에 배부될 제조간접원가는 얼마인가?

① ₩87,000 ② ₩96,000

③ ₩102,000 ④ ₩110,000

⑤ ₩120,000

정답 및 해설

01 ④ 재공품계정에서 계산되는 <u>당기완성품원가(제품제조원가)</u>이다.

02 ② 제조간접원가 실제배부율 = ₩640,000 ÷ 2,000시간 = @₩320

∴ 제조간접원가 배부액(#100) = ₩320 × 300시간 = ₩96,000

정상개별원가계산 ★★

(주)한국은 정상개별원가계산제도를 채택하고 있다. 제조간접원가는 직접노무원가를 기준으로 예정배부하고 있으며, 제조간접원가 배부차이는 전액 매출원가에서 조정하고 있다. 당기 원가자료가 다음과 같을 때, 당기제품제조원가는? (단, 제조간접원가 예정배부율은 매 기간 동일함)

제24회

구분	직접재료원가	직접노무원가	제조간접원가
기초재공품	₩2,500	₩2,800	₩4,200
당기실제발생액	₩15,000	₩18,000	₩25,500
기말재공품	₩3,000	₩3,800	?

① ₩55,500   ② ₩56,000

③ ₩56,500   ④ ₩57,000

⑤ ₩57,500

해설 | 제조간접원가 예정배부율 = ₩4,200 ÷ ₩2,800 = ₩1.5/직접노무원가

재공품

기초재공품	9,500	제품제조원가	57,000
직접재료원가	15,000	기말재공품	12,500*2
직접노무원가	18,000		
제조간접원가	27,000*1		
	69,500		69,500

*1 제조간접원가 예정배부액 = ₩18,000 × 1.5 = ₩27,000
*2 기말재공품 = ₩3,000 + ₩3,800 + (₩3,800 × 1.5) = ₩12,500

기본서 p.622~624   정답 ④

03 정상개별원가계산을 적용하는 경우 발생할 수 있는 제조간접원가 배부차이에 대한 설명 중 옳지 않은 것은?

① 실제개별원가계산에서는 제조간접원가 배부액과 실제 제조간접원가 총액이 일치하지 만 정상개별원가계산의 경우는 제조간접원가 배부액과 실제 제조간접원가 총액이 일 치하지 않는다.

② 제조간접원가 배부차이는 회계기간 중에 배분된 제조간접원가 예정배부액과 회계기 말에 집계된 제조간접원가 실제발생액의 차이로 발생한다.

③ 원가요소별 비례배분법은 기말의 재공품, 제품 및 매출원가에 포함되어 있는 제조간 접원가 실제배부액의 비율에 따라 제조간접원가 배부차이를 조정한다.

④ 제조간접원가 배부시 실제배부율은 사후적으로 계산되지만, 예정배부율은 기초에 사 전적으로 계산된다.

⑤ 제조간접원가 과대배부액을 매출원가조정법에 의해 회계처리하는 경우, 매출원가가 감소하게 되므로 이익이 증가하는 효과가 있다.

04 다음과 같은 자료를 참조하여 개별원가계산제도를 채택하고 있는 (주)한국의 제조원가를 계산하면 얼마인가?

• 직접재료원가	₩100,000
• 기계가동시간	320시간
• 직접노무원가 임률	₩200/시간
• 직접노동시간	400시간
• 제조간접원가 예정배부율(기계가동시간)	₩410

① ₩193,000　　　　　　　　② ₩285,000

③ ₩311,200　　　　　　　　④ ₩320,000

⑤ ₩330,000

정답 및 해설

03 ③　제조간접원가 실제배부액의 비율이 아니라 <u>예정배부액</u>에 따라 제조간접원가 배부차이를 조정한다.

04 ③　제조원가 = 직접재료원가 + 직접노무원가 + 제조간접원가
　　= ₩100,000 + (₩200/직접노동시간 × 400시간) + (₩410/기계가동시간 × 320시간)
　　= ₩311,200

(주)한국의 5월 생산 및 원가자료는 다음과 같다. 월초 제품재고액은 ₩400,000이고, 월말 제품재고액은 ₩500,000이다. 그리고 제조지시서 #1은 완성되었으나, 제조지시서 #2는 완성되지 못하였다. 포괄손익계산서에 계상될 매출원가는 얼마인가?

과목	제조지시서 #1	제조지시서 #2
월초 재공품	₩180,000	–
직접재료원가	₩950,000	₩380,000
직접노무원가	₩650,000	₩200,000
제조간접원가	₩220,000	₩100,000
합계	₩2,000,000	₩680,000

① ₩1,800,000 ② ₩1,900,000

③ ₩2,000,000 ④ ₩2,100,000

⑤ ₩2,200,000

다음은 정상개별원가계산제도를 채택하고 있는 (주)한국의 20×1년도 원가계산 자료이다. 제조지시서 #100은 완성되어 판매되었고, 제조지시서 #101은 완성되었으나 판매되지 않았으며, 제조지시서 #103은 미완성되었다.

원가항목	#100	#101	#103
기초재공품	₩15,000	₩10,000	–
직접재료원가	₩11,000	₩12,000	₩3,000
직접노무원가	₩15,000	₩12,500	₩7,500

제조간접원가는 직접노무원가의 200%를 예정배부하며 20×1년도에 발생한 실제제조간접원가는 ₩60,000이다. 제조간접원가의 배부차이를 매출원가에서 전액조정한다고 할 때, 제조간접원가 배부차이를 조정한 후 매출원가는 얼마인가?

① ₩40,000 ② ₩51,000

③ ₩61,000 ④ ₩66,000

⑤ ₩72,000

07 (주)한국은 제조원가항목을 직접재료원가, 직접노무원가 및 제조간접원가로 분류한 후 개별정상원가계산을 적용하고 있다. 기초재공품(작업 #1)의 원가는 ₩11,250이며, 당기에 개별작업별로 발생된 직접재료원가와 직접노무원가를 다음과 같이 집계하였다.

작업	직접재료원가	직접노무원가
#1	₩1,000	₩3,000
#2	₩4,500	₩5,000
#3	₩7,000	₩4,000

제조간접원가는 직접노무원가에 비례하여 예정배부한다. 기초에 예측한 직접노무원가는 ₩10,000이고, 제조간접원가는 ₩15,000이다. 기말 현재 진행 중인 작업은 #3뿐이라고 할 때 당기제품제조원가는?

① ₩17,000   ② ₩19,750
③ ₩28,250   ④ ₩36,750
⑤ ₩40,000

제2편 평가·관리회계

제4장

정답 및 해설

05 ② 매출원가 = 기초제품재고액 + 당기제품제조원가 − 기말제품재고액
= ₩400,000 + ₩2,000,000 − ₩500,000 = ₩1,900,000

06 ③ (1) 제조간접원가 예정배부액 = 직접노무원가 × 200%
= (₩15,000 + ₩12,500 + ₩7,500) × 200% = ₩70,000
(2) 제조간접원가 배부차이 = 예정배부액 − 실제발생액
= ₩70,000 − ₩60,000 = ₩10,000(과대배부)
(3) 조정 전 매출원가(#100) = 기초재공품 + 직접재료원가 + 직접노무원가 + 제조간접원가 배부액
= ₩15,000 + ₩11,000 + ₩15,000 + (₩15,000 × 200%) = ₩71,000
∴ 조정 후 매출원가 = 조정 전 매출원가 − 과대배부액
= ₩71,000 − ₩10,000 = ₩61,000

07 ④ • 제조간접원가 예정배부율 = ₩15,000 ÷ ₩10,000 = ₩1.5/직접노무원가
• 기말재공품(#3) = ₩7,000 + ₩4,000 + (₩4,000 × ₩1.5) = ₩17,000
∴ 당기제품제조원가(#1, #2)
= [₩11,250 + ₩1,000 + ₩3,000 + (₩3,000 × ₩1.5)] + [₩4,500 + ₩5,000 + (₩5,000 × ₩1.5)]
= ₩36,750

08 정상개별원가계산제도를 채택하고 있는 (주)한국은 제조간접원가 배부기준으로 직접노동시간을 채택하고 있다. 20×1년 제조간접원가 예산액은 ₩20,000,000이며, 예정 직접노동시간은 5,000시간이다. 20×1년 1월 기초재공품이 ₩700,000이었으며 월말 현재 미완성품은 다음과 같다.

제조지시서	직접재료원가	직접노무원가	실제직접노동시간
#100	₩110,000	₩150,000	60시간
#101	₩100,000	₩170,000	50시간

월중 직접재료원가는 ₩1,800,000, 직접노무원가는 ₩3,500,000, 당기제품제조원가는 ₩5,730,000이었다. 제조간접원가 배부차이가 ₩20,000(과소배부) 발생했다면 월중 실제제조간접원가 발생액은?

① ₩420,000 ② ₩500,000
③ ₩635,000 ④ ₩720,000
⑤ ₩800,000

09 (주)한국은 개별원가계산제도를 채택하였고, 제조간접원가 예정배부율은 직접노무원가의 150%이다. 제조간접원가 배부차액은 매월 말 매출원가계정에서 조정하고, 추가적인 정보는 다음과 같다. 2월 중에 생산된 제품제조원가를 계산하면 얼마인가?

(1) 제조지시서 #1 해당 원가

• 직접재료원가	₩2,000	• 직접노무원가	₩1,000
• 제조간접원가 배부액	₩1,500		

(2) 2월 중 소비된 원가

• 직접재료원가	₩13,000	• 직접노무원가	₩10,000
• 제조간접원가 실제발생액	₩16,000		

(3) 1월 말 가동 중인 제조지시서는 #1뿐이었고, 2월 말인 현재 가동 중인 제조지시서는 #4뿐이며 직접재료원가 ₩1,400, 직접노무원가 ₩900이다.
(4) 제조지시서 #2, #3, #4는 2월에 작업이 착수된 것이다.

① ₩12,500 ② ₩17,000
③ ₩22,450 ④ ₩38,850
⑤ ₩42,100

10 (주)한국은 정상개별원가계산을 채택하고 있다. 20×1년 1월 재공품 기초금액은 ₩32,000 이다. 1월 중 직접재료원가 ₩120,000, 직접노무원가 ₩90,000, 제조간접원가 ₩91,000이 실제 발생하였다. 제조간접원가는 직접노무원가의 90%를 배부하고 있다. 동 기간 동안 완성품계정으로 대체된 금액(당기제품제조원가)은 ₩300,000이다. 1월 말 현재 유일한 재공품인 #101에 제조간접원가가 ₩6,300 배부되었다면 #101에 배부 될 직접재료원가는?

① ₩5,200   ② ₩6,100
③ ₩7,000   ④ ₩8,300
⑤ ₩9,700

정답 및 해설

08 ④ • 제조간접원가 예정배부율 = ₩20,000,000 / 5,000시간 = @₩4,000/시간

재공품

기초재공품	700,000	제품제조원가	5,730,000
직접재료원가	1,800,000	기말재공품	970,000*
직접노무원가	3,500,000		
제조간접원가(예정배부)	700,000		
	6,700,000		6,700,000

 * #100: ₩110,000 + ₩150,000 + (60시간 × @₩4,000/시간) = ₩500,000
   #101: ₩100,000 + ₩170,000 + (50시간 × @₩4,000/시간) = ₩470,000
• 배부차이 = 실제발생액 − 예정배부액
∴ 실제발생액 = ₩700,000 + ₩20,000 = ₩720,000

09 ④ • 기초재공품(#1) = ₩4,500
• 기말재공품(#4) = ₩1,400 + ₩900 + (₩900 × 150%) = ₩3,650

재공품

기초재공품	4,500	제품제조원가	x
직접재료원가	13,000	기말재공품	3,650
직접노무원가	10,000		
제조간접원가	15,000		
	42,500		42,500

∴ 제품제조원가(x) = ₩38,850

10 ⑤ 기말재공품재고액 = 기초재공품 + 직접재료원가 + 직접노무원가 + 제조간접원가 − 당기제품제조원가
   = ₩32,000 + ₩120,000 + ₩90,000 + ₩81,000 − ₩300,000 = ₩23,000
∴ #101 직접재료원가 = 기말재공품 − 제조간접원가 − 직접노무원가
   = ₩23,000 − ₩6,300 − ₩7,000* = ₩9,700
    * 제조간접원가 / 배부율 = ₩6,300 / 0.9

제4장 개별원가계산과 활동기준원가계산   **381**

활동기준원가계산 ★★

(주)한국은 전환원가에 대해 활동기준원가계산을 적용하고 있다. 회사의 생산활동, 활동별 배부기준, 전환원가 배부율은 다음과 같다.

활동	배부기준	전환원가 배부율
자료처리	부품 수	개당 ₩20
선반작업	선반작업시간	시간당 ₩30
품질검사	검사시간	시간당 ₩50

당기에 회사는 30단위를 주문받았다. 제품 1단위를 생산하기 위해서는 제품 단위당 직접재료원가는 ₩5,000, 부품 수는 50개, 선반작업시간은 10시간, 품질검사는 5시간이 각각 소요된다. 당기에 생산된 제품 30단위의 총제조원가는?

① ₩170,000   ② ₩182,000

③ ₩195,750   ④ ₩196,500

⑤ ₩197,000

해설 | 총제조원가 = 직접재료원가 + 직접노무원가 + 제조간접원가
= (30단위 × ₩5,000) + (30단위 × 50개 × ₩20) + [(30단위 × 10시간 × ₩30)
    + (30단위 × 5시간 × ₩50)]
= ₩196,500

기본서 p.625~627   정답 ④

11   활동기준원가계산(ABC)의 절차를 나타낸 것으로 옳은 것은?

㉠ 활동중심점의 설정	㉡ 원가동인의 선택
㉢ 활동분석	㉣ 제조간접원가의 배부
㉤ 활동별 제조간접원가 배부율의 계산	

① ㉢ ⇨ ㉠ ⇨ ㉡ ⇨ ㉤ ⇨ ㉣

② ㉢ ⇨ ㉠ ⇨ ㉣ ⇨ ㉡ ⇨ ㉤

③ ㉢ ⇨ ㉠ ⇨ ㉤ ⇨ ㉡ ⇨ ㉣

④ ㉢ ⇨ ㉡ ⇨ ㉠ ⇨ ㉣ ⇨ ㉤

⑤ ㉢ ⇨ ㉡ ⇨ ㉠ ⇨ ㉤ ⇨ ㉣

12 (주)한국은 20×1년 모델 A는 5,000개, 모델 B는 40,000개가 생산·판매될 것으로 예상하며, 제조간접원가는 ₩750,000이 발생될 것으로 추정한다. 각 제품의 단위당 직접재료원가와 단위당 직접노무원가, 총제조간접원가에 대하여 다음과 같이 예상한다.

	모델 A	모델 B
직접재료원가	₩25	₩20
직접노무원가	₩17	₩17.5

활동	활동원가	원가동인	모델 A	모델 B	계
구매주문	₩300,000	주문횟수	50	100	150
제품검사	₩450,000	검사시간	400	600	1,000
총제조간접원가	₩750,000				

20×1년 중 모델 A의 단위당 제조원가는 얼마인가?

① ₩56   ② ₩98

③ ₩110   ④ ₩126

⑤ ₩132

정답 및 해설

11 ① ⓒ 활동분석 ⇨ ㉠ 활동중심점의 설정 ⇨ ㉡ 원가동인의 선택 ⇨ ㉢ 활동별 제조간접원가 배부율의 계산 ⇨ ㉣ 제조간접원가의 배부

12 ② • 활동별 단위당 제조간접원가

활동	활동원가		원가동인	
구매주문	₩300,000	÷	150	= ₩2,000/주문횟수
제품검사	450,000	÷	1,000	= ₩450/검사시간
총제조간접원가	750,000			

• 모델 A의 활동별 제조간접원가배부액

구매주문	2,000/주문횟수 × 50회 =	₩100,000
제품검사	450/검사시간 × 400시간 =	₩180,000
총제조간접원가		₩280,000

⇨ 단위당 제조간접원가 = ₩280,000 / 5,000개 = ₩56

∴ 단위당 제조원가 = 단위당 직접재료원가 + 단위당 직접노무원가 + 단위당 제조간접원가
= ₩25 + ₩17 + ₩56 = ₩98

13 제품 A와 B를 생산·판매하고 있는 (주)한국의 20×1년 제조간접원가를 활동별로 추적한 자료는 다음과 같다.

활동	원가동인	제품 A	제품 B	추적가능원가
자재주문	주문횟수	20회	35회	₩110
품질검사	검사횟수	10회	18회	₩168
기계수리	기계가동시간	80시간	100시간	₩360

제조간접원가를 활동기준으로 배부하였을 경우 제품 A와 B에 배부될 원가는?

	제품 A	제품 B
①	₩200	₩438
②	₩260	₩378
③	₩300	₩338
④	₩378	₩260
⑤	₩438	₩200

14 (주)한국은 복수의 제품을 생산·판매하고 있으며, 활동기준원가계산을 적용하고 있다. (주)한국은 제품원가계산을 위해 다음과 같은 자료를 수집하였다.

구분	활동원가	원가동인	총원가동인 수
조립작업	₩500,000	조립시간	25,000시간
주문처리	₩75,000	주문횟수	1,500회
검사작업	₩30,000	검사시간	1,000시간

제품	생산수량	단위당 직접제조원가 직접재료원가	단위당 직접제조원가 직접노무원가	조립작업	주문처리	검사작업
A	250개	₩150	₩450	400시간	80회	100시간

(주)한국이 당기에 A제품 250개를 단위당 ₩1,000에 판매한다면, A제품의 매출총이익은? 제22회

① ₩65,000   ② ₩70,000   ③ ₩75,000
④ ₩80,000   ⑤ ₩85,000

15 활동기준원가계산을 적용하는 (주)한국은 두 종류의 제품 A, B를 생산하고 있다. 활동 및 활동별 전환(가공)원가는 다음과 같다.

활동	원가동인	배부율
선반작업	기계회전수	회전수당 ₩300
연마작업	부품수	부품당 ₩400
조립작업	조립시간	시간당 ₩100

500단위의 제품 A를 생산하기 위한 직접재료원가는 ₩300,000, 재료의 가공을 위해 소요된 연마작업 부품수는 300단위, 조립작업 조립시간은 1,000시간이다. 이렇게 생산한 제품 A의 단위당 제조원가가 ₩1,520이라면, 제품 A를 생산하기 위한 선반작업의 기계회전수는?

① 300회   ② 500회   ③ 800회
④ 1,000회   ⑤ 1,300회

정답 및 해설

13 ②

활동	추적가능원가		원가동인	
자재주문	₩110	÷	(20회 + 35회)	= ₩2/회
품질검사	₩168	÷	(10회 + 18회)	= ₩6/회
기계수리	₩360	÷	(80시간 + 100시간)	= ₩2/시간

- 제품 A: (20회 × ₩2/회) + (10회 × ₩6/회) + (80시간 × ₩2/시간) = ₩260
- 제품 B: (35회 × ₩2/회) + (18회 × ₩6/회) + (100시간 × ₩2/시간) = ₩378

14 ⑤

구분	활동원가	원가동인	총원가동인 수	활동별 단위당 배부율
조립작업	₩500,000	조립시간	25,000시간	₩20/조립시간
주문처리	₩75,000	주문횟수	1,500회	₩50/주문횟수
검사작업	₩30,000	검사시간	1,000시간	₩30/검사시간

제품	생산수량	직접재료원가	직접노무원가	조립작업	주문처리	검사작업
A	250개	₩150 × 250개 = ₩37,500	₩450 × 250개 = ₩112,500	400시간 × ₩20 = ₩8,000	80회 × ₩50 = ₩4,000	100시간 × ₩30 = ₩3,000

∴ 매출총이익 = 순매출액 − 매출원가
 = (₩1,000 − ₩150 − ₩450) × 250개 − (₩8,000 + ₩4,000 + ₩3,000) = ₩85,000

15 ③
- 제품 A의 단위당 제조원가(₩1,520) = 단위당 직접재료원가 + 단위당 가공원가
 = 단위당 직접재료원가(₩300,000/500단위 = ₩600) + 단위당 가공원가
 ⇨ 단위당 가공원가 = ₩920
- 가공원가 = ₩920 × 500단위 = ₩460,000
 가공원가 = (기계회전수 × ₩300) + (300단위 × ₩400) + (1,000시간 × ₩100) = ₩460,000
∴ 기계회전수 = 800회

제5장 종합원가계산과 결합원가계산

완성품환산량의 계산 ★★

(주)한국은 종합원가계산제도를 채택하고 있다. 20×1년도 제품생산 관련 정보는 다음과 같다.

- 기초재공품 수량   400개(가공원가 완성도 50%)
- 당기완성품 수량   1,600개
- 기말재공품 수량   1,000개(가공원가 완성도 60%)

직접재료원가는 공정 초에 전량 투입되고, 가공원가는 공정 전반에 걸쳐 균등하게 발생한다. 평균법과 선입선출법하의 완성품환산량에 관한 다음 설명 중 옳은 것은? (단, 공손과 감손은 발생하지 않았음)

① 평균법에 의한 직접재료원가의 완성품환산량은 3,000개이다.

② 선입선출법에 의한 직접재료원가의 완성품환산량은 2,600개이다.

③ 평균법에 의한 가공원가의 완성품환산량은 2,000개이다.

④ 선입선출법에 의한 가공원가의 완성품환산량은 2,400개이다.

⑤ 선입선출법과 평균법의 직접재료원가 완성품환산량 차이는 400개이다.

해설 | 선입선출법과 평균법의 완성품환산량은 기초재공품환산량만큼 차이가 난다.
    (1) 평균법
        • 직접재료원가 = 1,600개 + 1,000개 = 2,600개
        • 가공(전환)원가 = 1,600개 + (1,000개 × 0.6) = 2,200개
    (2) 선입선출법
        • 직접재료원가 = 1,600개 − 400개 + 1,000개 = 2,200개
        • 가공(전환)원가 = 1,600개 − (400개 × 0.5) + (1,000개 × 0.6) = 2,000개

기본서 p.635~637   정답 ⑤

01 개별원가계산과 종합원가계산의 비교 · 설명으로 옳지 않은 것은?

① 종합원가계산은 해당 원가계산기간에 대한 완성품원가를 종합적으로 집계하고 같은 기간의 완성품수량으로 나누어서 제품 단위당 제조원가를 계산한다.

② 개별원가계산은 직접재료원가와 가공(전환)원가의 구분이 중요하고, 종합원가계산은 제조직접원가와 제조간접원가의 구분이 중요하다.

③ 양자의 주안점은 개별원가계산의 경우는 제조간접원가 배부, 종합원가계산은 기말재공품 평가이다.

④ 종합원가계산하에서 기말재공품을 평가시 기초재고가 없는 경우는 선입선출법과 평균법에 의한 평가액이 양자가 일치한다.

⑤ 생산형태와 업종에 따라 다품종 소량생산은 개별원가계산, 소품종 대량생산은 종합원가계산을 적용한다.

02 (주)한국은 종합원가계산을 채택하고 있다. 원재료는 공정 초에 전량 투입되며, 가공(전환)원가는 공정 전반에 걸쳐 균등하게 발생하고, 공손 및 감손은 발생하지 않는다. 다음은 20×1년 7월의 생산활동과 관련된 자료이다.

• 기초재공품	4,000단위(완성도 15%)
• 당기투입량	32,000단위
• 당기완성량	34,000단위
• 기말재공품	? 단위(완성도 40%)

가중평균법과 선입선출법에 의하여 각각 완성품환산량을 구하면, 가공(전환)원가의 완성품환산량 차이는?

① 400단위　　　　　　　　　② 600단위
③ 800단위　　　　　　　　　④ 1,000단위
⑤ 1,200단위

정답 및 해설

01 ② 개별원가계산은 <u>제조직접원가와 제조간접원가</u>의 구분이 중요하고, 종합원가계산은 <u>직접재료원가와 가공원가</u>의 구분이 중요하다.

02 ② 가중평균법과 선입선출법의 가공원가의 완성품환산량의 차이는 기초재공품의 완성도에 의한 완성품환산량의 차이이다.
∴ 가공(전환)원가의 완성품환산량 차이 = 4,000 × 15% = 600단위

※ 다음 자료를 참조하여 각 물음에 답하시오. (03~04)

> 20×1년 6월 (주)한국의 월초 재공품은 3,000단위(가공원가 완성도 20%), 당월 완성품은 18,000단위, 월말 재공품은 2,000단위(가공원가 완성도 40%)이다. 단, 재료는 공정 초에 전량 투입되며, 가공원가는 전체 공정에 걸쳐 균등하게 발생한다.

03 (주)한국이 평균법에 의할 경우 20×1년 6월 재료원가와 가공원가의 완성품환산량은?

	재료원가	가공원가
①	17,000단위	16,400단위
②	17,000단위	18,200단위
③	20,000단위	16,800단위
④	20,000단위	18,800단위
⑤	23,000단위	21,200단위

04 (주)한국이 선입선출법에 의할 경우 20×1년 6월 재료원가와 가공원가의 완성품환산량은?

	재료원가	가공원가
①	17,000단위	16,400단위
②	17,000단위	18,200단위
③	20,000단위	16,800단위
④	20,000단위	18,800단위
⑤	23,000단위	21,200단위

05 다음은 종합원가계산제도를 채택하고 있는 (주)한국의 20×1년 생산 관련 자료이다.

• 기초재공품	24,000단위
• 당기착수량	90,000단위
• 완성품수량	80,000단위
• 정상공손수량	4,500단위
• 기말재공품	29,500단위

직접재료는 공정 초에 모두 투입되고, 가공원가는 공정 전반에 걸쳐 균등하게 발생한다. 기초재공품 및 기말재공품의 완성도는 각각 80% 및 30%이다. 공손은 공정 말에 발견된다. (주)한국이 원가흐름가정으로 평균법을 적용하는 경우, 20×1년 가공원가의 완성품환산량은?

① 85,000단위 ② 92,000단위
③ 93,350단위 ④ 114,000단위
⑤ 118,100단위

---

03 ④ • 재료원가 = 18,000단위 + 2,000단위 = 20,000단위
  • 가공원가 = 18,000단위 + (2,000단위 × 40%) = 18,800단위

04 ② • 재료원가 = 18,000단위 − 3,000단위 + 2,000단위 = 17,000단위
  • 가공원가 = 18,000단위 − (3,000단위 × 20%) + (2,000단위 × 40%) = 18,200단위

05 ③ 가공원가 완성품환산량(평균법) = 80,000단위 + 4,500단위 + (29,500단위 × 0.3) = 93,350단위
  ▶ 검사시점이 공정 말이므로 진척도는 100%이다.

(주)한국은 단일제품을 대량으로 생산하고 있으며, 종합원가계산제도를 채택하고 있다. 원재료는 공정 초기에 모두 투입되고, 가공원가는 공정 전반에 걸쳐 균등하게 발생하고 있다. 9월의 원가계산에 관한 자료가 다음과 같고 원가계산시 선입선출법을 사용할 경우, 기말재공품원가는 얼마인가? (단, 9월 중에 공손품은 없음)

	수량	완성도	직접재료원가	가공원가
• 월초 재공품	800개	25%	₩120,000	₩15,000
• 당월착수량	2,000개		₩370,000	₩230,000
• 월말 재공품	400개	25%		

① ₩79,800　　　② ₩80,000　　　③ ₩82,300

④ ₩84,000　　　⑤ ₩90,000

해설 | (1) 완성수량 = 기초수량 + 당월착수량 − 기말수량 = 800개 + 2,000개 − 400개 = 2,400개
(2) 완성품환산량
　• 직접재료원가 = 2,400개 − 800개 + 400개 = 2,000개
　• 가공원가 = 2,400개 − (800개 × 0.25) + (400개 × 0.25) = 2,300개
(3) 완성품환산량 단위당 원가
　• 직접재료원가 = ₩370,000 ÷ 2,000개 = ₩185
　• 가공원가 = ₩230,000 ÷ 2,300개 = ₩100
∴ 기말재공품 = (₩185 × 400개) + ₩100 × (400개 × 0.25) = ₩84,000

기본서 p.638~639　　　　　　　　　　　　　　　　　　정답 ④

06 다음은 종합원가계산제도를 채택하고 있는 (주)한국의 당기 제조활동에 관한 자료이다.

• 기초재공품	₩6,000(300단위, 완성도 60%)
• 당기투입원가	₩84,000
• 당기완성품수량	800단위
• 기말재공품	200단위(완성도 50%)

모든 원가는 공정 전체를 통하여 균등하게 발생하며, 기말재공품의 평가는 평균법을 사용하고 있다. 기말재공품원가는? (단, 공손 및 감손은 없음)

① ₩8,000　　　② ₩8,400　　　③ ₩9,000

④ ₩10,000　　　⑤ ₩16,800

07 (주)한국은 평균법에 의한 종합원가계산을 적용하고 있으며, 다음은 20×1년 4월 말 기말재공품에 대한 자료이다.

구분	물량	완성도
직접재료원가	1,000단위	80%
가공원가	1,000단위	60%

기말재공품 원가가 ₩20,000이고 완성품환산량 단위당 직접재료원가가 ₩10이라면, 20×1년 4월 말 완성품환산량 단위당 가공원가는 얼마인가? (단, 재료원가와 가공원가는 공정 전반에 걸쳐 완성도에 따라 균등하게 발생함)

① ₩15 ② ₩20
③ ₩22 ④ ₩30
⑤ ₩35

정답 및 해설

06 ④ • 완성품환산량 = 800 + (200 × 50%) = 900단위
  • 완성품환산량 단위당 원가 = (₩6,000 + ₩84,000) ÷ 900단위 = ₩100
  ∴ 기말재공품 평가 = ₩100 × (200 × 50%) = ₩10,000

07 ② 기말재공품원가
  = [(1,000단위 × 80%) × ₩10] + [(1,000단위 × 60%) × 가공원가 완성품환산량 단위당 원가]
  = ₩20,000
  ∴ 가공원가 완성품환산량 단위당 원가 = ₩20

(주)한국은 실제원가에 의한 종합원가계산을 적용하고 있으며, 재공품 평가방법은 선입선출법이다. 다음은 5월의 생산활동과 가공원가에 관한 자료이다.

	물량(단위)	가공원가
• 월초 재공품	5,000단위	₩105,000
• 5월 중 생산투입 및 발생원가	15,000단위	488,000
• 5월 중 완성품	12,000단위	

월초 재공품과 월말 재공품의 가공원가 완성도는 각각 60%와 40%이고, 공손품이나 감손은 발생하지 않았다. 월말 재공품에 포함된 가공원가는?

① ₩112,000   ② ₩120,000   ③ ₩128,000

④ ₩136,000   ⑤ ₩142,000

(주)대한은 종합원가계산제도를 적용하고 있다. 20×1년도 원가계산에서 완성품환산량 1단위당 직접재료원가와 가공원가가 각각 ₩260과 ₩380으로 산정되었다. 기말재공품 수량은 500개이고, 가공원가 완성도는 80%이다. 직접재료원가는 공정 초기에 모두 투입될 때, 기말재공품 원가는?

① ₩100,000   ② ₩130,000   ③ ₩152,000

④ ₩282,000   ⑤ ₩320,000

(주)한국은 평균법을 적용한 종합원가계산으로 제품원가를 계산하고 있다. 다음 자료를 이용한 (주)한국의 기말재공품 수량은?

- 기말재공품의 완성품환산량 단위당 원가: ₩100
- 기말재공품의 생산 완성도: 50%
- 기말재공품의 가공원가: ₩60,000
- 가공원가는 생산 완성도에 따라 균등하게 투입되고 있음
- 기초재공품과 공손 및 감손은 없음

① 600개   ② 800개   ③ 1,000개

④ 1,200개   ⑤ 1,400개

11 (주)한국의 기초재공품 가공원가는 ₩250,000, 당기 발생 가공원가는 ₩2,250,000, 당기완성품 가공원가는 ₩2,400,000이다. 기초재공품 수량은 800단위, 당기완성 수량은 4,800단위일 때, 가중평균법을 적용하는 경우 기말재공품의 가공원가 완성품환산량은? (단, 공손은 발생하지 않았음)

① 100단위   ② 150단위

③ 200단위   ④ 250단위

⑤ 300단위

정답 및 해설

08 ③ • 가공원가 완성품환산량 = 12,000단위 - (5,000단위 × 0.6) + (8,000단위 × 0.4) = 12,200단위
- 가공원가 완성품환산량 단위당 원가 = 투입원가 / 완성품환산량 = ₩488,000 / 12,200단위 = ₩40
∴ 기말재공품에 포함된 가공원가 = ₩40 × (8,000단위 × 0.4) = ₩128,000

09 ④ • 기말재공품 재료원가 = 재료원가 완성품환산량 × 기말재공품 재료원가 완성품환산량
= (500개 × 100%) × ₩260 = ₩130,000
- 기말재공품 가공원가 = 가공원가 완성품환산량 × 기말재공품 가공원가 완성품환산량
= (500개 × 80%) × ₩380 = ₩152,000
∴ 기말재공품 원가 = ₩130,000 + ₩152,000 = ₩282,000

10 ④ 기말재공품의 가공원가 = 가공원가 완성품환산량 × 완성품환산량 단위당 원가
= 기말재공품 수량 × 완성도 × 완성품환산량 단위당 원가
= 기말재공품 수량 × 50% × ₩100 = ₩60,000
∴ 기말재공품 수량 = 1,200개

11 ③ • 기말재공품에 포함된 가공원가 = ₩250,000 + ₩2,250,000 - ₩2,400,000 = ₩100,000
- 완성품환산량 단위당 원가 = ₩2,400,000 ÷ 4,800단위 = @₩500
∴ 기말재공품의 가공원가 완성품환산량 = ₩100,000 ÷ ₩500 = 200단위

---

12 단일제품을 생산하는 (주)한국은 선입선출법을 적용하여 종합원가계산을 한다. 전환원가(가공원가)는 전체 공정에 걸쳐 균등하게 발생한다. 생산 관련 자료는 다음과 같으며, 괄호 안의 숫자는 전환원가 완성도를 의미한다.

기초재공품	당기착수량	기말재공품
100단위(40%)	1,000단위	200단위(50%)

기초재공품 원가에 포함된 전환원가는 ₩96,000이고, 당기에 발생한 전환원가는 ₩4,800,000이다. 완성품환산량 단위당 전환원가는? (단, 공손과 감손은 발생하지 않음)

제26회

① ₩4,800

② ₩4,896

③ ₩5,000

④ ₩5,100

⑤ ₩5,690

13 (주)한국은 종합원가계산을 사용하고 있으며, 가중평균법을 적용하여 완성품환산량을 계산하고 있다. 다음 자료에 의하여 기말재공품의 완성도를 계산하면 몇 %인가?

• 기초재공품 가공원가	₩75,000	• 당기투입 가공원가	₩175,000
• 기말재공품 가공원가	₩50,000	• 당기완성품 수량	400개
• 기말재공품 수량	200개		

① 32%

② 40%

③ 47%

④ 50%

⑤ 53%

14 (주)한국은 선입선출법에 따라 종합원가계산을 하고 있다. 당월완성품환산량 단위당 원가는 재료원가 ₩10, 가공(전환)원가 ₩20이다. 당월 중 생산과 관련된 자료는 다음과 같다.

• 기초재공품	1,000단위(완성도 40%)
• 기말재공품	1,600단위(완성도 50%)
• 당기완성품	8,400단위

재료원가는 공정 초에 전량 투입된다고 할 때, (주)한국의 당월에 실제 발생한 가공(전환)원가는 얼마인가?

① ₩88,000

② ₩155,000

③ ₩162,000

④ ₩176,000

⑤ ₩180,000

정답 및 해설

12 ③ • 완성수량 = 기초수량 + 당기착수량 − 기말수량
= 100 + 1,000 − 200 = 900단위
• 전환원가 완성품환산량
= 900 − (100 × 40%) + (200 × 50%) = 960단위
∴ 전환원가 완성품환산량 단위당 원가
= ₩4,800,000 ÷ 960단위 = ₩5,000

13 ④

재공품

기초재공품 가공원가	75,000	완성품 가공원가 ㉠	200,000
당기투입 가공원가	175,000	기말재공품 가공원가	50,000
	250,000		250,000

• 가공원가 완성품환산량 단위당 원가 × 400개 = ₩200,000
⇨ 가공원가 완성품환산량 단위당 원가 = ₩500
• 기말재공품 원가 = ₩500 × 가공원가 완성품환산량 = ₩50,000
⇨ 가공원가 완성품환산량 = 100개
• 가공원가 완성품환산량 = 기말재공품 수량 × 완성도(%) = 100개
= 200개 × 완성도(%) = 100개
∴ 기말재공품의 완성도 = 50%

14 ④ • 가공원가 완성품환산량: 선입선출법
= 8,400단위 − (1,000단위 × 0.4) + (1,600단위 × 0.5) = 8,800단위
• 가공원가 완성품환산량 단위당 원가 = 가공원가 투입원가 ÷ 완성품환산량
= 가공원가 투입원가 ÷ 8,800단위 = ₩20
∴ 가공원가 투입원가 = ₩176,000

---

15 (주)대한의 20×1년 생산 및 원가자료는 다음과 같다.

	수량	완성도	원가
㉠ 재공품재고			
• 기초재공품	400개	60%	₩113,600
• 기말재공품	800개	40%	?
㉡ 당기투입된 제조원가			
• 재료원가			₩288,000
• 가공원가			₩166,400
㉢ 당기완성품	2,000개		?

원재료는 공정 착수에 전부 투입되며 가공원가(전환원가)는 공정 전반에 걸쳐 균등하게 발생한다. 선입선출법하의 종합원가계산을 적용할 경우 완성품원가는? (단, 공손 및 감손은 없음)

① ₩216,800
② ₩223,200
③ ₩380,000
④ ₩446,400
⑤ ₩564,800

16 (주)한국은 가중평균법에 의한 종합원가계산제도를 채택하고 있으며, 모든 원가는 공정 전반에 걸쳐 균등하게 발생한다. (주)한국의 당기 제조활동에 관한 자료는 다음과 같다.

• 기초재공품:	수량	200단위
	직접재료원가	₩25,000
	전환원가	₩15,000
	완성도	30%
• 당기투입원가:	직접재료원가	₩168,000
	전환원가	₩92,000
• 완성품:	수량	900단위
• 기말재공품:	수량	400단위
	완성도	?

(주)한국의 당기 완성품 단위당 원가가 ₩250일 경우, 기말재공품의 완성도는? (단, 공정 전반에 대해 공손과 감손은 발생하지 않음)

제24회

① 55%
② 60%
③ 65%
④ 70%
⑤ 75%

17 (주)대한은 종합원가계산방법을 적용하고 있다. 직접재료는 공정 초기에 전량 투입되며, 전환원가는 공정 전반에 걸쳐서 균등하게 발생한다. 당기완성품환산량 단위당 원가는 직접재료원가 ₩60, 전환원가 ₩40이었다. 공정의 50% 시점에서 품질검사를 수행하며, 검사에 합격한 전체 수량의 10%를 정상공손으로 처리하고 있다. (주)대한의 물량흐름 자료가 다음과 같을 때, 정상공손원가는?

• 기초재공품	1,000개(완성도 30%)	• 완성량	2,600개
• 당기착수량	3,000개	• 공손수량	500개
• 기말재공품	900개(완성도 60%)		

① ₩17,500
② ₩20,800
③ ₩28,000
④ ₩35,000
⑤ ₩40,000

정답 및 해설

15 ④ (1) 완성품환산량 단위당 원가
• 재료원가 = ₩288,000 ÷ (2,000개 − 400개 + 800개) = ₩120
• 가공원가 = ₩166,400 ÷ [2,000개 − (400개 × 0.6) + (800개 × 0.4)] = ₩80
(2) 완성품원가
= ₩113,600 + [(2,000개 − 400개) × ₩120] + [2,000개 − (400개 × 0.6)] × ₩80 = ₩446,400

16 ⑤ 모든 원가는 공정 전반에 걸쳐 균등하게 발생하므로 재료원가와 전환원가로 구분하지 않고 모두 전환원가로 계산한다.

재공품			
기초재공품	40,000	완성품원가	225,000*1
투입	260,000	기말재공품	75,000*2
	300,000		300,000

*1 완성품원가 = 900단위 × ₩250 = ₩225,000
*2 기말재공품 = (400단위 × 완성도) × ₩250 = ₩75,000
⇨ 400단위 × 완성도 = 300개
∴ 기말재공품의 완성도 = 75%

17 ③ 정상공손수량 = 검사에 합격한 수량 × 정상공손 비율
= (2,600개 + 900개) × 10% = 350개
∴ 정상공손원가 = (350개 × ₩60) + (350개 × 0.5 × ₩40) = ₩28,000

18 (주)한국은 단일제품을 대량으로 생산하고 있으며, 종합원가계산을 적용하고 있다. 원재료는 공정 초기에 투입되고 가공원가는 공정 전반에 걸쳐 균등하게 발생하는데, (주)한국의 20×1년 4월의 생산자료는 다음과 같다.

• 기초재공품	5,000개(완성도 60%)
• 당기착수량	40,000개
• 당기완성량	30,000개
• 기말재공품	10,000개(완성도 80%)

(주)한국은 선입선출법을 적용하고 있으며, 생산공정에서 발생하는 공손품의 검사는 공정의 50% 시점에서 이루어지며, 검사를 통과한 합격품의 10%를 정상공손으로 허용하고 있을 때 비정상공손 수량은?

① 500개 ② 850개
③ 1,000개 ④ 1,250개
⑤ 1,500개

19 (주)한국은 선입선출법에 의한 종합원가계산제도를 채택하고 있다. 직접재료원가는 공정 초에 전량 투입되고, 전환원가(또는 가공원가)는 공정 전반에 걸쳐 균등하게 발생한다. 품질검사는 전환원가 완성도 60% 시점에서 이루어진다. 원가계산 결과 정상공손원가가 ₩32,000이었다면 완성품에 배분될 정상공손원가는? 제20회

계정	수량(단위)	전환원가 완성도
기초재공품	100	70%
당기투입량	1,000	
당기완성량	820	
정상공손	60	
비정상공손	40	
기말재공품	180	80%

① ₩25,600 ② ₩26,240
③ ₩26,760 ④ ₩27,200
⑤ ₩27,560

| 대표예제 91 | 결합원가의 배분 ★★ |

(주)한국은 세 가지 결합제품(A, B, C)을 생산하고 있으며, 결합원가는 분리점에서의 상대적 판매가치에 의해 배분된다. 관련 자료는 다음과 같다.

구분	A	B	C	합계
결합원가 배분액	?	₩10,000	?	₩100,000
분리점에서 판매가치	₩80,000	?	?	₩200,000
추가가공원가	₩3,000	₩2,000	₩5,000	
추가가공 후 판매가치	₩85,000	₩42,000	₩120,000	

결합제품 C를 추가가공하여 모두 판매하는 경우 결합제품 C의 매출총이익은? (단, 공손과 감손, 재고자산은 없음)

제23회

① ₩65,000
② ₩70,000
③ ₩80,000
④ ₩110,000
⑤ ₩155,000

해설 |

구분	A	B	C	합계
결합원가 배분액	ⓒ ₩40,000	₩10,000	ⓒ ₩50,000	₩100,000
분리점에서 판매가치	₩80,000 ⓙ 0.4	?	?	₩200,000
추가가공원가	₩3,000	₩2,000	₩5,000	
추가가공 후 판매가치	₩85,000	₩42,000	₩120,000	

ⓙ ₩80,000 ÷ ₩200,000 = 0.4
ⓒ ₩100,000 × 0.4 = ₩40,000
ⓒ ₩100,000 − ₩40,000 − ₩10,000 = ₩50,000
∴ 매출총이익(C) = ₩120,000 − ₩5,000 − ₩50,000 = ₩65,000

기본서 p.645~647

정답 ①

정답 및 해설

18 ⑤ • 공손수량 = 5,000개 + 40,000개 − 30,000개 − 10,000개 = 5,000개
　　• 당기 합격품 수량 = (30,000개 − 5,000개: 당기착수 완성) + 10,000개 = 35,000개
　　• 정상공손 수량 = 35,000개 × 10% = 3,500개
　　∴ 비정상공손 수량 = 5,000개 − 3,500개 = 1,500개

19 ① 기말재공품의 진척도는 80%로 검사시점인 60%를 통과하였으므로 공손품 발생과 관련성이 있다. 따라서 정상공손원가는 검사시점을 통과한 물량단위를 기준으로(완성품과 기말재공품) 배분한다. 이 경우 기초재공품이 전기에 검사를 받은 경우에는 당기투입완성수량(= 총완성량 − 기초재공품 수량)과 기말재공품 수량을 기준으로 완성품과 기말재공품을 배분한다.
　　∴ 완성품에 배분될 정상공손원가 = ₩32,000 × (820단위 − 100단위) / (720단위 + 180단위) = ₩25,600

20 (주)한국은 연산품(결합제품) A와 B를 생산하고 있다. 두 제품의 결합원가는 ₩128,000이다. 제품 A를 완성하는 데 ₩49,000의 추가가공원가가 소요되었으며, 제품 B는 추가가공원가가 발생하지 않았다. 제품 A와 B의 총판매가치는 각각 ₩120,000과 ₩104,000이며, 두 제품 모두 ₩5,000씩의 판매비가 소요된다. 순실현가치법을 적용할 때 제품 B에 배분될 결합원가는 얼마인가?

① ₩33,880 ② ₩42,000
③ ₩44,800 ④ ₩65,000
⑤ ₩76,800

21 (주)한국은 20×1년 6월 결합공정을 거쳐 결합제품 A와 B를 각각 250단위와 200단위 생산하였다. 분리점에서 결합제품 A와 B의 단위당 판매가격은 각각 ₩400과 ₩300이다. 분리점에서 판매가치를 기준으로 결합제품 B에 배분된 결합원가가 ₩75,000일 경우 결합원가의 총액은? (단, 재공품은 없음)

① ₩132,000 ② ₩150,000
③ ₩200,000 ④ ₩235,000
⑤ ₩320,000

22 다음 중 연산품 원가계산방법을 적용하기 적합한 업종은?

① 영화제작업 ② 조선업
③ 건설공사업 ④ 정유업
⑤ 가구제조업

23 (주)한국은 결합공정을 통하여 다음과 같이 제품을 생산하고 있으며, 당기에 발생한 결합원가는 ₩1,500,000이다.

제품	생산량	추가가공원가	단위당 판매가격
A	700단위	₩400,000	₩2,000
B	400단위	–	₩1,500
C	500단위	₩200,000	₩1,200

결합원가를 순실현가치기준으로 배부할 경우 제품 C의 단위당 제조원가는?

① ₩400 ② ₩600
③ ₩800 ④ ₩1,000
⑤ ₩1,100

정답 및 해설

20 ⑤

제품	순실현가치	결합원가 배분액
A	₩120,000 − ₩49,000 − ₩5,000 = ₩66,000(40%)	₩51,200
B	₩104,000 − ₩5,000 = ₩99,000(60%)	₩76,800
합계	₩165,000(100%)	₩128,000

∴ 제품 B에 배분될 결합원가 = ₩76,800

21 ③

제품	분리점에서 판매가치	결합원가 배분액
A	₩400 × 250단위 = ₩100,000(62.5%)	
B	₩300 × 200단위 = ₩60,000(37.5%)	₩75,000
합계	₩160,000(100%)	?

∴ 결합원가 총액 = ₩75,000 ÷ 0.375 = ₩200,000

22 ④ 정유업(휘발유 · 경유 · LPG 등)이 연산품 원가계산방법을 적용하기에 가장 적합한 업종이다.

23 ④

제품	순실현가능가치	결합원가 배분액
A	(700단위 × ₩2,000) − ₩400,000 = ₩1,000,000(50%)	₩750,000
B	(400단위 × ₩1,500) − ₩0 = ₩600,000(30%)	₩450,000
C	(500단위 × ₩1,200) − ₩200,000 = ₩400,000(20%)	₩300,000
합계	₩2,000,000(100%)	₩1,500,000

∴ 제품 C의 단위당 제조원가 = (₩300,000 + ₩200,000) ÷ 500단위 = ₩1,000

24 (주)관세는 결합공정을 통해 제품 A와 B를 생산하고 있으며, 결합원가를 순실현가능가치법에 의해 배분한다. 제품 A는 분리점에서 즉시 판매되고 있으나, 제품 B는 추가가공을 거쳐서 판매된다. (주)관세의 당기 영업활동 관련 자료는 다음과 같다.

구분	생산량	판매량	단위당 추가가공원가	단위당 판매가격
제품 A	4,000단위	3,000단위	–	₩250
제품 B	6,000단위	4,000단위	?	₩350

당기 결합원가 발생액이 ₩800,000이고, 제품 B에 배분된 결합원가가 ₩480,000일 경우, 제품 B의 단위당 추가가공원가는? (단, 기초 및 기말재공품은 없음)

① ₩32
② ₩48
③ ₩69
④ ₩80
⑤ ₩100

25 (주)합격은 동일한 공정에서 A, B, C라는 3가지의 결합제품을 생산하고 있다. 결합원가 ₩3,200은 제품별 순실현가능가치에 비례하여 배부한다. 제품별 자료가 다음과 같을 때, 제품 A의 매출총이익은 얼마인가?

제품	생산량 및 판매량	단위당 판매가격	단위당 추가가공원가	단위당 판매비
A	200단위	₩26	₩6	₩2
B	600단위	₩20	₩4	₩2
C	1,000단위	₩30	–	₩10

① ₩1,250
② ₩2,200
③ ₩3,640
④ ₩4,100
⑤ ₩5,200

26 (주)한국은 단일의 원재료를 결합공정에 투입하여 두 가지 결합제품 A와 B를 생산하고 있으며, 균등이익률법을 사용하여 결합원가를 배부한다. 관련 자료가 다음과 같을 때 결합제품 A에 배부되는 결합원가는 얼마인가? (단, 균등매출총이익률은 20%이며, 기초 및 기말재공품은 없는 것으로 가정함)

제품	생산량	단위당 판매가격	추가가공원가(총액)
A	1,000단위	₩30	₩7,000
B	800단위	₩25	₩6,000

① ₩10,000 ② ₩12,000
③ ₩14,000 ④ ₩17,000
⑤ ₩18,000

정답 및 해설

24 ⑤

구분	순실현가능가치	비율	결합원가 배분액
제품 A	(₩250 × 4,000) = ₩1,000,000	40%	
제품 B	(₩350 × 6,000) − © 추가가공원가	㉠ 60%	₩480,000
	○ ₩2,500,000	100%	₩800,000

㉠ ₩480,000 ÷ ₩800,000 = 60%
○ ₩1,000,000/40% = ₩2,500,000
© 추가가공원가 = (₩350 × 6,000) − 추가가공원가 = ₩1,500,000
  ⇨ 추가가공원가 = ₩600,000
∴ 제품 B 단위당 추가가공원가 = ₩600,000 / 6,000단위 = ₩100

25 ③

제품	배부기준(순실현가능가치)
A	(₩26 − ₩6 − ₩2) × 200단위 = ₩3,600(11.25%)
B	(₩20 − ₩4 − ₩2) × 600단위 = ₩8,400(26.25%)
C	(₩30 − ₩10) × 1,000단위 = ₩20,000(62.5%)
	₩32,000(100%)

• 제품 A 결합원가배분 = ₩3,200 × 11.25% = ₩360
• 제품 A 매출총이익 = 200단위 × (₩26 − ₩6) − ₩360 = ₩3,640

26 ④ 균등이익률법은 동일한 제조과정에서 생산된 개별제품의 매출총이익률은 균등하여야 한다는 관점에서 연산품 전체의 매출총이익률과 개별제품의 매출총이익률이 같아지도록 결합원가를 배분하는 방법이다.

제품	매출액	−	추가가공원가	−	결합원가	=	매출총이익
A	₩30,000		₩7,000		© ₩17,000		㉠ ₩6,000*
B	₩20,000		₩6,000		₩10,000		₩4,000

* ₩30,000 × 20% = ₩6,000

제6장 원가추정과 CVP분석

원가추정 ★★

(주)한국의 20×1년 5개월간의 기계시간과 전력비 관련 자료는 다음과 같다.

월	기계시간	전력비
1	1,000시간	₩41,000
2	1,300시간	₩53,000
3	1,500시간	₩61,000
4	1,400시간	₩57,000
5	1,700시간	₩69,000

(주)한국이 위의 자료에 기초하여 고저점법에 의한 전력비 원가함수를 결정하였다. 이를 사용하여 20×1년 6월 전력비를 ₩81,000으로 예상한 경우, 20×1년 6월 예상기계시간은? 제25회

① 1,800시간 ② 1,900시간
③ 2,000시간 ④ 2,100시간
⑤ 2,200시간

해설| • 단위당 변동원가 = (₩69,000 − ₩41,000) ÷ (1,700시간 − 1,000시간) = ₩40
　　• 고정원가 = 총원가 − 변동원가 = ₩69,000 − (1,700시간 × ₩40) = ₩1,000
　　　또는 ₩41,000 − (1,000시간 × ₩40) = ₩1,000
　　• 총원가 = ₩1,000 + (₩40 × x) = ₩81,000
　　∴ 예상기계시간(x) = 2,000시간

기본서 p.661　　　　　　　　　　　　　　　　　　　　　　　　　　　　정답 ③

01 (주)한국의 20×1년도 생산자료는 다음과 같다.

월별	생산량	제조간접원가
1월	200개	₩320,000
2월	300개	₩400,000
3월	400개	₩620,000
4월	1,000개	₩1,440,000
5월	600개	₩920,000

6월의 계획생산량이 100개일 때, 고저점법을 이용하여 제조간접원가를 추정하면 얼마일까?

① ₩90,000   ② ₩100,000

③ ₩120,000   ④ ₩150,000

⑤ ₩180,000

정답 및 해설

01 ⑤ • 단위당 변동원가 = (₩1,440,000 − ₩320,000) / (1,000개 − 200개) = ₩1,400
   • 고정원가 = ₩1,440,000 − (₩1,400 × 1,000개) = ₩40,000
     또는 ₩320,000 − (₩1,400 × 200개) = ₩40,000
     ⇨ 총제조간접원가(y) = ₩40,000 + ₩1,400 × x
   ∴ 총제조간접원가(y) = ₩40,000 + (₩1,400 × 100개) = ₩180,000

02 다음은 A제품의 20×1년과 20×2년의 생산 관련 자료이며, 총고정원가와 단위당 변동원가는 일정하였다.

구분	생산량	총제조원가
20×1년	1,000개	₩50,000,000
20×2년	2,000개	₩70,000,000

20×3년도에는 전년도에 비해 총고정원가는 20% 증가하고 단위당 변동원가는 30% 감소한다면, 생산량이 3,000개일 때 총제조원가는?

① ₩62,000,000   ② ₩72,000,000

③ ₩78,000,000   ④ ₩86,000,000

⑤ ₩93,000,000

03 (주)한국은 고저점법을 사용하여 전력비를 추정하고 있다. 20×1년 월별 전력비 및 기계시간에 근거한 원가추정식에 의하면, 전력비의 단위당 변동비는 기계시간당 ₩4이었다. 20×1년 최고 조업도수준은 1,100기계시간이었고, 이때 발생한 전력비는 ₩9,400이었다. 20×1년 최저 조업도수준에서 발생한 전력비가 ₩8,800일 경우의 조업도수준은?

① 800기계시간   ② 850기계시간

③ 900기계시간   ④ 950기계시간

⑤ 1,000기계시간

406 해커스 주택관리사(보) house.Hackers.com

04 (주)한국은 정상원가계산제도를 채택하고 있으며, 직접노무시간을 기준으로 제조간접원가를 배부하고 있다. (주)한국의 20×1년 제조간접원가는 다음과 같이 추정된다.

$$y = 30,000 + 400x \ (x: \text{직접노무시간}, \ y: \text{제조간접원가})$$

다음 설명 중 옳지 않은 것은? (단, 직접노무시간 1,000시간까지는 관련 범위 내에 있음)

제23회

① 직접노무시간이 200시간으로 예상될 때 제조간접원가는 ₩110,000으로 추정된다.
② 직접노무시간이 300시간으로 예상될 때 제조간접원가 예정배부율은 ₩500이다.
③ 직접노무시간이 400시간일 때 제조간접원가의 변동예산액은 ₩160,000이다.
④ 직접노무시간당 제조간접원가는 ₩400 증가하는 것으로 추정된다.
⑤ 직접노무시간이 영(0)일 때 제조간접원가는 ₩30,000으로 추정된다.

정답 및 해설

02 ③ · 단위당 변동원가 = (₩70,000,000 − ₩50,000,000) / (2,000개 − 1,000개) = ₩20,000
   · 고정원가 = ₩50,000,000 − (1,000개 × ₩20,000) = ₩30,000,000
      = ₩70,000,000 − (2,000개 × ₩20,000) = ₩30,000,000
   · 20×2년 원가추정식: $y = ₩30,000,000 + ₩20,000 \times x$
   · 20×3년 원가추정식: $y = (₩30,000,000 \times 1.2) + (₩20,000 \times 0.7) \times x$
      = ₩36,000,000 + ₩14,000 × x
   ∴ 총제조원가 = ₩36,000,000 + (₩14,000 × 3,000개) = ₩78,000,000

03 ④ 단위당 변동원가 = (₩9,400 − ₩8,800) ÷ (1,100 − x) = ₩4
   ∴ 최저조업도(x) = 950기계시간

04 ③ 변동예산액은 ₩30,000 + (₩400 × ₩400) = ₩190,000이다.

---

05 (주)한국은 최근 신제품을 개발하여 최초 1단위 제품을 생산하는 데 총 300시간의 노무시간을 소요하였으며, 직접노무시간당 ₩500의 직접노무원가가 발생하였다. (주)한국은 해당 신제품 생산의 경우 90% 누적평균시간 학습곡선모형이 적용될 것으로 예상하고 있다. 최초 1단위 생산 후 추가로 3단위를 생산하는 데 발생할 것으로 예상되는 직접노무원가는?

① ₩150,000　　　　　　　　② ₩245,000
③ ₩336,000　　　　　　　　④ ₩400,000
⑤ ₩580,000

대표예제 93　　원가 · 조업도 · 이익분석 ★★★

(주)한국은 단일제품을 생산하고 있다. 20×1년의 예산자료가 다음과 같을 때, 손익분기점 분석에 관한 설명으로 옳지 않은 것은?

제21회

• 판매량	15,000단위	• 단위당 판매가격	₩20
• 단위당 변동원가	₩15	• 고정원가 총액	₩50,000

① 고정원가 총액이 ₩10,000 증가하면 안전한계 판매량은 3,000단위가 된다.
② 손익분기점에서 총공헌이익은 고정원가 총액인 ₩50,000과 동일하다.
③ 판매량이 4,000단위 감소하면 총공헌이익은 ₩15,000 감소한다.
④ 고정원가 총액이 ₩10,000 감소하면 손익분기점 판매량은 8,000단위가 된다.
⑤ 단위당 변동원가가 ₩5 감소하면 손익분기점 판매량은 5,000단위가 된다.

해설 | ③ 판매량이 4,000단위 감소하면 총공헌이익은 ₩20,000(= ₩5* × 4,000단위) 감소한다.
　　　 * 단위당 공헌이익 = 단위당 판매가격 − 단위당 변동원가
　　① • 손익분기점 판매량 = (₩50,000 + ₩10,000) ÷ ₩5 = 12,000단위
　　　 • 안전한계 판매량 = 15,000단위 − 12,000단위 = 3,000단위
　　② 손익분기점에서 총공헌이익은 고정원가 총액과 동일하다.
　　④ 손익분기점 판매량 = (₩50,000 − ₩10,000) ÷ ₩5 = 8,000단위
　　⑤ 손익분기점 판매량 = ₩50,000 ÷ (₩20 − ₩10) = 5,000단위

기본서 p.663~668　　　　　　　　　　　　　　　　　　　　　　　　　정답 ③

06 (주)대한은 형광등을 제조하여 20×1년에 개당 ₩1,000에 200개를 판매하였다. 형광등 1개를 제조하는 데 직접재료원가 ₩300, 직접노무원가 ₩160, 변동제조간접원가 ₩140이 소요되며, 연간 고정제조간접원가는 ₩65,000이 발생하였다. 제품 판매과정에서 단위당 변동판매관리비는 ₩100, 연간 고정판매관리비는 ₩55,000이 발생하였다. 20×1년의 손익분기점 판매량은?

① 200개   ② 300개
③ 400개   ④ 450개
⑤ 600개

07 (주)대한은 시장조사 결과 20×3년 동안에 6,000개를 단위당 ₩3,000에 팔릴 것으로 추정되었다. 변동원가가 판매가격의 30%이고, 고정원가가 ₩4,200,000으로 예상될 경우 손익분기점에서의 매출수량은 얼마인가?

① 1,000단위   ② 2,000단위
③ 3,000단위   ④ 4,000단위
⑤ 5,000단위

정답 및 해설

05 ③

구분	단위당 시간	총노무시간
1단위	300시간	300시간
2단위	300시간 × 90% = 270시간	540시간
4단위	270시간 × 90% = 243시간	972시간

추가로 3단위 생산에 소요되는 직접노무시간 = 972시간 − 300시간 = 672시간
∴ 직접노무원가 = 672시간 × ₩500 = ₩336,000

06 ③ 단위당 공헌이익 = 단위당 판매가격 − 단위당 변동원가
= ₩1,000 − (₩300 + ₩160 + ₩140 + ₩100) = ₩300
∴ 손익분기점 판매량 = 고정원가 / 단위당 공헌이익
= (₩65,000 + ₩55,000) / ₩300 = 400개

07 ② 단위당 공헌이익 = 단위당 판매가격 × 공헌이익률 = 단위당 판매가격 × (1 − 변동원가율)
= ₩3,000 × (1 − 0.3) = ₩2,100
∴ 손익분기점 판매량 = 고정원가 / 단위당 공헌이익
= ₩4,200,000 / ₩2,100 = 2,000단위

08 (주)한국의 공헌이익률은 12%, 고정원가는 ₩42,000이다. (주)한국이 단위당 ₩125에 상품 3,000단위를 판매했다면 순이익은 얼마인가?

① ₩1,800   ② ₩2,000

③ ₩3,000   ④ ₩4,000

⑤ ₩5,000

09 (주)한국의 전기 매출은 ₩2,000, 고정원가와 공헌이익은 각각 ₩800과 ₩1,200, 당기의 원가구조는 전기와 동일하다. 당기 총변동원가가 ₩1,000이라면 당기의 영업이익은 얼마인가?

① ₩500   ② ₩600

③ ₩700   ④ ₩800

⑤ ₩900

10 한국특허법률사무소는 특허 출원에 대한 법률서비스를 제공하려고 한다. 이 서비스의 손익분기점 매출액은 ₩7,500,000, 공헌이익률은 40%이다. 한국특허법률사무소가 동 서비스로부터 ₩1,000,000의 이익을 획득하기 위한 매출액은?

① ₩7,800,000   ② ₩8,200,000

③ ₩9,500,000   ④ ₩10,000,000

⑤ ₩11,200,000

11 (주)한국은 제품 A를 50,000단위 판매할 것을 계획하고 있다. 현재 (주)한국의 고정원가 총액은 ₩1,500,000이고 변동원가는 판매가격의 60%이다. (주)한국이 ₩2,250,000의 목표이익을 달성하고자 한다면 단위당 판매가격은 얼마가 되어야 하는가? (단, 법인세는 무시함)

① ₩110   ② ₩125

③ ₩135.2   ④ ₩187.5

⑤ ₩197.5

12 (주)한국은 단일제품을 생산한다. 20×1년의 단위당 판매가격은 ₩200, 고정원가 총액은 ₩450,000, 손익분기점 판매량은 5,000단위이다. (주)한국이 20×1년에 목표이익 ₩135,000을 얻기 위해서는 몇 단위의 제품을 판매해야 하는가? 제21회

① 6,300단위
② 6,400단위
③ 6,500단위
④ 6,600단위
⑤ 6,700단위

정답 및 해설

08 ③ 순이익 = 매출액 × 공헌이익률 − 고정원가 = 총공헌이익 − 고정원가
= (₩125 × 3,000단위) × 0.12 − ₩42,000 = ₩3,000

09 ③ • 공헌이익률 = ₩1,200 / ₩2,000 = 0.6, 변동원가율 = 1 − 0.6 = 0.4
• 당기매출액 = 변동원가 / 변동원가율 = ₩1,000 / 0.4 = ₩2,500
∴ 영업이익 = 매출액 − 변동원가 − 고정원가 = 공헌이익 − 고정원가
= (₩2,500 × 0.6) − ₩800 = ₩700

10 ④ 손익분기점 매출액 = 고정원가 / 0.4 = ₩7,500,000
⇨ 고정원가 = ₩3,000,000
∴ 목표이익이 존재하는 경우 매출액 = (₩3,000,000 + ₩1,000,000) / 0.4 = ₩10,000,000
▶ **간편법**: 목표이익이 존재하는 경우 매출액 = ₩7,500,000 + ₩1,000,000 / 0.4 = ₩10,000,000

11 ④ 목표이익이 존재하는 경우 매출액 = (₩1,500,000 + ₩2,250,000) / 0.4 = ₩9,375,000
∴ 단위당 판매가격 = 목표 매출액 판매수량 = ₩9,375,000 ÷ 50,000단위 = ₩187.5

12 ③ 손익분기점 판매량 = ₩450,000 ÷ 단위당 공헌이익 = 5,000단위
⇨ 단위당 공헌이익 = ₩90
∴ 목표이익이 존재하는 경우의 판매량 = (₩450,000 + ₩135,000) ÷ ₩90 = 6,500단위

13 단일제품 A를 제조하는 (주)한국의 제품생산 및 판매와 관련된 자료는 다음과 같다.

• 100개 총공헌이익	₩100,000	• 총고정원가	₩75,000

법인세율이 20%일 경우, 세후 순이익 ₩60,000을 달성하기 위한 제품 A의 판매수량은? (단, 제품 A의 단위당 공헌이익은 동일함)

① 120개 ② 150개

③ 270개 ④ 300개

⑤ 450개

14 (주)한국의 손익분기점 수량이 900단위일 때, 변동원가는 ₩180,000이며, 고정원가가 ₩45,000이다. (주)한국이 930단위를 판매하여 달성할 수 있는 영업이익은? 제22회

① ₩500 ② ₩900

③ ₩1,100 ④ ₩1,300

⑤ ₩1,500

15 매출액이 ₩500,000일 때 변동원가가 ₩325,000, 고정원가가 ₩150,000이라면, 매출액의 10%에 해당하는 순이익을 달성하려면 매출액은 얼마나 증가하여야 하는가?

① ₩50,000 ② ₩100,000

③ ₩150,000 ④ ₩200,000

⑤ ₩250,000

16 (주)한국의 20×1년도 총매출액과 총변동원가는 각각 ₩500,000, ₩400,000이다. (주)한국의 손익분기점 매출액이 ₩350,000일 때 총고정원가는?

① ₩35,000 ② ₩55,000

③ ₩60,000 ④ ₩70,000

⑤ ₩80,000

17 (주)한국의 20×1년도 손익분기점 판매량은 2,000개이고, 제품 2,500개를 판매하여 영업이익 ₩350,000을 달성하였다. 20×2년도 제품 단위당 판매가격을 ₩100 인상할 경우 손익분기점 판매량은? (단, 연도별 원가행태는 변동 없음)

① 700개   ② 1,750개

③ 3,500개   ④ 4,000개

⑤ 4,200개

정답 및 해설

13 ② 단위당 공헌이익 = ₩100,000 / 100개 = ₩1,000
　　∴ 목표이익이 존재하는 판매수량 = (고정원가 + 세전이익) / 단위당 공헌이익
　　　= (₩75,000 + ₩75,000*) / ₩1,000 = 150개
　　　* 세전이익 = 세후이익 / (1 − 0.2) = ₩60,000 / (1 − 0.2) = ₩75,000

14 ⑤ 손익분기점(수량) = ₩45,000 / 단위당 공헌이익 = 900단위
　　⇨ 단위당 공헌이익 = ₩50
　　∴ 영업이익 = (930단위 − 900단위) × ₩50 = ₩1,500

15 ② • 공헌이익률 = (₩500,000 − ₩325,000) / ₩500,000 = 35%
　　• 목표이익 달성을 위한 매출액을 S라 하면,
　　　S = (₩150,000 + 0.1S) / 0.35
　　　⇨ S = ₩600,000
　　∴ 현재 매출액이 ₩500,000이므로 ₩100,000을 더 증가시켜야 한다.

16 ④ • 공헌이익률 = 1 − 변동원가율
　　• 손익분기점 매출액 = 고정원가 / 공헌이익률 = 고정원가 / 0.20* = ₩350,000
　　　* (₩500,000 − ₩400,000) / ₩500,000
　　∴ 고정원가 = ₩70,000

17 ② • 단위당 공헌이익
　　　영업이익 = 단위당 공헌이익 × 손익분기점 판매량을 초과하는 판매수량
　　　₩350,000 = 단위당 공헌이익 × (2,500개 − 2,000개)
　　　⇨ 단위당 공헌이익 = ₩700
　　• 고정원가
　　　손익분기점 판매량 = 고정원가 ÷ 단위당 공헌이익
　　　2,000개 = 고정원가 ÷ ₩700
　　　⇨ 고정원가 = ₩1,400,000
　　∴ 단위당 판매가격 인상시 손익분기점 판매량 = ₩1,400,000 ÷ (₩700 + ₩100) = 1,750개

18 (주)한국의 20×1년 손익분기점은 500단위이고 제품 단위당 변동원가는 ₩300이며 연간 고정원가는 ₩200,000이다. 단위당 판매가격은? 제15회

① ₩400   ② ₩500

③ ₩600   ④ ₩700

⑤ ₩800

19 손익분기점 매출수량이 1,000단위이고, 변동원가 ₩2,000, 고정원가 ₩4,000인 경우 1,001번째로 판매된 제품은 순이익에 얼마나 공헌하는가?

① ₩3   ② ₩3.5

③ ₩4   ④ ₩4.5

⑤ ₩5

20 (주)한국은 A제품을 단위당 ₩600에 판매할 계획이다. 이 제품의 공헌이익률은 20%이며 손익분기점의 판매수량은 7,000단위일 때 총고정원가는 얼마인가?

① ₩840,000   ② ₩856,000

③ ₩870,000   ④ ₩889,000

⑤ ₩890,000

21 고정원가가 ₩500,000, 변동비율이 80%, 손익분기점 매출량이 20,000단위인 경우 단위당 판매가격은?

① ₩75   ② ₩90

③ ₩100   ④ ₩125

⑤ ₩150

22

(주)한국은 단일제품을 생산·판매하고 있으며 제품 단위당 판매가격은 ₩50이고 단위당 변동원가는 ₩35이다. 연간 고정원가는 ₩75,000일 때, 원가·조업도·이익분석에 대한 설명으로 옳지 않은 것은?

• 단위당 판매가격	₩50	• 단위당 변동원가	(₩35)
• 단위당 공헌이익	₩15	• 고정원가	₩75,000
• 법인세율	30%		

① 공헌이익률은 30%이다.

② 손익분기점 판매량은 5,000단위이다.

③ 고정원가가 10% 감소하면, 손익분기점 판매량은 300단위 감소한다.

④ 매출액이 ₩255,000이면, 안전한계는 ₩5,000이다.

⑤ 세후목표이익 ₩21,000을 달성하기 위한 판매량은 7,000단위이다.

정답 및 해설

18 ④ 손익분기점(수량) = 고정원가 ÷ 단위당 공헌이익 = ₩200,000 ÷ (P − ₩300) = 500단위
∴ 단위당 판매가격(P) = ₩700

19 ③ 1,000단위 = ₩4,000 ÷ x
∴ x = ₩4
▶ 손익분기점 매출수량을 초과하는 판매수량에 단위당 공헌이익을 곱한 금액만큼 순이익이 증가한다.

20 ① • 단위당 공헌이익 = ₩600 × 20% = ₩120

• 손익분기점 수량 = $\dfrac{고정원가}{단위당 공헌이익}$ = $\dfrac{x}{₩120}$ = 7,000단위

∴ 고정원가(x) = ₩840,000

21 ④ 손익분기점 매출량(20,000단위) = 고정원가(₩500,000) / 단위당 공헌이익
⇨ 단위당 공헌이익 = @₩25
∴ 단위당 판매가격 = ₩25 / (1 − 0.8) = ₩125

22 ③ 고정원가 감소시 손익분기점 판매량 = (₩75,000 × 0.9) ÷ ₩15 = 4,500단위
따라서 5,000단위 − 4,500단위 = 500단위 감소한다.
① 공헌이익률 = 단위당 공헌이익 ÷ 단위당 판매가격 = ₩15 ÷ ₩50 = 30%
② 손익분기점 판매량 = ₩75,000 ÷ ₩15 = 5,000단위
④ 손익분기점 매출액 = ₩75,000 ÷ 0.3 = ₩250,000
안전한계 = 현재 매출액 − 손익분기점 매출액 = ₩255,000 − ₩250,000 = ₩5,000
⑤ 목표이익이 존재하는 경우 판매수량

$$= \dfrac{₩75,000 + \dfrac{₩21,000}{(1 − 0.3)}}{₩15} = 7,000단위$$

23 (주)한국의 제품생산 및 판매 관련 정보는 다음과 같다. (주)한국이 목표이익을 달성하기 위한 판매량은 몇 단위인가? (단, 법인세는 없음)

> - 생산량에 따른 고정원가
>
> | 생산량 | 고정원가 |
> |---|---|
> | 1,000개 이하 | ₩200,000 |
> | 1,000개 초과 | ₩240,000 |
>
> - 단위당 판매가격: ₩1,000
> - 변동원가율: 60%
> - 목표이익: ₩20,000

① 300단위 ② 480단위
③ 550단위 ④ 600단위
⑤ 730단위

24 (주)대한은 단일제품 A를 생산·판매하고 있다. 제품 A의 단위당 판매가격은 ₩1,000, 단위당 변동원가는 ₩700, 총고정원가는 ₩45,000이다. (주)대한이 세후 목표이익 ₩21,000을 달성하기 위한 매출액과 이 경우의 안전한계는? (단, 법인세율은 30%)

	매출액	안전한계
①	₩150,000	₩50,000
②	₩220,000	₩70,000
③	₩220,000	₩100,000
④	₩250,000	₩70,000
⑤	₩250,000	₩100,000

25 (주)한국의 20×1년 매출액은 ₩5,000(판매수량 1,000단위), 영업이익은 ₩2,000 이다. 변동비율은 36%, 법인세율이 20%일 때, 안전한계율(가)과 법인세차감후 영업이 익 ₩2,112을 달성하기 위한 매출액(나)은?

	(가)	(나)
①	57.5%	₩5,250
②	57.5%	₩6,000
③	62.5%	₩6,000
④	62.5%	₩6,250
⑤	64%	₩6,250

정답 및 해설

23 ③ • 1,000개 이하 목표이익을 달성하기 위한 판매량 = (고정원가 + 목표이익) / 단위당 공헌이익
　　 = (₩200,000 + ₩20,000) / @₩400* = 550단위 ⇨ 관련 범위(1,000개 이하)에 해당
　　　* 단위당 판매가격 = ₩1,000 × (1 − 0.6)
　 • 1,000개 초과 목표이익을 달성하기 위한 판매량 = (고정원가 + 목표이익) / 단위당 공헌이익
　　 = (₩240,000 + ₩20,000) / @₩400* = 650단위 ⇨ 관련 범위(1,000개 초과)에 해당 안 됨
　 각 구간별로 계산한 수량이 관련 범위 이내이어야 하므로 1,000개 이하의 550개가 관련 범위 1,000개
　 이내이므로 목표이익을 달성하기 위한 판매수량이 된다.

24 ⑤　단위당 판매가격　　　　　　₩1,000
　　　　　단위당 변동원가　　　　　　(700) 0.7
　　　　　단위당 공헌이익　　　　　　₩300　0.3

　 • 손익분기점 매출액 = ₩45,000 / 0.3 = ₩150,000
　 ∴ 목표이익이 존재하는 경우 매출액 = [₩45,000 + ₩21,000 / (1 − 0.3)] ÷ 0.3 = ₩250,000
　　 안전한계 = 매출액 − 손익분기점 매출액 = ₩250,000 − ₩150,000 = ₩100,000

25 ③　(1) 공헌이익 = ₩5,000 × 64% = ₩3,200
　　　　　　⇨ 단위당 공헌이익 = ₩3,200 / 1,000단위 = ₩3.2
　　　　(2) 고정원가: 총공헌이익 − 고정원가 = 영업이익
　　　　　　⇨ 고정원가 = 총공헌이익 − 영업이익
　　　　　 = (₩5,000 × 64%) − ₩2,000 = ₩1,200
　　　　(3) 손익분기점 매출액 = ₩1,200 / 0.64 = ₩1,875
　　　　∴ 안전한계율 = (₩5,000 − ₩1,875) / ₩5,000 = 62.5%
　　　　　 목표이익이 존재하는 경우의 매출액 = [₩1,200 + (₩2,112 / (1 − 0.2)] / 0.64 = ₩6,000

26 (주)한국의 다음 자료를 이용한 영업레버리지도는? (단, 기말재고와 기초재고는 없음)

• 매출액	₩2,000,000
• 공헌이익률	30%
• 고정원가	₩360,000

① 0.8배   ② 1.0배

③ 1.6배   ④ 2.3배

⑤ 2.5배

27 (주)한국은 선물용으로 비누, 치약, 샴푸가 들어 있는 선물세트를 판매하고자 한다. 제품의 단위당 판매가격은 각각 ₩200, ₩1,000, ₩2,000이고, 단위당 변동원가는 ₩100, ₩400, ₩800이며 고정원가는 ₩1,500,000이다. 선물세트 1상자에 비누는 6개, 치약은 4개, 샴푸는 10개가 포함되어 있을 경우, 손익분기점에 이르는 선물세트의 판매량과 샴푸제품의 판매량은 얼마인가?

	선물세트	샴푸
①	95꾸러미	400개
②	100꾸러미	600개
③	100꾸러미	1,000개
④	120꾸러미	400개
⑤	120꾸러미	600개

28 (주)한국의 20×1년 제품 생산 · 판매와 관련된 자료는 다음과 같다.

• 판매량	20,000단위	• 공헌이익률	30%
• 매출액	₩2,000,000	• 손익분기점 판매량	16,000단위

20×2년 판매량이 20×1년보다 20% 증가한다면 영업이익의 증가액은? (단, 다른 조건은 20×1년과 동일함)

제23회

① ₩24,000   ② ₩120,000

③ ₩168,650   ④ ₩184,000

⑤ ₩281,250

정답 및 해설

26 ⑤ 레버리지는 지렛대를 의미하는 용어이다. 고정영업비가 차지하는 비중이 높은 경우 고정원가가 지렛대처럼 작용하여 매출액의 변화에 비해 영업이익의 변화가 더 큰 비율로 확대되는데 이러한 효과를 영업레버리지 효과라고 한다. 영업레버리지가 높다는 것은 매출액이 증가하거나 감소함에 따라 영업이익이 좀더 민감하게 반응한다는 것을 의미한다.

∴ 영업레버리지도 = 공헌이익 ÷ 영업이익

= (₩2,000,000 × 30%) ÷ [(₩2,000,000 × 30%) − ₩360,000] = 2.5배

27 ③ (1) 개별제품의 단위당 공헌이익

구분	비누	치약	샴푸
단위당 판매가격	₩200	₩1,000	₩2,000
단위당 변동원가	(₩100)	(₩400)	(₩800)
단위당 공헌이익	₩100	₩600	₩1,200

(2) 선물세트 1꾸러미당 공헌이익

= (6개 × ₩100) + (4개 × ₩600) + (10개 × ₩1,200) = ₩15,000/꾸러미

(3) 손익분기점 선물세트 판매량 = ₩1,500,000 ÷ ₩15,000 = 100꾸러미

(4) 제품판매량

• 비누: 100꾸러미 × 6개 = 600개

• 치약: 100꾸러미 × 4개 = 400개

• 샴푸: 100꾸러미 × 10개 = 1,000개

28 ② 영업이익의 증가액 = ₩2,000,000 × 0.2 × 0.3 = ₩120,000

29 (주)한국은 20×1년 5월 제품 A(단위당 판매가격 ₩400) 2,000단위를 생산·판매하였다. 5월의 단위당 변동원가는 ₩250이고, 총고정원가는 ₩500,000이 발생하였다. 6월에는 광고비 ₩30,000을 추가 지출하면 ₩100,000의 매출이 증가할 것으로 기대하고 있다. 이를 실행할 경우 (주)한국의 6월 영업이익에 미치는 영향은? (단, 단위당 판매가격, 단위당 변동원가, 광고비를 제외한 총고정원가는 5월과 동일함)

① ₩7,500 감소 ② ₩7,500 증가
③ ₩30,000 감소 ④ ₩30,000 증가
⑤ ₩70,000 증가

30 (주)한국의 20×1년도 생산 및 판매와 관련된 자료는 다음과 같다

구분	금액
매출액	₩1,350,000
변동제조원가	₩585,000
고정제조원가	₩270,000
변동판매비와 관리비	₩225,000
고정판매비와 관리비	₩162,000

20×2년도 매출액이 전년도에 비하여 15% 증가할 경우 영업이익은 얼마로 예상되는가?

① ₩156,600 ② ₩160,000
③ ₩172,500 ④ ₩189,000
⑤ ₩205,200

31 다음은 (주)한국이 생산하는 장난감 A에 대하여 추정한 7월분 예측치이다. 장난감 A의 개당 판매가격을 20% 인상하면 판매량이 10% 감소할 것이라고 추정한다. 만약 장난감 A의 개당 판매가격을 20% 인상한다면, 장난감 A의 7월 중 추정 영업이익은?

• 매출액	₩2,000,000
• 개당 판매가격	₩20
• 변동원가	₩300,000
• 고정원가	₩200,000

① ₩1,200,000   ② ₩1,300,000

③ ₩1,450,000   ④ ₩1,570,000

⑤ ₩1,690,000

정답 및 해설

29 ② 공헌이익률 = 단위당 공헌이익 ÷ 단위당 판매가격 = (₩400 − ₩250) ÷ ₩400 = 37.5%
∴ 영업이익에 미치는 영향 = 공헌이익 − 고정원가
= (₩100,000 × 37.5%) − ₩30,000 = ₩7,500 증가

30 ④

구분	금액
매출액	₩1,350,000
변동제조원가	(585,000)
변동판매비와 관리비	(225,000)
공헌이익	₩540,000 (0.4)

20×2년도 매출액 증가에 따른 영업이익
= (₩1,350,000 × 1.15 × 0.4) − ₩270,000 − ₩162,000 = ₩189,000

31 ⑤ 영업이익 = 매출액 − 변동원가 − 고정원가
= [(₩20 × 1.2) × (100,000단위 × 0.9)] − (₩300,000 × 0.9) − ₩200,000 = ₩1,690,000

제**7**장 전부원가계산과 변동원가계산

대표예제 94 **전부원가계산과 변동원가계산의 제품 단위당 원가** ★

(주)한국은 20×1년 4,000단위의 제품을 생산하여 3,000단위의 제품을 판매하였다. 기초재고는 없었으며 관련 원가자료는 다음과 같다.

• 제품 단위당 직접재료원가	₩400
• 제품 단위당 직접노무원가	₩200
• 제품 단위당 변동제조간접원가	₩250
• 제품 단위당 변동판매비와 관리비	₩150
• 총고정제조간접원가	₩400,000
• 총고정판매비와 관리비	₩150,000

전부원가계산 및 변동원가계산하에서 제품의 단위당 제조원가는 각각 얼마인가?

	전부원가계산	변동원가계산
①	₩1,000	₩900
②	₩950	₩850
③	₩1,100	₩1,000
④	₩1,300	₩1,000
⑤	₩1,000	₩950

해설 | • 전부원가계산
  = 변동제조원가 + 고정제조간접원가
  = ₩850 + (₩400,000 ÷ 4,000단위) = ₩950
• 변동원가계산
  = 변동제조원가(직접재료원가 + 직접노무원가 + 변동제조간접원가)
  = ₩400 + ₩200 + ₩250 = ₩850

기본서 p.683~685   정답 ②

01 변동원가계산제도하에서 공장건물의 감가상각비는?

① 제품원가   ② 기초원가
③ 기간비용   ④ 변동원가
⑤ 초변동원가

02 전부원가계산과 변동원가계산에 대한 설명으로 옳지 않은 것은? (단, 주어진 내용 외의 다른 조건은 동일함)

① 변동원가계산에서는 고정제조간접원가를 제품원가에 포함시키지 않는다.
② 전부원가계산은 외부보고 목적보다 단기의사결정과 성과평가에 유용하다.
③ 변동원가계산에서 생산량의 증감은 이익에 영향을 미치지 않는다.
④ 전부원가계산에서 판매량이 일정하다면 생산량이 증가할수록 영업이익은 증가한다.
⑤ 생산량이 판매량보다 크고 기초재고가 없는 경우에는 전부원가계산에 의한 순이익이 변동원가계산에 의한 순이익보다 크다.

정답 및 해설

01 ③ 공장건물의 감가상각비는 고정제조간접원가이므로 <u>기간비용</u>으로 처리된다.

02 ② 전부원가계산은 <u>외부보고 목적</u>으로 사용된다.

03 (주)대한은 20×1년 초 영업을 개시하여 제품 A 5,000단위를 생산하고, 4,000단위를 단위당 ₩1,000에 판매하였다. 이와 관련된 자료는 다음과 같다.

	단위당 변동원가	연간고정원가
• 직접재료원가	₩200	–
• 직접노무원가	₩150	₩1,500,000
• 제조간접원가	₩50	₩300,000
• 판매관리비	₩100	–

20×1년의 변동원가계산에 의한 영업이익은?

① ₩100,000 ② ₩200,000
③ ₩300,000 ④ ₩400,000
⑤ ₩500,000

대표예제 95 　전부원가계산과 변동원가계산의 차이 계산 ★★

(주)한국은 20×1년 초에 설립되었으며, 20×1년 생산·판매자료는 다음과 같다. 전부원가계산에 의한 영업이익과 변동원가계산에 의한 영업이익의 차이는? (단, 재공품은 없음)

• 연간 생산량	2,000단위
• 연간 판매량	1,600단위
• 단위당 판매가격	₩200
• 단위당 변동제조원가	₩60
• 단위당 변동판매관리비	₩20
• 총고정제조원가	₩40,000
• 총고정판매관리비	₩800

① ₩4,200 ② ₩5,000
③ ₩6,500 ④ ₩7,000
⑤ ₩8,000

해설 | (생산량 − 판매량) × 단위당 고정제조간접원가 = (2,000단위 − 1,600단위) × ₩20* = ₩8,000
　　*₩40,000 ÷ 2,000단위 = @₩20

기본서 p.686~688　　　　　　　　　　　　　　　　　　　　　정답 ⑤

04 (주)한국의 영업활동에 관한 자료가 다음과 같을 때, 전부원가계산방법과 직접원가계산 방법으로 영업이익을 구할 경우 어느 방법에 의하는 것이 영업이익이 크게 계산되며, 그 차이는 얼마가 되겠는가?

- 당기생산량　　　　10,000단위　　• 당기판매량　　　　9,000단위
- 고정제조간접원가　₩125,000　　• 변동제조간접원가　₩60,000
- 직접재료원가투입액　₩200,000　　• 직접노무원가발생액　₩100,000
- 고정판매비와 관리비　₩150,000　　• 변동판매비와 관리비　₩22,500
- 기초재고자산 및 기말재공품은 없었다.

	원가계산방법	영업이익의 차이
①	전부원가계산	₩12,500
②	직접원가계산	₩27,500
③	직접원가계산	₩12,500
④	전부원가계산	₩27,500
⑤	직접원가계산	₩22,000

제7장

정답 및 해설

03 ② 변동원가계산에 의한 영업이익
= (₩1,000 − ₩200 − ₩150 − ₩50 − ₩100) × 4,000단위 − ₩1,500,000 − ₩300,000
= ₩200,000

04 ① 생산량이 판매량보다 큰 상황이므로 전부원가순이익이 변동원가순이익보다 '(생산량 − 판매량) × 단위당 고정제조간접원가'만큼 더 크다.
⇨ (10,000단위 − 9,000단위) × ₩12.5* = ₩12,500
*단위당 고정제조간접원가 = ₩125,000 / 10,000단위 = ₩12.5

05 (주)한국은 20×1년 초에 영업을 개시하였으며, 다음 자료는 20×1년 생산에 관련된 자료이다.

• 직접재료원가	₩250,000	• 생산수량	50,000단위
• 변동제조간접원가	₩50,000	• 판매수량	40,000단위
• 직접노무원가	₩100,000	• 기말재고	10,000단위
• 고정제조간접원가	₩100,000		

전부원가계산에 의할 경우 20×1년 당기순이익이 ₩600,000이라고 할 때, 변동원가계산에 의한 당기순이익은 얼마인가?

① ₩500,000

② ₩580,000

③ ₩600,000

④ ₩620,000

⑤ ₩660,000

06 (주)한국은 20×1년 1월 1일에 설립되었다. 20×1년부터 20×2년까지 제품 생산량 및 판매량은 다음과 같으며, 원가흐름은 선입선출법을 가정한다.

구분	20×1년	20×2년
생산량	8,000단위	10,000단위
판매량	7,000단위	?
총고정제조간접원가	₩1,600,000	₩1,800,000

20×2년 변동원가계산에 의한 영업이익이 전부원가계산에 의한 영업이익에 비하여 ₩20,000 많은 경우, (주)한국의 20×2년 판매수량은? (단, 재공품재고는 없음)

제25회

① 8,500단위

② 9,000단위

③ 9,500단위

④ 10,000단위

⑤ 11,000단위

07 (주)한국은 20×1년 전부원가계산을 사용하여 ₩125,000의 영업이익을 보고하였다. 20×1년 1월 1일의 재고는 2,000단위, 20×1년 12월 31일의 재고는 2,500단위였다. 제품 단위당 고정제조간접원가 배부율은 전기에 ₩5, 당기에 ₩6이었다. 변동원가계산에 의한 영업이익은 얼마인가? (단, 기초재고는 당기에 모두 판매되었다고 가정함)

① ₩115,000

② ₩120,000

③ ₩125,000

④ ₩130,000

⑤ ₩150,000

정답 및 해설

05 ② 전부원가이익 = 변동원가이익(x) + 기말재고수량에 포함된 고정제조간접원가

₩600,000 = x + (10,000단위 × ₩2*)

* 단위당 고정제조간접원가 = ₩100,000 ÷ 50,000단위 = ₩2

∴ 변동원가이익(x) = ₩580,000

06 ④ 20×2년도 기초재고와 기말재고의 단위당 고정제조간접원가가 차이가 나는 경우이다.

• 20×1년 단위당 고정제조간접원가 = ₩1,600,000 ÷ 8,000단위 = ₩200

• 20×2년 단위당 고정제조간접원가 = ₩1,800,000 ÷ 10,000단위 = ₩180

전부원가계산의 영업이익 + 기초재고에 포함된 고정제조간접원가 − 기말재고에 포함된 고정제조간접원가

= 변동원가계산의 영업이익

이익차이 = (1,000단위 × ₩200) − (기말수량 × ₩180) = ₩20,000 ⇨ 기말수량 1,000단위

∴ 판매수량은 기초 + 당기생산 − 기말수량이므로 10,000단위가 된다.

07 ② 변동원가계산에 의한 영업이익

= ₩125,000 − (₩6 × 2,500단위) + (₩5 × 2,000단위) = ₩120,000

---

08 (주)한국의 다음 자료를 이용한 변동제조원가발생액은? (단, 기초제품재고와 기초 및 기말재공품재고는 없음)

• 당기 제품생산량	100,000단위
• 당기 제품판매량	100,000단위
• 변동매출원가	₩1,800,000

① ₩1,200,000　　　　　　② ₩1,400,000

③ ₩1,600,000　　　　　　④ ₩1,800,000

⑤ ₩2,000,000

09 (주)한국은 20×1년 초에 영업을 개시하고 5,000단위의 제품을 생산하여 단위당 ₩1,500에 판매하였으며, 영업활동에 관한 자료는 다음과 같다.

• 단위당 직접재료원가	₩500	• 고정제조간접원가	₩1,000,000
• 단위당 직접노무원가	₩350	• 고정판매관리비	₩700,000
• 단위당 변동제조간접원가	₩150		
• 단위당 변동판매관리비	₩100		

변동원가계산에 의한 영업이익이 전부원가계산에 의한 영업이익에 비하여 ₩300,000이 적을 경우, (주)한국의 20×1년 판매수량은? (단, 기말재공품은 존재하지 않음) 　제24회

① 1,500단위　　　　　　② 2,000단위

③ 2,500단위　　　　　　④ 3,000단위

⑤ 3,500단위

10 당기에 설립된 (주)한국은 6,000단위를 생산하여 5,000단위를 판매하였으며, 영업활동 관련 자료는 다음과 같다.

구분	단위당 변동원가	고정원가
직접재료원가	₩500	−
직접노무원가	₩300	−
제조간접원가	₩200	?
판매관리비	₩400	₩300,000

변동원가계산에 의한 영업이익이 전부원가계산에 의한 영업이익에 비해 ₩125,000이 적을 경우, 당기에 발생한 고정제조간접원가는? (단, 기말재공품은 없음)

① ₩625,000 　　　　　　　　　② ₩650,000
③ ₩750,000 　　　　　　　　　④ ₩875,000
⑤ ₩900,000

제2편 원가 · 관리회계

제7장

정답 및 해설

08 ④ 변동매출원가 = 변동제조원가(x) × $\dfrac{\text{판매량}}{\text{생산량}}$

　　₩1,800,000 = x × $\dfrac{100,000단위}{100,000단위}$

　　∴ 변동제조원가(x) = ₩1,800,000

09 ⑤ • 단위당 고정제조간접원가 = ₩1,000,000 ÷ 5,000단위 = ₩200
　　• 영업이익의 차이 = (생산량 − 판매량) × 단위당 고정제조간접원가
　　　= (5,000단위 − 판매량) × ₩200 = ₩300,000
　　∴ 판매량 = 3,500단위

10 ③ 영업이익의 차이 = (6,000 − 5,000) × 단위당 고정제조간접원가 = ₩125,000
　　⇨ 단위당 고정제조간접원가 = ₩125
　　∴ 고정제조간접원가 = 단위당 고정제조간접원가 × 생산량
　　　= ₩125 × 6,000단위 = ₩750,000

11 변동원가계산제도를 채택하고 있는 (주)한국의 당기 기초재고자산과 영업이익은 각각 ₩12,800과 ₩12,000이다. 전부원가계산에 의한 (주)한국의 당기 영업이익은 ₩14,400이고, 기말재고자산이 변동원가계산에 의한 기말재고자산에 비하여 ₩5,000이 많은 경우, 당기 전부원가계산에 의한 기초재고자산은?

① ₩11,600
② ₩12,400
③ ₩13,600
④ ₩15,400
⑤ ₩17,800

12 20×1년에 영업을 시작한 (주)한국의 당해 연도 생산·판매와 관련된 자료가 다음과 같을 때, 변동원가계산에 의한 영업이익은?

• 생산수량	10,000단위
• 판매수량	8,000단위
• 단위당 판매가격	₩1,000
• 단위당 직접재료원가	₩250
• 단위당 직접노무원가	₩200
• 단위당 변동제조간접원가	₩150
• 단위당 변동판매관리비	₩100
• 총고정제조간접원가	₩700,000
• 총고정판매관리비	₩300,000

① ₩1,000,000
② ₩1,200,000
③ ₩1,400,000
④ ₩1,500,000
⑤ ₩1,700,000

13 20×1년 초에 영업을 개시한 (주)한국의 원가 관련 자료는 다음과 같다.

• 생산량	20,000개
• 판매량	16,000개
• 단위당 변동제조원가	₩220
• 단위당 변동판매관리비	₩80
• 고정제조간접원가	₩360,000
• 고정판매관리비	₩170,000

제품의 단위당 판매가격이 ₩400인 경우에 (주)한국의 20×1년 말 변동원가계산에 의한 영업이익과 기말제품재고액은?

	영업이익	기말제품재고액
①	₩1,035,000	₩520,000
②	₩1,070,000	₩880,000
③	₩1,071,000	₩220,000
④	₩1,075,000	₩756,000
⑤	₩1,100,000	₩820,000

정답 및 해설

11 ④ 변동원가계산과 전부원가계산의 영업이익 차이는 재고자산에 포함된 고정제조간접원가 배부차이에 있다.
 (1) 기초재고자산에 포함된 고정제조간접원가
  전부원가계산하의 영업이익 = 변동원가계산하의 영업이익 + 기말재고에 포함된 고정제조간접원가 − 기초재고에 포함된 고정제조간접원가
  = ₩12,000 + ₩5,000 − x = ₩14,400
  ⇨ x = ₩2,600
 (2) 전부원가계산에 의한 기초재고 = 변동원가계산에 의한 기초재고 + (1)
  = ₩12,800 + ₩2,600 = ₩15,400
  ▶ 전부원가계산하의 기초재고자산은 변동원가계산하의 기초재고자산에 고정제조간접원가만큼 더 크다.

12 ③ 변동원가계산하의 영업이익
 = [₩1,000 − (₩250 + ₩200 + ₩150 + ₩100)] × 8,000단위 − (₩700,000 + ₩300,000)
 = ₩1,400,000

13 ② • 영업이익 = 매출액 − 변동원가 − 고정원가
  = (₩400 − ₩220 − ₩80) × 16,000개 − (₩360,000 + ₩170,000) = ₩1,070,000
 • 기말제품재고액(변동원가계산) = 기말재고수량 × 단위당 변동제조원가
  = (20,000개 − 16,000개) × ₩220 = ₩880,000

14 (주)한국은 20×1년도에 설립되었고, 당해 연도에 제품 25,000단위를 생산하여 20,000단위를 판매하였다. (주)한국의 20×1년도 제품 관련 자료가 다음과 같을 때, 전부원가계산과 변동원가계산에 의한 20×1년도 기말재고자산의 차이는?

• 단위당 판매가격	₩250
• 단위당 변동제조원가	₩130
• 단위당 변동판매관리비	₩30
• 총고정제조원가	₩1,000,000
• 총고정판매비와 관리비	₩500,000

① ₩50,000   ② ₩200,000

③ ₩250,000   ④ ₩350,000

⑤ ₩400,000

15 (주)대한은 20×1년 1월 1일에 설립되었다. 20×1년부터 20×4년까지 생산량 및 판매량은 다음과 같으며, 원가흐름가정은 선입선출법이다.

구분	20×1년	20×2년	20×3년	20×4년
생산량	6,000단위	9,000단위	4,000단위	5,000단위
판매량	6,000단위	6,000단위	6,000단위	6,000단위

다음 중 전부원가계산과 변동원가계산을 적용한 결과에 관한 설명으로 옳지 않은 것은? (단, 단위당 판매가격, 단위당 변동원가, 연간 고정원가 총액은 매년 동일함) 제21회

① 변동원가계산하에서 20×1년과 20×2년의 영업이익은 동일하다.
② 변동원가계산에 의한 단위당 제품원가는 매년 동일하다.
③ 20×1년부터 20×4년까지의 영업이익 합계는 전부원가계산과 변동원가계산에서 동일하다.
④ 20×1년에는 전부원가계산 영업이익과 변동원가계산 영업이익이 동일하다.
⑤ 전부원가계산하에서 20×4년의 영업이익은 20×2년의 영업이익보다 크다.

정답 및 해설

14 ② • 단위당 고정제조간접원가 = ₩1,000,000 ÷ 25,000단위 = ₩40
  • 기말재고액
  ∴ 재고자산의 차이 = (25,000단위 − 20,000단위) × ₩40 = ₩200,000

15 ⑤ 전부원가계산하에서 20×4년의 영업이익은 20×2년의 영업이익보다 <u>작다</u>.
  ▶ 전부원가계산은 고정제조간접원가를 제품원가에 배부하므로 전부원가계산하의 영업이익은 판매량뿐만 아니라 생산량에 영향을 받는다.

대표예제 96 직접재료원가의 차이분석 ★★

직접재료원가의 제품 단위당 표준사용량은 10kg이고, 표준가격은 kg당 ₩6이다. 4월에 직접재료 10,000kg을 총 ₩65,000에 구입하여 9,000kg을 사용하였다. 4월에 제품 800단위를 생산했을 때 직접재료원가의 가격차이와 수량차이는? (단, 직접재료원가의 가격차이는 구입시점에서 계산함)

가격차이	수량차이
① ₩5,000(불리)	₩6,000(불리)
② ₩5,000(불리)	₩9,000(불리)
③ ₩6,000(유리)	₩6,000(유리)
④ ₩6,000(유리)	₩15,000(유리)
⑤ ₩11,000(불리)	₩15,000(유리)

해설 | • 가격차이 = (실제가격 − 표준가격) × 실제 구입수량
      = (₩6.5* − ₩6.0) × 10,000kg = ₩5,000(불리)
      * ₩65,000 ÷ 10,000kg = ₩6.5/kg
   • 수량차이 = (실제사용량 − 표준사용량) × 표준단가
      = (9,000kg − 8,000kg*) × ₩6 = ₩6,000(불리)
      * 800단위 × 10kg

기본서 p.700~701   정답 ①

01 (주)대한의 직접재료원가에 대한 자료가 다음과 같다면, (주)대한의 직접재료원가 수량 (능률)차이는 얼마인가?

• 직접재료 실제사용량	1,750kg	• 직접재료 표준사용량	1,500kg
• 직접재료 kg당 표준가격	₩200	• 직접재료 kg당 실제가격	₩240

① ₩50,000(불리한 차이)

② ₩50,000(유리한 차이)

③ ₩60,000(불리한 차이)

④ ₩70,000(유리한 차이)

⑤ ₩70,000(불리한 차이)

02 (주)한국은 표준원가계산제도를 채택하고 있으며, 단일 제품을 생산·판매하고 있다. 20×1년 직접재료원가와 관련된 표준 및 원가 자료가 다음과 같을 때, 20×1년의 실제 제품생산량은? (단, 가격차이 분석시점은 분리하지 않음) 제25회

• 제품 단위당 직접재료 수량표준	2kg
• 직접재료 단위당 가격표준	₩250/kg
• 실제 발생한 직접재료원가	₩150,000
• 직접재료원가 가격차이	₩25,000(불리)
• 직접재료원가 수량차이	₩25,000(유리)

① 250단위

② 300단위

③ 350단위

④ 400단위

⑤ 450단위

정답 및 해설

01 ① 직접재료원가 수량(능률)차이 = (실제사용량 − 표준사용량) × 표준가격
= (1,750kg − 1,500kg) × ₩200 = ₩50,000(불리한 차이)

02 ② • 직접재료원가 가격차이 = ₩150,000 − (₩250/kg × 실제수량) = ₩25,000(불리)
⇨ 실제수량 = 500kg
• 직접재료원가 수량차이 = [500kg − (실제생산량 × 2kg)] × ₩250/kg = ₩25,000(유리)
∴ 실제생산량 = 300단위

03 (주)한국의 4월 직접재료원가에 대한 자료가 다음과 같은 경우, 유리한 재료수량차이 (능률차이)는?

- 실제 재료구매량: 3,000kg
- 실제 생산에 대한 표준재료투입량: 2,400kg
- 실제 재료구입단가: ₩310/kg
- 실제 재료사용량: 2,200kg
- 불리한 재료가격차이(구입시점 기준): ₩30,000

① ₩50,000   ② ₩55,000

③ ₩60,000   ④ ₩75,000

⑤ ₩80,000

04 (주)한국은 표준원가계산제도를 채택하고 있으며, 단일제품을 생산·판매하고 있다. 2분 기의 예정생산량은 3,000단위였으나 실제는 2,800단위를 생산하였다. 직접재료원가 관련 자료는 다음과 같다.

• 제품 단위당 수량표준	2kg
• 직접재료 단위당 가격표준	₩300
• 실제 발생한 직접재료원가	₩1,593,000
• 직접재료원가 수량차이	₩120,000(불리)

2분기의 직접재료 실제사용량은?

① 5,600kg   ② 5,800kg

③ 6,000kg   ④ 6,200kg

⑤ 6,400kg

436 해커스 주택관리사(보) house.Hackers.com

05 (주)한국은 표준원가계산제도를 사용하고 있다. 20×1년 8월 중에 직접재료 3,000kg 을 kg당 ₩250에 구입하였다. 8월의 예정생산량은 400단위이며, 실제생산량은 500 단위이다. 직접재료의 가격표준은 kg당 ₩90이다. 수량차이가 ₩22,500(유리)일 때 직접재료의 표준수량은? (단, 20×1년 8월 직접재료의 월초재고와 월말재고 없음)

① 3.5kg   ② 4.8kg

③ 5.0kg   ④ 6.0kg

⑤ 6.5kg

정답 및 해설

03 ③   가격차이(구입시점) = (₩310 − 표준가격) × 3,000kg = ₩30,000(불리)
      ⇨ 표준가격 = ₩300
      ∴ 수량(능률)차이 = (2,200kg − 2,400kg) × ₩300 = ₩60,000

04 ③   직접재료원가 수량차이 = (실제사용량 − 표준사용량) × 표준가격 = ₩120,000(불리)
      = [실제사용량 − (2,800단위 × 2kg)] × ₩300 = ₩120,000(불리)
      ∴ 실제사용량 = 6,000kg

05 ⑤   수량차이 = [3,000kg − (500단위 × 표준수량)] × ₩90 = ₩22,500(유리)
      ∴ 표준수량 = 6.5kg

06 다음 자료에 의하여 계산한 직접재료원가에 대한 가격차이와 수량차이는?

• 제품완성수량	2,000개
• 실제 원재료 사용량	7,000개
• 실제 원재료 구입가격	₩1,100
• 제품 단위당 원재료 표준소비량	3개
• 원재료 단위당 표준가격	₩1,000

	가격차이	수량차이
①	₩1,000,000(불리)	₩700,000(불리)
②	₩700,000(불리)	₩1,000,000(불리)
③	₩700,000(유리)	₩1,000,000(유리)
④	₩800,000(유리)	₩700,000(불리)
⑤	₩1,000,000(유리)	₩700,000(유리)

종합

07 표준원가계산제도를 사용하고 있는 (주)한국은 제품 단위당 표준직접재료원가로 ₩200을 설정하였으며 단위당 표준직접재료원가의 산정내역과 20×1년 3월 제품을 생산하면서 집계한 자료는 다음과 같다. (주)한국의 직접재료원가 변동예산 차이에 대한 설명으로 가장 옳지 않은 것은?

표준직접재료원가 산정내역	실제 제품생산 관련 자료
• 제품 단위당 직접재료 표준사용량: 10kg • 직접재료의 표준가격: ₩20/kg	• 제품생산량: 100단위 • 실제 직접재료 사용량: 1,050kg • 실제 직접재료원가: ₩20,600

① 총변동예산차이는 ₩600(불리한 차이)이다.

② 가격차이는 ₩400(유리한 차이)이다

③ 수량(능률)차이는 ₩1,000(불리한 차이)이다.

④ 총변동예산차이는 ₩600(유리한 차이)이다.

⑤ 표준수량은 1,000kg이다.

| 대표예제 **97** | **직접노무원가의 차이분석 종합** ★★ |

다음은 (주)한국의 표준원가계산에 대한 내용 중 일부이며, 실제 4,000단위를 생산하였다. 아래 설명 중 옳지 않은 것은?

- 표준원가
  - 단위당 직접재료원가: 9kg × ₩30 = ₩270
  - 단위당 직접노무원가: 6시간 × ₩40 = ₩240
- 실제발생원가
  - 직접재료원가: 35,000kg × ₩28 = ₩980,000
  - 직접노무원가: 25,000시간 × ₩50 = ₩1,250,000

① 직접재료원가 가격차이는 ₩70,000(유리)이다.
② 직접재료원가 능률차이는 ₩30,000(불리)이다.
③ 직접노무원가 가격차이는 ₩250,000(불리)이다.
④ 직접노무원가 능률차이는 ₩40,000(불리)이다.
⑤ 표준 직접노무시간은 24,000시간이다.

해설 | (1) 직접재료원가
　　　　① 가격차이: (₩28 − ₩30) × 35,000kg = ₩70,000(유리)
　　　　② 능률차이: (35,000kg − (4,000단위 × 9kg)) × ₩30 = ₩30,000(유리)
　　　(2) 직접노무원가
　　　　① 가격차이: (₩50 − ₩40) × 25,000시간 = ₩250,000(불리)
　　　　② 능률차이: [25,000시간 − (4,000단위 × 6시간)] × ₩40 = ₩40,000(불리)

기본서 p.700~702　　　　　　　　　　　　　　　　　　　　　　　　　　정답 ②

제2편 원가 · 관리회계

제8장

정답 및 해설

06 ② • 가격차이 = (₩1,100 − ₩1,000) × 7,000개 = ₩700,000(불리)
　　　 • 수량차이 = (7,000개 − 6,000개*) × ₩1,000 = ₩1,000,000(불리)
　　　　 * 2,000개 × 3개

07 ④ 총변동예산차이는 ₩600(불리한 차이)이다.

실제수량 × 실제가격	실제수량 × 표준가격	표준수량 × 표준가격
₩20,600	1,050kg × ₩20/kg = ₩21,000	100단위 × 10kg × ₩20/kg = ₩20,000

　　　　　가격차이 = ₩400(유리)　　　　능률(수량)차이 = ₩1,000(불리)

∴ 총변동예산차이 = 가격차이 + 능률(수량)차이 = ₩600(불리)

08 (주)한국의 5월 중 직접노무원가 자료가 다음과 같은 경우 직접노무원가 표준임률은?

• 실제직접노무원가 임률	₩2,250
• 실제직접노무시간	10,000시간
• 허용된 표준직접노무시간	11,000시간
• 임률차이(유리한 차이)	₩1,800,000

① ₩2,280   ② ₩2,340

③ ₩2,370   ④ ₩2,400

⑤ ₩2,430

09 (주)대한은 표준원가계산을 사용하고 있다. 20×1년 제품 4,300단위를 생산하는 데 12,000 직접노무시간이 사용되어 직접노무원가 ₩228,000이 실제 발생되었다. 제품 단위당 표준직접노무시간은 3시간이고 표준임률이 직접노무시간당 ₩15이라면, 직접노무원가의 능률차이는?

① ₩12,000 유리   ② ₩13,500 유리

③ ₩14,000 불리   ④ ₩15,000 불리

⑤ ₩20,000 불리

10 한국공업사의 직접노무원가에 관한 자료를 보면, 시간당 실제임률 ₩7.3, 시간당 표준임률 ₩7.5, 실제산출량에 허용된 표준직접노동시간 5,000시간, 직접노무원가 능률차이(수량차이) ₩3,000(유리)이다. 한국공업사의 실제직접노동시간은?

① 3,750시간   ② 4,600시간

③ 4,726시간   ④ 4,800시간

⑤ 5,000시간

11 (주)한국은 표준원가계산제도를 채택하고 있다. 20×1년 직접노무원가와 관련된 자료가 다음과 같을 경우, 20×1년 실제 직접노무시간은?

• 실제생산량	12,500단위
• 직접노무원가 표준임률	시간당 ₩12
• 직접노무원가 임률차이	₩55,000(유리)
• 직접노무원가 실제임률	시간당 ₩10
• 표준직접노무시간	단위당 2시간
• 직접노무원가 능률차이	₩30,000(불리)

① 21,250시간 ② 22,500시간

③ 25,000시간 ④ 26,250시간

⑤ 27,500시간

정답 및 해설

08 ⑤ 임률차이 = (₩2,250 − x) × 10,000시간 = ₩1,800,000(유리)
∴ 표준임률(x) = ₩2,430

09 ② 능률차이 = [12,000시간 − (4,300단위 × 3시간)] × ₩15 = ₩13,500(유리)

10 ② 능률차이 = (실제노동시간 − 표준노동시간) × 표준임률
          = (실제노동시간 − 5,000시간) × ₩7.5 = ₩3,000(유리)
∴ 실제노동시간 = 4,600시간

11 ⑤ 능률차이 = [x − (12,500단위 × 2시간)] × ₩12 = ₩30,000(불리)
∴ 직접노무시간(x) = 27,500시간

12 다음 자료를 이용하여 계산한 (주)한국의 직접노무원가 능률차이는?

• 실제직접노동시간	10,000시간
• 직접노무원가 가격차이(불리한 차이)	₩10,000
• 표준직접노동시간	11,000시간
• 실제직접노무원가 발생액	₩150,000

① ₩14,000 불리 ② ₩13,000 불리
③ ₩13,000 유리 ④ ₩14,000 유리
⑤ ₩15,000 유리

13 (주)한국은 표준원가계산제도를 채택하고 있다. 20×1년도 9월에 제품 1,000개를 생산했으며, 직접노무원가는 ₩5,000,000이 발생하였다. 시간당 실제임률은 ₩2,000이며, 시간당 표준임률은 ₩2,200이고, 제품 단위당 표준직접노무시간은 3시간이다. 9월의 직접노무원가 능률차이(유리)는? (단, 재공품은 없음)

① ₩1,100,000 ② ₩1,160,000
③ ₩1,170,000 ④ ₩1,180,000
⑤ ₩1,190,000

14 (주)한국은 표준원가계산제도를 사용하고 있으며, 3월의 직접노무원가 차이분석 결과는 다음과 같다.

	임률차이	능률차이
직접노무원가	₩9,000(유리)	₩1,500(불리)

3월에 실제 직접노무시간은 18,000시간이고, 실제임률은 시간당 ₩2.5이다. 3월의 실제생산량에 허용된 표준직접노무시간은? (단, 재공품재고는 없음) 제21회

① 17,300시간 ② 17,400시간
③ 17,500시간 ④ 17,600시간
⑤ 17,700시간

대표예제 98 　　제조간접원가의 차이분석 ★★

(주)한국은 표준원가계산을 적용하고 있으며, 고정제조간접원가 배부율 산정을 위한 기준조업도는 5,000기계시간, 고정제조간접원가 표준배부율은 기계시간당 ₩50이다. 실제 산출량에 허용된 표준조업도가 6,000기계시간이고, 실제 발생한 고정제조간접원가가 ₩330,000일 때, 고정제조간접원가 예산차이와 조업도차이를 바르게 연결한 것은?

	예산차이	조업도차이
①	₩55,000 불리한 차이	₩25,000 유리한 차이
②	₩55,000 유리한 차이	₩25,000 불리한 차이
③	₩80,000 불리한 차이	₩50,000 유리한 차이
④	₩80,000 유리한 차이	₩50,000 불리한 차이
⑤	₩100,000 불리한 차이	₩80,000 유리한 차이

해설 | (1) 고정제조간접원가 예산차이: 실제발생원가 − 고정제조간접원가 예산액
　　　　　= ₩330,000 − (₩50 × 5,000시간)
　　　　　= ₩80,000(불리)
　　　(2) 고정제조간접원가 조업도차이: 고정제조간접원가 예산액 − 표준배부액
　　　　　= (₩50 × 5,000시간) − (₩50 × 6,000기계시간)
　　　　　= ₩50,000(유리)

기본서 p.703~704　　　　　　　　　　　　　　　　　　　　　　　　　　　　　　정답 ③

정답 및 해설

12 ④ 임률(가격)차이 = ₩150,000 − (10,000시간 × 표준임률) = ₩10,000(불리)
　　　⇨ 표준임률 = ₩14
　　　∴ 능률차이 = (10,000시간 − 11,000시간) × ₩14 = ₩14,000(유리)

13 ① 직접노무원가 능률차이 = (실제시간 − 표준시간) × 표준임률
　　　= [2,500시간* − (1,000단위 × 3시간)] × ₩2,200 = ₩1,100,000(유리)
　　　　*₩5,000,000 ÷ ₩2,000

14 ③ • 임률차이 = (₩2.5 − 표준임률) × 18,000시간 = ₩9,000(유리)
　　　　⇨ 표준임률 = ₩3
　　　• 능률차이 = (18,000시간 − x) × ₩3 = ₩1,500(불리)
　　　∴ 표준직접노무시간(x) = 17,500시간

15 (주)한국은 표준원가계산제도를 채택하고 있으며, 직접노무시간을 기준으로 제조간접원가를 배부한다. 당기 제조간접원가 관련 자료는 다음과 같다.

• 고정제조간접원가 표준배부율	₩200/시간
• 변동제조간접원가 표준배부율	₩600/시간
• 기준조업도(직접노무시간)	5,000시간
• 실제직접노무시간	4,850시간
• 실제생산량에 허용된 표준 직접노무시간	4,800시간
• 제조간접원가 배부차이	₩40,000 과소배부

(주)한국의 당기 제조간접원가 실제 발생액은?

① ₩3,800,000   ② ₩3,840,000

③ ₩3,880,000   ④ ₩3,920,000

⑤ ₩3,960,000

16 (주)한국은 고정제조간접원가를 기계시간으로 배부한다. 기준조업도는 2,000시간이며 표준기계시간은 제품 단위당 2시간이다. 제품의 실제생산량은 900단위이고 고정제조간접원가의 실제발생액은 ₩240,000이다. 고정제조간접원가의 조업도차이가 ₩20,000(불리)일 경우 고정제조간접원가 예산(소비)차이는 얼마인가?

① ₩40,000(유리)   ② ₩40,000(불리)

③ ₩60,000(유리)   ④ ₩60,000(불리)

⑤ ₩80,000(유리)

17 (주)한국은 표준원가계산을 사용한다. 관련 자료가 다음과 같을 때, 고정제조간접원가 조업도차이는? (단, 재공품재고는 없음) 제26회

• 고정제조간접원가 실제발생액	₩119,700
• 기준조업도	4,200기계시간
• 제품 단위당 표준기계시간	8시간
• 목표 제품 생산량	525단위
• 고정제조간접원가 예산차이	₩6,300(유리)
• 실제 제품 생산량	510단위

① ₩0   ② ₩3,240(유리)
③ ₩3,240(불리)   ④ ₩3,600(유리)
⑤ ₩3,600(불리)

정답 및 해설

15 ③ 실제발생액(x) − 표준배부[4,800시간 × (₩200 + ₩600)] = ₩40,000 과소배부
∴ 실제발생액(x) = ₩3,880,000

16 ② 조업도차이 = [2,000시간 − (900단위 × 2시간)] × 표준배부율 = ₩20,000(불리)
⇨ 표준배부율 = ₩100
∴ 예산차이 = 실제발생액 − 예산액 = ₩240,000 − (2,000시간 × ₩100) = ₩40,000(불리)

17 ⑤ <u>실제발생액</u>   <   <u>예산액</u>
              [예산차이 ₩6,300(유리)]
₩119,700   ₩126,000
예산액 = 기준조업도 × 표준배부율 = 4,200기계시간 × 표준배부율 = ₩126,000
⇨ 표준배부율 = ₩30
∴ 조업도차이 = [₩4,200 − (510단위 × 8시간)] × ₩30 = ₩3,600(불리)

18 (주)한국은 표준원가계산제도를 채택하고 있으며, 기계작업시간을 기준으로 고정제조간접원가를 제품에 배부한다. 다음 자료에 의할 경우, 고정제조간접원가의 예산차이와 조업도차이는 각각 얼마인가?

• 기계작업시간당 고정제조간접원가 표준배부율	₩10
• 실제생산량	2,000단위
• 제품 단위당 표준기계작업시간	2시간
• 기준조업도	2,000시간
• 고정제조간접원가 실제발생액	₩24,000

	예산차이	조업도차이
①	₩2,000(유리)	₩10,000(불리)
②	₩4,000(불리)	₩20,000(유리)
③	₩4,000(유리)	₩10,000(유리)
④	₩10,000(불리)	₩20,000(불리)
⑤	₩30,000(유리)	₩10,000(불리)

19 (주)한국은 표준원가계산제도를 적용하며, 당기 변동제조간접원가 예산은 ₩3,000,000, 고정제조간접원가 예산은 ₩4,000,000이다. (주)한국의 제조간접원가 배부율을 구하기 위한 기준조업도는 1,000기계시간이며, 당기 실제 기계시간은 900시간이었다. 변동제조간접원가 능률차이가 ₩150,000 불리한 것으로 나타났다면, 고정제조간접원가 조업도차이는?

① ₩250,000 유리한 차이   ② ₩250,000 불리한 차이
③ ₩600,000 유리한 차이   ④ ₩600,000 불리한 차이
⑤ ₩700,000 유리한 차이

18 ②

실제발생액	예산액	표준배부액
₩24,000	기준조업도 × 표준배부율 2,000시간 × ₩10 = ₩20,000	표준조업도 × 표준배부율 (2,000 × 2시간) × ₩10 = ₩40,000

- 예산차이 = ₩24,000 − ₩20,000 = ₩4,000(불리)
- 조업도차이 = (2,000시간 − 4,000시간) × ₩10 = ₩20,000(유리)

19 ④
- 변동제조간접원가 표준배부율 = ₩3,000,000 ÷ 1,000시간 = ₩3,000
- 고정제조간접원가 표준배부율 = ₩4,000,000 ÷ 1,000시간 = ₩4,000
- 변동제조간접원가 능률차이 = (900시간 − 표준조업도) × ₩3,000 = ₩150,000 불리
  ⇨ 표준조업도 = 850시간
- ∴ 고정제조간접원가 조업도차이 = (1,000시간 − 850시간) × ₩4,000 = ₩600,000 불리

대표예제 99 **단기적 특수의사결정 ★★**

(주)한국은 연간 최대 5,000단위의 제품을 생산할 수 있는 생산설비를 보유하고 있다. (주)한국은 당기에 4,000단위의 제품을 기존 거래처에 단위당 ₩500에 판매할 수 있을 것으로 예상하고 있으며, 영업활동에 관한 자료는 다음과 같다.

• 단위당 직접재료원가	₩150
• 단위당 직접노무원가	₩100
• 단위당 변동제조간접원가	₩50
• 단위당 변동판매관리비	₩50
• 고정제조간접원가(생산설비 감가상각비)	₩300,000
• 고정판매관리비	₩100,000

(주)한국은 최근 중간도매상으로부터 2,500단위에 대한 특별주문을 요청받았다. (주)한국이 해당 특별주문을 수락하는 경우 기존 거래처에 판매하던 수량 일부를 감소시켜야 한다. (주)한국이 이 특별주문을 수락할 경우, 중간도매상에 제안할 수 있는 단위당 최소 판매가격은? (단, 기초 및 기말재고자산은 없으며, 특별주문은 전량 수락하든지 기각해야 함)

제24회

① ₩410
② ₩440
③ ₩450
④ ₩500
⑤ ₩510

해설 | (1) 증분원가와 기회비용 = ㉠ + ㉡ = ₩1,100,000
　　　㉠ 증분원가 = ₩350 × 2,500단위 = ₩875,000
　　　㉡ 기회비용 = (₩500 − ₩350) × 1,500단위 = ₩225,000
　　(2) 특별주문으로 인한 단위당 최소판매가격
　　　　= (1) ÷ 특별주문수량 = ₩1,100,000 ÷ 2,500단위 = ₩440

기본서 p.715~720

정답 ②

01 (주)한국은 단일제품을 생산·판매하고 있다. 내년도 예정생산량 1,000단위를 기준으로 편성된 제조원가예산은 다음과 같으며, 제품의 단위당 판매가격은 ₩40이다.

항목	단위당 원가	총원가
직접재료원가	₩5	₩5,000
직접노무원가	₩3	₩3,000
변동제조간접원가	₩3	₩3,000
고정제조간접원가	₩7	₩7,000
합계	₩18	₩18,000

(주)한국은 거래처로부터 단위당 ₩30에 제품 300단위를 구매하겠다는 특별주문을 받았다. (주)한국은 특별주문 수량을 생산하는 데 필요한 여유생산설비를 충분히 확보하고 있으나, 초과근무로 인하여 특별주문 단위당 ₩5의 원가가 추가로 발생한다. (주)한국이 특별주문을 수락할 경우, 내년도 영업이익의 증감은? (단, 기초 및 기말재고자산은 없으며, 특별주문이 기존 시장에 미치는 영향은 없음)

① ₩3,500 감소
② ₩2,300 감소
③ ₩1,200 증가
④ ₩4,200 증가
⑤ ₩5,500 증가

정답 및 해설

01 ④ 증분수익　　　₩30 × 300개 = ₩9,000
　　　증분원가　　₩16* × 300개 = (₩4,800)
　　　증분이익　　　　　　　₩4,200 증가
　　* 변동제조원가 = ₩5 + ₩3 + ₩3 + ₩5 = ₩16

02 (주)한국은 제품 A 100단위를 생산·판매하고 있으며, 제조원가와 판매관리비는 각각 50%가 고정비이다. 신규 고객으로부터 단위당 ₩900에 50단위를 공급해 달라는 특별주문을 받았다. 특별주문 수량에 대해 단위당 변동판매관리비 중 20%는 발생하지 않는다. 특별주문을 수락할 경우 (주)한국의 영업이익에 미치는 영향은? (단, 특별주문 수량을 생산하는 데 필요한 여유생산설비를 충분히 확보하고 있음)

	제품 A
매출액	₩200,000
제조원가	₩120,000
판매비와관리비	₩30,000

① ₩9,000 증가
② ₩12,000 감소
③ ₩15,000 증가
④ ₩18,000 증가
⑤ ₩38,000 증가

03 다음 설명 중 옳지 않은 것은?

① 관련원가는 의사결정시 고려해야 하는 원가를 의미한다.
② 회피가능원가는 특정 대안을 선택하지 않음으로써 그 발생을 피할 수 있는 원가를 말한다.
③ 특정 자원을 대체적인 투자에 사용하였더라면 얻었을 이익을 기회원가라고 한다.
④ 통제가능원가는 경영자의 성과평가를 할 때 배제해야 할 원가이다.
⑤ 이미 발생한 원가로 회피할 수 없는 원가를 기발생원가, 매몰원가라고 한다.

04 (주)한국은 한 종류의 제품 X를 매월 150,000단위씩 생산 · 판매하고 있다. 단위당 판매가격과 변동원가는 각각 ₩75과 ₩45이며, 월 고정원가는 ₩2,000,000으로 여유생산능력은 없다. (주)한국은 (주)대한으로부터 매월 제품 Y 10,000단위를 공급해 달라는 의뢰를 받았다. (주)한국은 제품 X의 생산라인을 이용하여 제품 Y를 즉시 생산할 수 있다. 그러나 (주)한국이 (주)대한의 주문을 받아들이기 위해서는 제품 X의 생산판매량 8,000단위를 포기해야 하고, 제품 Y를 생산 · 판매하면 단위당 ₩35의 변동원가가 발생한다. (주)한국이 현재의 이익을 유지하려면 이 주문에 대한 가격을 최소한 얼마로 책정해야 하는가? (단, 재고자산은 없음) 제23회

① ₩43   ② ₩59
③ ₩63   ④ ₩69
⑤ ₩73

정답 및 해설

02 ① (1) 변동원가
　　　• 단위당 변동제조원가 = (₩120,000 × 50%) / 100단위 = ₩600
　　　• 단위당 변동판매관리비 = (₩30,000 × 50%) / 100단위 = ₩150
　　(2) 증분수익 = ₩900 × 50단위 = ₩45,000
　　(3) 증분원가
　　　• 변동제조원가 ₩600 × 50단위 = ₩30,000
　　　• 변동판매관리비 (₩150 × 80%) × 50단위 = ₩6,000
　　∴ 증분이익 = (2) − (3) = ₩9,000 증가

03 ④ 통제가능원가가 아니라 통제불능원가에 대한 설명이다.

04 ② (1) 증분원가와 기회비용 = ㉠ + ㉡ = ₩590,000
　　　㉠ 증분원가 = ₩35 × 10,000단위 = ₩350,000
　　　㉡ 기회비용 = (₩75 − ₩45) × 8,000단위 = ₩240,000
　　(2) 특별주문으로 인한 단위당 최소판매가격 = (1) ÷ 특별주문수량
　　　= ₩590,000 ÷ 10,000단위 = ₩59

05 (주)대한은 20×1년에 생수 400병을 판매할 것으로 예상하고, 다음과 같은 예산손익계산서를 작성하였다. 회사의 연간 최대 생산능력은 500병이다.

	단위당 금액	총금액
매출액	₩400	₩160,000
변동원가	₩240	₩96,000
공헌이익	₩160	₩64,000
고정원가	₩100	₩40,000
영업이익	₩60	₩24,000

(주)대한은 백화점으로부터 생수 200병을 병당 ₩350에 구입하겠다는 특별주문을 받았다. 이 주문을 수락하면 병당 ₩20의 포장비용이 추가로 발생하며, 생산능력의 제약으로 기존 시장의 예상판매량 중 100병을 감소시켜야 한다. 이 특별주문을 수락하는 경우, 이익에 미치는 영향은?

① ₩5,000 감소　　　　　② ₩2,000 감소
③ ₩1,000 감소　　　　　④ ₩1,000 증가
⑤ ₩2,000 증가

06 제품 A의 정상판매가격은 단위당 ₩1,000이며 변동원가는 단위당 ₩700이다. 고정원가는 100,000단위 기준 단위당 ₩100이고 150,000단위까지의 관련 범위 내에서는 변하지 않는다. 120,000단위의 판매계획을 세운 후 추가적으로 15,000단위에 대한 특별주문을 받았다. 영업이익을 ₩3,000,000만큼 증가시키기 위해서는 특별주문에 대한 판매가격을 얼마로 책정해야 하는가?

① ₩700　　　　　② ₩800
③ ₩900　　　　　④ ₩1,100
⑤ ₩1,500

07 (주)한국은 제품생산에 필요한 부품 A를 생산한다. 1,000단위 생산과 관련된 원가자료는 다음과 같다.

	총원가
직접재료원가	₩160,000
직접노무원가	₩280,000
변동제조간접원가	₩190,000
고정제조간접원가	₩200,000
계	₩830,000

(주)한국이 부품 A 1,000단위를 ₩800에 공급하겠다는 제안을 하였다. 만약, (주)한국이 외부에서 구입하는 경우에는 공장시설을 매년 ₩40,000에 임대할 수 있으며, 단위당 고정제조간접원가는 ₩150은 회피 가능해진다. 위 제안을 수락하는 경우 이익에 미치는 영향은?

① ₩20,000 증가 ② ₩20,000 감소
③ ₩30,000 증가 ④ ₩30,000 감소
⑤ ₩40,000 증가

정답 및 해설

05 ⑤ 증분수익 ₩350 × 200병 = ₩70,000
증분원가와 기회비용 [(₩240 + ₩20) × 200병] + [₩160 × 100병] = (₩68,000)
증분이익 ₩2,000 증가

06 ③ 특별주문 15,000단위를 추가로 받아도 조업도 관련 범위 내이므로, 고정원가가 증가하지 않고 공헌이익만큼 영업이익이 증가한다. 특별주문에 대한 판매가격을 x라 하면,
$(x - ₩700) × 15,000$단위 $= ₩3,000,000$
∴ 특별주문에 대한 판매가격(x) = ₩900

07 ① (1) 외부구입원가 = 1,000단위 × ₩800 = ₩800,000
(2) 자가제조 관련원가 = ₩820,000
  • 변동원가 = ₩630,000*
   * ₩160,000 + ₩280,000 + ₩190,000 = ₩630,000
  • 기회비용(임대수익) = ₩40,000
  • 회피가능 고정제조간접원가 = ₩150 × 1,000단위 = ₩150,000
따라서 외부구입의 경우 이익이 ₩20,000 증가한다.

08 A아파트는 건물의 수선·유지에 필요한 소모품을 자체생산하고 있다. 현재 필요한 수량은 월 20단위이고, 단위당 생산변동원가는 ₩100이며, 고정원가는 월 ₩1,200이다. 이 소모품을 외부에서 구입하는 경우 A아파트의 생산설비를 월 ₩400에 임대할 수 있으며 A아파트의 월 고정원가는 80% 수준으로 감소한다. A아파트가 이 소모품을 외부에서 구입할 때 지급할 수 있는 단위당 최대금액은?

제14회

① ₩92
② ₩132
③ ₩148
④ ₩168
⑤ ₩192

09 (주)한국은 결합공정에서 제품 A, B, C를 생산한다. 당기에 발생된 결합원가총액은 ₩80,000이며, 결합원가는 분리점에서의 상대적 판매가치를 기준으로 제품에 배분된다. 분리점에서의 단위당 판매가격과 생산량은 다음과 같다.

제품	단위당 판매가격	생산량
A	₩20	3,000단위
B	₩30	2,000단위
C	₩40	2,000단위

추가가공할 경우, 제품별 추가가공원가와 추가가공 후 단위당 판매가격은 다음과 같다.

제품	추가가공원가	추가가공 후 단위당 판매가격
A	₩10,000	₩24
B	₩30,000	₩40
C	₩50,000	₩70

추가가공이 유리한 제품만을 모두 고른 것은? (단, 추가가공공정에서 공손과 감손은 발생하지 않고, 생산량은 모두 판매되며, 기초 및 기말재공품은 없음)

① A
② B
③ A, B
④ A, C
⑤ B, C

10 (주)한국은 제품 A와 제품 B를 생산·판매하고 있으며, 제품 A의 20×1년도 공헌이익 계산서는 다음과 같다.

구분	금액
매출액	₩1,200,000
변동비	₩810,000
공헌이익	₩390,000
고정비	₩480,000
영업이익	₩(90,000)

(주)한국의 경영자는 지난 몇 년 동안 계속해서 영업손실이 발생하고 있는 제품 A의 생산 중단을 고려하고 있다. 제품 A의 생산을 중단하더라도 고정비 중 ₩210,000은 계속해서 발생된다. (주)한국이 제품 A의 생산을 중단할 경우, 영업이익에 미치는 영향은?

제22회

① ₩100,000 증가 ② ₩100,000 감소
③ ₩120,000 증가 ④ ₩120,000 감소
⑤ ₩180,000 감소

정답 및 해설

08 ② 외부구입원가 = 변동원가 + 회피가능원가 + 기회원가 = ₩2,000 + ₩240 + ₩400 = ₩2,640
- 변동원가 = @₩100 × 20단위 = ₩2,000
- 회피가능원가 = 월 고정원가 × 20% = ₩1,200 × 20% = ₩240
- 기회원가 = 임대수익 = ₩400
∴ 단위당 원가 = ₩2,640 ÷ 20단위 = @₩132

09 ④ A: (₩24 − ₩20) × 3,000단위 − ₩10,000 = ₩2,000 > 0
B: (₩40 − ₩30) × 2,000단위 − ₩30,000 = −₩10,000 < 0
C: (₩70 − ₩40) × 2,000단위 − ₩50,000 = ₩10,000 > 0
∴ 추가가공이 유리한 제품은 A와 C이다.

10 ④ 영업이익에 미치는 영향: 제품라인의 공헌이익 > 회피가능고정원가
= −₩390,000 + (₩480,000 − ₩210,000) = ₩120,000 감소

11 (주)한국은 A제품과 B제품을 생산·판매하고 있으며, 다음 연도의 예산손익계산서는 다음과 같다.

	A제품	B제품
매출액	₩4,000	₩2,000
변동원가	₩1,500	₩1,200
고정원가	₩2,000	₩1,400
영업이익(손실)	₩500	(₩600)
판매량	2,000단위	2,000단위

(주)한국은 영업손실을 초래하고 있는 B제품의 생산을 중단하고자 한다. B제품의 생산을 중단하면, A제품의 연간 판매량이 1,000단위만큼 증가하고 연간 고정원가 총액은 변하지 않는다. 이 경우 (주)한국 전체의 영업이익이 얼마나 증가(혹은 감소)하는가? (단, 기초 및 기말재고자산은 없음)

① ₩175 감소   ② ₩450 증가   ③ ₩650 감소
④ ₩1,250 증가   ⑤ ₩1,425 증가

대표예제 100   예산 ★★

(주)한국의 최근 3개월간 매출액은 다음과 같다.

구분	4월	5월	6월
매출액	₩100,000	₩120,000	₩156,000

월별 매출액은 현금매출 60%와 외상매출 40%로 구성된다. 외상매출은 판매된 달에 40%, 판매된 다음 달에 58%가 현금으로 회수되고, 2%는 회수불능으로 처리된다. 6월의 현금유입액은?

제21회

① ₩118,560   ② ₩121,440   ③ ₩137,760
④ ₩146,400   ⑤ ₩147,360

해설 | • 5월 매출분 = ₩120,000 × 0.4 × 0.58 = ₩27,840
     • 6월 매출분 = (₩156,000 × 0.6) + (₩156,000 × 0.4 × 0.4) = ₩118,560
     ∴ 6월 현금유입액 = 5월 매출분 + 6월 매출분 = ₩146,400

기본서 p.721~723   정답 ④

12 (주)한국은 20×1년의 분기별 현금예산을 편성 중이며, 동 기간 동안의 매출 관련 자료는 다음과 같이 예상된다.

구분	예상매출액
1분기	₩50,000
2분기	₩60,000
3분기	₩40,000
4분기	₩55,000

매 분기 매출액 가운데 현금매출은 60%이며, 외상매출은 40%이다. 외상매출은 판매된 분기에 30%가 현금으로 회수되고, 그 다음 분기에 나머지 70%가 현금으로 회수된다. 20×1년 3분기의 매출 관련 현금유입액은 얼마로 예상되는가?

① ₩44,500   ② ₩45,600

③ ₩47,200   ④ ₩47,500

⑤ ₩48,300

정답 및 해설

11 ② (1) A제품
  • 단위당 공헌이익 = (₩4,000 − ₩1,500) / 2,000단위 = @₩1.25
  • 이익의 증가액 = @₩1.25 × 1,000단위 = ₩1,250
  (2) B제품
  • 공헌이익 감소액 = ₩2,000 − ₩1,200 = ₩800
  ∴ 회사 전체 영업이익의 증감 = (1) − (2) = ₩1,250 − ₩800 = ₩450 증가

12 ② (1) 2분기 매출분 현금회수액 = ₩60,000 × 40% × 70% = ₩16,800
  (2) 3분기 매출분 현금회수액 = ₩28,800
  • 현금매출액 = ₩40,000 × 60% = ₩24,000
  • 외상매출액 = ₩40,000 × 40% × 30% = ₩4,800
  ∴ 20×1년 3분기의 매출 관련 현금유입액 = (1) + (2) = ₩45,600

13 (주)한국의 20×1년 종합예산의 일부 자료이다.

	2월	3월	4월
매출액	₩100,000	₩200,000	₩300,000

월별 매출은 현금매출 60%와 외상매출 40%로 구성되며, 외상매출은 판매된 다음 달에 40%, 그 다음 달에 나머지가 모두 회수된다. 20×1년 4월 말 매출채권 잔액은?

제23회

① ₩48,000

② ₩56,000

③ ₩72,000

④ ₩144,000

⑤ ₩168,000

14 (주)한국의 20×1년 1분기 매출계획에 관한 자료는 다음과 같다.

	1월	2월	3월
예상판매량(단위)	225,000	190,000	210,000
예상월말제품 재고량(단위)	13,500	12,500	17,000

이 매출계획이 달성되려면 (주)한국은 2월에 몇 단위를 생산하여야 하는가?

① 180,000단위

② 184,000단위

③ 185,000단위

④ 189,000단위

⑤ 191,000단위

15 (주)한국의 20×1년도 3분기 직접재료 예산 관련 자료이다. 8월의 직접재료 구입예산은?
(단, 매월 말 재공품재고는 무시함)

- 제품 예산생산량은 7월 2,000단위, 8월 2,400단위, 9월 3,000단위이다.
- 월말 직접재료의 목표재고량은 다음 달 생산량에 필요한 직접재료량의 5%이다.
- 제품 1단위를 생산하는 데 직접재료 3kg이 투입되며, 직접재료의 구입단가는 kg당 ₩10
  이다.

① ₩44,600   ② ₩53,700
③ ₩64,300   ④ ₩72,900
⑤ ₩75,600

정답 및 해설

13 ⑤ 본 문제는 현금유입액이 아니라 기말매출채권 잔액을 계산하는 문제이므로 회수율을 주의하여 계산하여야
한다.
- 4월: ₩300,000 × 0.4 = ₩120,000
- 3월: ₩200,000 × 0.4 × 0.6 = ₩48,000
∴ 20×1년 4월 말 매출채권 잔액 = ₩120,000 + ₩48,000 = ₩168,000

14 ④

제품			
기초제품	13,500	판매수량	190,000
생산(x)	189,000	예상월말제품	12,500
	202,500		202,500

15 ④

직접재료(8월)			
기초	2,400 × 3kg × 5% = 360	사용	2,400 × 3kg = 7,200
구입(x)	7,290	기말	3,000 × 3kg × 5% = 450
	7,650		7,650

∴ 직접재료 구입예산 = 7,290kg × ₩10 = ₩72,900

16 (주)대한의 20×1년 월별 예상판매량은 다음과 같다.

	1월	2월	3월
예상판매량(개)	26,000	30,000	24,000

20×1년 초 제품재고는 4,000개이며, 제품의 월말 적정재고량은 다음 달 예상판매량의 30%로 유지할 계획이다. 1월에 생산해야 할 제품의 수량은?

① 11,500개
② 20,000개
③ 28,000개
④ 31,000개
⑤ 50,000개

17 (주)한국의 20×1년 1월부터 3월까지의 예상 매출액은 다음과 같다.

1월	2월	3월
₩60,000	₩80,000	₩100,000

상품의 월말 재고는 다음 달 예상 매출원가의 20% 수준을 유지한다. 상품의 매출원가율이 70%일 경우, 2월 상품매입액은 얼마로 예상되는가?

① ₩32,000
② ₩45,500
③ ₩58,800
④ ₩63,000
⑤ ₩72,000

정답 및 해설

16 ④

제품			
기초제품	4,000	판매수량	26,000
생산량	x	기말제품	9,000*
	35,000		35,000

* ₩30,000 × 30%
∴ 생산량(x) = 31,000개

17 ③

상품(2월)				
기초	80,000 × 0.7 × 0.2 =	11,200	매출원가	80,000 × 0.7 =	56,000
매입액(x)		58,800	기말	100,000 × 0.7 × 0.2 =	14,000
		70,000			70,000

해커스 합격 선배들의
생생한 합격 후기!

해커스는 교재가 **단원별로 핵심 요약정리가** 참 잘되어 있습니다. 또한 커리큘럼도 매우 좋았고, 교수님들의 강의가 제가 생각할 때는 **국보급 강의**였습니다. 교수님들이 시키는 대로, 강의가 진행되는 대로만 공부했더니 고득점이 나왔습니다. 한 2~3개월 정도만 들어보면, 여러분들도 충분히 고득점을 맞을 수 있는 실력을 갖추게 될 거라고 판단됩니다.

해커스 합격생
권*섭 님

해커스는 주택관리사 커리큘럼이 되게 잘 되어있습니다. 저같이 처음 공부하시는 분들도 입문과정, 기본과정, 심화과정, 모의고사, 마무리 특강까지 이렇게 최소 5회독 반복하시면 처음에 몰랐던 것도 알 수 있을 것입니다. 모의고사와 기출문제 풀이가 도움이 많이 되었는데, **실전 모의고사를 실제 시험 보듯이 시간을 맞춰 연습하니 실전에서 도움이 많이 되었습니다.**

해커스 합격생
전*미 님

해커스 주택관리사가 **기본 강의와 교재가 매우 잘되어 있다고 생각**했습니다. 가장 좋았던 점은 가장 기본인 기본서를 뽑고 싶습니다. 다른 학원의 기본서는 너무 어렵고 복잡했는데, 그런 부분을 다 빼고 **엑기스만 들어있어 좋았고** 교수님의 강의를 충실히 따라가니 공부하는 데 큰 어려움이 없었습니다.

해커스 합격생
김*수 님

해커스 커리큘럼대로만 따라 갔고, 교수님들 100% 믿고 하라는 대로만 했더니 1년도 안 되어 합격했습니다. 다른 교수님들 강의도 들어봐야 한다고 생각하시는 분 많은데 절대 그러지 마시고, 해커스 교수님들 강의와 특강만 들으셔도 도움이 많이 됩니다. 그리고 매달 진행되는 모의고사 그냥 보세요! 그럼 한 단계 더 업그레이드가 됩니다.

해커스 합격생
최*운 님